本书出版得到以下支持：
2022年江苏省社会科学基金后期资助项目（编号
2022年江苏省高校"青蓝工程"青年骨干教师培
南京警察学院侦查学专业"2021年度国家级本科

侦查法治新论

——侦查中隐私权干预法律规制研究

高　源◎著

南京大学出版社

目　录

导　论

从人类社会发展史来看,犯罪与侦查是一对既相互联系又相互对立的现象。犯罪与侦查处在持续性的互动关系中,犯罪的出现导致侦查的诞生,由科学技术带来的犯罪升级也催生了新的侦查方法。近年来,犯罪组织化、技术化、隐秘化和流动化等特点突出,这使得侦查工作困难重重。为此,侦查机关不得不采用更为先进、更具侵犯性和更不易被察觉的隐私权干预,来扩大犯罪线索和证据的来源。目前,隐私权干预在打击控制犯罪上的作用日益重要,成为案件能否顺利破获的关键因素。

所谓侦查中的隐私权干预,是指法定侦查机关及其人员针对已经发生的涉嫌犯罪事实,通过各类技术手段对公民隐私利益进行干预或者处分,以实现查明真相、收集犯罪证据和线索、抓捕犯罪嫌疑人等目的的一类侦查措施。常见的具体隐私权干预措施包括通信监控、私人空间监控、行踪调查和行踪监控、大数据侦查等。隐私权干预措施运用主要侵犯公民隐私权,以此区别于主要侵犯公民住宅权、财产权的搜查、扣押,和主要限制公民人身自由权的拘留、逮捕等。搜查、扣押和拘留、逮捕等虽然在干预公民人身权和财产权时,也会在一定程度涉及隐私权,但这些侦查措施运用都不以限制隐私权为主要内容或者手段。有学者指出,以侦查措施具体指向的客体或者对象,可将它们分为"对人的强制性措施、对物的强制性措施以及对隐私权的强制性措施"①。也有学者指出,

---

① 陈光中.刑事诉讼法实施问题研究[M].北京:中国法制出版社,2000:79.

强制性措施大体上分为以下四类：一是限制或剥夺人身自由的强制措施，如拘传、逮捕、羁押等；二是限制财产权的强制措施，如搜查和扣押等；三是侵犯身体健康的强制措施，如强制采样；四是侵犯通讯权或隐私权的强制措施，如监听或拦截通信、强制进行人身检查、秘密录像等。① 相关学者的表述中使用"强制性措施"或者"强制措施"，而未使用"隐私权干预"之称谓，但这些观点均肯定了隐私权干预在侦查措施体系中的特殊形态和独立地位。

隐私权干预是侦查机关为应对犯罪的新特点而发展起来的，当前已经广泛运用于侦查实践。但是，隐私权干预运用中干预公民权利的内容、程度、方式、阶段和表现等，完全不同于传统侦查措施的运用，这一过程涉及诸多法律问题，其中重要的乃是隐私权干预法律规制的问题。对隐私权干预进行法律规制的主要目的在于保护公民隐私权。"隐私权作为一项基本人权，在被视为'宪法施行法'的刑事诉讼法领域，其正当诉求正获得国家越来越多的关注和认同"②，"国家对侦查中个人权利的保护由最初以传统的人身权与财产权为重点，逐渐发展到对人身权、财产权、隐私权等重要权益的全面保护，特别是隐私权保护日渐成为法律规范侦查行为的重点领域"③。实际上，现阶段人们对刑事诉讼中隐私权保护的关心程度，丝毫不亚于对财产、人身自由等权利的重视，因为从某种意义上讲，隐私权侵害带来的结果，可能超过财物、人身等受到侵害而造成的后果。各国现行刑事诉讼制度多已对干预财产、人身自由等传统权利的侦查措施，构建了严密的法律规制制度。但是，隐私权干预运用的特点给传统侦查法律规制理论和制度带来冲击，特别是在以高科技为主要特征的信息化社会、数据化社会，

---

① 参见孙长永.比较法视野中的刑事强制措施[J].法学研究,2005,32(1):112.

② 赵秉志,孟军.我国刑事诉讼中的隐私权保护——以刑事被追诉人为视角[J].法治研究,2017,34(2):85.

③ 马方.任意侦查研究[D]:[博士学位论文].重庆:西南政法大学研究生院,2006.

人们对隐私权保护的渴求与国家追诉犯罪之间产生了极为突出的矛盾，如何划定隐私权保护的范围与公权力运行的界限，成为人们必须面对和思考的问题。

选择隐私权干预法律规制作为本书研究的主题，主要有以下理论和实践意义：（1）将有助于深化侦查措施的理论研究，扩展侦查法律规制理论的宽度。目前，隐私权干预已经脱离传统的财产权干预、人身自由权干预和住宅权干预等成为独立的基本权干预形态，因而必须受到合理、有效的法律规制。然而，隐私权干预法律规制的路径、方法已经超越传统的侦查法律规制理论和实践。因此，对实务中隐私权干预运用及法律规制的情况进行全面考察和审视，在此基础上提出完善隐私权干预法律规制的意见，将有助于深化侦查措施和侦查法律规制理论的研究深度。（2）将有助于精细化分析刑事诉讼中打击控制犯罪与人权保障之间的关系。出于对侦查权运用无限扩张的恐惧，人们的普遍共识是必须对侦查权的运行进行法律规制。这种法律规制既要保证侦查目的和任务的实现，又要避免权力滥用对无辜者造成侵害或者过度侵害，因此，打击控制犯罪与人权保障之间的平衡成为各国刑事诉讼制度设计中的艰难目标。现阶段，由于国家机关运用隐私权干预进行侦查成为刑事诉讼中的"新常态"，打击控制犯罪与人权保障的平衡应当聚焦到隐私权干预的法律规制上。因此，本研究将有助于精细化探讨当前刑事诉讼中打击控制犯罪与人权保障之间的权衡问题。（3）将有助于提高我国侦查中隐私权干预法律规制的水平。隐私权干预法律规制主要体现在立法和司法上。在立法上，2012年《刑事诉讼法》虽然对技术侦查措施的运用作出了初步规定，但从法条内容上看，技术侦查措施的外延不明确，具体技术侦查措施之间的界限模糊，相关的程序规定也比较粗略。此外，由于技术侦查措施并不等同于隐私权干预，实践中还有很多经常运用却未纳入法治轨道的隐私权干预措施，如行踪调查和行踪监控、大数据侦查、公共空间监控等，急需完成相关的立法工作。本书的研究还涉及如何在司法层面对隐私权干预进行法律规制的内容。毫无疑问,以这些研究的结论作为参考进行立法和司法,能够提升我国隐私权干预法律规制的水平。

第一章

侦查中隐私权干预的基本概念及其展开

"社会学家的第一步工作应该是界说他所研究的事物,以使自己和他人知道他在研究什么。这是一切论证和检验所最不可缺少的首要条件。"①研究侦查中隐私权干预法律规制的问题,首要条件是要对这类侦查措施有较为全面、清晰的认识。本书这一部分分析的重点是隐私权干预的概念、特征、功能和技术支撑,以此明确隐私权干预与其他侦查措施之间的区别。

1.1　刑事诉讼中的隐私权及其保护范围

1.1.1　隐私权概念的梳理

根据现代汉语词典的定义,隐私指"不愿告诉人的或不愿公开的个人的事"②。在法律层面,对隐私的保护是从隐私权的维度展开的。隐私权作为一个严格法学意义上的概念,其出现的历史才刚刚超过一百年,但这一概念却意义丰富且极具争议。在沃伦(Samuel Warren)和布兰代斯(Louis Brandeis)首次提出"隐私权"

---

① ［法］E.迪尔凯姆.社会学方法的准则[M].狄玉明译.上海:商务印书馆,2007:54.

② 中国社会科学院语言研究所词典编辑室.现代汉语词典[M]:第七版.北京:商务印书馆,2016:1567.

后,隐私权作为一种"免受干扰的、独处的权利"①,为各界所广泛接受。但是,沃伦和布兰代斯文章的重点在于倡导法律应当对隐私权进行保护,而未进一步就隐私权的概念及其保护范围等进行充分的论证。从那之后,学者们对隐私权的概念形成了不同的观点。要对隐私权形成比较准确的认识,需要简要梳理有关隐私权概念的主要观点。这些观点主要包括:

其一,限制接近理论。限制接近理论认为,公民隐私权的实现要求在特定的情境中,限制他人接近属于个人的私人领域。如嘉韦逊(R. Gavision)认为,当其他人取得某人的资料,或注意他的行为,或接近他,都会令该人失去隐私。由此,她推论隐私权是由三个各自独立但又相关联的要素组合而成的,这些要素包括:保持秘密(关乎某人的资料在多大程度上被人知悉)、隐藏身份(关乎某人在多大程度上成为他人注意的对象)、离群独处(关乎他人可以在多大程度上接近一个人)②。沃伦和布兰代斯将隐私权界定为"免受干扰的、独处的权利",事实上亦可以涵盖在这一观点的范畴内。但是,限制接近理论没有明确告诉我们何种方式的接近会涉及隐私权,也没有告诉我们何种程度的接近会对隐私权造成侵害。因此,它对隐私权的界定比较宽泛和模糊。此后,嘉韦逊虽然进一步提出了限制接近的要素,但她并没有将其他公民的骚扰、滋扰纳入隐私权保护的范围。

其二,秘密理论。对隐私权另一种最常见的理解,是将其界定为对某一事项保密的权利,这一观点即为秘密理论。波斯纳(Richard Posner)认为,隐私是人们"隐瞒他人可能会利用的不利

---

① See Louis Brandeis, Samuel Warren. The Right to Privacy[J]. Harvard Law Review, 1890, 4(5): 193 - 220.

② See R. Gavison. Privacy and the Limits of Law[J]. Yale Law Journal, 1980, 89(3): 421 - 437.

于自己的信息"①的权利。在这种理论下,公开揭露先前被隐匿的秘密被认为是侵害隐私的典型表现。秘密理论是限制接近理论的分支,因为保持秘密是维持有限接近的方式之一。但是,秘密理论比限制接近理论更狭隘,因为它认为隐私权保护的范围只涉及个人秘密。基于秘密理论,可能得出这样一种结论———一旦秘密被揭露则当事人不再享有隐私权。这个观点无疑会受到广泛的批评。一方面,人们会对特定人(关系亲密者或者具备特殊职业身份者)公开秘密,此时人们仍渴望信任的人不会泄露秘密,但这并不意味着人们不再享有保持秘密的权利。另一方面,在当今社会,人们不自觉或者被迫交出部分个人数据信息,如果按照秘密理论的逻辑,这些个人数据信息一旦传递给特定机构或者个人后,就将导致人们不再保有隐私权,这个结论显然不符合大多数人的经验。

其三,私生活控制理论。私生活控制理论认为,当且仅当公民可以控制关于自己的隐私时,他才拥有隐私权。戈德金(Edwin Lawrence Godkin)认为,"没有什么比私人生活更值得法律保护,或者换句话说,每个人都有权利保留自己的事务并自行决定采取什么行动"②。雷切尔斯(James Rachels)认为,隐私权是透过让个人自行掌握其私生活的某部分来体现的,即隐私权是个人控制其他人怎样才可接近他和知道关于他的资料的权利③。在很长时间内,限制接近理论是隐私权界定的主流观点,它重点关注的是对隐私权的消极保护。然则,私生活控制理论使得人们对隐私权认识的视角出现转变,因为基于私生活控制理论,隐私权是公民可以积极行使的权利。

---

① Posner, Richard A. The Economics of Justice[M]: 5. print ed. Cambridge, Massachusetts: Harvard University Press. 1983: 271.

② Edwin Lawrence Godkin. Libel and Its Legal Remedy[J]. The Atlantic Monthly, 1880, 24(12): 729 – 738.

③ See James Rachels. Why Privacy is Important[J]. Philosophy and Public Affairs, 1975, 4(4): 323 – 326.

其四,亲密关系理论。詹姆斯·雷切尔斯认为隐私之所以很重要,是因为隐私和"……我们与不同人建立和维持不同类型社会关系的能力之间存在密切的联系"。[①] 这一理论即为亲密关系理论。亲密关系理论认为隐私权不仅对个人自我实现相当重要,对人际关系也很重要,不能只将隐私权视为限制接近或者控制,应意识到个人对私密信息的控制,有助于建立不同程度的亲密关系。[②]例如,对人际关系中比较亲密的朋友,我们一般能够放心分享私密信息,当我们想要和其他人建立更深的亲密关系时,也会尝试分享私密信息。简言之,个人的隐私权止于何处,唯有依据其自主形成的亲密关系才能判断。该理论存在的问题是,每个人对于亲密关系的认识都很主观,难以形成客观统一的认识。此外,这种理论忽略了分享私密信息的行为并不是仅在试图建立亲密关系时才存在,还应考量分享信息背后的意义,如多数时候病人们并未想要和医生建立亲密关系,但仍会将个人的私密信息透露给医生,以期获得更好的治疗。

其五,个人数据信息控制理论。个人数据信息控制理论脱胎于私生活控制理论。学者威斯汀(Alan F. Westin)将隐私权视为对个人数据信息的控制,即个人、团体、机构决定关于自己的数据信息是否以及如何传输给其他人,以及传输到什么程度的权利。[③]由于数字信息技术的发展,个人数据信息被广泛收集、存储和处理。个人数据信息被不当利用不仅会侵害隐私,还可能造成个人形象被操控、自由意志被剥夺、经济利益受损等多方面的伤害[④]。

---

① Rachels, James. Why Privacy is Important[J]. Philosophy & Public Affairs, 1975, 4(4): 323 - 333.

② See Robert S. Gerstein. Intimacy and Privacy[J]. Ethics, 1978, 89(1): 76 - 81.

③ See Alan F. Westin. Privacy and Freedom[J]. Washington and Lee Law Review, 1968, 25(1): 166 - 170.

④ 参见郭瑜.个人数据保护法研究[M].北京:北京大学出版社,2012:78 - 80.

正是在这样的时代背景下,个人数据信息控制理论受到部分学者的追捧。但是,个人信息控制理论也存在一些问题,包括:一是该理论过度关注数据信息,而排除了未涉及数据信息的隐私侵害形态,使隐私权的保护范围变得狭窄。二是该理论没有指出哪些数据信息是个人可以享有控制权的,哪些数据信息是个人不可以享有控制权的。虽然有人指出足以辨识个人的数据信息应当作为隐私权保障的客体,但许多重要的信息尽管足以辨识个人,但未必在隐私权的保障范围内,比如公众人物的部分个人数据信息等。三是该理论强调个人对于数据信息的控制,但没有进一步说明控制的方法。由于很多数据信息未必是当事人独自活动产生的,而是在与他人互动时产生的,那么这些数据信息究竟由谁来控制也充满了争议。四是该理论虽然强调对个人数据信息的单方面控制,但忽视了数据信息处理、挖掘的过程,那些看似无害的中性数据信息聚集时能够从中彻底透视一个人,而这些事实可能是个人决定是否控制数据信息时始料未及的。

其六,人格权理论。沃伦和布兰代斯在发表的论文中曾指出,"免受干扰的、独处的权利"就如同"不被殴打的权利""不被任意监禁的权利""不被恶意起诉的权利""不被诽谤的权利"等一样。[1]杰弗里·雷曼(Jeffrey Reiman)通过承认个人对其身体和精神的所有权以及对他或她自决的精神权利来定义隐私。[2] 爱德华·布斯坦(Edward Bloustein)把侵犯隐私视为对人的尊严进行侮辱的行为,他相信侵扰一个人的隐私会"损害个人的尊严及完整性和褫夺个人的自由及自主"[3]。这些论述都试图指出,隐私权是基于不

---

[1]　See Louis Brandeis, Samuel Warren. The Right to Privacy[J]. Harvard Law Review, 1890, 4(5): 193-220.

[2]　See Jeffrey H. Reiman. Privacy, Intimacy, and Personhood[J]. Philosophy & Public Affairs, 1976, 6(1): 27.

[3]　E. J. Bloustein. Privacy as an Aspect of Human Dignity: An Answer to Dean Prosser[J]. New York University Law Review, 1964, 39(12): 962-971.

可侵犯的人格权而来的。与其他理论不同的是,人格权理论并非独立于其他理论而存在,它时常被用来解释为何要对隐私权进行保护,以及何种隐私或者数据信息应当为我们所控制等问题。人格权理论在适用中也容易产生一些困境,如美国法中的隐私权大致等于德国法中的一般人格权,但美国法中并不存在一般人格权和具体人格权的划分。因此,美国法中隐私权是一系列权利的上位概念,是一系列权利的复合体。可见,若以人格权理论来理解隐私权可能导致其概念过于宽泛。

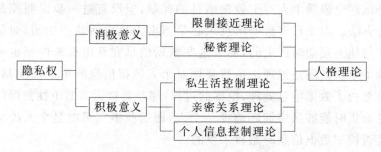

图 1-1　隐私权概念相关理论关系图

1.1.2　本书的观点

"限制接近理论""秘密理论""私生活控制理论""亲密关系理论"等分别体现着隐私权内在要求的独处性、秘密性、自治性、亲密性等。这些理论的出发点,乃是将"隐私"认定为"公开"的对立面,认为隐私权保护存在的最大合理性是人们的社会生活应该被分为"公共—私人"两个领域。"公共—私人"两个领域的划分是一定社会历史条件下的产物,它代表着人们朴素的情感和价值判断。文明开化之后,群居性的人们逐渐在社会生活中产生了对于自己身份的新认识,即便人之生存仍然必须依附于群体,但建立亲密关系、繁衍培养子嗣、追求自由个性等需要一定的私密空间。因此,有别于集体生活的"私"和逃遁于集体生活的"隐"便产生了,人们的生活空间也被划分为公共领域和私人领域两部分。此时,人们普遍开始相信个人在私人领域应当自我主宰、自我控制、自我发展,而"对隐私的侵害,必然是已经侵入了私人领域才会发生"①。当然,隐私的观念产生并获得广泛认同并不意味着隐私权产生,但只有法律将其作为一项权利并对当事人的隐私利益进行保护时,法律意义上的隐私权才真正出现。然而,基于"公共—私人"的二元领域划分,必然得出的结论是公共领域中个人不享有隐私权的保护。目前,这一观点越来越难获得认同,它显然忽略了公共领域人们仍希望保有部分隐私的主观意愿。同时,公共领域与私人领域的界分亦非易事,两者边界的模糊性、不确定性时常造成法律上的争议。

与"限制接近理论""秘密理论""私生活控制理论""亲密关系理论"等不同的是,"个人数据信息控制理论"是近些年数据信息社会下"隐私数据化""隐私信息化"的产物。"个人数据信息控制理论"的出现也对隐私保护中"公共—私人"的领域划分提出了挑战,因为公民个人的数据信息很难将其完全归为公共领域或者私人领域。实际上,这一理论的形成与德国联邦宪法法院判决"人口普查案"时创制的"信息自主权"紧密相关。所谓的"信息自主权",指的是"个人依照法律控制自己的个人信息并决定其是否被收集和利用的权利"②。信息自主权产生的背景是当前社会数据信息技术布下了"天罗地网",人类已经实现了"数据化""信息化"的生存方式。目前,数据信息第一次成为最宝贵的社会资源,人们在日常的吃、穿、住、行、购、用中留下了大量的数据信息。因此,大量企业在追逐更大利益的动机下擅自收集公民的数据信息,很多国家的政

---

① 五十岚清.人格权法[M].铃木贤,葛敏译.北京:北京大学出版社,2009:160.

② Gola/Schomerus, Bundesdatenschutzgesetz (BDSG) Kommentar, 11. Auflage, Verlag C. H. Beck München 2012, Rn. 9. 转引自王利明.论个人信息权在人格权法中的地位[J].苏州大学学报(哲学社会科学版),2012,33(6):70.

府也大量收集个人数据信息用于社会控制或者维护国家利益。无处不在的数据信息收集、储存和分析,使得政府、企业等能够轻松追踪、模拟和预测人们的行动和思想,能够刻画与其肉体相分离的"数据化人格"——个人的内隐的心理特征和外显行为模式等。这种情况下,如果个人数据信息缺乏法律保护,个人隐私将被肆意侵犯甚至出现隐私消亡的窘境。信息自主权以极其简洁的判断标准重新划定隐私权的保护范围——凡是违背当事人的意愿收集、存储和使用其个人数据信息的行为,都构成对其信息自主权的侵犯。因此,基于信息自主权的视角,隐私权保护的范围不再局限于私人领域,而是重点关注个人数据信息在公共领域中的流转。

信息自主权在德国、日本等国受到追捧,很多人主张以信息自主权取代传统的隐私权。本书认为,以信息替代隐私、信息自主权替代隐私权的制度设计是不可行的。国内有学者指出,信息自主权"不可能是私法权利体系中的绝对权或者支配权,甚至不可能是法学意义上的权利"[①]。也有学者指出:"个人信息利用方式的事前确认,与信息价值的后续挖掘相悖,使'目的限定'原则沦为一纸空文。点击同意作为服务对价,又在实质上架空了用户的选择权,'知情同意'框架的现实效用就会受到大幅削弱。"[②]具体而言,信息自主权的局限性表现在:首先,只具有有限理性的人类不可能完全支配无边际的个人数据信息,也难以完全理解不同类型的个人数据信息对于个人隐私的深层次意义。其次,数据信息不仅具有私人属性,也有社会属性和公共属性。如果对个人数据信息予以绝对保护,可能导致隐私保护或者个人信息保护的"溢出效应",如此一来将遏制数据信息内含的巨大社会效益,部分行业发展可能

---

① 杨芳.个人信息自决权理论及其检讨——兼论个人信息保护法之保护客体[J].比较法研究,2015,29(6):29.

② 倪蕴帷.隐私权在美国法中的理论演进与概念重构[J].政治与法律,2019,38(10):153.

停滞。最后,信息自主权不区分数据信息的重要性,不按照数据信息息与人格权之间的远近关系对其差别对待,可能导致人们难以顺畅地进行正常的社会交往。

除了"人格权理论"外,这些理论都试图以某些特定要素对隐私权的内涵进行框定,而"人格权理论"则更多是要在说明隐私权性质基础上,阐释隐私权保护的重要意义。隐私权与人格权的关系极为密切。人格权被认为是"主体依法固有的人格利益为客体的,以维护和实现人格平等、人格尊严和人身自由为目的的权利"[①],隐私权通常被认为是一种具体的人格权。人们虽然一般在私法的角度讨论人格权,但如果忽略宪法中的人格权,则不可能完整理解私法上的人格权。在德国,《德国基本法》第 1 条中的保障"人性尊严"和第 2 条中的保障"人格自由和人格发展",通常被用于解释宪法上的人格权与隐私权之间的关系,两者之间的关系可以放在德国基本权抽象层次中进行理解。德国通说认为,基本权抽象层次主要分为三层,三层对应的基本权抽象程度由一般向特殊、由抽象到具体逐渐变化:第一层次,作为最高层次或者最高规范的基本权是"人性尊严";第二层是由"人性尊严"衍生出来的两个较为抽象的基本权——作为原则的一般自由权(包括人格权)和作为原则的平等权;第三层是由一般自由权和一般平等权衍生出来的具体化的权利[②]。在这样一个基本权层次体系中,一般人格权是一般自由权的重要内容,"是个人对其个性特征(is)的自由决定权"[③],而隐私权则是从一般人格权中具体引申出来的,属于具体人格权。我国人格权体系与德、日等大陆法系国家相似,由一般人格权和具体人格权构成。我国通说认为,隐私权也是一种具体人格权,对其保护符合我国宪法的最高要旨——"尊重和保障人

---

① 王利明.人格权法[M].第二版.北京:中国人民大学出版社,2016:5.

② Sehen Dürig, in T. Maunz and G. Dürig, Grundgesetz Kommentar, art. 1para. 6ff. 转引自林来梵,骆正言.宪法上的人格权[J].法学家 2008,23(5):63.

③ 林来梵,骆正言.宪法上的人格权[J].法学家 2008,23(5):63.

权"。实务中,人们一般援引宪法第 38 条、第 39 条和第 40 条为隐私权保护背书。这样一种宪法解释,使得刑事诉讼中公民隐私权保护以及侦查中隐私权干预措施的法律规制具备宪法上的依据。

显然,从单一维度理解隐私权不仅导致争论无法平息,还将大大限缩隐私权保护法律适用的可能,应当从多个角度全面理解隐私权。欧洲人权法院也认为,"私生活是一个十分宽泛的概念,无法给出一个详尽无遗的定义"①。本书认为,隐私权是私人领域不被侵扰以及秘密个人数据信息受到自主控制的权利,是一种具体的人格权。理解隐私权的概念应当注意:

其一,将隐私权定位为一种具体人格权,同时综合限制接近、秘密、控制私生活、维护亲密关系、个人数据信息控制等多个理论角度表征其内容。可以说,隐私权是一系列权利的复合体,随着社会的发展其内容必然越来越宽泛,甚至在某种意义上讲,凡是与公共利益无关的私人活动都可以纳入隐私权之保护范围。

其二,有条件地坚持"公共—私人"领域的划分。传统隐私权产生于"公共—私人"领域的划分,隐私权确权的重要意义在于保护公民在私人领域的独处性、秘密性、自治性、亲密性等,这些要素体现在"限制接近理论""秘密理论""私生活控制理论""亲密关系理论"中,这些价值诉求与人格尊严、人格自由等密切相关,属于人之所以为人而一定会追求的精神利益。如果完全切断隐私权与私人领域的联系,一些隐私利益的保护难以在理论上自圆其说。因此,公共领域和私人领域的划分不能轻易抛弃。可是,如果过于强调保护隐私权就是保护私人领域,而将暴露在公共空间的活动、已经被收集的数据信息摘除在隐私权保护范围之外,也会产生隐私保护不足的问题。

---

① See ECHR, Pretty v. The United Kingdom, Application No. 2346/02, 29 April 2002.

其三,在隐私权保护中引入数据信息保护的内容。数据信息技术的广泛运用对隐私进行了重新包装,公民的数据信息被大量收集后,借助各种算法进行处理能够直接获知公民的隐私,如政治观点、宗教信仰、亲密关系、真实想法、性取向、私人活动等。另外,一些特殊的数据信息本身就与个人隐私密切相关,如生物遗传数据信息、生物特征数据信息、健康数据信息等。因此,隐私权保护中必须融入个人数据信息保护的内容,即"个人数据信息控制理论"应当受到重视。

隐私权概念的丰富性,可能造成法律适用上的不安定性,但正如王泽鉴所指出的,因为隐私具有开放性的特征,其内涵具有不确定性,能够随着社会的发展而不断延伸,而只有这样才能适应社会经济的变化,才能对隐私权提供必要的保护。[①] 当然,我们也应当避免将隐私权当作"兜底性""概括性"的概念,对其内涵更加深刻地理解可以借助隐私权类型化的方式实现。

1.1.3　刑事诉讼中的隐私权类型化分析

1.1.3.1　相关观点评析

在刑事诉讼领域,如果不能相对清晰地划定隐私权的保护范围,隐私权干预的具体种类将无法确定,更不消说对其运用给予适当的法律规制。关于隐私权保护范围的问题,相关法律和学术见解主要是借助类型化的方法来解决的。该方法将在某一方面具有显著相似性的隐私利益归为一类,这种类型化的隐私利益"具有划定隐私权的保护范围、区分隐私权具体类型、克服其不确定性弊端的功能"[②]。在隐私利益类型化的基础上,可以实现隐私权类型化

---

①　参见王泽鉴.人格权法——法释义学、比较法、案例研究[M].北京:北京大学出版社,2012:238.

②　冷传莉,李怡.司法保护视角下的隐私权类型化[J].法律科学(西北政法大学学报),2017,35(5):79.

的目标,这对于确定隐私权保护的范围有重要意义。然而,这一问题也是长期困扰理论界和实务界的现实性难题。关于隐私利益具体种类的观点包括"二分说""三分说""四分说"以及"五分说"等。

其一,"二分说"。"二分说"是我国学者基于对隐私本质的认识而形成的观点。该学者认为,隐私的构成要件有二:一为"私",二为"隐"。其中,"私"为纯粹个人的,与公共利益、群体利益无关的事情;"隐"是描述某个事情、某个信息不愿或者不便为人知的事实状态。侵犯隐私的行为无外乎两种:一是侵入隐私空间的行为,二是公布隐私信息的行为。因此,可以空间隐私权与信息隐私权的"二分法"构建隐私权类型化的理论框架①。此时,空间隐私和信息隐私是最基本的隐私利益种类。实务中,人们可以是否侵犯上述利益而确定有无干预当事人的隐私权。此外,有美国学者指出:"在刑事诉讼法中,两种隐私似乎很重要。第一种隐私利益体现为公民对相关信息和活动保密,不受政府关注。这里重点指的是政府官员可以看到的、听到的或者发现的公民个人信息或者活动。……第二种隐私利益是为了防止侵犯名誉利益,比如当警察公开将某一公民视为犯罪嫌疑人时,对其逮捕或截停均侵犯了其隐私,因为这些执法行为侮辱了个人,从众人中将其挑选出来,并且剥夺了他的自由"②。根据这一表述,可以看出作者认为刑事诉讼中应保护的隐私利益包括信息、活动隐私以及人格上的隐私。从内涵来看,信息、活动隐私是相对明确、具体的,而人格上的隐私则是极为缺乏稳定性的,以至于警察盘问也被视为侵犯公民人格隐私的行为。这样一来,刑事诉讼中隐私权保护的范围将急剧扩展,隐私权固有的法益保护能力也将随之降低。

其二,"三分说"。"三分说"是加拿大最高法院在宪法判例中

---

① 参见王毅纯.论隐私权保护范围的界定[J].苏州大学学报(法学版),2016,111 (1):98.

② William J. Stuntz. Privacy's Problem and the Law of Criminal Procedure[J]. Michigan Law Review, 1995, 93(5): 1021.

采纳的隐私权类型化结论,通过这种分类可以比较清楚地认识隐私权保护的范围。《加拿大权利与自由宪章》第 8 条规定,加拿大公民有反对无理搜查和扣押的权利。在"特斯林案件"（R v. s Tessling）中,最高法院指出,在确定不受无理搜查和没收的"隐私合理期待"时,应当以主客观双重标准为基本依据。在这样的一般原则内,法律所保护的隐私利益可划分为人身隐私（personal privacy）、空间隐私（territorial privacy）和信息隐私（informational privacy）。①我国也有多位学者主张"三分说",但其具体的观点与加拿大最高法院的观点存在差异。例如,有人认为隐私利益的类型包括信息隐私、活动隐私和空间隐私②；还有人认为美国刑事诉讼法所关注

---

① 1999 年 2 月,安大略省警方收到一条消息,称沃尔特·特斯林（Walter Tessling）正在种植大麻。在调查过程中,警察向安大略水电公司调查了特斯林的电力使用情况,未能找到任何异常,警察随后试图对其住所进行监控,也未发现任何异常情况。然后,加拿大皇家骑警在没有任何逮捕令的情况下,使用一台前视红外（FLIR）摄像机透视了特斯林的住所,并获得了其土地的热量信息。警方利用发现的结果和其他证据,在存在确定、合理理由的前提下对特斯林的住宅进行不间断的调查,最终使警方能够获得搜查令进行搜查。警方搜查了这处房产,发现其中生长的大麻的价值估计在 15 000 至 22 500 美元之间。特斯林被控贩毒和拥有武器。在审判中,特斯林辩称红外透视侵犯了他免于不合理搜查和扣押的权利,因此获得的证据应排除在审判之外。特斯林初审时被定罪,但他的定罪被省上诉法院推翻。最高法院面临的问题是,使用前视红外摄像机等热成像仪是否侵犯了当事人免于不合理搜查和扣押的权利。最终法院裁定热成像仪使用未侵犯原告可免于不合理搜查和扣押的权利。联邦最高法院的判决指出,在确定不受无理搜查和没收的"隐私合理期待"时,需特别强调：(1) 存在对隐私的主观期望；(2) 期望的客观合理性。在这样的一般原则内,案件所保护的隐私利益被区分为人身隐私、领土隐私和信息隐私。其中,人身隐私保护人身安全,尤其是有权不让个人身体受到触摸或探究以暴露我们希望掩盖的身体部分或者器官；领土隐私保护的是私密的和私人的活动,这些私密的和私人的活动最可能发生在住宅；信息隐私保护的是个人、团体或机构确定自己何时、如何以及在多大程度上将其信息传达给他人的主张。参见 Supreme Court Judgments. R. v. Tessling（2004 SCC 67）［EB/OL］. https://scc-csc. lexum. com/scc-csc/scc-csc/en/item/2183/index. do,2019 - 11 - 04.

② 该学者认为："隐私权是自然人享有的对其个人与公共利益无关的私人信息、私人活动和私人空间等私生活安宁利益自主进行支配和控制,不由他人侵扰的具体人格权。"因此,隐私权保护范围包括信息隐私、活动隐私和空间隐私。参见杨立新. 人格权法［M］. 北京：法律出版社,2011：599.

的隐私利益包括空间隐私、人身隐私、信息隐私三部分①。

其三,"四分说"。技术伦理学家塔瓦尼(Herman T. Tavani)在《信息隐私:概念,理论和争议》一文中,将隐私权保护所涉及的隐私利益归纳为四类:物理空间隐私(privacy as nonintrusion involving one's physical space)、决策隐私(privacy as noninterference involving one's choices)、心理隐私(privacy as nonintrusion/noninterference involving ones thoughts and one's personal identity)与信息隐私(privacy as having control over/limiting access to one's personal information)②。这一观点中,心理隐私的提出颇具新意,但其内涵不易把握,本书暂不考虑这一隐私利益。此外,"四分说"中还提出将自决隐私作为一类独立的隐私利益。很明显,这种观点根植于将隐私权视为权利集合体或者一般人格权的法治语境。我国法律中的隐私权是具体人格权而非权利集合体或者一般人格权,刑事诉讼中保护的隐私权也主要表现为一项消极权利。因此,本书的隐私权类型化分析中也不考虑自决隐私。

其四,"五分说"。"五分说"是澳大利亚法律改革委员会在1983年的报告中采纳的观点,它认为隐私利益的类型包括地域隐私(territorial privacy)、人身隐私(privacy of the person)、信息隐私(information privacy)、通信和监控隐私(communications and surveillance privacy)和自决隐私(privacy of attention)。其中,通信和监控隐私是个人通信不受监控和干扰的自由权益;自决隐私是排除他人干扰而自己作出选择的能力。③ 与"三分说"相比,除

---

① 参见王芳. 美国刑事诉讼法对隐私权的保护[D]:[博士学位论文]. 济南:山东大学法学院,2012.

② See Kenneth Einar Himma, Herman T. Tavani. The Handbook of Information and Computer Ethics[M]. New Jersey:WILEY, 2008:131 – 156.

③ 参见:Australian,Law Reform Commission,Privacy Report No. 22,1983,p. 21. https://www. alrc. gov. au/wp-content/uploads/2019/08/alrc22_summary. pdf.

了概念术语上的细微差别外,"五分说"认为通信和监控隐私应当属于单独的一类隐私利益,而不应涵盖在信息隐私的范畴内,因为信息隐私是对与自己相关资料的控制权,与旨在保护通信自由和通信秘密的通信隐私存在本质差别。此外,"五分说"也认可自决隐私作为一类独立隐私利益的观点。

1.1.3.2　本书的观点

在本书看来,对刑事诉讼中涉及的隐私利益的类型化要考虑到以下因素:(1)反映一国隐私权保护的基本法律精神和态度。从我国刑法现有的罪名来看,法律对严重侵害部分隐私利益的行为设定了罪、罚上的后果。相关的罪名包括非法搜查罪、非法侵入住宅罪、侵犯通信自由罪和出售、侵犯公民个人信息罪。这些罪名所保护的隐私利益,包括人身隐私、空间隐私、通信隐私和信息隐私。但是,现行刑法没有独立的罪名对严重侵犯活动隐私的行为予以惩罚,部分隐私利益在保护亦有范围上的局限①。应当看到的是,刑法作为最后且最严厉抗制社会违法行为的手段,仅对严重侵犯隐私权的行为进行制裁。(2)立足刑事司法实践,能够全面涵盖侦查措施运用中可能涉及的全部隐私利益。刑法虽然仅对隐私权的核心内容进行了特别的保护,但这不意味着刑事诉讼中干预其他类型的隐私利益的侦查措施不应当受到法律的规制。例如,近年来很多国家开始关注干预活动隐私的侦查措施,如侦查人员利用电子设备跟踪当事人的行踪,这种行为使得当事人处于一种被监控的状态,侵害了其正常的生活安宁与自由,一些国家对上述行为的实施进行特别法律授权。(3)必须考虑到刑事诉讼中隐私权的防御性特征,至于部分学者所提及的自决隐私等,由于侦查措施实施中一般不涉及私人隐私事务的自决权,我们也很难设想

---

① 以非法搜查罪为例,根据我国刑法的相关规定,非法搜查罪的犯罪对象仅为他人的身体和住宅。换言之,如果不是非法搜查当事人的身体或者住宅,而是对当事人的出租房、车辆等私人空间进行搜查时,其行为尽管违法也不会构成非法搜查罪。

堕胎自由和死亡自由等自决隐私能够被纳入我国刑事诉讼中隐私权保护的范围。因此，本书对自决隐私不过多考虑。（4）要基于本书对隐私权概念所下的定义，重点考虑侵扰公民私人领域或者严重侵犯公民数据信息的具体情形，对干预或者限制隐私权时具有同质性的隐私利益进行合并。

综上所述，本书认为我国刑事诉讼应当予以重点保护的隐私利益类型主要应包括：

其一，空间隐私。空间隐私是传统隐私权保护的重点范围。空间隐私确立的核心目的是保证公民的生活安宁免受不希望的人或者物的侵扰或者妨害，体现着隐私权本身所要求的独处性。与空间隐私有关的隐私权和自由权的区别在于，隐私权重在保护公民在私人空间的活动不受他人打扰；自由权重在保护公民能够依自己的意志行事。在诸多类型的私人空间中，住宅对于公民隐私保护的意义极为重要。法谚有云，"住宅是个人的城堡""隐私止于屋门之前"等。传统的空间隐私主要指的是住宅等物理空间，这是空间隐私最典型和最早的形态。当今社会，住宅不仅被认为有财产属性，更是个人最重要的私人空间。即便是不直接闯入住宅，而在住宅外通过红外探测仪扫描、高倍望远镜探测等方法窥视住宅内情况，也会被认为是侵害他人隐私的行为。当然，私人空间的范畴并不限于个人住宅，其他应保有隐私权的空间还包括公民租住的房屋、个人正在使用的电话亭和试衣间、个人邮箱、包裹、行李、保险柜等。特别要注意的是，对于空间隐私的强调，不能仅局限于有形的物理空间，这样将导致隐私权保护范围失之狭窄。当今时代，物理空间与虚拟空间平行存在。虚拟空间作为一种真实的虚拟存在，是基于现代信息技术和网络技术等所形成的人类活动的另一个空间，人们很多生活和工作的场景都可以出现在虚拟空间内，因而部分虚拟空间也开始具备私人空间的性质。例如，供个人使用的电子设备（如智能手机、平板电脑、电脑等）、专属个人的"云空间"等虚拟空间中留存着大量的电子数据，提取这些电子数据可以直观了解公民过往的通信情况、行踪轨迹、生活模式和社会交往等秘密。因此,对于空间隐私的理解也应当涵盖各类虚拟空间,并由国家收集、保存个人数据信息所在的虚拟空间的性质来界定隐私保护的范围。正是在这样的技术背景下,"IT 系统性完整性和秘密性之基本权"的概念首先在德国法治实务中诞生并获得重视。这一权利的确立使得存储公民电子数据的虚拟空间亦拥有免于公权力任意侵入的权利,同时在线搜查、电子数据搜查与扣押等侦查措施的运用也被纳入法律规制的范畴。将空间隐私的范围从有形的实体空间扩大到无形的虚拟空间,体现了法律对于公民隐私保护的进步,是法律与时俱进尊重人格自由和人格尊严的表现。因此,凡是属于私人支配的空间,无论是物理的还是虚拟的都属于私人空间,侦查机关均不得擅自侵入开展侦查,否则即构成对于个人空间隐私权的侵害。

其二,通信隐私。通信隐私是隐私利益的重要组成部分,它对于社会的健康发展至为重要。所谓通信,指的是发送者通过某种媒体以某种格式来传递信息到收信者以达某个目的的活动①。从人类历史发展来看,通信技术的累积密切了人与人之间的关系,深刻拓展了人们的沟通方式。在过去,人们只能通过面对面的语言、触碰、比划、眼神,或者飞鸽传书、烽火狼烟等方式进行信息传递。到了今天,人们可以利用有线电话、无线电话和网络等进行通信。通信隐私和通信自由不同。通信自由保护的是公民自由通信的权利,而通信隐私则是保证通信的内容不受他人非法监听、截获的权利。一般而言,强烈干预公民通信隐私的侦查措施是大多数国家侦查法治重点关照的对象,从签订《公民权利和政治权利国际公约》的情况看,除了澳大利亚之外,所有的签约国都接受了公约第

---

①　参见中国社会科学院语言研究所词典编辑室.现代汉语词典修订本[M].上海:商务印书馆,1996:1262.

17 条包含通信自由在内的隐私权条款①。目前,随着公民通信方式的变化,通信隐私保护的需要在更多方面体现出来。一方面,随着网络技术、设备的大量普及,公民日常通信多借助网络展开,其与传统有线电话、无线电话的技术原理存在差异,因此,侦查机关在进行监听和截获网络通信内容时所采取的技术完全不一样。但是,网络通信本质上仍是一种通信活动,网络通信的内容应当涵盖在通信隐私保护的范围内,侦查机关采取的干预公民网络通信隐私的措施应当受到法律的严格限制。另一方面,公民通信过程中会产生大量有关通信形式的数据信息,比如无线电话通信中所产生的当事人通话记录信息,包括通话双方号码、通话时间、通话时长、通话频率、通话位置等。通过大量调取这些数据信息,即可获知公民私人生活中的秘密。因此,通信形式信息也应当被纳入通信隐私保护的范围,但在保护力度上可以与通信内容信息有所差异。目前,已有一些国家对侦查机关调取公民通信形式信息的行为作出了法律规定。

其三,活动隐私。个人的、与公共利益无关且不愿为外界知晓的私人活动不受干涉即为活动隐私。基于活动隐私,公民可以依照自己的意愿参与或拒绝参与与公共利益无关的私人活动。因此,拍摄、监视和跟踪私人活动等行为,都可能属于侵害他人活动隐私的情形。私人活动既可以在私人空间进行,也可以在公共空间进行。公民在私人空间实施的私人活动受到空间隐私的保护。与私人空间内的活动不同的是,当个人暴露于公共空间时,其活动本身已经受到了诸多限制,但这些限制并不意味着公民隐私权完全地丧失。美国有学者就认为活动隐私权即为"隐匿权"(Anonymity),它"是普通个体具有在公共场所进行各种公共活动但仍不被辨识、不被监控,从而融入情景画面(situational

---

① 参见李忠.互联网时代通信自由的保护[J].法学杂志,2002,23(06):26.

landscape)的权利"。① 传统上,人们普遍认为个人在公共空间中的私人活动不受法律保护,侦查机关针对当事人所实施的跟踪、监控等多被认为是任意侦查措施而无须法律特别授权,可由侦查机关自行决定适用。这样规定不仅是出于赋予侦查活动一定自主权的考虑的目的,更是因为当时人们普遍认为个人在公共空间的私人活动不属于隐私权保护的范围。近年来,越来越多的国家开始承认公民在公共空间亦存在活动隐私,特别是在监控技术迅猛发展、公共空间视频监控大规模安装运行的背景下,侦查机关可以借助相关技术设备长时间、不间断地追踪个人的行踪,进而了解其私人生活状况。因此,部分国家已经将这些措施纳入强制侦查措施的范畴,并且规定了详细的法律适用要件。可见,人们对活动隐私的理解与过去不可同日而语,本书所指的活动隐私主要是公民在公共空间进行私人活动不受干涉的隐私利益。

其四,信息隐私。公民隐私权保护所要求的秘密性所涵盖的范围非常广泛,公民不愿意公开的个人信息构成私密信息,对公民这些私密信息的保护符合公民信息隐私之利益。所谓信息隐私意味着自然人的私密个人信息受到法律保护,不被他人非法知悉、搜集、利用、公开等。这一定义主要从消极自由权的角度界定信息隐私,然则信息隐私应当有积极自由之功能。因此,公民可以对个人信息的流转进行控制,以保障其人格尊严、人格自由等,此即德国法中的"信息自主权"。为了使得下文的论述更加方便,本书首先对与信息隐私相关的概念进行澄清:(1)信息和数据的关系。"信息是标志间接存在的哲学范畴,它是物质(直接存在)存在方式和状态的自身显示"②;数据是对客观事物、事件的记录、描述,是可由人工或自动化手段加以处理的数字、文字、图形、图像、声音等符

① Benjamin J. Goold, "Open to All-Regulating Open Street CCTV and the Case for Symmetrical Surveillance", 25 Criminal Justice Ethics 3,5(2006). 转引自夏菲. 警务科技化进程中的公民权利保障[J]. 华东政法大学学报,2019,22(5):91.

② 邬焜. 信息认识论[M]. 北京:中国社会科学出版社,2002:17.

号的集合①。在信息与数据的界分中,数据较为强调形式,信息则更加注重内容,即"数据是信息的载体,信息是有背景的数据"②。"数据转化为信息的过程,是运用相关知识将具有相关性的数据整合起来,并格式化、规范化,使之成为信息分析中的有效数据的处理过程"③。数据与信息之间的界限虽然从理论上看应当是清楚的,但两者的转化极易实现,因此,在多种场合中人们经常将数据和信息混用,本书在某些时候也会将两个概念混用。(2)个人信息与非个人信息。公民的个人信息作为一种类型的信息,有学者认为它是"与特定个人相关联的、反映个体特征的具有可识别性的符号系统,包括个人身份、工作、家庭、财产、健康等各方面的信息。"④我国《网络安全法》第76条也对个人信息作出了界定。可见,个人信息与非个人信息界分的关键在于,是否识别或者可以识别个人身份。个人信息与个人私生活所要求的安宁性、独处性、秘密性等密切相关,个人信息一旦泄露必然会对个人隐私造成影响。(3)私密信息和非私密信息。私密信息和非私密信息是对公民个人信息所进行的分类。这种分类实际源于我国《民法典》第1034条第3款之规定,私密信息属于隐私,私密信息适用有关隐私权的规定;没有规定的,适用有关个人信息保护的规定。可以看出,私密信息和非私密信息是根据信息内容与人格尊严、人格自由等的关系远近所作的区分。非私密信息与人格尊严、人格自由等离得较远,人们对它们的敏感程度远远不及私密信息。诸如姓名、性别和工作单位等多属于非私密信息,它们是社会正常交往或者社会管理所不可或缺的要素,他人对这些个人信息的使用并不一定会

---

① 野中郁次郎,竹内弘高.创造知识的企业:日美企业持续创造的动力[M].李萌,高飞译.北京:知识产权出版社,2006:66.
② 涂子沛.大数据及其成因[J].科学与社会,2014,4(1):16.
③ 郑彦宁,化柏林.数据、信息、知识与情报转化关系的探讨[J].情报理论与实践,2011,34(7):1.
④ 王利明.论个人信息权的法律保护[J].现代法学,2013,35(4):64.

构成对隐私的侵犯。私密信息是隐私和个人信息的交叉,是以信息形式表现出来的隐私,包括通信信息、轨迹信息、性取向信息、行为偏好信息、亲密关系信息、医疗信息、健康信息、犯罪记录、财产信息、遗传信息等。一旦私密信息被侵犯,公民的隐私即受到侵害。(4)一般个人信息和敏感个人信息。一般个人信息和敏感个人信息也是对个人信息所进行的分类。这种分类源于我国《个人信息保护法》第 28 条之规定。这种分类要求信息处理者采取不同的处理规则和承担不同保护的义务。在立法者看来,敏感个人信息如果被非法处理,"易导致自然人的人格尊严受到侵害或者人身、财产安全受到危害"。因此,"生物识别、宗教信仰、特定身份、医疗健康、金融账户、行踪轨迹等信息,以及不满十四周岁未成年人的个人信息"属于敏感个人信息。敏感信息和私密信息之间存在着交叉,有些个人信息既是私密信息也是敏感信息,如通信信息、性取向的;有些个人信息虽是私密信息却不是敏感信息,如行为偏好、亲密关系等;有些信息是敏感信息却不是私密信息,如宗教信仰等。总体而言,私密信息涵盖的是隐私权保护的范围,而敏感个人信息是法律在信息处理活动中的特别保护对象,要求有更严格的处理标准。

传统侦查中,侦查机关未发展出单纯干预个人信息隐私的侦查措施,但在世界范围内大数据侦查盛行甚至成为基本警务战略的背景下,侦查机关对个人信息的利用衍生出很多新型侦查措施。这些侦查措施运用时,主要涉及个人信息的收集和利用,它们会与公民的私密信息等产生明显的连锁反应。此外,侦查机关已经建立了大量数据库作为大数据侦查开展的基石。由于《个人信息保护法》是我国个人信息保护领域最重要的法律,公安机关处理敏感个人信息的活动必须符合《个人信息保护法》的处理规则。因此,大数据侦查既是刑事诉讼领域立法完善不可回避的事实,又是关乎个人信息隐私保护的时代任务。

其五,人身隐私。隐私会和身体发生一定联系,因为公民身体的隐秘部位和身体特征构成隐私的一部分,受到隐私权的保护。但身体权和隐私权不同,身体权属于物质性的人格权,隐私权是精神性的人格权,人身隐私权的保护则着眼于个人控制其身体的权利。个人享有人身隐私权,意味着个人有权决定在何时、何地、何种范围和程度展示自己的身体或与他人接触,有权保持身体(包括体表和体内)的完整①,尤其是有权不让个人身体受到观察或者触摸,以暴露我们希望掩盖的身体部分或器官。人身隐私保护的诉求几乎在各国法律上都能够得到体现,因为人身隐私保护的内容并不只是作为物质的身体,更重要的是维护与人身相关的人格尊严。侦查实务中,常见的脱衣搜查、人身检查、生物样本采样等,对公民的人身隐私形成了干预,多国法律对这些侦查措施设置了相关的规制制度。要注意的是,对于女性犯罪嫌疑人而言,其人身隐私还关系到个人的名誉和贞操等,因此,法律应当对其人身隐私进行更为严格的保护。

本书认为,具体的隐私种类反映出某一类特定隐私利益所具有的共同价值和共同规范目的等相似性。刑事诉讼中应当给予保护的隐私利益主要包括空间隐私、通信隐私、信息隐私、活动隐私和人身隐私,因此,刑事诉讼中保护的隐私权主要包括空间隐私权、通信隐私权、信息隐私权、活动隐私权和人身隐私权。要强调的是,具体的隐私利益和隐私权是两个完全不同的概念。具体的隐私利益是客观存在,个人拥有这些隐私利益是一种客观事实,而隐私权则是法律上所规定的权利。由于各国法律实践中隐私权的保护范围以及保护力度并不一致,究竟哪些隐私利益在一国法律中得到承认,这更多地取决于各国文化习俗、司法传统和国家实际给付能力。因此,各国隐私权的内涵和外延存在差异,这也直接导致各国刑事诉讼中隐私权干预的内涵和外延各具特色。

---

① 参见向燕.从隐私权角度论人身强制处分[J].北方法学,2011,5(3):101.

1.2　侦查中隐私权干预的界定

1.2.1　隐私权干预的概念

1.2.1.1　隐私权干预的内涵

从逻辑学上看,概念是反映事物本质的思维形式。本书所谓的"隐私权干预"并不是严格的法律概念,目前国内学界也少有人提及。从字面字义来看,"干预"一般作动词用,指"过问别人的事"[①]。最先将"干预"一词引入中文法学语境的,根据本书查阅的资料来看,乃是台湾地区学者林钰雄。该学者在介绍德国相关理论时,认为现代刑事诉讼学说倡议以"刑事诉讼上之基本权干预"(strafprozessuale Grundrechtseingriffe),替代传统的强制处分用语。同时,他还认为"国家高权行为一旦对人民的基本权的行使产生部分或者全部的影响"[②],即属于刑事诉讼上之基本权干预。本书在研究中吸收和沿用了这一概念,即认为隐私权干预就是对公民的隐私权行使产生部分或全部影响的国家公权力行为。

在本书特殊语境下,隐私权干预本质上是对公民的隐私权实施产生部分或者全部影响的侦查措施,它是借助科学技术发展与运用而形成的具有较新形态的一类侦查措施,其属于侦查措施体系的重要组成部分。隐私权之功能有保护个人秘密的面向,就犯罪事实而言,出于逃避法律制裁之目的,多数犯罪人希望其实施的犯罪事实永远处于秘密状态。但是犯罪事实在法律和社会公德上均受到否定评价,其不在隐私权保护的范围内。目前,在刑事诉讼中各国法治中都坚持无罪推定原则——即在法院审判之前,将公

---

① 中国社会科学院语言研究所词典编辑室.现代汉语词典[M].第七版.北京:商务印书馆,2016:421.

② 林钰雄.干预保留与门槛理论——司法警察(官)一般调查权限之理论检讨[J].政大法学评论,2007,96(4):199.

民视为法律上无罪的人。① 因此,侦查机关所采取措施尽管是为了调查当事人的犯罪事实,但从法律层面来说,这些措施运用也对公民隐私权造成了某些程度的干预,属于典型的隐私权干预。近年来,有关隐私权干预在侦查中的运用颇为广泛,但相关研究多局限于隐私权干预中的几种具体侦查措施,因此,有必要对这一问题进行深入全面的研究。鉴于"隐私权干预"与"侦查措施"两个概念之间的密切关系,为了清晰界定隐私权干预的内涵,必须首先对侦查措施的概念进行梳理。

刑事诉讼始于侦查,侦查往往是诉讼之最终裁判结果正确性的基础和前提。侦查中的犯罪事实真相通常不可能轻易查明,侦查人员需要借助侦查措施才能实现法律既定的目标。关于"侦查措施"这一概念的表述,学界多从主体、目的和性质等方面对其进行界定。有代表性的观点认为,侦查措施是"侦查机关、侦查人员为了预防、控制和打击犯罪,而依照法律有关规定采取的各种揭露、证实犯罪,抓获犯罪嫌疑人,收集犯罪证据的办法或方法"②。可见,侦查措施是侦查主体与侦查客体(刑事案件或嫌疑犯罪事实)之间的桥梁和中介,侦查措施实施对于侦查的顺利推进具有工具意义,"其根本目的是为侦查机关提供必要的侦查手段,使公安司法机关尽可能迅速地完成揭露、证实犯罪的任务,恢复被破坏的社会秩序"③。

传统意义上,根据干预公民权利内容的差异,大致可以将侦查措施分为对物的侦查措施和对人的侦查措施。前者主要包括对公民财产权等进行的干预,如搜查、勘验、扣押和冻结等;后者主要包括对公民人身自由权的干预,如人身检查、逮捕、拘留。对于财产

---

① 《世界人权宣言》第11条第1款规定:"凡受刑事控告者,在未经获得辩护上所需的一切保证的公开审判而依法证实有罪以前,有权被视为无罪"。

② 马海舰.侦查措施新论[M].北京:法律出版社,2012:14.

③ 李建明.强制性侦查措施的法律规制与法律监督[J].法学研究,2011,34(4):152.

权、人身自由权等进行的干预通常有明显的外在表现形式,其作用对象为有形的客观物——住宅、财物、人身等,其运用过程中也会造成明显的物质性变化。实际上,仔细进行分析发现,这些措施运用中或多或少也会涉及公民的隐私,如针对住宅的搜查会侵犯公民的住宅隐私;对人身的检查会侵犯公民的人身隐私,等等。这一现象正如德国学者所指出的,"基本权利规范涵盖的事实范围越广泛,则发生竞合的可能性越高"①。侦查科技发展在提升侦查效果的同时,侦查措施的运用变得更加复杂化、复合化,导致隐私权干预与传统侦查措施在侵犯的权利上经常出现竞合的现象。在权利竞合的状态下,本书主张将隐私权限定为一种"拾遗补阙"的权利,即传统的法定权利保护范围如果能够涵盖侦查措施运用时所涉及的权利,一般不需要援引隐私权对公民予以保护,相关侦查措施也不被纳入隐私权干预。只有当传统的法定权利保护范围不及或存在缺漏时,隐私权才能作为兜底性权利发挥作用,此时侵犯隐私权的侦查措施应归类为隐私权干预。

在本书看来,隐私权干预指的是法定侦查机关及其人员针对已经发生的涉嫌犯罪事实,通过各类技术手段对公民隐私利益进行干预或者处分,以实现查明真相、收集犯罪证据和线索、抓捕犯罪嫌疑人等目的的一类侦查措施。对于这一概念的理解,要强调以下几点:

其一,主体方面。隐私权干预作为一类侦查措施,只能由法定侦查机关及其人员实施。在世界范围内,几乎所有国家的侦查机关都拥有其他大多数行政机关难以比拟的科技力量、执法资源和专业队伍,这使得侦查机关及其人员能够充分运用多种隐私权干预,全面深入地介入公民的私人生活领域,使得其精神受到强烈的

---

① Vgl. Klaus Stern, Das Staatsrecht der Bundesrepublik Deutschland. Band Ⅲ/2. Allgemeine Lehren der Grundrechte, C. H. Beck, 1994, S. 1380. 转引自柳建龙. 论基本权利竞合[J]. 法学家,2018,33(1):33.

干扰。同时,各国侦查机关普遍承担维护秩序和打击控制犯罪的双重职权,职权范围的广泛性决定了隐私权干预的行使比其他行政机关隐私权干预的行使更具扩张性和侵犯性。因此,基于隐私权干预运用主体方面的特征,隐私权干预法律规制的问题必须得到正视。

其二,前提方面。"任何一种侦查手段,从其本质来看,都是对某种公民权益的干预,是对公民权益的限制或剥夺"①。隐私权干预运用会对当事人的隐私利益造成强烈影响,其运用必须加以多方面的限制。从上述概念可以看出,隐私权干预运用的前提是已经发生或者可能发生的犯罪事实。之所以这一前提下允许运用隐私权干预,概因犯罪事实已经发生或一旦发生,将对社会秩序造成重要影响。因此,在维护社会公益与限制公民个人权利取得相对平衡的状态下,才允许侦查机关及其人员运用隐私权干预。

其三,目的方面。隐私权干预运用是为了查明犯罪事实、收集犯罪证据和线索、抓捕犯罪嫌疑人、控制预防犯罪等。隐私权干预运用既可收集犯罪证据,又可收集犯罪线索②。侦查中查明案件事实的过程,就是不断地通过线索去查找新的线索、证据,通过对大量线索的梳理逐渐还原案件事实,不断地缩小案件侦查范围过程③。收集证据和收集线索分别从诉讼办案和侦查破案两个角度对隐私权干预运用的目的进行说明。实务中,隐私权干预运用在获取线索方面的功能非常突出,它极大提高了侦查破案的效率,受到侦查机关以及人员的高度重视。

---

① 程雷.秘密侦查比较研究——以美、德、荷、英四国为范本的分析[M].北京:中国人民公安大学出版社,2008:105.

② 证据是刑事诉讼中认定案件事实的材料,案件事实只有在证据基础上才能认定。线索是侦查中用于查明案件事实、收集证据不可或缺的媒介,对线索的正确运用能够有效推进案件的侦破进程。参见薛怀祖.浅议侦查线索的显现与价值体现[J].铁道警官高等专科学校学报,2003,17(4):64.

③ 参见邹荣合.论侦查线索的分类[J].公安学刊,2000,13(2):13.

其四,对象方面。大多数情况下,隐私权干预运用针对的是犯罪嫌疑人的隐私权,包括其空间隐私、通信隐私、活动隐私、信息隐私和人身隐私等具体隐私利益。但是,在隐私权干预的实际运用中,被害人或者与犯罪有关的第三人的隐私也时常成为干预的对象。与被害人、第三人相比,犯罪嫌疑人和侦查机关在刑事诉讼法律关系中形成了不平等的追诉与被追诉的法律关系,这导致犯罪嫌疑人的隐私权更易受到侵犯。因此,犯罪嫌疑人的隐私权应成为刑事诉讼中隐私权保护关照的重点。本书在论述隐私权干预法律规制这一主题时,重点考虑的也是对犯罪嫌疑人隐私权所进行的保护。

其五,性质方面。隐私权干预是一类侦查措施,也是干预公民基本权的国家公权力行为。隐私权干预运用与其他侦查措施或者基本权干预运用的差别之一,在于隐私权干预实际运用中,公民的隐私被刺探、被监视、被侵入、被干扰等,此时公民隐私的秘密或者自治状态受到破坏,其精神利益受到极大的侵害。可见,隐私状态遭到破坏的事实是隐私权干预的基本后果,也是隐私权干预与其他侦查措施或运用的差别之一。

1.2.1.2　隐私权干预的外延

从逻辑学上看,外延是概念所反映的对象的全部范围。隐私权干预的外延,即为隐私权干预这一概念所反映对象的全部范围。隐私权干预实际上是一个与时俱进、不断发展的动态侦查措施体系。在本书看来,刑事诉讼中涉及的具体隐私利益,包括空间隐私、通信隐私、信息隐私、活动隐私和人身隐私。因此,可以限制或者涉及的具体隐私利益为依据,认定隐私权干预的范围。当然,基于隐私利益的“五分法”所确定的子类型的隐私权干预措施,彼此之间的界限并非泾渭分明。在很多情况下,一种隐私权干预措施运用常常同时侵犯当事人的几种隐私利益,如物理空间隐私干预也会涉及当事人的活动隐私,如果个人在私人空间中屏蔽了来自外界的干扰和侵扰,那么,他同时也能够避免自己的活动隐私受到

侵害。理解隐私权干预的外延,应当注意三点:

其一,在隐私利益类型化的基础上,以是否主要干预具体的隐私利益为标准区别隐私权干预措施和非隐私权干预措施,进而可以确定形成隐私权干预措施的体系。本书将隐私利益划分为空间隐私、通信隐私、信息隐私、活动隐私和人身隐私,依此可将隐私权干预分为不同的子类型。其中,空间隐私干预是干预私人空间(实体空间和虚拟空间)上免受打扰权利的侦查措施,主要包括通过相关设备侵入、窥视、监视、拍照、录像和监听私人空间活动,以及提取具有高度私人性质的虚拟空间中电子数据的侦查措施。通信隐私干预是未经通信当事人允许,使用相关的技术手段秘密获取公民通信信息(内容信息和形式信息)的侦查措施。信息隐私干预是收集、储存和使用个人私密信息的侦查措施,常见的信息隐私干预措施包括查询当事人私密个人信息、大数据侦查等。活动隐私干预是对公共空间中个人活动隐私进行窥探、监视等的侦查措施,常见的活动隐私干预措施包括行踪调查和行踪监控、公共空间监控等。人身隐私干预是对身体进行检查,或者提取血液、精液等生物样本的侦查措施,脱衣搜查、人身检查和生物样本采集等是典型的人身隐私干预措施。

其二,隐私权干预是具有独立性的侦查措施体系。隐私权干预能够独立于其他侦查措施的关键在于隐私权是一种不同于传统权利的新兴权利。传统侦查措施运用中,主要以人的身体、物品和住宅等为干预对象,这些措施会涉及公民隐私,但此时隐私是依附人身、财产、住宅等而存在的。由于传统侦查措施的类型比较有限,仅对人身、财产和住宅等物质利益进行保护,其所承载的隐私内容便无法暴露。在这样的环境下,个人隐私缺乏独立的根基。但是,当前的隐私权干预实施中,有相当部分的隐私利益难以经由传统权利获得保护。换言之,个人隐私逐渐失去其客观、有形的"庇护体",这使得隐私利益的独立性日益凸显。

其三,隐私权干预是具有流变性的侦查措施体系。隐私权干预的具体种类及其相关运用并无一定之规,但总是以更高效地解决侦查实务中的具体问题为出发点和归宿。从现阶段的实际运用来看,侦查机关有强烈的动机和意愿将隐私权干预运用到实务中,使得隐私权干预的种类处于不断变更的状态。除此之外,隐私权的内涵发展亦可能不断延伸以与时俱进地保护公民的私人生活,这些因素共同决定了不可一劳永逸地固化隐私权干预措施体系的内容。域外法治国家的隐私权干预措施体系也并非一成不变的,如德国联邦宪法法院在判例中以隐私权为基础,创设信息自主权、IT 系统秘密性与完整性之基本权等。这些基本权的确立,意味着必须将干预这些基本权的侦查措施纳入法律规制的范畴。

综上所述,隐私权干预是与公民隐私权紧密相关的侦查措施体系。在隐私利益类型化的基础上,可以确定隐私权干预措施的外延。隐私权干预在具备独立性的同时,还具有流变性。因此,人们必须与时俱进地审视隐私权干预措施体系的具体内容。

1.2.2　隐私权干预与相关概念之间的关系

1.2.2.1　隐私权干预与强制侦查措施之间的关系

强制侦查措施(又称"强制处分""强制侦查"等)与任意侦查措施(又称"任意处分""任意侦查"等)的概念及其界分,是为了解决侦查活动中的内部冲突,区分侦查人员依法律规定实施和依自由裁量实施的侦查措施的范围。强制侦查措施与任意侦查措施的理论起源于日本[①],此后该理论对很多国家的法治造成了影响。然而,实务界和理论界在把握强制侦查措施和任意侦查措施外延时

---

①　《日本刑事诉讼法》第 197 条第 1 款规定,"为实现侦查的目的,可以进行必要的调查。但除本法有特别规定的以外,不得进行强制处分"。日本学界根据此条款规定,认为强制侦查措施应限定在既有规定的范围,应尽可能选择任意侦查措施进行侦查。这一要求又被称为"任意侦查原则"。

遇到了困难,究竟哪些侦查措施属于强制侦查措施、哪些侦查措施属于任意侦查措施难以清晰判明。区分强制侦查措施和任意侦查措施的标准,主要形成了两种代表性的观点:其一,"强制力标准"①。其二,"权益侵犯标准"②。在"权益侵犯标准"内部,还存在"不限定侵犯法益标准"③和"限定侵犯权益标准"④两种观点。前者认为只要侵害到当事人的权益即为强制侦查措施,后者认为只有侵害到当事人的重要权益时才成为强制侦查措施。

隐私权干预属于侦查措施,按照强制侦查措施与任意侦查措施的二分划分法,隐私权干预必然属于其中之一。以"强制力标准"来看,实践中大量使用的隐私权干预措施不仅未使用强制力或带有强制力的因素,甚至连间接强制的因素也不存在。如侦查机关在公民浑然不觉的情况下,侵入其私人空间获得公民间的谈话内容,这些隐私权干预措施无法与"强制力"这一因素关联起来。因此,这些隐私权干预貌似不属于强制侦查措施。但是,上述隐私权干预措施严重威胁了公民的空间隐私、活动隐私等,如果不将其作为强制侦查措施予以严格的法律规制,无论如何是说不过去的。以"权益侵犯标准"来看,隐私权干预实施在法律后果上必然对当事人权益造成一定程度的干预,它无疑属于强制侦查措施,应当对其进行严格的法律规制。可见,出于不同的界分标准来审视隐私

---

① 该观点认为强制侦查措施是以强制(事实上的强迫)及强行要求(科予法律义务)为构成要素的侦查方法,强制的后果是使强制的对象感受到身体或精神上的压迫,参见宋英辉,吴宏耀.刑事审判前程序研究[M].北京:中国政法大学出版社,2002:26-36.

② 该观点认为,"所谓强制措施,就是侵害个人重要利益的处分。使用强制措施的侦查叫强制侦查,不使用强制措施的侦查叫任意侦查"。参见田口守一.刑事诉讼法[M]:第七版.张凌,于秀峰译.北京:法律出版社,2019:52.

③ 关于这一观点的详细论述,参见陈运财.侦查之基本原则与任意侦查之界限[J].东海法学研究,1995,9(5):281-303.

④ 关于这一观点的详细论述,参见田口守一.刑事诉讼法[M]:第七版.张凌,于秀峰译.北京:法律出版社,2019:53.

权干预措施的属性,必然会得出不同的结论。

此外,强制侦查措施和任意侦查措施的实务运用还存在其他难以弥补的缺陷。实务中,两者的界分还经常考虑到个人对自身权益处分的自治性,也就是考虑个人主观意愿方面的因素。现代民法的基本理念之一是尊重个人的意思自治,刑事诉讼法也在一定程度上承认该理念,以保障和维护当事人的诉讼主体地位。因此,多国在立法中承认经当事人同意后,得以行使强制侦查措施的正当性。例如,一些原本的强制侦查措施(如搜查),可能因为当事人的自愿配合而转变为任意侦查措施(同意搜查)。因此,强制侦查措施和任意侦查措施的界分标准中又出现了"同意或者承诺标准"①"侵犯法益+同意标准"②等观点。在《德国刑事诉讼法典》中,关于

---

① 这一观点主张应当依据是否侵犯对象的意思表示作为区分强制侦查和任意侦查的标准,任意侦查是以被处分人同意或承诺为前提而进行的侦查,强制侦查是以不受被处分人的意志约束而实施的侦查。参见土本武司.日本刑事诉讼法要义[M].董璠舆、宋英辉译.台北:五南图书出版公司,1997:123.

② 关于强制处分与任意处分的区别,司法判例也有所涉及,其中重要的先例是日本最高裁1976年判决。其意见如下:"强制手段不是指伴随有形力的行使的手段的意思,而是指压制个人的意思,对身体、住居、财产等加以制约,强制性实现侦查目的的行为等。如果没有特别的规定就不应当被允许的手段,没有达到上面程度的有形力的行使,即使是任意侦查也必须认为有需要被允许的情况存在。但是,即使是非强制手段的有形力的行使,也存在侵害或者有可能侵害某种法益的情况,因此,不考虑状况均允许是不妥当的,应该解释为在考虑必要性、紧急性等的基础上,在具体的情况下认为适当的限度内被允许。"参见土本武司.日本刑事诉讼法要义[M].董璠舆、宋英辉译.台北:五南图书出版公司,1997.123.但是,有学者认为,判决中关于强制处分和任意处分的界分标准中除去同义反复,实际上只确定了两个实质标准:(1)压制个人的意思;(2)对个人的身体或者财产等权益进行限制。可见,这一标准又将"同意"或者"承诺"作为判断某一行为是任意处分还是强制处分的重要标准,难以弥合第三种标准界定概念的困难。参见陈运财.侦查之基本原则与任意侦查之界限[J].东海法学研究,1995,9(5):281-303.

DNA 集体筛查应当书面告知所涉及人员,且只有经其同意才能实施①,此时 DNA 集体筛查就属于一项任意侦查措施。各国之所以如此重视"同意"标准,一个可信的理由是立法者必须考虑到侦查进行中的实效性与便宜性,因为过于严格的法律规制必然会对以追究犯罪、查明事实为任务的侦查造成消极影响。这样一来,"同意"标准的确立成为一种折中的办法。可见,在当事人"同意"的情况下,强制侦查措施运用的法律规制被"软化",任意侦查措施与强制侦查措施的区分也不再是立法上既定的非黑即白的存在,而是侦查措施执行与实施过程中的具体问题。

学者在综合介评强制侦查措施与任意侦查措施的界分标准后,发现一个重要事实——两者的界分几乎都涉及"同意"这一标准。正如国内学者所言,"同意这一标准在构建日本刑事诉讼侦查行为的体系过程中,发挥着基础性的作用"②,但一旦将"同意"标准引入强制侦查措施与任意侦查措施的界分就将产生如下问题:当事人能够在多大程度同意放弃自身权利? 当强制侦查措施只涉及"物"而不涉及"人"时,"同意"标准如何发挥作用? 当强制侦查措施实施无法为当事人所得知或者一旦被当事人得知强制侦查措施就无法实施时,"同意"标准如何发挥作用? 在国家和个人之间存在明显力量差距的前提下,当事人能否基于"自由意志"作出真实的同意? 如何判断公民作出的同意是真实的、自愿的、有效的? 等等。可见,强制侦查措施理论运用于实务时,会产生一系列无法

---

① DNA 集体筛查需满足如下条件:(1)一定的事实构成此嫌疑,即发生了针对生命、身体之不受侵犯权、人身自由或性自主决定权的重罪时;(2)对于与特定的、预测的犯罪行为人检查特征吻合的人员;(3)只要为确定迹证物质是否来源于该人员所必要,并且特别鉴于所涉及人员的数量,认为措施与犯罪行为的严重性未超出比例;(4)经其书面同意,允许进行下列措施:① 提取体细胞,② 为确定 DNA 识别密码和性别,进行分子基因检测,③ 所确定的 DNA 识别密码与迹证物质的 DNA 识别密码进行自动化对比。参见《德国刑事诉讼法典》第 81 条 h。
② 陈卫东,程雷.任意侦查与强制侦查理论之介评——以同意取证行为为核心的分析[J].证据学论坛,2004,7(01):21.

克服的问题,亟须对该理论进行修正或者用新的理论进行替代。

　　需要进一步论述的是,强制侦查措施理论的产生与发展,早期主要受德国"诉讼行为论"的影响。根据这一理论,强制侦查措施只是单纯的诉讼行为,除法律有特别规定之外,其不受法院事后审查。因此,作为诉讼行为的强制侦查措施,只需在审判时与案件实体问题一并接受审查即可,而无需对强制侦查措施运用进行个别审查以确定其适法与否①。强制侦查措施之所以不接受个别审查,是因为刑事诉讼中从侦查到审判存在大量不同的诉讼行为,如果每一诉讼行为均允许单独申请救济,案件势必难以在短时间内顺利了结,更何况对所有诉讼行为都单独救济、单独审查和单独裁判,易产生裁判冲突的情况。但是,将强制侦查措施认定为诉讼行为,并不表示强制侦查措施毫无实体方面的影响。如强制侦查措施中的拘留,虽是形成刑事诉讼程序的诉讼行为,但同时也会干预被拘留人的自由权。因此,不能将强制侦查措施定性为单纯的诉讼行为。实际上,强制侦查措施运用多带有干预基本权的实体特征。正因为如此,自20世纪50年代开始,有学者认识到这些理论存在的问题,如德国学者尼泽(Niese)检讨传统诉讼行为理论,提出诉讼行为双重性质(功能)的理论②。此后,人们赞同部分诉讼行为同时具备程序与实体的性质,尤其是强制侦查措施具备程序与实体双重性质的观点。对于强制侦查措施而言,一方面它是由诉讼程序规范的诉讼行为;另一方面,它的行使对公民基本权造成干预,不能豁免于基本权干预理论的约束。针对这些问题,德国学者阿梅隆(Amelung)还曾提出刑事诉讼法应该根本放弃"强制措施""强制处分""强制侦查""强制侦查措施"等传统用语,改以"刑事诉讼上之基本权干预"替代,因为唯有如此才能精确描述这种公

---

　　①　参见林钰雄.刑事诉讼法[M]:上册—总论编.北京:中国人民大学出版社,
2005:225.

　　②　同上。

法行为的特性①。

1.2.2.2　隐私权干预与基本权干预之间的关系

所谓基本权,又称基本权利或者宪法权利,是指那些表明公民在国家基本政治、经济、文化、社会关系中所处法律地位的权利。基本权与"人权理论"存在紧密关联。极具主观价值色彩的"人权理论"发源于自然法学派,人权被认为是人在"自然而然"的状态下应当享受的符合理性或天性的权利。"人权保障"作为"人权理论"的核心要义,是支撑古典自由主义政治哲学传统、造就西方国家近现代法治辉煌的基石。经过一段时间的补充与发展,人们认识到人权保障具备无疆界限制的特点,现今人权保障已成为法治国家的共同选择,并在多部国际或者区域性公约条例中得到明确表述。在国内法上,人权被转化为宪法中的基本权,成为法治保障人权的路径设计。可见,基本权和人权的关系在于,是否由宪法明示并提供救济渠道②。

基本权的行使是宪法为公民建筑的一个属于自己的人格独立领域和自由活动空间,其主要功能是防御国家公权力对个体自由的侵犯,因此,宪法的相关规定形成了以"防御权"为核心的基本权体系③。宪法赋予公民基本权所拥有的防御功能,可以推导出国家在保护公民基本权时应承担的义务。因此,基本权包括主观和客观两大功能:其一,主观功能。包括请求国家不作为的防御功能或者作为的给付功能。防御功能的运行表现为当基本权受到国家

---

① 参见林钰雄.刑事诉讼法[M]:上册—总论编.北京:中国人民大学出版社,2005:226.

② "一方面人权尽管存在内容上的不确定性,却构成了基本权利的目标和实质内容的源泉;另一方面,基本权利并不单纯是实证宪法中的权利……以人权为自身的圭臬,单个或全部基本权利必然提出一个主张,要求人权在宪法中加以实现"。参见张翔.论人权与基本权利的关系——以德国法和一般法学理论为背景[J].法学家,2010,25(6):25.

③ 李忠夏.基本权的社会功能[J].法学家,2014,29(5):15.

侵害时,公民可以要求国家不作为,通过请求法院宣判侵害其基本权的行为违宪,用于抵抗国家侵害。给付功能的运行表现为要求国家作为的请求权,它是"二战"之后西方国家基本权功能强化的表现之一。其二,客观功能。基本权的客观功能强调国家应对公民的基本权承担保护义务。国家不仅不能侵害公民的基本权,还应采取多种积极措施对任何可能侵害公民基本权的违法行为进行防卫。但是,这些防卫手段必须符合法律规定,达到足以有效保护之目的,此为"禁止保护不足"的义务。同时,国家在选择保护公民基本权的手段时,还负有所谓的"禁止过度干预"的义务①,即保卫手段不能对其他公民的权利造成过度伤害。

本书亦主张以"基本权干预"代替"强制侦查措施"等传统术语。主要理由如下:(1)使用"基本权干预"一词除了保证术语的准确性外,其意义主要体现在能够密切宪法与刑事诉讼法之间的关系。之所以重视宪法与刑事诉讼法之间的关系,原因在于宪法是一国法律制度中位阶最高的法律规范,所有的法律规定均须以宪法为依据,而不得抵触宪法的基本精神及其相关规定,此乃"法律优位原则"之具体展现。事实上,刑事诉讼法是国家基本法的"测震器"等类似的名言②,并不只是强调刑事诉讼中的公民基本权要靠刑事诉讼法来切实保障,还包含了这样的含义——刑事诉讼法的实践运行和法学研究必须以宪法,特别是以宪法中的基本权保护为基本框架。如果人为切断刑事诉讼法与基本权及宪法之间的联系,会阻碍刑事诉讼实践发展与法学研究的深入。从强制侦查措施到基本权干预的转变,更重要的意义在于其对强制侦查

---

① 参见李建良.基本权利理论体系之构成及其思考层次[J].人文及社会科学,1997,9(1):39-83.

② 罗科信曾指出,"团体与个人之利益,绝无仅有地只有在刑事诉讼上才有如此重大的冲突,而这种在法律上所做之利益权衡象征地说明了在一般公共事务中考察国家与个人间的关系是刑事诉讼法,就成了国家基本法的测震器"。参见克劳思·罗科信.刑事诉讼法[M].第21版.吴丽琪译.北京:法律出版社,2003:13.

措施法律规制的影响。既然这些侦查措施与宪法上的基本权紧密相关，那么这些措施应当与公法上其他的基本权干预一样，遵循基本权干预合宪性的路径。（2）随着侦查科技的日新月异、推陈出新，强制侦查措施早已无法完全概括所有侦查措施的特征，很多涉及公民基本权的侦查措施并不会与强制性产生关联，最典型的代表就是侦查中的隐私权干预。不仅如此，即便是一些传统的侦查措施，如通缉令发布对犯罪嫌疑人的名誉造成了干预，这些措施本身也不具备强制性。因此，以强制性作为最主要的标准区分不同类型的侦查措施，难以在深层次把握侦查措施运用的基本特征。但要强调的是，本书并不主张完全抛弃"强制侦查措施"等概念，毕竟这些概念在国内有广泛的学术影响，部分国家立法和司法中也并未完全抛弃强制侦查措施之概念。本书重点强调强制侦查措施的认定标准应由"强制力标准""重要权益标准"转向"基本权干预标准"，以是否侵犯公民的基本权作为判断是否为强制侦查措施的标准，同时尽量剔除"同意标准"对于强制侦查措施体系稳定性的影响，从而使强制侦查措施等概念生发出新的学术意义。因此，本书行文中也会交叉使用强制侦查措施与基本权干预两种术语，以示过渡。

要注意的是，公民的基本权并非在任何情况下都不受干预，国家在保护公共利益时，可以对公民的基本权进行一定程度的干预[①]。随之而来的问题是，如何避免实务中基本权干预最终演变为对基本权的过度侵害。因为无数的人权保障实践已经证实，对基本权干预不加限制，必然会导致公民基本权被过度侵害，从而排除和架空宪法赋予公民的基本权。因此，"任何对基本权的干预，

---

① 我国台湾有学者认为："如将人民权利与刑事诉讼之紧张关系排列位阶次序，第一位阶为人民在宪法上之基本权，第二位阶为刑事诉追之利益，第三位阶为行政目的之利益。以第三位阶行政目的之利益，并不能构成直接限制人民之基本权，仅有基于刑事诉追之目的，方有必要限制人民之基本权。"参见江舜明.监听界限与证据排除[J].法学丛刊,1998,43(4):98.

都应被认为同时伴随有限制的限制的必要"①。此时,基本权干预
问题的讨论焦点就转为公权力合法干预基本权的理由、方式、审查
标准等。在这个意义上,宪法除了规定公民的基本权外,还必须对
公权力干预基本权的要件进行规定,这些要件是国家干预公民基
本权的合宪性理由——当基本权干预行为具备这些要件时,公权
力干预基本权的行为被认为是宪法所允许的,是对基本权的合宪
性干预;反之,基本权干预行为如果并不具备这些阻却违宪事由
时,国家的干预行为就会被评价为违宪。我国台湾学者林钰雄认为
非但基本权干预应受法律保留原则和比例原则之拘束,针对基本权
干预措施之实施,亦须有确保处分合法性的控制机制,对于违法的
基本权干预并应赋予救济之管道。② 这一思考框架的理论名称为
"基本权干预理论",也有人称其为"基本权限制理论"③。

在本书看来,隐私权属于宪法上的具体人格权,隐私权干预亦
属于基本权干预,应当将基本权干预理论的精神实质引入本研究。
一方面,应从宪法与刑事诉讼法的紧密关系出发,分析本研究试图
解决的问题。另一方面,应以基本权干预理论作为隐私权干预法
律规制的理论基石,以此对隐私权干预的运用进行确认、规范和制
约,以使得隐私权干预运用能够尽可能摒弃消极因素,同时为维护
社会公益发挥预期作用。

---

① 赵宏.限制的限制:德国基本权利限制模式的内在机理[J].法学家,2011,26
(2):161.

② 参见林钰雄.刑事诉讼法[M]:上册—总论编.北京:中国人民大学出版社,
2005:226.此外,国内有学者将强制处分的法律保留原则和比例原则表述为强制性处
分的法定主义和适度原则。参见宋英辉,吴宏耀.刑事审判前程序研究[M].北京:中
国政法大学出版社,2002:29-32.

③ 在本书看来,国家干预公民基本权的行为有程度上的差别,以人身自由权为
例,在刑罚中的徒刑中,对犯罪的人身自由干预达到了剥夺的程度,而对刑事诉讼中的
强制措施如拘留、逮捕,公权力运行中也涉及人身自由,此时在干预程度上只是暂时限
制人身自由。因此,本书认为"干预"一词更为准确地反映上述权利干预程度之间的差
别。

1.3　侦查中隐私权干预运用的特征与技术支撑

1.3.1　隐私权干预运用的特征

1.3.1.1　干预利益：以精神利益为主，以物质利益为辅

从时间发展上来看，人们对精神利益重要性的认识，滞后于对物质利益重要性的认识。人们关注精神利益的趋势伴随着"人文主义社会思潮的持续进步，现代社会压力的增加，个人远离社会之心理需求的扩展，以及超越物质层面的个人自我存在意识的日益增强"①而出现。当下，人们更多地从个人尊严的角度谈论精神利益，因为个人尊严不仅关乎人的肉体，还存在于人的思想和精神生活当中，保护人的思想和精神免受伤害，实际上就是在保护个人的尊严。在各国的法律实践中，保护精神利益的重要体现之一，就是重视对个人隐私进行保护。

隐私权干预作为一类独立的侦查措施，其运用本质乃是干预或者限制公民隐私权的措施。但是，公民即便卷入刑事诉讼，也不意味其隐私合理期待必然会下降，或者为了公共利益可以完全牺牲对其隐私的保护。事实上，犯罪嫌疑人被视为法律上的无罪之人，其隐私也不可以被随意剥夺或侵犯。因此，对隐私权干预措施的法律规制是刑事诉讼中人权保障的重要内容。要注意的是，物质利益和精神利益既相互独立又相互依存，部分侵害精神利益的行为亦可能会触及当事人的物质利益。隐私权干预措施运用中也可能会涉及侦查对象的物质利益，比如在侦查对象驾驶车辆内安装GPS定位装置以获知其行踪轨迹。这一行为实施时必然物理性侵入当事人的合法财产——车辆，但行为本身未对车辆正常使

---

① 方乐坤.英国法精神利益保护体系述评[J].河南财经政法大学学报,2015,30(1):145.

用造成过多干扰,其主要目的乃是探知侦查对象的行踪轨迹这一隐私利益。所以,隐私权干预主要干预公民的隐私权,其运用涉及的利益以精神利益为主、以物质利益为辅。

1.3.1.2 干预对象:确定性与非确定性并存

传统观点中,侦查措施运用应针对确定的对象——与犯罪有关的人或者物,这应当是刑事诉讼中的基本共识。同时,实务中由于资源和条件的限制,侦查措施运用的具体对象范围一般比较有限,即便是在特定情况下扩大了侦查措施的运用范围,这些情况也只会是个例。隐私权干预的运用改变了这一状况。一方面,隐私权干预运用可以针对已经确定的犯罪嫌疑人,以进一步收集犯罪证据和线索,此时隐私权干预运用的对象无疑是确定的。但另一方面,隐私权干预运用的对象正超越传统侦查对象的确定性,在干预对象范围上表现出非确定性。例如,出于打击控制犯罪之需要,世界上很多国家的侦查机关建成了类型多样、数据庞大的数据库系统,其中存储着公民的私密数据信息和敏感个人数据信息,而这些公民并不都是真正意义上的可疑分子或者犯罪人员。大数据侦查实施时,数据库中的数据信息任由国家机关查询、比对和分析,此时侦查机关以数据库中所有公民的数据信息做分母,然后再找出真正的嫌疑人。这一措施实际上对公民中非确定群体的信息隐私造成了干预。如美国媒体曝光的"棱镜计划"①,该计划本质上是政府实施的大规模隐私监控,它针对不特定人员的通信隐私和

---

① "棱镜计划"(PRISM),其前身是布什总统任内在"9·11"事件后的恐怖分子监听计划(Terrorist Surveillance Program)。虽然,这个计划在当时遭到广泛批评,其合法性因未经过外国情报监视法庭(Foreign Intelligence Surveillance Court)批准而受到质疑,但之后的"棱镜计划"则得到了该法庭的授权令。"棱镜计划"主要包括两个秘密监视项目:一是监控民众电话的通话记录;二是监视民众的网络活动。微软、雅虎、Google、Facebook、Paltalk、YouTube、Skype、美国在线以及苹果公司等均被指为"棱镜计划"提供数据。参见维基百科. 棱镜计划[EB/OL]. https://zh. wikipedia. org/wiki/%E7%A8%9C%E9%8F%A1%E8%A8%88%E7%95%AB,2019-08-16.

信息隐私,其目的是掌握民众的可疑行为,以实现打击恐怖主义、避免社会动乱、保护国家安全、打击儿童色情等目的。此时,隐私权干预的运用如同从广泛的人群中筛选出可疑分子、犯罪人员的过程。当然,有人可能指出对于被调查的大多数人而言,国家机关并非真正掌握其隐私,也不可能完全了解每一个人的具体私活动内容。但是,这些措施的广泛运用之所以能够有效影响控制个人,其原因并不在于公民的欲隐藏秘密真的被国家获知了,而在于公民自认为其言行受到了监控,因而限缩了个人自主发展的人格,此时公民的隐私权已经受到了严重侵害。因此,隐私权干预运用在对象上表现出确定性和非确定性并存的状态,增加了这一措施滥用而可能带来的法治风险。

1.3.1.3 干预形态:从有形到无形

隐私权干预借助现代技术设备实施,能够轻易触碰、侵入到私人领域再收集与犯罪有关的证据、线索,这使得相关侦查措施的形态发生了巨大变化。以传统侦查措施中极为重要的住宅搜查为例,各国刑事诉讼法一般要求其实施时由当事人、居住人或者看守人等在场见证,因此,这一侦查措施启动到实施再到最终获取证据材料等都具有公开的性质,其对公民权利的干预是有形的。然而,对于大多数隐私权干预运用而言,其干预形态从有形转变为无形,具体体现在:(1)传统侦查措施运用时,无论是询问、讯问还是勘验、检查、搜查等,其实施中都要和具体的侦查对象——人和物近距离接触。然则,侦查人员运用隐私权干预时几乎不直接面对当事人,对当事人权利的干预不再表现为物理性、强制性的影响,而是以非物理性、非强制性的方式呈现出来。(2)传统侦查措施运用时呈现有形性,必然受到诸多客观条件的限制,如空间、时间、环境等。但是,客观条件对隐私权干预运用的限制较少。侦查人员可以不受空间距离和隔离等的限制,在千里之外对当事人的隐私权进行干预,可以不受时间限制对当事人进行长时间、不间断的监控。温度、湿度等环境因素也几乎不会影响隐私权干预运用的实际效果。（3）侦查人员干预公民隐私权时几乎不留下痕迹，整个过程中公民浑然不知，甚至在造成侵权结果后，公民仍无法知晓这一事实。因此，传统侦查中，讯问时允许律师、监护人在场，现场勘验、搜查时允许见证人在场等制度，难以适用于隐私权干预的法律规制。（4）隐私权干预一旦实施，即造成隐私被侵害的事实，这与民事关系中名誉受损的发生有相似之处。不仅如此，即便是侦查机关并未实施隐私权干预，而公民自觉成为这些措施干预的对象时，公民仍可能对自身言行进行限制，从而影响人格之自由发展。（5）隐私权干预运用的无形性，使得隐私权干预不具有物理意义上的强制性，但隐私权干预运用能够使人遭受精神上的痛苦与困扰。因为人们的隐私保护需要源自人类天生的心理状态，隐私权干预措施运用造成的痛苦，较之于纯粹的身体或者财产伤害有过之而无不及。

从法治角度来看，对隐私权干预运用的"可理解性"和"可预见性"，是公民对抗侦查机关潜在滥用隐私权干预风险的必要前提。因此，国家机关必须公开对隐私权干预运用进行法律授权，使得公民能够意识或者知晓侦查机关实施具体隐私权干预措施的类型、方式、过程等。此外，公民获得的法律救济并不限于在具体案件中证明、揭露侦查机关滥用隐私权干预措施之事实，而是应当通过最严密的立法限制和司法审查双管齐下促进无形的隐私权干预"透明化"，以实现公民对公权力监督之目的。

1.3.1.4 干预方式：从人力密集到技术密集

人力密集型侦查措施运用中，主要依靠侦查人员的体力和智力，对侦查技术和设备的依赖程度较低；技术密集型侦查措施运用中，主要依靠侦查技术和设备，对侦查人员体力和智力的依赖程度低。传统侦查中，侦查机关主要运用的是人力密集型侦查措施，这些侦查措施运用效果一般，导致破案率长时间在低水平徘徊。然而，现代社会技术成果爆炸性发展且被广泛运用，其重要特点之一乃是"不断增加的技术性、系统性和自动化，有时是匿名的，通常产生一个永久的记录作为证据"①。隐私权干预作为技术密集型的侦查措施,其运用也具有这种自动化、系统化和持续化的特点。作为一种技术密集型侦查措施,隐私权干预措施只有借助监控、数据、感测和生物检测等技术才可以实施,但运用技术门槛的提升极大增强了侦查机关侵入公民私人领域挖掘其隐私的能力。正因为如此,隐私权干预的运用不仅提高了侦查活动的精确性,加快了案件侦办的进度,同时也大大解放了侦查中的人力劳动,推动了侦查领域中"生产力"的大解放、大发展。

由技术运用所带来的侦查"生产力"的提高,极大降低了侦查成本,而侦查成本的降低可能导致侦查机关滥用这些侦查措施。以传统跟踪为例,如果需要在一个月内对当事人进行跟踪,那么相关部门至少得安排六名侦查人员(两人小组,每组一次工作八小时)以轮班的方式开展跟踪,这一过程还难以保证跟踪目标不被跟丢。这样的情况下,即使不需要过多的法律规制,跟踪也不可能被滥用,因为侦查机关很难拥有如此之多的警力投入跟踪。然而,当大量科技进入侦查领域之后,跟踪实施的成本变得极低,侦查机关想要了解当事人在一个月内的行踪可以通过安装 GPS 装置、调取视频监控资料、调取手机基站信息等方式轻松实现。所以,只要侦查措施实施成本足够低,侦查机关就会有足够的动力扩张运用这些措施,进而对公民权利造成过度侵害。

1.3.1.5 干预阶段:由侦查向前置侦查转移

传统侦查中,侦查的启动和侦查措施的运用必须都是基于具体的犯罪嫌疑,或者为了查明全部的犯罪事实,或者确定犯罪嫌疑人的真实身份,此乃犯罪嫌疑原则的要旨。这一原则将侦查理解为对犯罪的事后反应、事后压制,即犯罪在前,侦查在后,强调法律应当限制国家机关任意发动侦查、任意运用侦查措施。相关的原

---

① 王俊秀.监控社会与个人隐私:关于监控边界的研究[M].天津:天津人民出版社,2006:147.

46

则在各国刑事诉讼法中均有体现，即启动侦查或者侦查措施均要求认为存在犯罪等。此时，侦查人员一般通过经验、思维和直觉等的累积来进行推测犯罪嫌疑人在何处、具备何种特征以及如何寻找犯罪嫌疑人，最终通过人证、物证等在犯罪事实与犯罪嫌疑人之间建立关联。隐私权干预诞生后，其运用在秘密状态下运用，通过侵入具体嫌疑对象的私生活，能够发现其内心最真实且不愿意被人发现的秘密，进而查明全部犯罪事实。可见隐私权干预的运用提升了侦查中识别嫌疑人身份、查明犯罪事实的能力。然而，目前侦查中隐私权干预运用并不局限在侦查中，很多时候隐私权干预甚至运用在了侦查的前置阶段——犯罪预防和犯罪侦查的模糊交叉地带。在田口守一看来，侦查开端的活动属于行政警察活动，但探知犯罪的活动与侦查活动是联动的，这个过程尽管属于行政警察活动，实际上却存在进行侦查活动的可能性。因此，即使是侦查前的活动，也有可能发展成以后的侦查活动①。实际上，隐私权干预更加密切了犯罪预防和犯罪侦查之间的联系，如数据库检索比对、公共场所视频监控等隐私权干预措施运用本来的目的可能是预防犯罪，但在发现犯罪事实后立即转化为侦查措施，使得这些措施的运用出现犯罪预防和犯罪侦查的双重功能面向。对此，国内有学者认为："基于限制警察权而设置的侦查启动门槛流于形式，已然犯罪与现行犯、即将发生的未然犯之间的界限愈发模糊。"②

1.3.2　隐私权干预运用的技术支撑

1.3.2.1　监控技术

监控（Surveillance）是"个体或者组织通过身体本身的机能或

---

① 参见田口守一. 刑事诉讼法[M]. 第七版. 张凌, 于秀峰译. 北京: 法律出版社, 2019: 72.

② 程雷. 大数据侦查的法律控制[J]. 中国社会科学, 2018, 40(11): 171.

者身体扩展的机能记录、储存、处理和控制他人信息的过程,其结果是产生了对他人的有意或无意的控制"①。在西方政治学或者社会学中,经常有学者研究监控这一主题。对于国家机关而言,监控是一种能维持社会控制、察觉并关注各种威胁,以及避免或调查犯罪的有效工具。监控作为一种调查犯罪的方法,主要表现为对可能的犯罪场所和犯罪人员等进行的持续性关注。传统侦查中,国家主要通过跟踪、盯梢、守候等方式实施监控②。这些侦查措施属于人力密集型措施,它以人们的肉眼观察为基础,耗时费力且低效。然而,现代监控技术迅猛发展,借助监控技术实施的隐私权干预措施,"形式从早期的警察对嫌疑人进行跟踪、纸质邮件拦截到后来的电话监听、电子邮件监控、摄像监控,再到现在的各种具有自动识别功能的监控设备的使用"③。目前,侦查人员的监控活动主要表现为对隐私权的智能性和持续性的干预。常见的监控技术包括:

其一,视频监控技术。视频监控技术是利用覆盖于特定区域或者场合的视频探头,对上述情境中的人和物的活动情况进行摄录,并且把影像大量、清晰地予以保留的监视技术。视频监控技术具有视频摄影、传播和静态图像捕捉等基本功能,它借由镜头采集图像后,经摄像头内的感光组件电路及控制组件对图像进行处理并转换成计算机所能识别的数字信号,然后通过并行端口、USB连接输入到计算机后,由软件再对图像进行还原。

其二,通信监控技术。通信监控技术是指对特定嫌疑对象的通信活动进行监控的各类技术。通信监控技术运用主要涵盖当事

---

① 王俊秀.监控社会与个人隐私:关于监控边界的研究[M].天津:天津人民出版社,2006:24.

② 福柯对此有过描述:"到处都是机警的目光,一支由可靠军官和富人指挥的民兵队伍,在各个出入口、市政厅和各个区进行警戒,……严防一切混乱、偷盗和勒索。……监视是建立在一种不断登记的基础之上:里长向区长报告,区长向市长报告。"参见福柯.规训与惩罚[M].刘北成、杨远婴译.北京:三联书店出版社,2003:220.

③ 夏菲.警务科技化进程中的公民权利保障[J].华东政法大学学报,2019,22(5):85.

人即时通信所产生的信息和数据,具体的监控方式包括监听、收集、获取、分析、使用、保存或其他类似的行为①。现阶段,通信监控技术主要可以分为有线电话通信监控技术、无线电话通信监控技术和网络通信监控技术等。

其三,行踪监控技术。行踪监控技术是实时获取特定目标位置信息的各项技术。目前,低成本、高效率的行踪监控技术是与人们日常生活密不可分的。比较有代表性是手机 GPS 监控技术。手机片刻不离身是现代人的基本生活方式,且大多数手机都会内置 GPS 系统,这一系统在为手机用户提供定位、导航等服务的同时,也可以被用以监控用户的行踪。除此之外,常见的行踪监控技术还包括手机基站定位监控技术②、手机 Wi-Fi 定位监控技术③、网际网络 IP

---

① 参见适用人权于通信监控的国际原则[EB/OL]. https://necessaryandproportionate. org/zh/principles/.

② 手机基站定位服务又叫作移动位置服务(Location Based Service,简称 LBS),它是通过电信移动运营商的网络(如 GSM 网)获取移动终端用户的位置信息(经纬度坐标)。其原理为:为了提供通信服务,移动运营商会在各地广设基站(Base Station),向基站所覆盖的地理范围发射无线电波。只要移动电话已开机,大约每 7 秒都会搜索一次附近信号最强的基站,并将储存在 Sim 卡的电话号码及移动电话的国际移动设备身份识别码(IMEI,International Mobile Equipment Identity,即通常所说的"串号")传送给基站。这一过程被称为登陆。当移动手机使用者离开原本的基站覆盖范围,移动到其他基站的覆盖范围时,负责处理数座基站的交换设备会协助移动电话找到邻近信号最强的基站进行交处,以确保移动电话使用者能够在位置移动时持续地接收无线电波。移动电话每进行上述一项程序都会以无线电波的方式向最近的基站发射电话号码及IMEI 码。而当该基站接受移动电话所传来的电波,系统就会自动产生基站识别码、基站台位置、信号方向角、信号强弱等记录。相关人员可以利用上述基站位置信息推断出移动电话的具体位置。参见移联通信. 什么是基站定位? 基站定位的原理是什么?[EB/OL]. https://www. eelink. com. cn/cn/news/Q&A/2014/0730/112. html,2019 - 9 - 03.

③ 一个 Wi-Fi 热点的覆盖范围仅有几十米,全世界绝大多数的 Wi-Fi 热点都是固定位置的,它们拥有独一无二的 MAC 地址(Media Access Control Address),如果应用基站定位的原理,那么就可以获得相当精确的位置信息了。参见雷锋网. 一文看懂三种无线局域网定位技术:Wi-Fi、蓝牙和 UWB[EB/OL]. https://tech. sina. cn/mobile/pc/2019 - 07 - 27/detail-ihytcitm4947702. d. html,2019 - 11 - 03.

(Internet Protocol)定位监控技术①等。

1.3.2.2　数据技术

在大数据时代,人们可以通过数据技术收集大量数据信息,这些数据信息既有关乎个人但看似无害的非私密个人数据信息,亦有少部分是直接涉及当事人隐私的私密个人数据信息。当人们将这些数据进行聚集和分析时,个人长期的行动偏好、行踪轨迹和社会交往等隐私便呼之欲出。具体来说,数据技术主要分为三类:

其一,数据收集技术。目前,人类生存的典型特征是数据化、信息化,诸如身份数据信息、通信数据信息、消费数据信息、银行账户数据信息、行踪数据信息和住宿数据信息等,大量掌握在政府机关和强势社会团体手中,它们涵盖公民生活的方方面面,成为侦查中可以凭借与利用的宝贵资源。一般来说,政府机关也经常从互联网服务提供商获取其收集的数据信息(当然,一些类型的数据信息收集只能由政府来实施),这两类主体收集数据的技术并无二致。

其二,数据储存技术。现阶段,数据信息收集完全是智能化的,这些碎片式的数据信息被收集后自动存储于数据库中。数据库是"按照数据结构来组织、存储和管理数据的仓库"②。它是可以长期存储的、呈现系统性的、可大量分享的数据信息的集合,也是进一步对数据信息进行分析的前提,而实现这种数据信息集合

---

① IP定位的基本原理是,利用IP设备的名字、注册信息或时延信息等来估计其地理位置。最初的定位算法通过向DNS服务器(注:其核心功能是负责管理和更新用户数据,并为其他网络功能实体提供用户配置信息访问接口。)查询或者挖掘隐含在主机名中的信息来推测IP设备的地理位置。之后,一些定位算法根据时延与地理距离之间的线性关系来估测主机位置,并通过拓扑信息来减小定位误差。近年来,基于概率的定位算法重新成为一个研究热点,通过寻找时延与地理距离的分布规律来进行定位。参见王占丰,冯径,邢长友,张国敏,许博.IP定位技术的研究[J].软件学报,2014,25(7):1527-1540.

② 百度百科.数据库[EB/OL].https://baike.baidu.com/item/%E6%95%B0%E6%8D%AE%E5%BA%93,2019-10-03.

的技术就是数据存储技术。数据储存技术不是简单地将这些数据信息进行存储，而是要对这些数据信息进行管理，管理的目的在于更便捷地维护数据信息和更高效地利用数据信息。

其三，数据分析技术。当前，数据收集技术和数据储存技术运用的成本很低，人们对数据技术的关注点已经转移到数据分析技术上。诸如数据查询、数据聚合和数据挖掘等技术都是数据分析技术的具体形式。这些技术中最重要的是数据挖掘技术。数据挖掘技术是利用人工智能、数理统计分析等方法，通过已有的数据信息去创造新的数据信息的技术。相对于对数据库中数据的查询和聚合等，给数据主体隐私带来更大伤害的是数据挖掘技术的运用。目前，侦查机关已经大量使用与数据挖掘技术同源的侦查措施，侦查人员能够"在杂乱的、海量的信息间发掘其内在联系"[①]，进而迅速发现案、人、事、物、时、空之间的内在关联。

借助数据技术，隐私权干预运用在量的基础上发生了质的变化，多种隐私权干预措施出现数据化整合的趋势。以数据技术加持下的视频监控为例，过去相关部门通常在案发后对摄录保存的视频资料进行分析研判，此时视频监控仅具有影像监控和影像储存的功能。然而，随着数据技术的进步，视频监控能够在获得相关视频数据信息的基础上，实现智能化的身份识别、动作识别以及行踪跟踪分析等功能。基于这些功能的综合运用，可对特定公民的活动进行实时监控，这些"集成化"的隐私权干预措施运用大大超越了普通隐私权干预措施运用产生的侦查效果。

1.3.2.3　感测技术

感测技术是超越人类感官、检测出人类感官无法鉴别的事物的各种技术。在日常生活中，感测技术和监控技术不同，除了机场以及其他重要场所使用的安检外，感测技术运用并不是特

---

① 艾明.新型监控侦查措施法律规制研究[M].北京:法律出版社,2013:33.

别常见。此外,两者运用的方式也存在较大差异。举例来说,如果要对住宅和办公室等私人场所进行监控,就必须在这些场所、地点内安装监控设备,但和监控技术运用不同的是,感测技术只需要在观测目标外围运用即可。此时,感测技术可以在一栋大楼之外对大楼内的情况进行感测。感测技术运用并没有对目标物体进行物理性的侵犯,但它会对当事人的空间隐私造成侵害。常见的感测技术包括:

其一,热成像技术。热成像技术是一种对物体散发出的红外线进行感光成像的技术。热成像技术主要有光子探测和热探测两种不同的原理[①]。热成像技术被广泛运用在军事、消防、医疗、工业生产、刑事司法、海关检查等领域,但作为一般大众使用的工具设备并不常见。在"凯洛诉美国案"(Kyllo v. United States)[②]中,执法部门采用热成像技术来判断一栋建筑内集中供热的情况是否存在异常。如果存在异常供热情况,执法部门会认为这栋建筑内有可能正使用灯光催育大麻,他们可依此观测结果申请法院颁发搜查令。热成像技术的发展可以使得"城堡之墙"变得越来越透明。即便不进入他人的住宅,只要有良好的装备,侦查人员也可以知道住宅内人员的一举一动。

其二,X线检查技术。X线是一种波长范围在 0.01 纳米到 10 纳米之间的电磁辐射形式[③]。X线检查技术运用的原理在于,X线具有穿透性、荧光效应和感光效应等,当利用 X 线照射人体组织和物体包裹,这些组织结构的分子结构、物理密度等存在差

---

① 前者是利用光子在半导体材料上产生的电效应进行成像,该技术虽然敏感度高但探测器本身的温度会对其产生影响,因而需要降温。后者将光线引发的热量转换为电信号,敏感度不如前者,但无须制冷。参见维基百科. 热成像仪[EB/OL]. https://zh. wikipedia. org/wiki/%E7%83%AD%E6%88%90%E5%83%8F%E4%BB%AA, 2019 - 12 - 02.

② See 533 U. S. 27(2001).

③ X线又称为 X 光、伦琴射线、艾克斯射线或伦琴光等。

别。此时,不同的组织结构对 X 线的吸收和呈现程度不同,所以到达荧屏或胶片上的 X 线量会有差异,进而能够对相关人体组织或者物体包裹等情况进行成像。X 线检查技术最初用于医学成像诊断,此后被广泛运用于侦查领域。比如,利用 X 线检查技术检查嫌疑人体内是否藏有毒品,特定物体包裹内是否藏有刀具和易燃易爆物等违禁物品。在日本近年来一起使用 X 线检查快递包裹的案件中,法官指出这一措施运用侵犯当事人的隐私权,属于日本法上的强制侦查措施。因此,侦查机关运用 X 线检查技术而产生的隐私侵权问题,应引起理论和实务部门的重视。

其三,卫星实时成像技术。目前,这一技术已经取得令人瞩目的进步。此前,《麻省理工科技评论》(*MIT Tech Review*)发布的报告称,商业卫星图像已经强大到可以显示地面上的一辆车,只是还没有详细到看清品牌车型而已。[①] 然而,到了 2018 年 11 月 28 日,美国亚马逊公司发布一款名为"AWS 地面站"的新产品,这一产品的出现意味着过去状况的改变[②]。当然,从现有案例来看,卫星实时成像技术似乎还未在侦查中大量运用,但这一技术在侦查中的运用仍有较高的可能性,也必然在部分案件中引发关于隐私权保护的争议。

1.3.2.4　生物检测技术

生物检测技术可用于人体生物样本的提取、识别和鉴定等。具体情形包括:(1) 生物检测技术运用以人身为对象对当事人的身体

---

① 参见好策略 HCL. 影像卫星日渐强大　隐私倡导者担心人们被实时监控 [EB/OL]. https：//tech.ifeng.com/c/7ogZawdkpOE, 2019 - 07 - 29.

② "AWS 地面站"通过部署在全球 12 个地点的抛物面天线,在卫星过顶时快速下载卫星图像数据,并用极高的速度将这些信息推送到网络云服务平台上,能在一分钟内将图像数据从地面站转移到网络云端。这些技术的组合,再加上"数字地球"预计实现的新一代卫星成像技术,将为客户提供实时的卫星画面。参见泰伯. 揭秘 AWS 地面站计划,用互联网的方式颠覆商业航天玩法 [EB/OL]. https://www.t00ls.net/articles-48746.html, 2019 - 10 - 10.

组织进行检查或者取样,其运用涉及当事人的人身隐私。(2)生物检测技术运用以生物样本为对象。对于生物样本而言,人们的外部身体特征时刻展现在公众面前,如面部特征、嗓音、指纹等,它们的隐私保护程度较低。但是,诸如血液、精液、任何其他组织液、尿液和阴毛等生物样本都在隐私保障的范围内。因为这些生物样本中蕴含着公民的 DNA 信息,它能够揭示样本所有者的种族、性别、患病可能性等隐私。(3)在对相关的生物样本进行检验后,借助数据技术可以对这些生物样本的检验结果进行数据化的处理并加以存储进而形成相关的数据库,这将会对公民的权利造成严重侵害①。

实务中,侦查人员经常运用 DNA 检测技术破获案件。案件侦办时,一旦在犯罪现场、被害人或者犯罪工具等处发现 DNA 样本,侦查人员即可在提取、检验嫌疑 DNA 样本的基础上,查询已经建成的 DNA 数据库或者提取一定数量嫌疑对象的 DNA 样本进行比对,这一侦查技术的运用能够迅速有效识别、锁定犯罪嫌疑人。这一技术的运用不仅能够迅速侦破现行案件,十年前甚至几十年前的"积案""悬案"也可能得以"沉冤昭雪"。这些案件破获的消息的确是振奋人心的,但诸如因系列盗窃案件,山东某学院近 5 000 名学生被校方安排集体检测 DNA②,"为破获十年前抢劫杀人案,DNA 比对采集样本千余份"③等类似新闻也经常见诸报端。

---

① 英国学者斯特利(Kristina Staley)曾对国家建立 DNA 数据库的利弊进行了分析,她认为将公民的 DNA 分型结果储存于数据库中,将会使这些人始终处于受怀疑的状态,而"被列入一份永久性的'嫌疑人'名单将微妙地改变国家看待我们以及我们看待自己同类的方式"。See Kristina Staley. Police National DNA Databas: Balancing Crime Detection, Human Rights and Privacy—A Report for Gene Watch UK by Kristina Staley[J]. Science and Society, 2006(7): 29.

② 参见京华时报. 山东 5000 名学生被强采 DNA [EB/OL]. http://fashion. ifeng. com/health/news/exposure/detail_2013_10/14/30307987_0. shtml, 2019 - 07 - 02.

③ 参见人民网—安徽频道. 怀宁警方破获十年前抢劫杀人案 DNA 比对采集样本千余份[EB/OL]. http://ah. people. com. cn/n2/2017/0807/c358266-30579796. html, 2019 - 07 - 02.

此时,难免让人们对侦查中人身隐私保护的状况感到担忧。

国家机关对上述侦查技术的掌握促使了隐私权干预的诞生,使得侦查权能够更加有效地运作,亦能对公民发挥出更强的控制效能。国家机关和公民在侦查技术运用上的不平等和信息的不对称,导致公权力和公民权利之间严重失衡,因此,防止隐私权干预的滥用成为这个时代的重要主题之一。

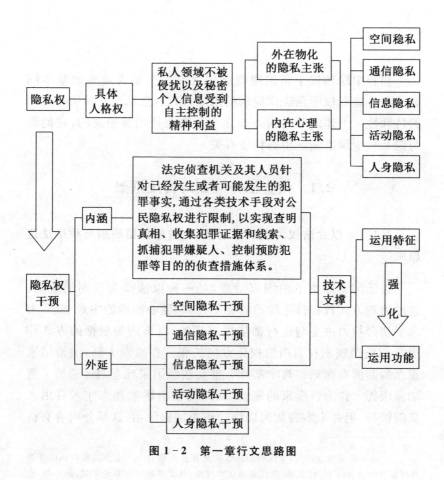

图 1-2 第一章行文思路图

第二章

侦查中隐私权干预
法律规制的基本问题

　　侦查中隐私权干预法律规制包含着两个最为重要的基本问题：第一，隐私权干预法律规制的限度；第二，隐私权干预法律规制的特殊性。上述两个问题并非完全分离而是相辅相成的，它们都与隐私权干预措施运用的特征有关。

2.1　侦查法律规制的传统框架

2.1.1　以立法权为主的规制方式：法律保留原则与程序法定原则

　　法治国家原则下的国家治理，是一种以法律为规则的统治。这种治理方式旨在排除统治者无从探知、随心所欲的主观意志，力求一切公权力决定与运行都依循客观的、以事理为根据的方式作成①，以防范国家权力向极权化方向扩张。在欧洲大陆，法治国家理念的起源有深刻的哲学基础。推动法治国家理念的运动始于哲学家康德。作为哲学家的康德，固然为法治国家理念注入自由主义的精神，但并未多言如何以法律拘束国家统治，这部分内容有待

────────────

　　① 参见陈爱娥.法治国家原则的开放性及其意义核心——法治国家内涵的矛盾与其解决的尝试[C]//林文雄.当代基础法学理论：林文雄教授祝寿论文集：第一版.台北：学林文化事业有限公司，2001：171.

德国公法学者们继续阐述和完善。19世纪以来①，德国宪法确立了君主和市民之间的平等关系，长久以来不受限制的君主特权开始受到人民代表机关制定法律的约束。只有在人民代表机关制定法律授权的情况下，行政才能干涉人民的自由和财产。这一时期的法治国家理念重视人民对其行为所产生法律效果的可预见性（即法的"安定性"），认为由民意代表组织成立的国会所掌握的立法权，相较于行政权、司法权更具有优越性。彼时，法治国家的具体实践表现为"依法行政"，其具体内涵基本上由"法律优位原则"及"法律保留原则"构成。

"法律优位原则"要求国家行政机关须受现行有效的法律拘束，不得违法且须正确适用。简单来说，行政行为不得与法律抵触，法律与任何行政行为相比都处于更高的位阶。"法律优位原则"并不要求所有的行政行为都必须有明确的法律依据，只要不违背现行法律规定即可。由于这一原则消极禁止国家行政行为违反法律，故也被认为是消极的依法行政原则。"法律保留原则"是指行政机关之行为，仅在法律有授权的情形下始得为之，亦即行政须积极取得法律之基础才能被认为合法，是依法行政原则的积极面向。依法行政的两个基本要求——法律优位原则和法律保留原则，从日常经验上来讲容易理解，而且多国法律也明确规定了这两个原则。一般认为，法律保留原则更能体现依法行政的本质要求。有学者指出，法律优位原则只是要求行政机关与公民平等守法，而法律保留原则则是对行政机关守法的本质性特殊要求，当法律未对某一事项作出规定时法律优位原则对于规制行政行为无能为力。② 因此，无论是在内涵丰富性还是在具体要求多样性上，法律保留原则都比法律优位原则更加值得关注。法律保留原则在近代

---

① 此时，德国公法学者麦耶认为法治国家首应强调"法律统治"，只要经国会通过的法律，行政及司法必须完全地服从。参见奥托·迈耶.德国行政法[M].刘飞译，何意志校.上海：商务出版社，2004：56-65.

② 参见黄学贤.行政法中的法律保留原则研究[J].中国法学，2004，21(5)：46.

产生之后也发生了重大的变化，包括在法律的范围上、保留的事项、保留的密度方面都出现了变化，成为今天依法行政原则的重要内容。不仅如此，法律保留原则在此后的发展中还引申出"法律明确性原则"，强调法律授权行政行为的范围应当明确、目的必须特定、内容必须具体，而不得进行概括、模糊的授权立法。

法律保留原则在大陆法系国家的刑事诉讼法中得到延展和适用，其通常的表述是：刑事诉讼中出于查明犯罪事实、保全证据、保全犯罪嫌疑人等公共利益而有必要限制公民权利时，国家机关所采取的措施应事先以法律明文规定为准。之所以这样规定，盖因刑事诉讼中干预公民权利之侦查措施与公法上干预公民权利之行为本质上并无二致，既然公法上的行政行为应当受到法律保留原则的制约，那么刑事诉讼中干预公民权利侦查措施也应当有此限制。对此，有学者解释道，刑事诉讼中的法律保留原则其基本含义为"强制处分在公法上之定位，属于干预人民受宪法所保障的基本权利的行为，国家欲强制处分并进而干预人民的基本权利时，必须有法律之授权依据，并且应该谨守法律设定的要件限制，否则即属违法侵害人民基本权利的行为"[①]。简言之，对于公民基本权利的强制处分都必须经由法律的特别授权。具体而言，法律保留原则在大陆国家刑事诉讼法中的立法表现，主要是规定了侦查措施的具体种类，并对部分强烈干预公民权利的侦查措施运用的法律要件和程序要件等作出了明文规定，以此作为规制侦查的基本依据，彰显了约束国家权力、保护公民权利的旨趣。

法律保留原则在日本刑事诉讼法上以"强制侦查措施法定原则""强制侦查措施法定主义"等原则表现出来。[②] 这些原则确立内在蕴含的前提是将侦查措施划分为强制侦查措施与任意侦查措

---

① 杨文革.刑事诉讼法上的类推解释[J].法学研究,2014,37(2):190.
② 如《日本刑事诉讼法》第197条第1款规定:"为实现侦查的目的,可以进行必要的调查。但除本法有特别规定的以外,不得进行强制处分。"

施。强制侦查措施法定原则延伸着法律保留原则的思路,它将法律视为侦查的刹车和油门,"如果没有明确具体之法律依据,干预性之侦查措施就不能随意使用"①。然而,如前所述,强制侦查措施法定原则适用中强制侦查措施与任意侦查措施之间界分的标准始终存在争议,"同意"标准的引入又直接动摇了强制侦查措施和任意侦查措施体系的稳定性。因此,强制侦查措施法定原则在近些年受到了一定质疑。

传统上,英美法系国家并无强制侦查措施等称谓,它们对于警察的执法行为,采取"没有特别禁止的事项,就是警察得为的干预"②的基本态度。但是,这些国家并非绝对排斥法律保留原则和强制侦查措施法定原则。20世纪中期以后,英国相继制定了一系列成文法③,对警察在侦查中的执法权力、执法行为等作出了详细的规定。美国联邦最高法院则通过宪法解释,将联邦宪法中"人权法案"(Bill of Rights)的内容适用到各州的刑事诉讼法中,使得联邦和各州的侦查中人权保障的内容"宪法化"。同时,美国法院特别是联邦最高法院围绕着宪法第4条修正案、第5条修正案所产生的一系列判决,对警察的执法行为形成了有效的法律规制。其中,部分重要的宪法判例直接促使了成文法的诞生与修改④。英美法系国家侦查规则的"成文法化",使得警察执法行为越来越多地受成文法的调整。要注意的是,警察在行使侦查职权时,实施的具体执法行为各式各样,法律并非对所有的执法行为都进行了规制。实际上,英美法系国家特别是美国赋予公民不受不合理搜查

---

① 傅美惠.侦查法学[M].北京:中国检察出版社,2016:61.

② 林钰雄.刑事程序与国际人权(二)[M].台北:元照出版公司,2007:280.

③ 如1984年《警察与刑事证据法》、1996年《刑事程序与侦查法》、1996年《警察法》、2000年《侦查权力规制法案》以及2016年《侦查权力法案》等。

④ 如1968年《综合犯罪控制与街道安全法》的出台被认为是对美国联邦最高法院关于"伯杰诉纽约案"(Berger v. New York)和"卡兹诉美国案"(Katz v. United States)裁决的回应。

和扣押的权利,使得当事人能够通过这一宪法性权利对抗不合理的搜查、扣押,而这些语境下的搜查、扣押与强制侦查措施在外延上有很大一部分是重合的。因此,在英美法系国家,法律保留原则和强制侦查措施法定原则的实质要求同样得到了遵守。

综上所述,法律保留原则包括强制侦查措施法定原则在两大法系国家的侦查法律规制中均有体现,它本质上体现的是立法权对侦查权的制约,其基本内核是"法无明令不可为"。

2.1.2 以司法权为主的规制方式:正当程序原则与令状原则

与大陆法系国家更加青睐通过刑事诉讼法典进行侦查法律规制不同的是,英美法系国家在侦查的法律规则中特别倚重正当程序(Due process of law)之功能。正当程序在英美法系国家具有悠远的历史背景,最早可以追溯到公元 1215 年英国(主要指英格兰地区)的《大宪章》中第 39 条之规定①。彼时,英国法律制度中已经形成了重视法律程序的传统,认为正义只有经过法律程序才能够产生,或者说法律程序是保障正义实现的唯一途径。因此,人们普遍相信"正义先于真实""程序先于权利"。这些情况的出现一方面与英国法官遵循先例拘束的传统有关,使得法律程序(即法官审判的过程)具有形成和发展实体法原则和规则之功能,另一方面也体现出英国人用程序对权力加以制约的法治思想②。直到今日,英国仍然坚持注重正当程序的固有观念,即便在制定实体法越来越多的当代,这一观念似乎也没有出现太大的变化。

正当程序的思想在美国得到继受并且被发扬光大。在美国,正当程序原则是宪法第 5 条和第 14 条修正案中的主要内容,其被

---

① 《大宪章》中第 39 条规定,自由人非经其同辈者所为合法审判或依据国法(Lex terrae, law of the land),不受逮捕、监禁、扣押、剥夺法律保护或放逐,亦不得以他法加诸侵害。

② 参见陈瑞华.刑事诉讼的前沿问题[M].第二版.北京:中国人民大学出版社,2005:210-211.

表述为"不经正当法律程序,不得剥夺任何人的生命、自由或财产"。美国宪法关于正当程序的规定,其初始含义仅是一个程序性原则。这一情况在 1856 年纽约州法院"怀尼哈默案"(Wynehamer v. People)①发生了改变,该案判决将正当程序原则由单纯的程序性原则转变为既含程序限制也含实质限制的原则。换言之,此后正当程序原则包括程序性正当程序和实质性正当程序两方面内容。其中,实质性正当程序要求"国会所制定的法律,必须符合公平与正义。如果国会所制定的法律剥夺了个人的生命、自由或财产,不符合公平与正义的标准时,法院将宣告这个法律无效"②。虽然要明白概括出正当程序的确切内涵存在现实困难③,相关的法律和判例也并未直接对其内涵作出规定,但人们一般认为可从程序的参与性、裁判者的中立性、程序的对等性、程序的合理性、程序的及时性、程序的终结性等表征正当程序的基本要素。不仅如此,在起始于 20 世纪 60 年代的由美国联邦最高法院主导的"正当程序革命"中,联邦最高法院针对违反程序的公权力行为设置了程序性制裁后果,即通过证据排除规则、撤销起诉制度

① "怀尼哈默案"起因于一项纽约州法律。该法律禁止出售非医用烈性酒,并禁止在住所之外的任何地方储存非用于销售的酒类。该法还进一步规定,立即销毁全部违反其规定而保存的酒,如有违反,以轻罪论处。纽约州法院认为"该法的实施,消灭和破坏了这个州的公民拥有烈性酒的财产权","即使在形式上符合法律的正当程序",也违背了宪法规定的正当程序条款的精神,当然超出了政府的权限范围。参见伯纳德·施瓦茨.美国法律史[M].王军等译.北京:法律出版社,2007:65.
② 王名杨.美国行政法[M]:上册.北京:中国法制出版社,1990:383.
③ 关于正当程序的内涵,丹宁勋爵认为正当程序是"法律为了保持日常司法工作的纯洁性而认可的各种方法"。参见丹宁.法律的正当程序[M].李克强等译.北京:法律出版社,2011:2.田口守一认为,"正当程序必须视该程序重视'人权保障'的程度而定……几乎完全可以把人权保障与正当程序相提并论"。参见田口守一.刑事诉讼法[M]:第七版.张凌,于秀峰译.北京:法律出版社,2019:27.也有人认为,刑事诉讼中的正当程序乃指"刑事程序(含侦查、控诉、审判与执行)必须依据法律所明定之程序规范,而且所有法定程序之规定内容,必须是公平而合理正当"。参见傅美惠.侦查法学[M].北京:中国检察出版社,2016:57.

和撤销原判等三种方式对违反正当程序的公权力行为进行惩罚，通过让公权力行为丧失已取得的"利益"来实现对正当程序的维护。其中，针对非法侦查行为，也就是执法人员实施的不合理的搜查、扣押，联邦最高法院设置了证据排除规则。目前，这一规划的适用范围涵盖从非法搜查、非法扣押到非法逮捕、非法讯问、非法辨认等多种侦查行为。换言之，一旦这些侦查行为实施违背正当程序，由上述行为所获得的证据则可能被排除在审判定罪的证据之外。证据排除规则的适用能够对公民宪法性权利受损进行救济，同时也可以对日后可能出现的违法侦查行为进行"阻吓"。因此，证据排除规则对于侦查法律规制而言意义重大。当时，对于以违反宪法的方式所获得的证据，联邦法院通常采取绝对排除的态度。20世纪70年代以后，联邦法院认识到直接排除证据同时也带来了一定的消极作用，所以开始在绝对排除规则之外设立了一些例外规则，进而在程序性制裁和维护公益之间寻求某种限度的平衡。从这一发展可以看出，由维护正当法律程序延伸出的程序性制裁，在侦查行为的事后司法审查中扮演着重要角色。美国对正当程序的重视，成为美国法规制侦查中最引人注目的特征之一，而这种基于正当法律程序所进行的事后审查，实质上体现的是司法权对侦查权的限制。

目前，正当程序原则在大陆法系国家的刑事诉讼法中也得到了承认。虽然，大多大陆法系国家仍坚持刑事诉讼程序应当"为实体事实之正确性"，但"诉讼程序之合法性"（即正当程序）亦被认为是刑事诉讼的目的之一。诉讼程序之合法性指的是在追求实体真实目的的过程中，直接用来保护人性尊严的措施①。因此，刑事诉讼立法的核心内容之一是，只有通过合法、正当的程序才能干预或者限制犯罪嫌疑人或者被告人的基本权。侦查程序属于刑事诉讼

---

① 参见[德]克劳思·罗科信.刑事诉讼法[M]：第21版.吴丽琪译.北京：法律出版社，2003：5.

程序的范畴,它是刑事诉讼程序的第一道关口。因此,侦查程序亦应遵循正当程序原则。此时,正当程序对侦查权滥用的限制主要是通过刑事诉讼法中细化相关的程序规定来实现的,诸如德国、法国等都在刑事诉讼法中制定了详细的侦查程序规则。从这一点可以看出,法律保留原则和正当程序原则在某种程度上得到了融合。

不仅如此,英国还有坚持"令状"(warrant)和"令状原则"的法治传统。所谓"令状",指的是记载有关强制措施裁判的裁判书[①]。"令状原则"则是国家机关在对相对人进行逮捕、搜查、扣押、公开记录、对证人先行采证等时,必须事先由法院进行合法性和合理性的审查,以法院签发的书面令状为凭据进行执法。从起源上来看,曾经的令状为国王的命令,其颁布是王权的象征,用于命令接受令状的人做出特定行为或者禁止做出特定行为。此后,中世纪英国的王室法庭在与封建法庭、教会法庭、地方公共法庭的司法竞争中,通过令状等方式,使得司法程序逐渐成为英国社会各方政治力量共同接受的国家治理方式[②]。因此,令状的功能也随之发生变化,并且最终发展成为法官的命令。"有令状才有权利",令状成为保障法律程序得到严格遵循的重要方式。英国的令状原则同样被美国继受,并在美国宪政制度中予以确定。在美国联邦第 4 条修正案中[③],法律首先赋予公民不受不合理搜查和扣押的权利,其次规定实施搜查和扣押必须基于令状,最后明确令状的颁布只有基于相当理由、经过宣誓或代誓宣言保证,并说明搜查地点和扣押的人和物的基础上才能发布。这一规定强调,令状签发的主体是法官,令状签发的根据是相当理由,签发的令状必须是特定的,而不

---

① 参见宋英辉等.刑事诉讼原理[M].第 3 版.北京:北京大学出版社,2014:186.
② 参见汪栋.普通法令状与英国司法化国家治理路径的形成[J].经贸法律评论,2020,3(2):1-15.
③ 其原文为:人民在其人身、住宅、文件及财产方面享有不受无理搜查和扣押的权利,不得侵犯;除非基于可能的理由,并由宣誓或保证支持,且详细说明所要搜查的地点,以及所要扣押的人或物方可签发搜查令。

能是概括的,令状中必须指出搜查的地点、扣押的人和物等具体事项。令状原则同样体现了正当程序的内在要求,通过对法官签发的特定令状,对侦查行为予以限制,本质上仍然体现的是法官的司法权对侦查权的约束。令状主义要求警察执法时,原则上必须持有法官颁发的合法令状,但司法实践中没有令状时的警察执法行为也未必绝对不合法。在紧急例外、汽车搜查例外、一览无余、同意搜查、"特殊需要的搜查"等情形下①,只要有相当理由,即使在无令状时实施的搜查、扣押仍可能在法律上被认为是正当性的。当然,这只是令状原则适用中的少数例外。

令状原则的设立旨在保护公民的合法权利免受公权力非法或者过度地干预,在两大法系制度相互借鉴和融合的趋势下,大陆法系国家的法律对于强制侦查措施的实施也已普遍采用令状原则。当然,令状原则在各国的适用中,也因为要适应具体国家的法治环境而作出某些改变。但是,无论怎样改变,令状原则的实质精神和内容大多得到了保留,包括:其一,令状核发权限之主体为独立于侦查机关的司法机关,各国一般将此权限授予法官或者检察官行使。如果令状仅能由法官授权,这一做法又被称为"法官绝对保留原则"。如果令状既能为法官授权,在特定情况下也能由检察官授权,那么这一做法则被称为"法官相对保留原则"。其二,事前审查原则,由侦查机关事前向独立公正的司法机关申请颁发令状。其三,颁发令状应具备相当理由,即特定案件中认为有犯罪嫌疑,且有符合启动标准的证据存在,才允许实施相关侦查措施。其四,禁止空白或者概括令状(也称"笼统令状"),即应明示侦查措施实施的处所、对象等,避免以拉网式的方式实施侦查。其五,一旦侦查措施实施超出令状规定的范围和要求,则会被认为是违法的侦查

---

① 参见丹尼尔·J.凯普罗,吴宏耀.美国联邦宪法第四修正案:令状原则的例外[M].中国人民公安大学出版社,2009:269-762.

措施①。

2.1.3　对侦查措施运用的双重规制

大陆法系国家具有理性主义的哲学传统,认为人的理性至高无上,可以制造出包罗万象、完美无缺的法律体系,这些法律在事前对人们的活动进行引导和规范,而司法本身只是适用立法机关制造出来的法律的过程。英美法系国家则不赞同这样的说法,它们在哲学上坚持经验主义而非理性主义,更加倾向于重视法官日积月累的具体经验,同时对法典或者立法抱有怀疑态度,因此,在其历史上很难找出如大陆法系国家一样具有深邃影响的法典。在英美法系国家看来,法律活动中最重要的是司法,是法官在法庭上作出裁判的过程。为了保证司法的正义性,应当坚持正当程序原则。这两种不同的法律风格在侦查法律规制中得到了体现。简单来说,大陆法系国家的侦查法律规制主要通过强调事前立法来实现,其更多体现的是通过立法权对侦查权进行限制的思路,英美法系国家的侦查法律规制主要通过对正当程序的遵循实现,其更多体现的是通过司法权对侦查权进行限制的思路。

法律保留原则与正当程序原则是分别来自大陆法系国家与英美法系国家的两种对公权力进行法律规制的"理念",强制侦查措施法定原则与令状原则分别为上述两种原则最重要的实质内涵或者具体制度。强制侦查措施法定原则与令状原则皆源自国家权力应受法律规制的理念,但二者的区别也是明显的。强制侦查措

---

①　在 1977 年 5 月 24 日的一份判决中,德国联邦宪法法院排除了警察在调查盘问中获得的麻醉药临床治疗记录。该案中,警方怀疑诊所的个别医师出售麻醉药,警察持搜查令搜查该诊所,并扣押了所有医师的医疗记录。但是,警察使用的搜查令记载缺乏特定的搜查对象,法院裁定这些医疗记录处于"隐私领域",尽管鼓励人民寻求对毒瘾进行医学治疗具有强大的公共利益,但警方的搜查超出令状的限制,因此,应当排除这些记录作为案件的证据。参见向燕.搜查与隐私权保护[D]:[博士学位论文].北京:中国政法大学研究生院,2009.

法定原则,是对刑事诉讼中侦查机关如何运用侦查措施的一般性规制,属于立法机关对侦查机关行使侦查权所为的立法规制;令状原则,是依既定法律审核具体强制侦查措施运用是否具备相关法律要件的个别判断,属于司法机关对侦查机关行使侦查权所为的司法规制。因此,强制侦查措施法定原则和令状原则各有其独自存在的意义。

通过立法规制强制侦查措施运用时,立法机关可以事先调查比较各国规定,广泛征询学者、实务机关以及社会公众的意见,再经权衡各方利害(如人权保障、侦查实效等)后设计出适当的法律规定。由代表民意的立法机关通过公开议论、理性辩论,决定强制侦查措施的法定类型和法律要件等,也能够充分体现国家权力行使以民意为依归的立法精神。此时,立法机关事先确定强制侦查措施实施的法律要件,除了让侦查机关在选择及实施侦查措施时有所依循,也可让公民了解国家机关实施强制侦查措施的合法界限。一旦强制侦查措施的实施逾越界限,公民便可以通过救济渠道,维护自身的合法权益。但是,强制侦查措施运用如果只受法定原则的规制,将存在一系列弊端,包括:其一,立法及修法程序冗长,而先前的法律规定一般都会比较具体和明确,可能使得法律应用僵化、滞后,其结果就是让强制侦查措施的种类局限于法定框架中,侦查机关运用新型侦查措施因应快速多变犯罪形势的能力将受到较大限制。当然,如果超脱法律的明确性要求让法条内容变得抽象、概括,虽能暂时纾解上述矛盾,但抽象的法律规定根本无法实现规制侦查机关滥权的初衷。其二,强制侦查措施运用如果只需立法授权,而不要求经过司法审查,实质上形同将强制侦查措施运用的合法性和合理性交由侦查机关自行判断。此时,强制侦查措施运用的正当性难以得到保障。可见,即使所有的强制侦查措施都能够事先进行规定,但个案情节千差万别,仍须靠司法机关透过个案的审查,才能使法律规制制度实际运转起来。

强制侦查措施运用受令状原则的法律规制,法院可以斟酌个案情形及具体需求决定是否签发否令状。就个案来说,这不啻一种妥当且富有弹性的处置方法。由于侦查机关在申请令状时会留下书面记录,审判中当事人如果对令状的合法性存有质疑时,就有基础资料可据以查证。当然,更重要的原因是,法院不是强制侦查措施的执行者,在判断侦查机关是否有必要实施强制侦查措施时能够保持超然,不会因立场不中立而丧失审查的客观性。然而,强制侦查措施运用如果只受令状原则的规制,也存在较大的问题。由于每次审批令状时司法机关只针对个案进行,因此,在缺乏法律明确规定的情况下,对强制侦查措施的审查可能丧失一致性,这样一来不仅法律的安定性会受到破坏,侦查机关在侦查中选择强制侦查措施时,也会因为不能事先掌握司法机关审查强制侦查措施的规律而无所适从,公民也无法事先得知强制侦查措施实施的法律界限,而及时要求对自身受到侵害的权利进行救济。此外,如果完全由司法机关来决定能否运用强制侦查措施,其权力不受制约也将无法达成充分保障人权之目的。

为此,干涉公民权利的国家权力运作,不仅应受法律的拘束(即"立法规制"),也必须遵循正当程序而受到司法机关的监督(即"司法规制")。干涉公民权利的公权力行为受到双重限制,在刑事诉讼中具体表现为侦查措施运用受到强制侦查措施法定原则和令状原则的双重限制。实际上,要在打击控制犯罪与人权保障之间取得真正平衡,强制侦查措施法定原则和令状原则缺一不可。一方面,在对侦查措施的法律规制上,应当由立法者事先明白规定强制侦查措施的法定种类与法律要件。另一方面,只有公正客观的司法机关才有权判断个案情节与强制侦查措施运用的法律要件,斟酌强制侦查措施实施是否具有合理性,最后签发令状由侦查机关在令状容许的范围内妥善执行。立法、行政及司法三权分立制衡的精神,在这个过程中展露无遗。

从世界范围来看,多数国家在对侦查措施进行法律规制时,同时吸取了上述两种理论和原则的精神内核,构造本国的侦查法律规制制度①。正当程序原则在后来的实际运行中,还发展出程序性制裁制度作为正当程序运行的保障。对于违法侦查措施的程序性制裁主要表现为证据排除规则或者证据禁止的适用。这一机制作用的对象是侦查中获取的证据,一旦获取证据的侦查措施被认定为违法侦查措施,证据的法律效力也会随之受到影响。正因为如此,我国有学者认为一般法治国家对权力的评价和影响有两种方式:一是事前立法明示,即通过事前尽量明确的法律规范,明确各项权力行使的范围和边界;二是事后司法校正,即对不法行使权力给予法律上的评价,通过法律肯定或者否定评价不断校正权力行使的正当性与合法性②。

2.2 侦查中隐私权干预法律规制的限度: 基于利益平衡的视角

2.2.1 利益平衡:隐私权干预法律规制的合理边界

从应对犯罪的角度来看,隐私权干预运用有其正当性,其存在首要目的就在于查明犯罪事实,恢复被犯罪破坏的社会秩序。为了侦查活动最大限度地实现上述目标,各国都通过立法赋予了侦查机关运用多种侦查措施的权力。从上文的论述也可以看出,隐私权干预运用较之传统侦查措施在应对犯罪方面的实际效果更为

---

① 赫尔曼就指出:"德国的法学思想一直认为,允许以强制性(措施)侵犯公民的权利时,关键是一方面必须对国家权力的强制权明确地予以划分与限制,另一方面必须由法院对强制性措施进行审查,使公民由此享受到有效的法律保障。"参见约阿希姆·赫尔曼.《德国刑事诉讼法典》中译本引言[M]//《德国刑事诉讼法典》.李昌珂译.北京:中国政法大学出版社,1995:6. 田口守一也指出:"强制措施法定主义要求在立法上保证强制措施的合法性,而令状主义则要求司法部门保证强制措施的合法性。现行《刑事诉讼法》为了慎重起见,对强制措施进行了所谓双重限制"。参见田口守一.刑事诉讼法[M]:第五版.张凌,于秀峰译.北京:中国政法大学出版社,2010:33.

② 参见张驰,鲍治.隐私的保护:在权力与权利之间[J].法学,2010,55(10):33.

突出、更为了得，实为当前应对新的犯罪浪潮所必须倚重的侦查措施。从这个意义上讲，隐私权干预的运用是实现侦查目的和任务之必要手段，是维护社会安全秩序的重要保障。

从人权保障的角度来看，隐私权干预运用有其正当性。尽管隐私权干预运用都有侵犯公民隐私权的一面，但其所具有的人权保障价值，仍不应当随意被抹杀。因为刑事诉讼法运行中人权保障的受益者，不仅包括犯罪嫌疑人、被告人，也包括被害人、社会大众。因为犯罪作为对社会整体性秩序的破坏行为，在使得具体被害人权利受到侵犯的同时，更是对全体社会成员权利的不屑与藐视。从这个意义上来讲，侦查机关运用隐私权干预提高侦查的效率，使被害人和社会公众的人权得到及时保障，也是落实刑事诉讼法中人权保障要求的题中应有之义。

从公民容忍义务的角度来看，隐私权干预运用有其正当性。现代法治社会中，公民的权利和义务事实上是一枚硬币的正反面。公民在享受良好社会秩序和稳定生活的同时，也必然要为此承担一定等价的义务。正因为如此，当国家机关行使刑事追诉权保护所有公民权利时，也需要特定公民的权利暂时受到剥夺和限制。因此，从这个角度来讲，公民不能要求刑事追诉中对其权利全无侵害，只要这种侵害遵循了法定要件和程序规定，公民都应当给予必要的服从和配合。

应当认识到的是，隐私权虽然是一国公民应当享有的由宪法所赋予的公民权利，这种权利不应当受到公权力的不当侵犯；但是，为了应对犯罪、维护公共利益，公民对侦查机关实施的合法、合理的隐私权干预有容忍的义务。当然，隐私权作为公民的基本权不受侵犯和侦查权行使要求公民容忍义务，都存在一个限度问题。应基于"两害相权取其轻"的利益平衡标准，妥善处理隐私权干预运用正当性争论与应对犯罪需求之间的矛盾。在两者的价值权衡当中，偏向任何一方都会导致法律正义体系的坍塌，从而损害公共利益或者侵害公民隐私权。因此，在保护和容忍之间找到平衡点，成为现代法治国家对隐私权干预进行法律规制的不二选择。

2.2.2　侦查中隐私权干预法律规制限度的具体诠释

为了全面应对现代社会中的犯罪形势,切实提升打击控制犯罪的效能、安抚公众对于犯罪造成的恐慌情绪,隐私权干预随之诞生,并且迅速在侦查实务中得到充分的运用。隐私权干预运用不能只关注公共利益维护而舍弃公民利益隐私保护,其运用并非以牺牲公民隐私利益为代价,而是应在维护公共利益同时兼顾公民隐私的情况下对隐私权干预进行法律规制。对隐私权干预法律规制限度的具体诠释,主要可从以下方面进行:

其一,隐私权干预法律规制中应当坚持权利优先。"权利对权力体制及其实践的塑造……,要求确定权力的边界,要求捆住权力可能恣意妄为的手脚,从而形成正当、合法的权力体制与权力秩序"①。从价值优位性来看,权利优于权力,权力不能凌驾于权利。换言之,打击控制犯罪和预防犯罪的公共利益并不必然有超过公民隐私利益的优位性。诚然,在现代社会,犯罪风险控制难度加大确实给民众带来焦虑与不安,应对犯罪的刑事政策必须将满足公众需要、维护公共利益作为主要的考量。然而,这并不代表公民不再需要隐私保护或者其隐私期待已经降低,可以因此罔顾公民的隐私权。当然,权利的行使亦非绝对的、不受限制的,"任何权利都会受到一定的限制,绝对的不受限制的权利是不存在的"②。换言之,在维护公共利益的情境下,当保护隐私不再具有合理性时,才允许运用隐私权干预措施。此时,并不能简单认为隐私权干预的运用,是基于刑事政策上维护公共利益的诉求。但是,在维护公共利益的强大动机驱动下,现实时常呈现出相反的情况,权利和权力

---

① 程燎原.作为方法的权利和权利的方法[J].法学研究,2014,37(1):5.

② 赵宏.限制的限制:德国基本权利限制模式的内在机理[J].法学家,2011,26(2):152.

的优位性发生了错位,"侦查价值优先论""侦查目的至上论"等谬误观点甚嚣尘上。这些情况导致实务中隐私权干预被过度运用,它们压缩了公民本应享有的私人领域,造成公民隐私利益频繁被侵犯的事实。

其二,在隐私权干预法律规制中维持公共利益与隐私利益之间的动态平衡。侦查中隐私权干预的法律规制要求,即便是出于维护公共利益也不能只顾侦查目的和效益,以过度牺牲公民的隐私为代价,而必须在维护公共利益的同时兼顾公民隐私利益保护的欲求。在这种"既维护公共利益,又保护隐私利益"的法理逻辑下,隐私权干预的运用体现了打击控制犯罪、预防犯罪的法理依据从权力本位走向权利本位的转变趋势,也意味着曾经被很多人推崇的"侦查价值优先论"和"侦查目的至上论"得到了彻底摒弃。为此,谋求公共利益维护与隐私利益保护之间的平衡路径,就必须对隐私权干预的运用进行适当的法律规制。在具体的隐私权干预法律规制的情境中,案件涉及的公共利益越大,应当允许的扩大隐私权干预运用的范围和强度就越大,以便公权力能够更深入地侵入私人领域获得线索和证据,当然这也相应地增加了侵犯隐私的可能;案件涉及的公共利益越小,允许使用的隐私权干预的范围和强度也越小,部分案件因为涉及公共利益较小甚至应当完全禁止运用隐私权干预,以体现公权力对隐私权的尊重。可见,在法律规制隐私权干预措施运用的过程中,公共利益与隐私利益保护之间并不是"非黑即白"的对立关系,两种利益事实上处于动态平衡的状态。

其三,隐私权干预措施运用效果越是突出,相关的法律规制就应当越严格。从世界范围来看,各国侦查机关当前几乎都在实务中运用隐私权干预,其理由无非以维护公共利益为说辞。但是,如果不对这一逻辑作出限制,就可能得出非常极端的结论:侦查中,可以对所有案件及所有案件的涉案人员运用隐私权干预,甚至可以为了预防犯罪,而对所有公民的私生活进行大规模的监控。这种逻辑加深了个人对公权力侵害其隐私的惶恐,最终的结果将是公共利益和个人隐私都难以得到保障。经验表明,侵害强度较小的侦查措施的实效性会偏弱,而实效性强的侦查措施的侵害强度也较大。这一经验在隐私权干预的运用中也是适用的。隐私权干预实践运用的突出效果,也伴随着对公民隐私权的严重干预。由于在现代公民权利体系当中,隐私权的地位极为特殊与重要。因此,隐私权干预措施在性质上属于严重侵害公民权利的侦查措施。如果对这一措施的运用不加以规制,而任由侦查人员自由选择适用,那么当面对多种措施实施均可以实现侦查目的与任务时,侦查人员势必会选择采取隐私权干预以实现侦查活动运行的实效性与便利性。正因为如此,隐私权干预运用效果越是突出,对其的法律规制就越应强调对隐私权的保护。

2.3 侦查中隐私权干预法律规制的特殊性: 基于隐私权干预运用特征的视角

2.3.1 对侦查启动门槛的冲击

传统的刑事诉讼制度设计是"回应性""事后压制型"的,概因刑事司法通过损害法益的方式来保护法益,并非在道德和善行上无可指责。国家必须努力以最小的刑罚实现最大的社会福利。所以,国家应当将刑事司法的启动限制在绝对必要的限度内,同时强调刑事司法是应对犯罪的最后手段。因此,侦查作为刑事司法的开始和基础阶段,侦查机关只能在获取犯罪线索后才能启动侦查以及运用侦查措施。此时,侦查的开展实际上是侦查人员从个案证据中所发掘出来的个别线索出发,在特定的侦查方向和范围内发现具体嫌疑、寻找具体犯罪嫌疑人的过程。进一步言之,侦查以及侦查措施运用的启动要件以犯罪嫌疑为前提,亦即必须具备相当理由或者合理根据足以认为有犯罪嫌疑存在时,才允许开展侦查、运用侦查措施。启动侦查、强制侦查措施所要求的嫌疑程度，必须依社会经验事实的客观标准而认定，不能纯粹以侦查人员的主观判断为标准。这一原则在其他国家的侦查法治中也有规定，比如在美国必须有合理怀疑即事实认知确定率须达 20％，警察才可进行拦阻或盘查；必须有怀疑即事实认知确定率须达 10％，警察方可开始侦查[①]。

　　隐私权干预运用增强了侦查机关发现犯罪线索的能力，部分隐私权干预运用还有预防犯罪或者抓获现行犯之功能，导致这些隐私权干预可能在无具体犯罪嫌疑的阶段就已经派上用场了。例如，在大数据侦查中，侦查人员处理公民个人数据信息不全然是由个案出发的，而可能是在没有犯罪嫌疑的情况下，从大量的公民个人数据信息中寻找与案情有关的个人数据信息。这种侦查方法的雏形早在 20 世纪 70 年代联邦德国刑事侦查局在进行相关调查时就得到了运用，后《德国刑事诉讼法典》将其命名为"计算机排查侦缉"。由于警方不知恐怖犯罪嫌疑人为何人，但敢断定嫌疑人以假名承租法兰克福市的公寓。所以，侦查机关尽管知道具体的犯罪嫌疑人人数极少，但为了确定嫌疑人究竟为何人，仍将该市所有承租人的资料和其他官方资料（如出生登记证明、驾照）等加以比对，以此去除不可能为嫌疑人的人群。换言之，警方并非以特定的犯罪嫌疑为由进行侦查，而是直接将所有属于该群体（大都市公寓的承租人）的成员视为潜在犯罪嫌疑人或可能犯罪人进行审查。此时，不特定的居民被当作侦查对象，而警方最后查出大约有 10 人，其名字与数据库中的实名不符，认定他们是高度嫌疑的对象。德国有刑法学家对此展开了批评，其中最重要的观点就是将一般民众置于"概括嫌疑"的思维，即以一般民众为侦查对象，把一般民众

----

　　① 参见蔡庭榕．论警察临检之发动门槛——"合理怀疑"与"相当理由"[J]．警察法学，2003，1（1）：39－42．

当作犯罪嫌疑人。[①] 此时,犯罪嫌疑原则未发挥其制约侦查之功能,且侦查机关将社会大众或特定群体当作侦查对象侵犯了当事人的人格权特别是信息自主权。

可见,隐私权干预的运用突破了传统法律规制框架在起点上的约束,凸显出这一制度的固有漏洞,使得此前法律规定的侦查启动门槛流于形式,形成了侦查初期或者"准侦查阶段"隐私权干预法律规制的真空或者稀薄状态。

2.3.2 对法律保留原则的冲击

现阶段,隐私权干预的运用早已脱离了有形的、强制性的外壳,由此也产生了隐私权干预措施究竟属于强制侦查措施还是属于任意侦查措施的争议。对于这些问题的争议,直至人们在隐私权保护上达成共识,法律才逐渐将部分隐私权干预措施运用纳入法治轨道。然而,法律的固定性、滞后性与侦查实践的复杂性、丰富性之间存在的矛盾显而易见,技术发展的爆炸性和多元化使得实务中的隐私权干预措施纷繁复杂、各有特色。法律保留原则要求对强制侦查措施进行明确授权,很多国家的法律也确实对部分隐私权干预措施的运用作出了规定,但既有的规定仍与侦查机关在不同情境下运用隐私权干预措施的内在需求相去甚远。更为重要的是,与日新月异的隐私权干预措施运用实践形成反衬的是,多数国家尚未对一些隐私权干预措施进行法律规制。也就是说,这些国家中部分隐私权干预措施的强制侦查措施属性仍未得到承认。之所以出现这一现象,一方面是因为强制侦查措施与任意侦查措施区分标准方面的争议一直存在,另一方面则是由于隐私权概念本身的不稳定性以及可拓展性使得隐私权干预法律规制的进程略显缓慢。此乃通过法律保留原则规制隐私权干预措施存在的

---

① 参见葛祥林.数字化、大数据和人工智能对刑事诉讼的冲击[J].高大法学论丛,2020,15(2):52.

问题之一。

通过强制侦查措施法定原则规制隐私权干预存在的问题之二,是部分公权力行为在性质上难以被清晰界定,导致一些隐私权干预措施可能规避刑事诉讼法的规定而援引警察法作为其运用依据。在风险社会,犯罪与风险的契合点在于,不再从现实后果上理解犯罪,将其作为一种实害或者危害行为,而是从未来预期上将潜在的犯罪威胁视为风险。为了回应公众对犯罪风险的过度担心,侦查机关不再仅被视为单纯的法律执行机构,而应成为智能化、主动型的犯罪控制机构。① 此时,部分隐私权干预措施出于预防犯罪之目的而被大规模运用,典型的代表是公共视频监控和大数据侦查等。这些隐私权干预措施运用发挥着犯罪预防的功能,其法律依据一般为警察法及其相关规定,但一旦犯罪发生,以预防犯罪为名实施的隐私权干预措施就立刻转化为侦查措施,继而对犯罪进行实时监控和记录,并且完成相关的取证活动。这导致仅依靠刑事诉讼中的相关规定,难以对隐私权干预措施运用形成全面有效的限制。

2.3.3　对正当程序原则的冲击

从本质上看,起源于英美法系国家的正当程序原则,是确保案件得到公正审判的基本理念。这一理念与英美法系国家"以审判为中心"的诉讼制度密切相关。在正当程序原则的实际运作中,法官审判中违法的现象相对而言不易发生,被告人的诉讼权利也能够得到完善的保障。但与此不同的是,审前程序特别是侦查程序普遍具有相当程度的封闭性和秘密性,犯罪嫌疑人能够享受的诉讼权利与审判阶段的被告人相比较为有限,很多国家即便允许律

---

① 基于这种理念嬗变,警察的调查方法发生了很大变化,一些"预防性犯罪控制手段"的侦查方法开始在侦查实践中推广。参见程雷.大数据侦查的法律控制[J].中国社会科学,2018,40(11):170.

师介入侦查,但这种介入更多在于防止侦查人员违背"不得自证其罪原则"而实施的违法讯问,其对于避免大部分强制侦查措施违法实施的作用比较微小。详言之,就侦查机关所为侦查措施而言,其在运作中所形成的诉讼关系并非审判中控、辩、审的三方关系,更多情况下实际上是侦、嫌的双方关系。此时,侦查人员实施侦查措施往往不会直接告知当事人相关情况,更遑论听取其辩解和意见,故侦查程序能否将正当程序原则作为其基本原则,也并非毫无疑问。① 即便如此,更普遍的观点仍坚持必须给予强制侦查措施运用设定最低限度的正当程序要求,即给予可能因国家权力作用而权利受限者适当的通知与听取其辩解的机会,同时以法官所颁发之令状对侦查措施运用形成实质限制。但是,隐私权干预实施时,一般不会也不能直接向当事人出示令状。因为一旦当事人知晓侦查机关即将实施隐私权干预,其警惕或者防备行为将直接导致隐私权干预效果大打折扣甚至直接归零。由于当事人不知侦查机关隐私权干预是否已经实施,自然也无法及时主张法律救济。故隐私权干预法律规制能够在多大程度适应正当程序原则的要求值得怀疑。

另一方面,正当程序原则虽将程序性制裁作为维护其运行的制度保障,但程序性制裁针对的是违法侦查措施运用所获取的证据。基于这一制度设计,法院可以对侦查机关实施隐私权干预措施的合法性和合理性进行审查,能够依法排除未经批准、超出权限和范围的隐私权干预措施运用所获取的证据。然而,现实的情况却是大多数隐私权干预措施运用并非以获取证据为直接目的,部分案件中侦查人员首先通过隐私权干预措施运用获取与犯罪有关的线索,这些线索可为后续侦查提供支持和帮助,借此使得日后实

---

① 有论者认为,侦查程序"相对于审判程序突出的特点是:其一,程序的不公开性;其二,不具各方诉讼参与人的共同参与性;其三,为审判程序进行准备的基础性"。这些特点给侦查中正当程序原则的适用带来了一定影响。参见顾永忠.刑事辩护:国际标准与中国实践[M].北京:北京大学出版社,2012:192.

施的其他侦查措施更有把握。例如,在讯问准备阶段,侦查人员可以运用隐私权干预措施全面了解犯罪嫌疑人的个人情况和犯罪情况。讯问时,犯罪嫌疑人在侦查人员面前如同"透明人",侦查人员能够轻易通过"模糊语言""心理暗示"等策略方法,突破嫌疑人心理防线从而获取其口供;又如,侦查人员通过隐私权干预措施获知犯罪嫌疑人隐匿赃物的地点,然后持合法令状公开搜查上述地点从而发现了赃物;等等。在这些情形下,隐私权干预措施运用未获取任何证据,自然也不可能引发程序性制裁的不利后果,但其获取的线索却为整个案件的成功侦办奠定了坚实基础。另外,从犯罪嫌疑人、被告人的角度来看,如果要在诉讼中论证隐私权干预措施运用违法性的主张无疑会增加诉讼周期,这将导致犯罪嫌疑人、被告人羁押期限的延长,而隐私权干预措施的运用多是秘密进行的,这也必然对犯罪嫌疑人、被告人一方造成较大的举证压力。因此,正当程序原则及其具体制度在对隐私权干预进行法律规制时,也需要与时俱进地对其进行修正。

2.3.4　对令状原则的冲击

令状原则的适用是通过司法权对强制侦查措施进行法律规制的手段之一。作为正当程序原则实现的另一项保障性制度,令状原则要求在事前对强制侦查措施的运用进行制约和提示,在事后以令状依据对强制侦查措施的合法性进行审查。隐私权干预法律规制对于令状原则的冲击,首先表现在令状原则适用本身存在的一些问题。例如,美国、德国等一直坚持监听运用前的令状原则,而英国在2016年《侦查权力法案》颁布前,对监听的审判采用的却是内部审批机制。按常规的经验来理解,由客观中立的司法机关对监听进行事先授权,其法律规制的力度必然强于由侦查机关内设机构对监听进行授权的力度。换言之,美国和德国对监听的法律规制模式,应当比英国对监听的法律规制模式更符合通信隐私保护的要求。然而,相关的统计数据却显示,英国监控运用的数量远小于美国、德国监控运用的数量。① 因此,司法实践中令状原则是否能够完全发挥其规制侦查的功能值得怀疑。产生这一现象的原因必然是复杂的,但其中一种可信的解释是供司法审查的相关信息均由侦查机关提供,由于缺少当事人参与,这些信息反映事实的全面性甚至真实性都取决于侦查机关的供给。所以,在信息不对称的情况下,法官对令状进行审查的能力难以保证。

其二,之所以设计令状原则就在于侦查人员在判断能否适用强制侦查措施时可能过于独断自信,因此要求法官必须基于相当理由才能签发令状。然则,法官能够对是否采取强制侦查措施的相当理由做出更为正确判断的说法似乎并不具备说服力。其原因在于,侦查人员在从事工作中所累积的经验,在个案中与犯罪直接近距离接触的便利,可能使其更容易理解在部分案件中特定强制侦查措施实施之必要性。对于隐私权干预措施而言,其多为实务中的新型侦查措施,它们依靠的技术手段在操作原理、具体运作等方面与传统侦查措施截然不同。在这样的情况下,法官能否比侦查人员更加客观地把握隐私权干预措施运用的相当理由之标准,确实值得怀疑。

其三,司法机关审查令状申请时,侦查机关欲干预的嫌疑对象可能尚不存在,如通过大数据侦查运用发现锁定犯罪嫌疑人。在这种情况下,法官只能从形式上对隐私权干预措施运用是否符合法律要件进行审查,而难以在实质上对隐私权干预措施运用形成有效的法律控制。

---

① 1968 年至 1996 年间,美国有超过 2 万件监控令状申请,法官驳回的案件仅有区区 28 件,驳回率仅为万分之十四。德国的统计数字也显示了相同的趋势,法官对执法人员提出的监听申请驳回率仅为 0.4%,大多数法官的批准令状都是重复执法人员令状申请书中的理由,90% 的案件中法官完全同意了侦查机关的申请要求,且 70% 左右的令状申请在一天内就得到了法官的批准。但是,同一时期英国每万人适用监听的数量仅为 6 人。转引自程雷.秘密侦查比较研究[M].北京:中国人民公安大学出版社,2008:518.

其四,隐私权干预法律规制对传统令状制作的内容也带来了突破。根据令状原则的要求,令状制作应该"特定化",即具体地指明令状适用的范围、对象、时限、根据以及欲获取的证据、线索等事项,以区别于空白令状、概括令状等。但是,部分隐私权干预措施运用的法律规制不完全适用传统的令状原则:(1)部分隐私权干预措施实施时,侦查人员可能根本不知道隐私权干预措施能够收集到哪些证据和线索,也不能确定这一措施是否必然能够收集到证据和线索,所以,令状中记载欲获取的证据、线索似乎并不可能。(2)部分隐私权干预措施实施时,侦查人员尚未明确隐私权干预措施运用的具体对象,如侦查人员对不特定人群的行踪进行调查,试图发现其行踪与案发时空轨迹重合的人员,所以,令状中记载措施作用的对象似乎也不可能。因此,相关传统令状的格式和内容等应当重新进行设定。

综上所述,实务中隐私权干预措施的实施借助高科技,它们不再主要表现为物理有形力的形态,其侵犯当事人的隐私利益,但未使当事人直接承担负担义务。在法律规制方面隐私权干预措施运用的特征使得传统侦查规制原则及其对应的保障机制受到了一定程度的冲击。

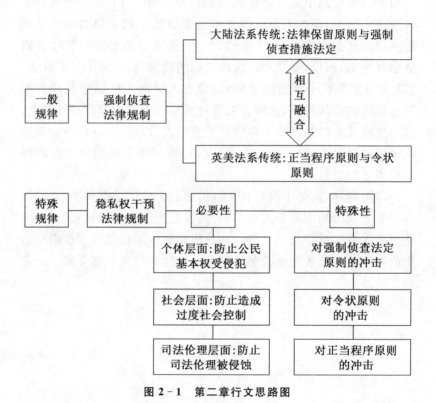

图 2-1　第二章行文思路图

第三章

美国侦查中隐私权干预
法律规制的考察分析

在全球范围内,美国是科技和法制最发达的国家之一,它是最早将隐私权干预措施运用于侦查的国家之一,也是最早提出"隐私权"概念并倡导对这一权利进行保护的国家。传统上,美国在刑事诉讼中坚持正当程序原则以及由此派生出的令状原则,因此,对于侵犯公民"隐私合理期待"的执法措施,法律要求执法人员事先取得由法官颁布的令状。随着宪法判例的不断积累,以及公众对于隐私权干预运用法治化期待的提高,美国也出台了部分成文法对隐私权干预的运用进行法律规制。

3.1 美国宪法上隐私权的内涵与保护方式

美国宪法制定之初,并未对隐私权保护作出明确规定,但此后国家权力侵犯个人隐私的案件不断涌现,美国法院尤其是联邦最高法院通过宪法解释创制了宪法上的隐私权。与普通法上的隐私权保护相区别,宪法上的隐私权保护主要目的在于对政府的执法行为进行规制。在 1965 年的"格里斯沃尔德诉康涅狄格州案"

(Griswold v. Connecticut)中[1]，联邦最高法院指出，避孕权是个人应当享有的基本隐私权，是联邦宪法所保护的法益。该案在联邦宪法制度上的意义在于：一方面，"格里斯沃尔德诉康涅狄格州案"确定了"伴影理论"（Penumbra）。由大法官道格拉斯（Justice Dauglas)主笔的判决书中，通过"伴影理论"来推定宪法上隐私权的成立，即宪法修正案中除了明确列举的宪法权利外，还有部分边缘性的宪法权利，这些边缘性的宪法权利被包含于宪法修正案中所确立的具体基本权条款的"伴影"中。另一方面，"格里斯沃尔德诉康涅狄格州案"以"伴影理论"为理论依据，从宪法第1条修正案中推导得出自决隐私权为宪法上的基本权，进而认定《康斯托克法》的出台是对夫妻之间"隐私关系的最大限度的破坏"。此后，联邦最高法院沿袭这一思路，将自决隐私扩展到其他方面，如未婚夫妇的节育权[2]、妇女的堕胎权[3]、年满16岁的未成年人的避孕权[4]、同性恋关系权[5]和同性婚姻权[6]等。

由于确定了"伴影理论"，人们认为很多宪法修正案中具体基本权的"伴影"都包含着隐私权，即这些宪法条文保护的法益与隐

---

[1]　本案是美国公民获得避孕权的一个里程碑式的案例。根据基督教教义，人类的任何生育控制行为都是一种宗教上的罪恶。受此影响，美国社会不仅排斥避孕行为，而且大多数州制定了禁止避孕的法律。该案涉及康涅狄格州的《康斯托克法》（Comstock Law)，该法禁止任何人使用"任何药物、药用物品或工具以防止受孕"。联邦最高法院裁定该法规违宪，认为《康斯托克法》的"明显效力是拒绝处境不利的公民……获得有关适当生育方法的医疗援助和最新信息"。联邦最高法院还认为该法律侵犯了"婚姻隐私权"。这一判决为隐私自决行为奠定了隐私权的基础。在本案及其他案件中，隐私权被视为"保护免受政府干预的权利"。See 381 US 479(1965).

[2]　See Eisenstadt v. Baird, 405 U. S. 438(1972).

[3]　See Roe v. Wade, 410 U. S. 113(1973).

[4]　See Carey v. Population Services International, 431 U. S. 678(1977).

[5]　See Lawrence v. Texas, 539 U. S. 558(2003).

[6]　See Obergefell v. Hodges, 135 S. Ct. 2584(2015).

私权之间形成了绑定关系①。不仅如此,20世纪60年代以来美国经济社会迅速发展,大量的政府机关和私人机构为了更便捷、更轻松地处理各自业务,开始广泛收集个人数据信息,并且建立了数量庞大、种类繁多的数据库。这些做法的普遍化趋势使得美国民众开始担忧信息化背景下个人隐私保护的问题。然而,此时普通法上的隐私权以及宪法上的隐私权都难以涵盖个人信息隐私保护的内容。因此,在"罗诉韦德案"(Roe v. Wade)②以及"沃伦诉罗案"(Whalen v. Roe)③的判例中,联邦最高法院从宪法第1条、第4条、第5条以及第14条修正案中形成了信息隐私权的论证路径④。具体来说,1973年的"罗诉韦德案"判决确定了广泛收集数据信息对个人隐私所造成的侵害,1977年的"沃伦诉罗案"使得隐私权外延扩展至信息隐私权,以保护个人私密信息免于被政府强迫揭露,以及赋予公民控制其私密信息的权利。此后,美国国会针对这一问题出台了个人信息隐私保护方面的法律,如1974年《隐

---

　　①　如宪法第1条修正案中信仰自由、言论和出版自由中包含了决策隐私的内容;宪法第3条修正案禁止士兵在和平时期未经房主同意驻扎在其住宅的规定中包含了保护隐私权的内容;宪法第4条修正案禁止不合理的搜查和扣押中包含了保护隐私权的内容,等等。

　　②　本案是美国联邦最高法院第一个肯定宪法上信息隐私权的判决。在由大法官史蒂文斯(Stevens)主笔的多数意见特别强调:吾人并非不知以计算机化数据库或其他政府档案广泛搜集的个人信息对个人隐私所造成侵害。课税、社会福利的发放、公共卫生的监督、军队的指挥及刑法的执行皆须有秩序地保存大量数据,其中甚多属个人性质,一旦公开将会令人难堪不安。为公共利益搜集及使用此等数据的权利,负有避免不当揭露的法令上的义务。See 410 U. S. 113(1973).

　　③　本案是美国联邦最高法院关于电脑储存个人数据信息的第一例判决。该案涉及纽约州一项利用电脑储存特定病人个人数据信息(包括开处方的医生姓名,配药房,药物和剂量,以及患者的姓名、地址和年龄,等等)的法律是否有效的问题。大法官史蒂文斯认为,政府行政需要大量的个人数据信息,但随之而来的防范个人数据信息被不当收集与揭露就成为一个重要的法律问题。本案中确定了两个可能受到宪法保护的不同隐私权——"控制个人信息披露的利益"和"能够做出不受政府影响的某些个人决定的利益"。See 429 U. S. 589(1977).

　　④　参见齐爱民.美国信息隐私立法透析[J].时代法学,2005,7(2):109.

私法》、1978 年《金融隐私法》等。但是,由于美国采用个别化的方式进行立法,相关法律制定多针对特定领域或者行业中的特定问题,具有明显的局限性和分散性。

特别要提及的是美国宪法第 4 条修正案对于公民隐私权的保护①。宪法第 4 条修正案规定公民的人身、住宅、文件和财产不受政府机关不合理的侵犯(搜查或扣押)。自"奥姆斯特德诉美国案"(Olmstead v. United States)②以来,联邦最高法院曾在多个案件中反复强调③,除非实施物理侵入他人住宅或者实际扣押他人有形财产的情形发生,否则不构成对宪法第 4 条修正案的违反。这些判例中强调判断搜查和扣押行为是否存在的标准为"物理侵入标准"。因此,诸如安装窃听设备对公民通话进行窃听的执法行为,并不违反宪法第 4 条修正案。但是,在"卡兹诉美国案"(Katz v. United States)中,联邦最高法院摒弃了物理侵入标准,认定联邦调查员在卡兹经常出入的公共电话亭内安放窃听装置监听卡兹对话的行为侵犯其个人隐私,属于宪法第 4 条修正案下的搜查。大法官哈伦(Harlan)在协同意见书中提出是否存在搜查和扣押的判断标准——"隐私合理期待"(reasonable expectation of privacy)。因此,基于美国宪法第 4 条修正案构建出空间隐私权、身体隐私权等,该宪法条文也成为保护上述两类隐私的宪法性条文。在近些年的"琼斯案"中,联邦最高法院一改过去认为公共空

---

① 该条款规定:"公民的人身、住宅、文件和财产不受不合理搜查和扣押的权利,不得侵犯,除非基于相当理由,以宣誓或代誓宣言保证,并记载特定的搜查地点和扣押的人或物。"

② 该案涉及包括罗伊·奥姆斯特德(Roy Olmstead)在内的数名被告人,他们对自己的定罪予以质疑,认为警方使用窃听私人电话交谈的证据构成对宪法第 4 条和第 5 条修正案的违反。这些窃听行为持续了几个月,记录显示出被告人及其雇员的商业交易的重要细节。这些被告人因涉嫌串谋通过非法持有、运输和出售酒精违反《国家禁止法》而被定罪。See 277 U. S. 438(1928).

③ 诸如"高盛诉美国案"(Goldman v. Unites Status),See 316 U. S. 129(1942);"李诉美国案"(Lee v. Unites States),See 343 U. S. 747(1952).

间不存在隐私合理期待的既有观点,确认公民在公共场合长时间的行踪受到宪法保护,因此在宪法解释上确立了活动隐私权。

综上所述,美国宪法上的隐私权主要分为三种类型:(1)有关亲密性事物的自决隐私权;(2)立足于宪法第4条修正案所构建的空间隐私权、身体隐私权和活动隐私权等;(3)信息隐私权。实际上,自1890年首创"隐私权"概念以来,美国隐私权的内涵和外延持续扩大。造成这一事实的重要原因是,"现代社会的重要特征在于,要求政府的行为越来越公开透明,而对个人隐私则越来越强化保护"①,而美国法中并不存在与大陆法系类似的具体人格权制度。为此,美国法不得不通过持续扩张隐私权的涵射范围来保护具体的人格利益。因此,人们发现美国法上的隐私权涉及范围极为宽泛,不仅包括肖像、姓名等具体人格利益②,更延展至自由、尊严等一般人格利益,成为一种包罗万象的"口袋权利"③。

3.2　以宪法第4条修正案为中心对隐私权干预进行法律规制

3.2.1　宪法第4条修正案的基本内容

在美国,全国范围内没有一部完整的刑事诉讼法典,但国会制定了一系列与刑事诉讼相关的成文法④。然而,从影响力来看,这

---

① 王利明.人格权法的新发展与我国民法典人格权编的完善[J].浙江工商大学学报,2019,33(6):32.

② 参见《美国侵权法重述》(第二版)第652C条和652E条。

③ 对此,王泽鉴指出,"美国联邦最高法院在若干重要判决释述隐私权的概念……强调此涉及人之尊严、自由价值"。参见王泽鉴.人格权的具体化及保护范围·隐私篇(上)[J].比较法研究,2008,33(6):8.

④ 包括1968年《陪审团遴选和服务法》、1968年《综合犯罪控制与街道安全法》、1974年《迅速审判法》、1984年《保释改革法》等等。联邦最高法院还制定了《联邦刑事诉讼规则》《联邦上诉程序规则》和《联邦证据规则》等具体诉讼规则。

些成文法律远远不及联邦宪法及其相关判例①。美国几乎所有的刑事诉讼法教科书,都不会直接对相关的成文法进行分析,而是直接以宪法及其判例为依据对美国的刑事诉讼制度进行说明。由于美国刑事诉讼法与宪法之间存在紧密联系,联邦宪法中的"人权法案"(The Bill of Rights,宪法修正案第 1 条至第 10 条)成为刑事诉讼程序运行的指导纲领②,特别是宪法第 4 条、第 5 条、第 6 条、第 8 条修正案赋予犯罪嫌疑人、被告人的相关权利,并且通过宪法第 14 条修正案"正当法律程序"的规定,将其适用范围扩展到所有州③。

在诸多宪法修正案中,与本书研究主题关联性最强的当属第 4 条修正案。该宪法条文的制定旨在禁止或者杜绝不合理的搜查和扣押。为此,法律要求搜查和扣押的执行必须符合两方面的要求:一为具备相当理由;二为获得合法的令状。除此之外,第 4 条修正案在其表述中极其细致地为公民设定了一项权利——不受不合理搜查和扣押的权利。这一宪法修正案的产生并非保障公民的抽象的权利,而是与特定情境下受到威胁的权利相联系,这一特定

---

① 实际上,在法律实践中,"每当生命与自由面临危险,人们都会对美国最高法院的里程碑式判决进行认真研究"。参见杰弗里·图宾.九人:美国最高法院风云[M].何帆译.北京:三联书店出版社,2010:85.

② 从法律意义上讲,美国侦查法制的真正产生是美国建国以后的事情。1787年,美国宪法制定后,其内容中没有专门关于公民基本权的规定,特别是该宪法将《独立宣言》中关于"人人生而平等"及有关规定公民权的内容一笔勾销,引起了美国民众的强烈不满,他们提出反对意见,认为应在宪法中明确对公民基本权作出规定。鉴于以上情况,美国第一届国会开会时,制定规定公民基本权的宪法修正案,就成为其立法议题的重中之重。会议委托麦迪逊等人起草了相关草案,在经过一段时间的讨论和修改后,1789 年 9 月 25 日,国会颁布了规定公民基本权的 10 条宪法修正案。最后各州议会批准了这 10 条宪法修正案,即《权利法案》。

③ 当然,各州也会制定属于本州的刑事诉讼法;各州宪法在各州刑事诉讼程序中也占有重要地位。州宪法的某些条文内容虽然可能和联邦宪法完全相同,但各州法院法官可以凭自身对法的确信来解释各州宪法,很多州给予犯罪嫌疑人、被告人更为周密的保障。也就是说,美国联邦宪法的规定只相当于犯罪嫌疑人、被告人在刑事诉讼中最低限度的法定权利保障。

情境即在未满足相应条件的情况下实施的针对人身、住宅、文件和财产的搜查和扣押。这一条文在适用中衍生出许多争论，包括：（1）特定的政府行为是否构成搜查或者扣押；（2）如果构成搜查或者扣押，该搜查或者扣押是否合理。对于前一个问题，在美国法的语境下，现今的主流观点认为搜查是"政府对人民合理之隐私期待的入侵"，扣押是"某人因违法而使政府取得支配或者控制其物品或其人的权利"①。美国法中的搜查与扣押是两个独立的行为，而非一个前后相继的行为。此外，"搜查是一种即时的行为，扣押则是一种持续的状态"②。对于后一个问题，只有同时满足实质条件（具有相当理由）和形式条件（具备合法令状）时，相关执法行为才能被称为合理的搜查和扣押。但是，这些争议并不是第4条修正案适用中面对的核心问题，该条文适用的真正核心问题在于基于保护何种法益对相关问题作出解释。

美国宪法第4条修正案的众多判例构建了搜查的具体法律规制制度，它们涉及实施搜查的方方面面的法律规定。部分有识之士虽然批评各判例中的模糊甚至矛盾之处，但这些判例直接源于司法实践，其最重要的特色是鲜活具体，它们从搜查的对象、理由、权限、范围、程序和非法搜查的法律后果等方面，建构了搜查实施的具体法律规制制度③。还要注意的是，非法证据排除规则是美

---

① Rolando V. del Carmen.美国刑事侦查法制与实务[M].李政峰，林灿璋，邱俊诚等译.台北：五南图书出版公司，2006：259.

② 易延友.刑事诉讼法[M].第四版.北京：法律出版社，2013：166.

③ 其一，搜查的对象。常见的搜查对象有犯罪现场、嫌疑人身体、被害人尸体、交通工具、机动车辆、旅店房间、公寓房间、住处、办公室等。其二，搜查的理由。美国警察在实施搜查时，一般必须基于"相当理由"才允许实施，极少数特殊情况下基于"合理怀疑"也允许实施。"合理怀疑"，其确信度量化低于"相当理由"，一般认为其确信度是30%以上的确定性，"相当理由"的确信度需达到40%（参见王兆鹏.美国刑事诉讼法[M].第二版.北京：北京大学出版社，2014.200.）。其三，搜查的权限。搜查的权限可分为搜查决定权和搜查执行权。基于联邦宪法第4条修正案令状主义的要求，搜查决定权原则上属于法官，由法官签发令状来确定。侦查机关只有在紧急情况下才享有搜查决定权，此时可以进行无证搜查。其四，搜查的范围。无论是有证搜查还（转下页）

国联邦最高法院强制政府执法落实第 4 条修正案精神的重要方法。非法证据排除规则,简单来说就是违反第 4 条修正案要求的执法行为所获得的证据,不能在刑事诉讼中用以指控被告人。非法证据排除规则在 1914 年的"威克斯诉美国案"(Weeks v. United States)①中得以确定。1960 年的"埃尔金斯诉美国案"(Elkins v. United States),联邦最高法院指出"这一规则的确定是保证宪法获得尊重的唯一方法,它将让执法人员失去非法取证的动因"②。但是,直到 1961 年的"马普诉俄亥俄州案"(Mapp v. Ohio)③,联邦最高法院才让第 4 条修正案(包括非法证据排除规则)运用到各州。美国对于非法证据排除规则适用采取了最坚决的态度进行维护,不仅要求绝对排除非法证据,而且证据排除的范围还涉及基于非法证据所获得的其他证据(即"毒树之果")。但是,1984 年以来,联邦最高法院的一些判例对非法证据排除规则的适用作出了一定的限制,这些限制主要包括"善意信赖例外"④

(接上页)是无证搜查,其搜查范围都必须依特定的标准加以确定。对于有证搜查,搜查的范围必须严格限制在令状制定的范围内;对于无证搜查,如判例规定了"一览无遗原则",即警察在执行任务时,偶遇与犯罪有关的物品,无须授权即有权没收该物品并在刑事审判中作为证据使用。其五,搜查的程序。以住宅搜查为例,警察持搜查证进入住所搜查之前,原则上必须先敲门,待告知开门人自己的身份和目的后,才能被允许进入住所。美国多数州明确禁止警察逮捕或搜查时直接破门而入,但紧急情况例外。其六,非法搜查的后果。如果警察获取证据的方式侵犯了公民享有的第 4 条修正案规定的不受不合理搜查的权利,则公诉人不允许在审判中利用该证据证明被告有罪。这项规则就是人们所熟知的非法证据排除规则,它试图通过使执法人员丧失非法搜查和扣押的动机,来吓阻他们实施非法搜查行为。

　① See 232 U. S. 383(1914).
　② See 364 U. S. 206(1960).
　③ See 367 U. S. 643(1961).
　④ 在"美国诉里昂案"(United States v. Leon)中,最高法院采用了"善意信赖原则",认为警官出于善意信赖一份搜查令而扣押所获得的证据,即使是在事后发现搜查令存在缺陷的情况下仍然有效。不过,如果警官不诚实或鲁莽地为了获得搜查令而宣誓,那么之后根据这份有欠中立搜查令所获得的证据仍然会被排除。See 468 U. S. 897(1984).

和"必然发现例外"①等。

3.2.2　宪法第 4 条修正案保护利益的变迁："隐私合理期待"的提出

自第 4 条修正案制定以来,两种法益先后主导了人们对第 4 条修正案的解释,不同的解释也导致人们对搜查和扣押内涵认识的差异。最初,人们倾向于认为第 4 条修正案维护的是私有财产利益②,因为自由只有加之于财产上才能真正实现。基于这一角度,联邦最高法院在 1928 年"奥姆斯特德诉美国案"中确定了"物理侵入规则"(property-rights/trespass approach),如果不存在对"宪法保护的领域"——就像"人身、住宅、文件和财产"这一宪法短语界定的那样——的物理性侵入,就不存在法律意义上的侵害,那么,就不会适用第 4 条修正案的规定③。物理侵入规则的确立使得第 4 条修正案主要规制对宪法保护的领域实施物理侵入的公权力行为,只有对宪法保护领域实施了入侵行为才被认为第 4 条修正案上的搜查或者扣押。这意味着,物理侵入的缺失不是不对搜查和扣押的合理性产生影响,而是根本不存在搜查或者扣押。因此,"奥姆斯特德诉美国案"中,包括奥姆斯特德在内的几名当事人,对定罪证据予以质疑,认为联邦调查局使用窃听私人电话交谈

---

①　在"尼克斯诉威廉姆斯案"(Nix v. Williams)中,法院认定某项原来非法获得的证据如果能够通过其他合法调查途径"必然"被发现,那么它就具有可采性。对于"必然发现"的证明标准,联邦最高法院认为,控方只需证明必然性达到了优势证据的程度,而不要求达到更高的"无恶意"标准。See 467 U.S. 431(1984).

②　根据古典自由主义的意识形态,财产是绝对的、神圣的。在洛克看来,财产是个人之劳动作用于自然物而产生的,"既然劳动是劳动者的无可争议的所有物,那么对于这一增益的东西,除他以外就没有人能够享有权利","这种所有物是旁人无权要求的"。参见洛克.政府论[M]:下篇.叶启芳,瞿菊农译.北京:商务印书馆,1996:19-22.此外,人们还认为"财产是一个人自由意志的体现,是他的自由的外在领域"。参见伯纳德·施瓦茨.美国法律史[M].王军等译.北京:法律出版社,2007:135.

③　参见约书亚·德雷斯勒,艾伦·C.迈克尔斯.美国刑事诉讼法精解[M]:第一卷.吴宏耀译.北京:北京大学出版社,2009:70.

的证据违反了宪法第 4 条和第 5 条修正案保护公民权利之规定。彼时，由于最高法院认为窃听私人电话之行为未表现为对公民个人财物的物理性侵入，因此，窃听并不构成第 4 条修正案所指的搜查或者扣押，奥姆斯特德等人的意见被驳回①。

然而，伴随着大工业的崛起，社会和经济关系变得复杂，自由主义理论绝对指导下的经济问题在 1929 年爆发，这些经济问题最终蔓延演变为美国全境的经济危机。彼时，私有财产受到绝对保护的地位在严峻经济形势下受到冲击。随之而来的"二战"和紧随其后的"冷战"，使得美国政府的权力迅速扩张，"政府具有明确责任促进社会福利的制度，甚至可以以牺牲个人财产权作为代价"②。因此，公民绝对的财产权开始受到限制和削弱，特定情况下国家对财产权的保护也必须受限于维护公共利益的需要。此外，将财产利益解释为第 4 条修正案保护的核心法益，也存在一些无法脱离的困境：其一，"私有财产神圣不受侵害"这一原则为公权力的行使设下无法逾越的屏障，只要合法的私有财产成为搜查和扣押的目标，搜查和扣押即会被认为不合理。只有当持有人对该物品、文件等不享有所有权时，搜查和扣押才有可能会被视为合理。换言之，私人合法的物品、文件等不在可搜查和扣押的范围内，此正如联邦最高法院所指出的："是所有人的物品和动产……他最宝贵的财产；并且……它们几乎不受任何检查。"③但是，如果在搜查和扣押的范围上作出如此限制，无疑是不利于维护社会公益特别打击控制犯罪之目的实现的。其二，政府权力的扩张及其对公民私人生活的大量渗透也引发了新的担忧，财产以及财产保护之上的个人自由逐渐丧失其作为个人人格表达的重要性，此后

---

① See Olmstead v. United States：277 U.S. 438(1928).

② 伯纳德·施瓦茨.美国法律史[M].王军等译.北京：法律出版社,2007：182,245.

③ Boyd v. U.S.,116 U.S. 616 @627－628. 转引自 R.瑞兹.电子通信中的隐私权[M].林喜芬等译.上海：上海交通大学出版社,2017：89.

法律进入以保护人身权和自由权为主的时代。在这种背景下,如果再将第 4 条修正案完全视为对财产利益的保护就显得十分不合时宜了。这不仅课予财产利益保护功能上的"不能承受之重",也剥夺了对公民不受不合理搜查和扣押权利进行重新解释以满足新的社会需求的可能性。

在这种社会背景下,隐私作为财产的替代者成为第 4 条修正案保护的法益。在 1967 年的"卡兹案"中,联邦最高法院的观点发生重大改变,它们开始认为第 4 条修正案适用必须延伸到个人隐私利益上,并且应关注搜查和扣押中涉及的隐私问题[1]。因此,最高法院确定窃听这一执法行为应该受宪法第 4 条修正案的约束,其实施应事先取得令状。与此同时,哈伦大法官在该案的协同意见中首次提出"隐私合理期待"的判断标准。哈伦认为,美国政府干涉公民的行为是否构成搜查或者扣押,不是取决于警察等政府官员是否对与犯罪有关的客体开展有力的侵犯,而是取决于政府行为是否侵犯了公民对隐私的合理期待。此后,大法官哈伦对"隐私合理期待"的构成要件进一步进行了解释。他认为,"隐私合理期待"由主观要件和客观要件构成。主观上,隐私表现为个人的一种真实期待;客观上,该期待必须合理,能够被社会公众认可。[2]

---

① 在"卡兹案"中,联邦最高法院认为警察将话筒放在电话亭的玻璃外进行监听的做法属于搜查。此案中,政府虽然没有在物理上侵入电话亭,但当卡兹进入电话亭关上门后,就进入了一个他认为自己"对话筒说出的话不会搞到天下皆知"的封闭空间;社会公众也普遍认为,他的这一期望是合理的。See 389 U. S. 347(1967).

② 参见约书亚·德雷斯勒,艾伦·C.迈克尔斯.美国刑事诉讼法精解[M].第一卷.吴宏耀译.北京:北京大学出版社,2009:73.要注意的是,很多人对哈伦将主观要件纳入"隐私合理期待"的做法颇具微词。主观隐私期待被解释为一种真实的个人期待,个人的内心想法虽然可以通过其外在行为作出大致判断,但公民不太可能在做每一件事情之前都不断地向外界表示自己对该事项具有隐私期待。因此,个人对隐私的真实期待认定将被自认为不会受到隐私侵害而取代,此时除非当事人确实知道在特定场合下的行为举止会暴露在大众面前,否则法院不应当以欠缺主观隐私期待为由判决当事人不存在合理的隐私期待,这些情况使得实践中主观要件的认定难以具备操作性。还有人指出,只要政府推行"奥威尔式全民监控",就可以轻而易举地彻(转下页)

此时,"隐私合理期待"的主要功能有两点:一是确定个人是否享有隐私权。个人一旦享有"隐私合理期待",即意味着享有隐私权的法律保护。二是判断政府行为是否受到宪法第4条修正案的规制。如果政府行为侵害个人的合理隐私期待,则这一行为即构成搜查或扣押,因而必须接受宪法第4条修正案的规制。

可以得出结论,从搜查概念的历史沿革来看,20世纪70年代前美国法中搜查与我国刑事诉讼法中的搜查并无显著不同,它们都只是涉及侵害公民财产权、住宅权等的侦查措施。但是,当下美国法语境下搜查的外延范围十分宽泛,除了我国刑诉法意义上的搜查外,还包括电话监听、对话监听、对住宅进行红外感测等在内的多种侦查措施。造成这一变化的原因是,1967年联邦最高法院作出的"卡兹案"判决中将"隐私合理期待"确立为第4条修正案保护的法益。因此,搜查的判断标准亦变为对"人民合理之隐私期待的入侵"。因此,本书所指的"隐私权干预"都在美国搜查涵盖的范围内。

3.2.3 美国宪法判例中有关"隐私合理期待"的具体标准

有了"隐私合理期待"这一标准之后,它自然而然地成为美国法中判断政府行为是否构成搜查的基本标准。当政府行为实施不涉及公民的"隐私合理期待"时,第4条修正案无适用的可能,因为此时搜查并未实际发生。正因为如此,法院也可将监听等执法行为纳入宪法第4条修正案规制的范围。当以是否侵害隐私利益而不是财产利益来衡量搜查是否发生时,搜查的概念必然会出现相应的变化,或者说传统搜查概念的外延在现代社会得到了

(接上页)底取消隐私期待,并使第4条修正案无法适用。联邦最高法院也曾在判例中表示,主观性标准不能作为"第4修正案保护的充分指标"。哈伦也接受了这方面的批评。最终,对"隐私合理期待"的讨论重点放在客观要件上。参见向燕.搜查与隐私权保护——加拿大宪法与美国宪法第4修正案之比较[J].环球法律评论,2011,50(1):85.

新的拓展[①]。

　　但是,作为确定隐私保护范围标准的"隐私合理期待",在内涵上具有模糊性和非确定性,联邦最高法院不得不在适用时持续对其进行具体化的解释。这些具体化的解释在实践中不断固化,最终形成了一系列理论。这些理论实际上是以排除具有隐私合理期待情形的形式出现的,它们能够帮助人们判断具体案件中当事人是否存有合理的隐私期待。

　　其一,公共暴露理论。该理论主要涉及执法人员对处于公共场所中的财产和个人特质(如相貌、声音或笔迹等)等进行观察、记录等的情形。联邦最高法院认为,"对于个人明知暴露于公众的地方,即使是他自己的家或办公室,也不受第 4 修正案的保护"[②]。因此,执法人员针对暴露于公共场所中的财产、个人特质等所实施的观察等并不会威胁到当事人的隐私利益,这些行为也不构成第 4 条修正案下的搜查。在联邦最高法院的判例中,基于公共暴露理论明确以下行为不属于搜查:(1) 空中监测不属于搜查[③]。

----

①　参见王兆鹏. 新刑诉•新思维[M]. 北京:中国检察出版社,2016:67.

②　488 U. S. 445(1989).

③　在"加利福尼亚州诉西若罗案"(California v. Ciraolo)中,警方为调查嫌疑人西若罗(Ciraolo)是否在其用栅栏围起的庭院内种植大麻,使用飞机在其住宅上方约1 000英尺(1 英尺为 0.304 8 米)的高度,对嫌疑人的庭院进行空中观察。联邦最高法院认为,"私人飞行和商业航班在这样的公共航道上经常出现",嫌疑人的庭院事实上是暴露于公众视野中的,由此嫌疑人对其庭院并不享有"隐私合理期待"。因此,裁决警察对公民私人财产的空中监测不构成第 4 条修正案下的搜查或者扣押。参见 476 U. S. 215(1986). 几年后,在"佛罗里达州诉赖利案"(Florida v. Riley)中,警察使用直升机在 400 英尺的高度盘旋飞行,在一个半开放的暖房的房顶发现了大麻。联邦最高法院再次确认空中监测不属于搜查。See 488 U. S. 445(1989).

（2）垃圾巡检不属于搜查[①]。（3）旷地观察不属于搜查[②]。这一理论的适用地点不仅包括公共场所、旷地等处，还延伸到其他公开场所，如电梯、商业建筑走廊、沙滩等[③]。

其二，风险承担理论。该理论认为，个人如果将隐私披露给第三方，且这种披露行为完全基于个人自愿，就要为此承担第三方将个人隐私透露给执法机关的风险。换言之，当公民自愿将相关事实披露给第三方时，相关事实随即失去其私密性而不再享受隐私权的保护。在联邦最高法院的判例中，基于风险承担理论明确以

[①] "加利福尼亚州诉格林伍德案"（California v. Greenwood）中，警察要求小区的垃圾清理者不要将嫌疑人格林伍德（Greenwood）放在房前路边的塑料垃圾袋与其他住户的垃圾袋混在一起，并要求垃圾清理者将垃圾袋交给警方。警察从嫌疑人格林伍德的垃圾中发现吸毒后留下的物品，并以此为由申请搜查令对嫌疑人的住宅进行搜查。联邦最高法院认为，"根据经验，放在公共街道上或街道边的塑料垃圾袋很容易被动物、儿童、捡破烂的人、窥探者和其他社会的成员接触。此外，被告为了把垃圾给第三方——垃圾清理者的明确目的，把垃圾放在路边，垃圾清理者可能自己拣选被告的垃圾，或允许其他人（如警察）这样做"。因此，否认了个人对其放在住宅路边的垃圾享有合理的隐私期待的要求。See 486 U. S. 35(1988).

[②] 在"奥利弗诉美国案"中（Oliver v. United States），警察根据有关嫌疑人奥利弗（Oliver）种植大麻的举报，对此事进行调查。当警察开车到嫌疑人的住宅后，顺着大门旁边的小路走了数百码（1 码为 0. 914 4 米）后在奥利弗的土地上发现了一块大麻种植地。该案之前，联邦最高法院虽然已在判例中裁决第 4 条修正案的保护不及于旷地，但它们仍依据"隐私合理期待"的标准重新审查了上述论断。最终，联邦最高法院还是否认旷地中公民存在合理的隐私期待，并裁决警察观察旷地的行为不构成搜查。See 466 U. S. 170(1984).

[③] 爱德华·科瓦尔斯基（Edward Kowalski）一案就阐明了这一观点。当爱德华在美国宾夕法尼亚州的警局工作时，他脖子以下因公受伤，在他申请工伤赔偿金的几个月后，他到了美国佛罗里达州度假。当爱德华正与他的妻子在海滩上晒日光浴时，州警察雇佣的私家侦探为了核实爱德华的受伤状况，在其毫不知情的情况下对他进行了长达数日的录像。尽管在晒日光浴时，大多数人都不会期待或者愿意被偷摸地监控，但是，在该案中法官认定爱德华并不享有隐私合理期待，因此，他也不能根据第 4 条修正案来反对州警局的行为。See 415 U. S. 800(1974).

下行为不属于搜查：（1）线人监听不属于搜查①。（2）要求第三方提供银行账单不属于搜查②。（3）要求第三方提供通话记录不属于搜查③。（4）获取公民电子邮件往来地址或者访问的 IP 地址不

---

① 在"美国诉怀特案"（United States v. White）中，警察线人在与嫌疑人交谈时身上戴有监听器，警方用监听器监听了谈话的内容，并以此作为指控嫌疑人涉嫌毒品犯罪的证据。联邦最高法院审查该案时认为，"违法者自愿向一个人坦白他的违法行为，他错误地相信该人不会向别人透露"，但"一个计划非法活动的人，应当意识到他的同伙可能会向警方告发，并应承担此种风险"，被告对谈话内容不享有合理的隐私期待，第 4 条修正案并不对此种错误信任提供保护。因此，政府执法官员可以扮作朋友，在与嫌疑人的秘密谈话中，将其内容进行传送或者录制。See 401 U. S. 745(1971).

② 在"美国诉米勒案"（United States v. Miller）中，政府向银行索取嫌疑人的财务记录。银行接到由地区法院书记官发出、美国检察官办公室填写的大陪审团传票后，提供了嫌疑人名下所有的银行账单记录，包括储蓄账户信息、经常联系账户信息、贷款记录信息等。这些记录部分被当作侦查中的线索，部分成为指控犯罪的证据。本案争论的焦点在于，要求第三方提供银行账单等的政府行为是否属于搜查。法庭认为，客户在向他人披露私人事务时，就承载着他人可能会向政府披露的风险，此时"第 4 条修正案并不禁止这样的信息取得，即个人向第三方披露了信息，而第三方却将该信息告知了政府——即使当事人认为，这样的信息只是用于有限的目的，而他所告知的第三人并不会泄密"。See 425 U. S. 443(1976).

③ 在"史密斯诉马里兰案"（Smith v. Maryland），被害人麦克多诺（Mcdonough）女士遭到抢劫后报警，并向警方描述了劫犯的外貌特征，同时提及在犯罪现场附近曾停有一辆 1975 年出厂的蒙特卡洛汽车。此后，被害人不断接到一位自称劫匪的人所打的恐吓电话，并且曾在其住宅门口看到 1975 年产的蒙特卡洛汽车缓缓驶过。几天后，警方注意到被害人住宅附近一名外貌特征与被害人的描述接近的人开着 1975 年产的蒙特卡洛汽车经过，随即将车牌号码记录下来。通过调查后，确定该车登记为被告人史密斯所有。此后，电信公司的工作人员应警方的要求，在公司电信中央交换设备中装设笔式记录器（Pen register），用以记录史密斯住宅电话拨打和接听的电话号码。但是，警方在要求电信公司安装笔式记录器之前，并没有取得任何令状。后来，被告人又接到恐吓电话时，警方在笔式记录器的帮助下，确认拨打电话者为史密斯。警方在搜查史密斯住宅获取相关证据后，以抢劫罪对其进行了起诉。审判中，被告人要求排除所有源自笔式记录器的证据，因为警方在无令状的情况下实施了这一行为。但是，法院认为"所有电话用户都意识到他们必须将电话号码传送给电信公司，因为完成电话呼叫是通过电话公司交换设备进行的。此外，所有用户都意识到电话公司具有永久记录所拨打号码的功能，因为他们可以在月度账单上看到长途通话列表"。因此，公民对其通话记录列表没有合理的隐私期待，警察要求第三方提供通话记录不属于搜查。See 442 U. S. 735(1979).

属于搜查①。

其三,感官增强理论。该理论对警察观察公民及其活动时所采用的技术和工具类型进行了区分。根据感觉增强理论,如果政府执法人员借助高度精密的、公民一般不可获得的技术设备对公民及其活动进行观察,则构成宪法第 4 条修正案中的搜查,例如使用红外成像仪探测住宅内热量的行为属于搜查②,因为红外成像仪是普通公民一般不可获得的技术设备。如果政府执法人员借助非高度精密的、公民一般可获得的技术设备对公民及其活动进行观察,则不构成宪法第 4 条修正案中的搜查。在联邦最高法院的判例中,基于感官增强理论明确以下行为不属于搜查:(1) 利用航

---

① 在"美国诉福雷斯特案"(U. S. v. Forrester)中,政府对福雷斯特(Mark Forrester)和阿巴尔(Dennis Alba)的摇头丸制造业务进行了调查,其间执法人员采用各种计算机监视技术来监视阿巴尔的电子邮件和互联网活动。在申请并获得法院令状后,政府安装了一个笔式记录器模拟镜像端口在阿尔巴的账户与他的其他互联网服务提供商上。该镜像端口能够使政府了解到阿尔巴电子邮件的来往地址,其访问过的网站 IP 地址等。本案中,被告人认为政府对他的电子邮件和互联网活动所进行的监视违反了第 4 条修正案,上诉法院却认为,"政府采用的该项监视技术在宪法上与使用笔式记录仪从犯罪嫌疑人处取得其通信记录并无区别,监视技术运用获得的信息并没有透露更多关于沟通的内容"。因此,获取公民电子邮件往来地址或者访问的 IP 地址不属于搜查。512 F. 3d 500(9th Cir. 2007). 参见 IT 法律维基. 美国诉福雷斯特案[EB/OL]. https://itlaw. wikia. org/wiki/U. S. _v. _Forrester,2020 - 03 - 29.

② "凯洛诉美国案"(Kyllo v. U. S.)中,执法人员利用红外热成像仪对住宅内部之热能散发进行探测的行为被认为是搜查。本案中,联邦法院给予了住宅最为严格的保护。本案还可以从感官增强理论的角度予以解释。由于本案执法人员使用的红外热成像仪不是单纯地增强了人类的视觉能力,而是彻底超越人类的视觉能力揭示住宅内的隐私情况,且红外热成像仪是公民日常不太可能获得的技术设备。因此,使用红外热成像仪探测住宅内热量的行为属于搜查。See 533 U. S. 27(2001).

拍机对开放领域拍摄不属于搜查①。（2）对对话进行秘密录音不属于搜查②。

其四，非法信息无隐私理论。该理论认为如果执法行为实施

---

① 在"陶氏化学公司诉美国案"（Dow Chemical Co. v. United States）中，美国环保局（EPA）希望获得陶氏化学公司的许可，现场检查陶氏化学公司运营的位于密歇根州占地2 000英亩（1英亩为4 046.86平方米）的化工厂。由于陶氏化学公司没有允许美国环保局进行检查，美国环保局雇用了航拍机拍摄了工厂照片。后陶氏化学公司向美国联邦地区法院提起诉讼，声称这些航拍照片可能泄露该公司保有的商业秘密，而这些商业秘密应该得到保护。陶氏化学公司还提出，美国环保局执法人员实施的行为构成第4条修正案所规定的搜查。地区法院支持了陶氏化学公司的请求。但是，联邦第六巡回上诉法庭撤销了联邦地区法院的判决，认为工业园区的开放区域更像是"旷野"，根据公共暴露理论的精神不应当合法地要求拥有隐私，因此，在没有合理的隐私期待的情况下，禁止不合理搜查的第4条修正案不适用于本案。本案的关注焦点是环保局监控所用的技术设备。美国环保局雇用的航拍机在距离地面1 200英尺到12 000英尺的范围内进行监视，它使用的航空绘图摄影机超过22 000美元，所拍摄的照片能够使人们获得较通过正常感官观察更多的信息——能在多倍放大图像后不丢失任何细节信息或降低分辨率。因此，联邦地区法院认定政府执法人员利用这种设备实施的监视行为构成第4条修正案所规定的搜查。相应地，美国联邦最高法院也对美国环保局雇用他人所使用的监视技术给予了重视。该案多数意见认为，政府执法人员使用的航空摄影方式并不满足上述"高度精密"和"公众一般不可能获得"两个标准。航空摄影的方式对普通公众是可获得的，普通公民可以花几百美元租赁航空摄影机即可，它也不是"高度精密"的仪器。See 476 U. S. 227(1986). 另外，本案中政府执法人员拍摄的照片并没有大量揭露私密的细节，"尽管比起肉眼观察能够获得的信息，这些照片使美国环保局获得了更多的细节信息，但是这些照片揭示的信息也仅限于工厂建筑物和设备的外部轮廓。这些照片只是单纯地在某种程度上增强了人类的视觉能力，并不能引起宪法上的问题。因此，这一行为不构成第4条修正案中的搜查"。参见菲什曼. 技术增强的视觉监控与"美国联邦第四修正案"[C]. 丁双玥译//张民安. 民商法学家：第十二卷. 广州：中山大学出版社，2016：309。

② 在"美国诉卡塞雷斯案"（United States v. Caceres）中，美国联邦最高法院认定国税局的执法人员利用隐藏的录音设备记录其与被告的对话内容的行为，不构成第4条修正案中的搜查。之所以作出这样的判决，是因为执法人员使用录音设备与其在谈话中或者谈话后用纸笔记录下谈话内容的行为没有实质差别，录音设备使用仅仅提高了政府执法人员的自然感官能力。事实上，无论根据政府执法人员的记忆还是录音设备来记录对话内容，其结果都是一样的。因此，政府执法人员的行为不在宪法第4条修正案的射程范围内。该案还可以从风险承担理论的角度进行论证，说明其不属于第4条修正案中的搜查。See 440 U. S. 741,751(1979).

只能揭露非法活动的信息,则政府行为不构成搜查。换言之,个人对其非法活动不享有合理的隐私期待。在"美国诉雅各布森案"(United States v. Jacobsen)和"美国诉普莱斯案"(United States v. Place)中,联邦最高法院都认为,如果政府行为的实施仅能揭示非法信息则不构成搜查,因为这些行为没有暴露除了非法信息以外的其他隐私,此种执法行为比起其他执法行为,几乎不具侵犯性。在联邦最高法院的判例中,基于非法信息无隐私理论明确以下行为不属于搜查:(1)确定物品是否属于毒品所进行的检验不属于搜查①。(2)警犬嗅毒不属于搜查②。要注意的是,"雅各布森案""普莱斯案"中警犬嗅毒均发生在快递途中、机场等公共场合,而"加蒂尼案"(下文将重点分析本案)中警犬嗅毒之行为发生在私人住宅门廊(属住宅之范畴),根据"琼斯案"确定的双轨标准以物理侵入标准可认定"加蒂尼案"中的警犬嗅毒行为构成搜查,此乃这些案件之间的最大差异。

如上所述,自1967年"卡兹案"以来,美国联邦宪法第4条修

---

① 在"美国诉雅各布森案"(United States v. Jacobsen)中,犯罪嫌疑人的包裹在快递途中因破损被快递公司的工作人员打开。工作人员在包裹中发现疑似可卡因的白色粉末后,将此情况告知联邦政府执法人员。后执法人员取走一部分粉末进行化学检验,认定该粉末为可卡因。法院认为,执法人员实施的化学检验"仅能揭示某种物质是不是可卡因,并不会损害任何隐私的合法利益","即使检验结果是否定性的,也只能揭示该物质不是可卡因,这样的结果并不会披露特殊的利益",因此,政府执法人员的检验行为并没有侵犯嫌疑人的隐私合理期待,不构成宪法第4条修正案下的搜查。See 466 U.S. 109(1984).

② 在1983年的"美国诉普莱斯案"(United States v. Place)中,嫌疑人在机场遇见了禁毒执法人员,嫌疑人拒绝了执法人员搜查其行李的请求。因此,执法人员告诉嫌疑人,将把其行李带给一名联邦法官,并申请搜查令对行李进行搜查。然而,当执法人员将行李带往另一个机场时,另一个机场受过专业训练的警犬嗅出行李内藏有毒品。但是,直到第三天早上,执法人员才向联邦法官申请搜查令。该案中,由于警察对嫌疑人行李长时间不合理的扣押,联邦最高法院维持了上诉法院作出的撤销被害人有罪判决的裁判。但是,对于执法人员利用警犬嗅毒的行为,最高法院认为该行为并未构成搜查,因为警犬嗅毒没有暴露除了毒品以外的其他物品,此种政府行为比起开包检查等而言,几乎不具侵犯性。See 462 U.S. 696(1983).

正案中是否构成搜查的判断标准转变为是否侵犯公民的"隐私合理期待"。这一标准的判定存在一些例外情形,公共暴露理论、风险承担理论、视觉增强理论和非法信息无隐私理论等对不属于搜查的例外情形进行了补充性的说明。在这些理论中,最应关注公共暴露理论和风险承担理论,因为视觉增强理论和非法信息无隐私理论的独立性还存在一定争议。事实上,美国联邦宪法第 4 条修正案与公民生活的关系并非一成不变,随着科技发展对社会带来的深刻影响不断显现,"隐私合理期待"的内涵也随之产生变换,传统的理论也在一定程度受到了批判。比如,公共暴露理论和风险承担理论等传统理论都是基于"公共—私人"领域的二元对立而产生的,它们都以隐私与私人领域之间的关联性为基本特征。在公共领域和私人领域二元对立的视域下,传统的理论认为,公民在公共领域应当自由参与公共事务而不受干涉,而私人领域则是公民自治的领域,其活动不受来自政府、社会团体和其他个人的干涉。公共领域与私人领域的划定存在一定的前提,即认为无论相关的场景如何设定或者转换,公共领域与私人领域的界限都是可以通过某些方式予以澄清的。因此,隐私和公共性无一例外地可以被准确地加以分辨。基于上述假设,我们可以得到两个非常重要的推论:一是隐私的边界限于私人领域个人控制之下,一旦超出这一领域公民就不再拥有隐私;二是一旦个人隐私在自己的主观意愿下进入公共领域,其隐私价值便会不复存在。

基于"公共领域—私人领域"二元划分而产生的相关理论在近年来受到的批评越来越多,虽然在物理空间中公共领域和私人领域的分立还比较清晰,公共空间具有较低的隐私保护期待符合人们过去的感性经验。但是,在国家机关隐私权干预运用能力不断加强的背景下,人们无法在公共领域主张隐私保护越来越难以得到认同。同时,互联网等虚拟空间与传统实体空间相比具有明显的开放性,因此人们无法将其简单归为私人领域,而互联网使用时带有明显的个人色彩和特征。有学者直接指出,"在当代社会中对隐私的侵害,很少发生在私人领域,而更多表现为公共领域的监控、数据信息分析、数据信息泄露等方式"①。这些批评直指网络时代下公共领域和私人领域划分的合理性和可行性,以及与此伴生的"暴露在公共领域的无隐私期待"和"允许流入公共领域的无隐私期待"时代的两大推论。

3.2.4 "琼斯案"与"双轨理论"时代的来临

自 1967 年"卡兹案"以来,美国联邦法院就搜查的判断建立了隐私合理期待标准,是否对当事人的合理隐私期待造成侵害成为判断公权力行为是否为搜查的基本依据。彼时,隐私合理期待实际上替代了联邦最高法院在 1928 年"奥姆斯特德案"中确立的物理侵入标准。然而,这种取代关系在 2012 年的"琼斯案"中又出现了新的转变。在大法官斯卡利亚(Scalia)主笔的"琼斯案"的多数意见中,主张隐私合理期待与物理侵入标准两者之间并非取代关系而是并存关系,由此迈入搜查判断标准的"双轨理论"(a two-tier theory)时代。在双轨理论的语境中,联邦宪法第 4 条修正案所含保护的权益类型包括两种:其一,财产权,适用于对抗物理性入侵的行为,在判断标准上适用物理侵入标准;其二,隐私权,适用于非物理侵入的隐私权干预行为,在判断标准上适用隐私合理期待标准。采用双轨理论后,依赖着财产权和隐私权的共同保护作用,较于之前的单一权利保护,宪法第 4 条修正案下的搜查之范围变得更广,政府的执法行为也更容易构成搜查。实际上,双轨理论的确立是联邦最高法院因应新型侦查技术下公民权利保护需求的产物。

"琼斯案"中基本的案件事实,是警方于 2005 年向联邦哥伦比亚特区地方法院申请在琼斯(Jones)所使用的登记于其妻名下的

---

① Helen Nissenbaum, Protecting Privacy in an Information Age: The Problems of Privacy in Public[J]. Law and Philosophy, 1998,(17):561.

汽车上安装 GPS 装置,法院授权在令状核发后 10 日内安装 GPS,但警方在第 11 日才安装 GPS,而且安装 GPS 装置的地点是在马里兰州的一处公共停车场,而非在哥伦比亚特区。在之后的 28 日内,警察利用 GPS 装置对琼斯车辆的运动轨迹实施了每天 24 小时、为期近一个月的监控,由此获取大量有关该车的行踪信息,相关信息为最终获得控诉琼斯贩毒的证据提供了重要帮助。本案中,琼斯主张警察机关安装 GPS 装置进行汽车轨迹追踪的行为构成联邦宪法第 4 条修正案所规范的搜查行为,而该行为实施因欠缺法院令状(GPS 设备放置的地点、时间均不符合原令状之要求),故要求法院应当排除警察机关借由安装 GPS 装备所获得的所有信息作为证据。对此,政府则抗辩称基于公共暴露原则,琼斯驾驶汽车于公共道路上行驶是自愿向公众揭示信息的过程,其本人对汽车行踪轨迹信息并不具有隐私合理期待,对这些汽车行踪位置信息的收集不构成宪法规范的"搜查"。琼斯还在辩护中援引"诺茨案",称该案允许警察使用电子蜂鸣器在很短的距离内跟踪汽车的行踪,而不被视为搜查,这是其被判处终身监禁的主要原因。但是,在联邦最高法院的庭审中,多数大法官采取了更为简化的方式对"琼斯案"进行分析,他们用曾经主导第 4 条修正案解释的物理侵入规则来分析该案件。执笔多数意见的斯卡利亚(Scalia)大法官认为,"卡兹案"确立的隐私合理期待的标准并没有取代更早的物理侵入规则的标准,而只是进行了补充。由于琼斯是这辆车的保管人,对车拥有物业权益,执法者以侵入的方式获得信息的行为构成了搜查,必须有令状的支持才能实施行踪监控[①]。至此,对于第 4 条修正案中"搜查"认定的标准似乎又发生了微妙的变化。过去主流观点一直认为隐私合理期待已经完全取代物理侵入规则,而现在大法官却强调两者实际上为"并存关系"。首席大法官罗伯茨(Roberts)还对琼斯的观点进行了驳斥,他将当前案

[①] See 565 U. S. 400(2012).

件与"诺茨案"区分开来,称使用电子蜂鸣器后仍然需要大量工作,而 GPS 设备允许警察"坐回警局……随时按下按钮"以找出汽车的位置。

实际上,尽管在"琼斯案"中大法官斯卡利亚清晰明确地阐述了物理侵入标准和隐私合理期待标准之间的关系。但是,在 2001年"凯洛诉美国案"(Kyllo v. U. S.)中,由大法官斯卡利亚主笔的判决书中实际上已经开始思考这些问题了。"凯洛案"中,警察怀疑凯洛在家中种植大麻。由于种植大麻需长时间持续性地用大灯照射以增加室内热量(大麻进行光合作用需要大量的光照),为确认凯洛家室内热量是否远高于其他居民室内的一般水平,警察用热成像仪对凯洛住宅进行了探测。结果显示,凯洛住宅车库屋顶和墙壁散发的热量明显偏高。随后警察用热成像仪分析图和电费单申请到令状对凯洛家进行搜查,发现其家果然种植大麻,后凯洛被逮捕起诉。本案中,控辩双方围绕使用热成像仪获取住宅内的信息是否属于搜查、是否应当在申请令状的情况下实施上述行为等产生了激烈的争辩。最后,联邦最高法院以 5∶4 的投票结果认定警察使用热成像仪的行为构成搜查。此案中,判决所依赖的主要理由并非 1967 年"卡兹案"以来所沿用的合理隐私期待标准,而是事实上回归到了传统上的物理侵入标准。斯卡利亚认为,除非政府机关物理侵入住宅,否则不可能得知凯洛种植大麻的行为,故利用热成像仪探测的行为实质上具备物理侵入之效果,因而构成第 4 条宪法修正案规定之搜查行为,应当在持有令状的情况下实施。此外,大法官斯卡利亚还讨论了未来技术如何侵犯个人隐私的问题,他断言为了防止更复杂的监控设备,"离墙"监视和"通过墙"监视之间的区别并不存在,因为这两种方法都侵犯了住宅内的隐私[①]。

---

① 参见约书亚·德雷斯勒,艾伦·C.迈克尔斯.美国刑事诉讼法精解[M]:第一卷.吴宏耀译.北京:北京大学出版社,2009:101-103.

　　本案中,大法官阿利托(Alito)虽然赞同多数意见书的结论,但在协同意见书表达了反对使用物理侵入标准判断放置 GPS 装置的行为是否构成搜查。阿利托主张继续运用隐私合理期待标准对放置 GPS 装置进行监控的性质进行审视。阿利托承认隐私合理期待标准在新型科技形态中适用存在着难题,特别是随着科技的快速发展,对相关执法行为是否构成隐私合理期待可能随时出现新的认知。然而,如果只是对个人在公共空间的活动进行短期监控,不会构成搜查;但如果进行的是长期监控就会侵害个人的"隐私合理期待",并构成搜查。因为长期监控能够揭示短期监控无法了解的信息,例如一个人反复做什么、不做什么以及做什么的频率节奏,这些信息比单独查看任何个人信息能更多地揭示一个人的隐私。如反复访问教堂、健身房、酒吧或者约会,能够揭示一个月内没有任何一次访问这些地方所没有告诉过的故事①。大法官索托马约尔(Sotomayor)在协同意见书中表示,人们对于公共场合中的行踪隐私在一定时期内被收集能否具有隐私合理期待,需考量 GPS 装置的特性;GPS 装置能够全面而且准确地记录个人在公共场所的活动行踪,并借由数据分析技术,可以分析这些信息从而进一步推导出个人包括其"政治信仰、宗教信仰、性习惯等"在内的私密个人信息②。因此,执法人员实施的长期 GPS 监控侵犯了公民所享有的隐私合理期待。从两位大法官协同意见书中的主张可以看出,他们强调公民无法合理期待其在公众场合的活动会被政府长时间监控进而掌握其生活细节。然则,利用 GPS 装置记录个人行踪以达到推测个人私生活细节之目的,必须累积一定量的公民行踪信息,而要累积到何种量的信息才构成搜查,大法官索托马约尔并未进一步说明,只是强调 28 天的 GPS 追踪足以构成

---

① See U. S. v. Jones, 565 U. S. 400, (2012), Alito, J. concurring.
② 参见贝蒂. 社会网络、政府监控与隐私的合理期待[C],凌玲译//张民安. 民商法学家:第十二卷. 广州:中山大学出版社,2016:127.

搜查。

毫无疑问,"琼斯案"是近些年来联邦最高法院判决中最具有里程碑意义的案件,它确定在车辆上安装 GPS 跟踪装置监控车辆行踪的行为,构成第 4 条修正案下的搜查,同时也开启了认定搜查的物理侵入和隐私合理期待标准并行的双轨时代。这一现象出现的根本原因是日新月异的侦查科技使得政府的监控手段不断推陈出新,使得隐私合理期待标准的适用变得不再清晰,大法官斯卡利亚提出的双轨理论正是为了与日俱进地保护公民权利。然则,重新确立物理侵入标准的意义究竟是什么,是否仅在于重拾公民财产权保护之需应认真进行审视。"琼斯案"中,警察在琼斯汽车上放置 GPS 的行为并无真正侵入汽车内部而是与车表发生吸附与接触等,此时虽可从广义角度理解"侵入",将"贴附"或者"接触"公民财物或者身体的行为纳入物理侵入之范畴。但是,警察放置 GPS 的行为从根本上讲是为了获得琼斯的行踪信息。因此,物理侵入标准究竟是要保护公民的财产权还是隐私权呢? 这个问题的答案应该是比较明显的。有学者对此提出了重要见解,认为物理侵入标准并非独立的搜查认定标准,而是隐私合理期待最新的认定操作标准之一,借由当事人财物或者身体的具体物理空间是否被侵入而进一步推断其合理隐私期待有无受到侵害。质言之,若是试图以物理侵入手段获取财物或身体在物理空间内所隐藏不欲为人所知的信息,即可使用简易操作的物理侵入标准认定构成宪法第 4 条修正案规范的搜查;若非以物理侵入手段为之,那么是否构成搜查则需要依据隐私合理期待的其他具体标准进行判断①。本书认为,这种观点是适当的。

此后,双轨理论很快在 2013 年的"佛罗里达诉加蒂尼案"

---

① 张陈宏.美国联邦宪法增修条文第 4 条搜索令状原则的新发展[J].欧美研究,2019,48(2):267 - 332.

(Florida v. Jardines)中得到援用①。本案中,大法官斯卡利亚强调在社会习惯中确实可能存在着屋主默认访客接近其家门的行为,但典型的情况是访客经过门径,走到门前敲门等待屋主回应,屋主若无回应将立即离去。然则,警方在既未经当事人明示允许又不符合社会习惯的情况下,携缉毒犬踏入他人住宅的门廊(属"院落"范围)取得屋内信息的行为构成财产入侵②。大法官卡斯利亚虽然坚持运用双轨理论认定这一行为构成物理侵入,但在大法官卡冈(Kagan)主笔的协同意见书中却强调警察携缉毒犬嗅闻毒品的行为,同时侵害了加蒂尼的财产权和隐私权,因为加蒂尼的住宅不仅是私人财产,同时也是其从事最私密事务的"城堡",故有较高的隐私期待。而警察利用缉毒犬嗅闻屋内气味之行为获取了加蒂尼欲隐藏于住宅内的私密信息③。卡冈大法官还引用"卡诺案"对本案警察行为构成搜查的结论进行了验证④。大法官阿利托既不同意多数意见书中采用的物理侵入标准,也不同意协同意见书中坚持的合理隐私标准所得出的本案违宪的结论,因此,其书写了反对意见书。这一反对意见书的核心观点认为,通过缉毒犬嗅闻毒品

---

① 该案中,警察佩德拉贾(Pedraja)接到线报称加蒂尼(Jardines)在其住宅内种植大麻,一个月后佩德拉贾和另外一名警察带着缉毒犬来到加蒂尼住宅附近观察,15分钟后发现没有任何可疑迹象,两人随即带着缉毒犬靠近加蒂尼的住宅,缉毒犬在闻到大麻的气味后变得兴奋。此后,佩德拉贾让缉毒犬搜索气味来源,最终缉毒犬坐在加蒂尼住宅的门廊处,认定此处为大麻气味最浓烈点。警方据此申请令状查获了加蒂尼种植大麻的行为。加蒂尼在本案中向法院主张,警察带着缉毒犬在其住宅门廊处嗅闻气味之行为未取得法院之令状,违反宪法第4条修正案之规定。此案再经过一审法院、上诉法院和州最高法院判决后,最后提交联邦最高法院判决。本案中,最高法院大法官以5∶4的票数判决警方利用缉毒犬缉毒的行为构成搜查。在由大法官斯卡利亚主笔的多数意见中,他仍按采用"琼斯案"所确定的双轨理论,根据以财产权为基础的物理侵入标准认定警方使用缉毒犬嗅闻加蒂尼住宅内大麻气味的行为具备物理侵入的实际效果,构成宪法第4条修正案之搜查。See Florida v. Jardines, 133 S. Ct. 1414 – 1415 (2013).

② 同上。

③ See Florida v. Jardines, 133 S. Ct. 1418 – 1419(2013).

④ See Florida v. Jardines, 133 S. Ct. 1425 – 1426(2013).

搜查的方法已行之多年,加蒂尼应当合理预见此方法之运用,故对其屋内大麻气味散至屋外的信息,并不具备合理隐私期待。可以看出,尽管已经确定了双轨理论,但也有一些大法官坚持从是否具备合理隐私期待的角度对相关行为的性质作出判断,卡斯利亚大法官虽然坚持物理侵入标准,但认为警察利用缉毒犬实施的物理侵入行为并非仅对当事人财产权造成侵害。实质上,警察实施的物理侵入行为是获取当事人欲隐藏在住宅内的隐私信息的手段,这一行为无疑也侵害了当事人的隐私合理期待。从这个意义上来讲,物理侵入标准确实可以被认为是隐私合理期待的具体标准之一,重新确立物理侵入标准也并非要回归以财产权为保护的时代。无论如何,对物理侵入标准和隐私合理期待标准之间关系更加清晰的阐述,有赖于联邦最高法院在新的判例中加以解决。

3.3 几种具体隐私权干预措施的法律规制

3.3.1 空间隐私干预的法律规制

在美国,物理空间的隐私保护问题最早引起人们的重视,这与美国信奉个人住宅保护的"城堡主义"密不可分,联邦最高法院在多个涉及住宅隐私保护的问题上做出了最坚定、明确的表态。"美国诉卡诺案"(U.S. v. Karo)中,政府在利用电子蜂鸣器的过程中,对公民住宅内的情况也进行了一定程度的探查;"凯洛诉美国案"(Kyllo v. U.S.)中,政府利用红外成像设备对住宅内的热能散发与分布等进行探测;"佛罗里达诉加蒂尼案"(Florida v. Jardines)中,政府利用警犬在住宅前门廊处嗅毒,等等。这些案件中联邦最高法院都对住宅的"城堡"功能进行了强力维护,并且明确指出对住宅隐私的期待是人们现存的最低限度的隐私期待,法院如果对这种最低限度的隐私期待都难以保障,那么无疑将损害

第 4 条修正案所保护的隐私利益①。值得指出的是,住宅本身具有财产价值同时亦受到空间隐私的保护,但在第 4 条修正案的语境中,联邦最高法院重点保护的是住宅所承载的公民的隐私利益②。对于这些问题的司法实践和研究成果已经较为丰富,本书不再赘述。下面重点对虚拟空间隐私权干预法律规制的问题进行论述。

　　虚拟空间中保有大量的数据信息,在很多案件中,执法机关能否成功发现和提取与犯罪相关的数据信息,成为案件侦办的关键。实务中,执法人员获取的数据信息来源有两部分,其中,一部分数据信息是储存于网络运营商、网络服务提供商等处的数据信息。这些运营商在相关平台中储存的数据信息数量巨大,因此,这些储存平台具有相当的公共性。执法人员获得数据信息的另一部分来源,是当事人或者相关人的手机、平板电脑、电脑硬盘等电子介质,这些电子介质有较强的私人属性。本书此处所指的虚拟空间,主要是指具备一定私人性质的电子介质所形成的虚拟空间。对于这一问题,美国法中近年来出现了关于手机搜查的判例,这些判例对于探讨虚拟空间隐私权干预的法律规制情况极具意义。

　　所谓的手机搜查,是指"查找、取证手机内存储的数据信息的侦查措施"③。当今社会,手机已经普遍"智能化",它们对人们工作或者生活的影响广泛而深远。仅将手机视为电子介质,人们就可在手机硬件中提取大量的数据信息,包括图片、文字、录音、录像、通信记录、聊天记录、记事本记录等。从本质上来看,手机搜查是侦查机关侵入虚拟空间所进行的取证活动。在手机出现以前,

---

①　参见王四新,周净泓.网络空间隐私权的保护研究[J].四川理工学院学报(社会科学版),2018,33(6):23-24.

②　"住宅不是因为它所具有的财产价值而受到保护,而是因为它所具有的隐私价值而受到保护的".See 468 U.S. 796(1984).

③　刘广三,李艳霞.美国对手机搜查的法律规制及其对我国的启示 ——基于莱利和伍瑞案件的分析[J].法律科学,2017,35(1):180.

侦查机关对空间隐私进行干预强度最高的执法行为是住宅搜查。这种局限于实体空间的执法活动,虽然已经对公民的隐私权造成足够严重的影响,但其干预强度似乎也未必强于对公民手机所进行的搜查。因为一旦允许对公民的手机进行搜查,执法人员获取的数据信息综合起来能够重构公民的生活全貌,而且手机中所存储的隐私信息的数量和内容远超住宅中能发现的隐私信息的数量和内容。国内有学者一针见血地指出,手机已经成为公民新的"城堡"①。

在美国长期的司法实践中,一直将宪法第 4 条修正案作为保护公民隐私利益最重要的防线,因此,干预公民空间隐私的手机搜查自然应当被纳入第 4 条修正案的规制范畴。相关判例的累积构建了手机搜查的基本规则。执法人员尤其是警察,在搜查公民手机时,应当明确当事人是否对手机中的数据信息有合理的隐私期待,如果答案是肯定的,执法人员必须基于相当理由申请令状后才可搜查手机,否则搜查得到的数据信息会因为侵犯公民隐私而成为非法证据。如果确定当事人对手机中的数据信息没有合理的隐私期待,执法人员才可以对涉案手机进行无证搜查。由于手机具有高度私人性质,因此,绝大多数情况下手机搜查只有在获得令状的情况下才能实施。至于如何判断手机是否有"隐私合理期待",美国联邦最高法院曾经在针对电脑搜查的判决中,提出了"密封容

---

① "与搜查住宅相比,对手机信息的搜查更应受到政府的保护:手机数据信息不仅包括住宅内可能找到的数据信息,还可能包括住宅中永远不可能找到的信息"。参见刘广三,李艳霞. 美国对手机搜查的法律规制及其对我国的启示——基于莱利和伍瑞案件的分析[J]. 法律科学,2017,35(1):181.

器理论"的认定标准①——政府执法人员不能在无令状的情况下直接进入电脑查阅资料,就如同没有令状就不能打开密闭容器检查一样。但是,相关判例明确以下情况中当事人没有合理的隐私期待:(1)个人资料是公开展示、任何人可取的;(2)有关被盗电脑的内容;(3)电脑控制权已经给了第三者;(4)电脑主人遗失档案掌控权。② 上述情形对手机搜查具有参考意义。

在美国,有关手机搜查的争议还围绕着是否能够将其作为"附带搜查"的对象而开展。"附带搜查"是令状搜查的例外之一③。联邦最高法院曾经解释道,当警察实施羁押性逮捕时,往往容易遭受被捕者的袭击,被捕者也容易毁灭证据,因此对其人身及其能够"直接控制的区域"进行搜查是必要的④。然而,对于是否允许对被逮捕人的手机进行附带搜查这一问题,美国司法界在"莱利案"

---

① 判断个人是否对电脑有隐私期待,可将储存资料的电脑视为一密闭容器,就像办公包或档案柜,宪法第4条修正案,一般是禁止执法者无搜索票进入电脑资料库查阅资料,就如同没有搜索票,不能打开密闭容器检查其内容物一般。Searching and Seizing Computers and Obtaining Electronotic Evidence in Crimininal Investigations, Computer Crime and Intellectual Property Secthon, Criminal Division, United States Department of Justice July 2002. 转引自 Rolando V. del Carmen. 美国刑事侦查法制与实务[M].李政峰,林灿璋,邱俊诚等译.台北:五南图书出版公司,2006:300.

② See Computer Searchers, by the District Attorney's Office Alameda County, California[EB/OL]. http://www. co. alameda. ca. U. S. /da/pov/web htm,2019 - 10 - 01.

③ 有美国学者对既往判例进行梳理后指出,警察在依法进行羁押性逮捕时,可以同步实施针对以下对象的附带搜查:(1)搜查被逮捕人的身体;(2)搜查被逮捕人可以迅即加以控制的区域(又称"一览无遗的区域"、"触手可及的地方"或者"可以猛然冲过去拿到东西的地方"等);(3)如果逮捕是在住宅内实施的,可以搜查"紧挨逮捕实施地因而可以据以实施猝然袭击的壁橱以及其他类似空间"。上述规则构成了令状原则的例外。参见约书亚・德雷斯勒,艾伦・C.迈克尔斯.美国刑事诉讼法精解[M]:第一卷・刑事侦查:第四版.吴宏耀译.北京:北京大学出版社,2009:195.

④ See 395 U. S. 752(1969).

和"伍瑞案"中出现了截然不同的认识①。这两起案件都涉及依法逮捕后对当事人手机进行无证搜查合理性的判决,而不同的地方法院在两案判决中得出了相左的意见。最终,两案均上诉至联邦最高法院,最高法院合并审理了两个案件,集中对逮捕时无证搜查嫌疑人手机是否违反宪法第 4 条修正案的问题进行了审理②。首席大法官罗伯茨(Roberts)在判决中指出,十年前警察搜查时,可能偶尔会在无意间发现如日记一样高度私人性的物品,但现在90％以上的美国人会将他们的个人生活用手机记录下来,手机中不仅有普通的数据信息还有私密的数据信息。在这种情况下,若允许警察在逮捕嫌疑人后直接查看其手机,类似于允许警察在从嫌疑人身上搜到一把钥匙之后,直接闯入嫌疑人的家中进行搜查,

①　在 2009 年的"莱利诉加利福尼亚州案"(Riley v. California)中,警察在路检中发现莱利(Riley)汽车引擎盖下藏有两支手枪,莱利遂因非法夹藏枪支被逮捕。在逮捕莱利后,警察随即对其进行附带搜身,在其裤兜里发现一部手机。警方最终以莱利手机中的数据信息为线索,成功破获了大约两周前发生在当地的一起枪杀案件。该案审判中,地方法院认为宪法第 4 条修正案允许在没有搜查令时,对被逮捕人的手机进行附带搜查,只要该手机在被捕者"直接控制的区域"即可。参见 Cal. App. , Feb. 8, 2013. 与之相类似的另外一起案件是 2007 年的"美国诉伍瑞案"(United States v. Wurie),该案中警察在巡逻时发现伍瑞(Wurie)正在车里贩卖毒品,随后将其逮捕带至警局。此后,警察从伍瑞身上搜出两部手机,通过其中一部手机的通信记录找到其家庭住址的电话号码,再借助在线电话地址录查到这个号码对应的住宅地址,并在申请搜查令的情况下对其住宅进行了搜查。这两起案件审判时的主要争议是对被逮捕的嫌疑人,在没有获得搜查令的情况下,警察能否查看在其身上手机中的数据信息。审判中,伍瑞认为警察对他手机的查看违反了宪法,州地方法院驳回了伍瑞的抗辩。伍瑞上诉至联邦第一巡回上诉法院,第一巡回上诉法院推翻了对伍瑞抗辩的否决,认为手机不同于其他可能被进行附带搜查的物品,因为手机存储了大量的用户数据信息,且对于执法利益的影响完全可以忽略不计,因此,上诉法院推翻原判决,撤销了对伍瑞的定罪。See 728 F. 3d 1(2013).

②　在 2014 年 6 月 25 日宣布的判决中,最高法院的九位大法官以 9∶0 的投票作出判决,撤销了对"莱利案"的裁判,而维持了对"伍瑞案"的判决结果。See 134 S. Ct. 2473.

这是对隐私权的巨大侵犯①。至此,美国法中确立了对手机进行搜查原则上必须持证的规则,这显然有利于防止公权力肆意侵犯公民的隐私权。这一判决对于日后警察能否搜查、如何搜查犯罪嫌疑人随身电子设备②也将产生重大影响。换言之,在执法人员对当事人虚拟空间隐私权进行干预时,亦应参照此判例进行。

　　当然,我们还可以根据公共暴露理论对这一问题进行解释。这种解释将公共暴露理论的适用范围引申至虚拟空间。除非公民在虚拟空间中主动放弃或者暴露相关的数据信息,抑或虚拟空间的数据信息对于公众而言是"一览无遗"的,否则公民对虚拟空间的数据信息有合理的隐私期待。

3.3.2　通信隐私干预的法律规制

　　美国宪法第 4 条修正案保护"公民的人身、住宅、文件和财产不受不合理搜查和扣押的权利",但在"卡兹案"后,宪法第 4 条修正案的具体保护范围无疑已经突破了宪法文本的限制,将其扩及个人的电话谈话内容等方面。此时,通信与隐私之间形成连接,通信隐私的保护也被上升到宪法的高度。此后,美国将通信监控纳入搜查的范畴,使之受到宪法第 4 条修正案的规制。在 20 世纪 70 年代的"美国诉米勒案"(United States v. Miller)、"史密斯诉马里兰州案"(Smith v. Maryland)等判例中,联邦最高法院主要运用风险承担理论来阐释相关情境中的隐私合理期待,个人对其自愿披露给第三人(如电话公司),并由第三人保存的各类记录数据信息(即"信封信息"或者"非内容信息"),不享有合理的隐私期待。因此,政府获取这类数据信息的行为不构成第 4 条修正案中的搜查。很显然,当时宪法第 4 条修正案下的通信隐私仅限于公

---

①　参见徐子沛,冯启娜. 警方未经许可查看犯罪嫌疑人手机是侵犯隐私[EB/OL]. http://news. yesky. com/itnews/445/40001445. shtml. 2016 - 03 - 15.

②　如笔记本电脑、平板电脑、U 盘、智能手表等。

民之间的通话、对话①,而不涵盖通信记录等其他通信内容。

从司法实务上来看,隐私侵害的问题还经常会涉及第三人。例如,当行为人向第三人收集有关当事人的隐私时,是否构成隐私权干预的争议在美国一直都存在。关于这一问题,联邦最高法院很早就有了初步见解,认为当事人自愿泄露隐私给第三方后将不再保有隐私。这一见解最初见于 20 世纪上半叶一系列的秘密执法案件中,如"洛佩兹诉美国案"(Lopez v. United States)②。在这些案件中,联邦最高法院认为,通过政府的线人引诱当事人袒露真言时,即便采用了窃听器进行窃听,也不构成对通信隐私的侵害。当事人错误地认为第三方不会将其隐私披露或者转述给执法人员,正如每个人的隐私都可能因交友不慎而被出卖一样,不应受到宪法第 4 条修正案的保护。在"怀特案"(United States v. White)中,联邦最高法院将上述思想与"隐私合理期待"的一般规则相融合,随即产生了风险承担理论。但是,"怀特案"所确立的风险承担理论主要适用的情境是公民对话的场合,缺乏对风险承担的一般性解释,所以,其适用范围也就比较狭窄。此后,经过"米勒案"(United States v. Miller)、"史密斯案"(Smith v. Maryland)和"福雷斯特案"(United States v. Forrester),风险承担理论仅适用于公民对话的限制被不断地稀释,其适用也转向更为广泛的情境——如银行保有的私人财务信息、电信公司保有的通话记录以及网络服务提供商保有的电子数据等。

但是,风险承担理论也并非不存在争议。按照风险承担理论,

----

① 特别要注意的是,美国法还将当事人之间的口头谈话作为通信隐私的构成部分。

② 该案当事人洛佩兹试图贿赂执法官员,不料却遭到该官员用隐藏式录音机录下被告人行贿的对话内容,并成为法庭上的证据。被告洛佩兹主张该录音机录下的内容不得作为证据使用,但联邦最高法院认为被告人自己必须承担罪行被重现于法庭的风险,而无论这种风险是透过完美无缺的记忆还是机械式的记录实现的。See 373 U. S. 427(1963).

个人如果自愿允许隐私进入公共领域就将失去第 4 条修正案的保护,那么可以得出的结论是,公民通过网络服务提供商发送的电子邮件的内容亦不受保护,因为它必须经由网络服务提供商发送,并存储于网络服务提供商的服务器之中。这一结论无疑是令人错愕的,当所有暴露于第三方的隐私都被剥除了合理的隐私期待时,人们几乎无法再保留任何隐私。对于这一困境,联邦最高法院亦尝试对风险承担理论作出进一步的解释。1979 年的"史密斯诉马里兰州案"(Smith v. Maryland)①,联邦最高法院将通信信息区分为信封信息和内容信息。信封信息是指为完成内容信息传递而产生的信息。以邮政信件为例,信封信息是信封外,如寄信人姓名及住址、收信人姓名及住址、邮票、邮戳、信件大小重量等信息;以电话通信为例,信封信息是发话方号码、受话方号码、通话时间、通话频率等信息;以电子邮件为例,信封信息是发送方邮箱、接收方邮箱以及二者的 IP 地址等信息。根据当时的判决,宪法第 4 条修正案并不保护通信中的信封信息,这些信封信息因适用风险承担理论而失去第 4 条修正案的保护,但第 4 条修正案仍然保护通话中的内容信息。从最高法院后面的判决来看,不管信息内容如何复杂,通信信息中内容信息和信封信息的划分可以轻易得到拓展,例如在互联网环境下亦可以找到其运用空间,如将相关信息在此基础上进行分类,同时赋予它们不同层次、力度的保护。有论者指出,将"内容信息与非内容信息作为公私对立的替代物,以实现传统隐私判断在互联网情境下的准确转译"②,是最高法院在坚持公共领域与私人领域划分的基础上,应对互联网环境中隐私保护的一次尝试。

　　对此,也有人予以质疑:其一,内容信息和信封信息是在内容

---

　　①　See 442 U. S. 735(1979).

　　②　倪蕴帷.隐私权在美国法中的理论演进与概念重构[J].政治与法律,2019,38(10):154.

上,对信息所进行的分类。内容信息对应或者从属于私人领域,信封信息对应或者从属于公共领域。然而,通过"先验式的信息分类来分配隐私利益是没有意义的,因为信息的规范价值会随着使用途径的变化而改变"①。其二,信封信息的隐私价值更多体现在量上的累积以及基于此而进行的挖掘与利用上,如果对信封信息完全不予以保护,而允许政府自由收集与利用这些信息,那么公民隐私的实质性内容难以得到保障。目前,美国有关两种类型通信信息分类的争议仍在持续中。在本书看来,内容信息和信封信息这种二元对立的区分模式本身并没有太大的问题,但如果直接将这种严格的区分套用到目前快速发展的数据科技情景下,对于个人通信隐私的保障必然不彰。因为通过技术分析手段,国家机关基于信封信息可以快速建立起个人通信行为的图像,也可以进一步建立个人与特定群体之间的联结关系。在这一理解下,美国最高法院若能不再坚持区分通信的内容信息和信封信息,其对通信隐私的保障应该更能展现出美国宪法框架对于科技环境改变下隐私保护的新认知。实际上,在斯诺登揭露美国"棱镜计划"后,美国很多民权组织针对美国政府的监控计划提出诉讼,但从联邦最高法院判决所展示出来的立场来看,当政府以国家安全或者国家秘密作抗辩理由时,大法官多倾向于持尊重行政机关的自制态度,采取不予过多干涉的立场。此外,按照美国联邦法院确定的风险承担理论来看,"棱镜计划"收集的信息仅涉及信封内容,这一行为根本不违反隐私合理期待。这些情况忽视了2012年"美国诉琼斯案"中,大法官索托马约尔和阿利托在协同意见中提出的最新见解。两位大法官特别指出人们对于有关空间位置信息具有合理隐私期待(详细分析见下文),这些趋势显示美国隐私保护可能会迎来新的曙光。

---

① 倪蕴帷.隐私权在美国法中的理论演进与概念重构[J].政治与法律,2019,38(10):155.

　　除了相关的司法判例之外,为了完善通信隐私的法律保护,美国国会还制定了相关的法律,以此回应公民对通信隐私保护的需求。相关的立法主要包括:

　　其一,1968 年《综合犯罪控制与街道安全法》(Omnibus Crime Control and Safe Streets Act of 1968)[1]。该法第三章第 2510 条至第 2518 条主要规定了进行电子通信监听和口头通信监听等的规则,这被认为是对美国联邦最高法院关于"伯杰诉纽约案"(Berger v. New York)[2]和"卡兹诉美国案"(Katz v. United States)裁决的回应。该法中,对监听的适用范围采用罪行轻重限定与罪名列举相结合的方式进行规定[3]。第 2518 条规定了法官签发监听令状的条件[4]。第 2515 条规定了非法监听涉及的证据排除问题:若揭露所截取之有线通信或口头对话而有违反本章之规定者,其内容或衍生证据,均不得采为证据。第 2518 条(10)规

───────────

　　① 1968 年前,美国联邦用于规制监听的立法为美国国会于 1934 年制定的《联邦通信法》,该法第 605 条中规定:"在未经发送人授权下,任何人均不得截取他人通信,唯该条文仅针对电话监听行为加以规范,其他之通信干预方式则不在禁止之列。"可见,法律当时规制的是只有电话监听。此时,联邦最高法院对于在被告私人办公室外墙上放置电子监听设备,或者利用隐藏在身上的无线传感器进行窃听等行为,均认为不构成搜查。但是,在住宅墙壁洞隙中放置电子设备监听,因其已经造成物理性的侵入,则认为已经构成搜查。

　　② "伯杰诉纽约案"是美国最高法院的一项判决,根据宪法第 4 条修正案使纽约州法律无效,因为该法规授权采用电子窃听方式,而无须采取程序上的保障措施。See 388 U. S. 41(1967).

　　③ 第 2516 条中,该法对监听的适用范围做了具体列举,共计 14 项 60 多种罪名,并规定对可能判处死刑或一年以上监禁刑的犯罪,也属于允许监听的罪名范围,包括谋杀、绑架、赌博、抢劫、行贿受贿、敲诈、买卖毒品等危害生命健康或财产的犯罪。参见 1968 年《综合犯罪控制与街道安全法》第 2516 条。

　　④ 这些条件包括:第一,有充分理由相信有人正在实施该法列举的犯罪;第二,有充分理由相信通过监听可以获得有关犯罪的谈话;第三,已经使用或即使使用普通的侦查手段也未能奏效等;第四,可能有理由相信与实施这种犯罪有关的设施正在被使用或将要被使用或被出租,以该人的名义借出或由该人常用。参见 1968 年《综合犯罪控制与街道安全法》第 2518 条(3).

定了排除证据的主张可以基于的理由①。

其二,1986年《电子通信隐私法》(Electronic Communications Privacy Act,简称"ECPA")。该法对通信的内涵进行了扩张解释,以延伸原先仅对有线电话通信和口头通信监听进行规制的规定。该法增加了"储存的有线和电子通信记录"(stored wire and electronic communication and transactional records access)和"通信记录仪和通信追踪装置"(pen registers;trap and trace devices)②等内容。从具体内容来看,《电子通信隐私法》共由三部分组成,分别为"监听法"(Wiretap Act)、"存储通信法"(Stored Communications Act)和"笔式记录器法"(Pen Register Act)。具体内容包括:(1)"监听法"。"监听法"规制的对象是对他人正在通过线路进行传输的通信内容的监听,此时监听须在获取令状的前提下进行,它比其他两种通信隐私干预受到更为严格的法律规制,相关规定与1968年《综合犯罪控制与街道安全法》有关内容基本一致。(2)"存储通信法"。"存储通信法"规制的对象是通信设备中存储的数据信息,即为了满足当事人进行电子通信的需要而附带或者临时存储的相关数据信息,它保护的是那些处于非传输状态但被存储起来的数据信息,尤其是强调对储存在电脑上数据信息的保护。该法对于通信设备中存储数据信息的保障力度弱于监听,而且并未将所有的数据信息收集行为提高到必须基于令状而执行的程度。若要获取存储的私人通信数据信息,执法人员必须根据电子数据信息储存的发生时间,

---

① 其一,非法监听通信;其二,授权或追认监听的令状形式上不完备;其三,截取行为不符合授权或追认令状的顺序。参见1968年《综合犯罪控制与街道安全法》第2518条(10).

② 笔式记录器记录的是往外拨出的通信信息(例如被监控电话拨出的号码),而定位跟踪器记录的是拨进的通信信息(如来电记录)。

判断是否需要在获取令状后实施①。（3）"笔式记录器与定位跟踪器法"。"笔式记录器与定位跟踪器法"规制的对象是执法机关利用笔式记录器或类似的追踪记录设备，记录被监控对象打入或打出电话的号码、拨打时间、通话时长等信封信息的执法行为。这种执法行为不涉及通信隐私的具体内容，可以在没有令状的情况下实施②。尽管"笔式记录器与定位跟踪器法"的法律条文仅明确提到了电话监听，但很多法院都将该法适用于计算机网络通信中数据信息的保护③。

其三，1978 年《外国情报监控法》（Foreign Intelligence Surveillance Act）。该法是划定美国对内执法机构与对外情报机构权限"隔离墙"的法律，它明确对电子监听的概念作出了界定。所谓的电子监听，指的是通过电子的、机械的或其他设备监控有线或者无线通信内容的活动④。该法设置了专门法庭（Foreign Intelligence Surveillance Court）来审查实施国内电子监听的申

---

①　该法规定，如果电子数据信息存储的时间在 180 日内，执法人员必须取得令状才能实施；如果电子数据信息存储的时间在 180 日以上，用户所受的隐私保护会降低，执法人员不用获取令状，而只需提供"具体的、可明确描述的事实"表明有合理的理由相信所寻求的有线或电子通信、记录或其他信息对正在进行的侦查是相关且重要的。这个标准低于令状申请时"相当理由"的证明标准。参见《电子通信隐私法》第 2703 条。

②　该法规定，如果"可能获取的信息是与正在进行的侦查有关"，政府律师可以向法庭申请命令，授权安装笔式记录器或定位跟踪装置。为获得法庭命令，申请者必须表明自己身份、表明实施执法机构的身份，并证明可能获取的数据信息是与正在进行的侦查有关。参见《电子通信隐私法》第 3122 条(b)(1)—(2)。

③　参见向燕.搜查与隐私权保护[D]:[博士学位论文].北京:中国政法大学研究生院,2009.

④　参见《外国情报监控法》第 101 条(f)。

请,并制定了较为严格的标准①。但是,对外情报机构的电子监听运用,其申请令状的要求接近于申请法庭命令的要求。在实践中,这类电子监听的令状非常容易获取②。

其四,2001 年《爱国者法》(USA PATRIOT Act)。2001 年 10 月 26 日美国国会通过《爱国者法》。该法是一套综合性的反恐怖法律,其内容涉及范围广泛。与通信隐私干预相关的内容主要在第二章"加强监控程序"(Title Ⅱ: Enhanced Surveillance procedures)中。这一部分主要对 1978 年《外国情报监控法》和 1986 年《电子通信隐私法》的部分内容进行了修订,而《爱国者法》中最具争议的部分都保留在此章中。例如,该法允许政府机构从美国和非美国公民那里收集外国情报信息,并更改了 1978 年《外国情报监控法》所要求的获取外国情报信息作为监听主要目的的规定③;该法扩大了监听和监听命令的范围和可用性,监听的外延扩展至确定 IP 地址和路由器信息,以允许监控分组交换网络④;修改了《爱国者法》中"存储通信法",允许执法人员通过搜查令而不是通过更严格的 1986 年《电子通信隐私法》来访问存储的语音

---

① 包括:(1) 在申请前,必须获得检察长的批准;(2) 提出申请的人具有联邦政府官员的身份;(3) 对电子监听目标身份(如果知道)或特定内容的描述;(4) 有关事实和情况的陈述,由申请人证明电子监听的对象是外国势力或外国势力的代理人;以及正在使用或将要使用电子监听的每个设施或场所由外国势力或外国势力的代理人使用;(5) 拟议的最小化程序说明;(6) 对所寻求信息的性质以及要进行的通信或监视活动类型的描述;(7) 进行监视的方式的简要说明以及是否需要物理侵入才能进行监视;(8) 说明需要维持电子监听的时间段。参见《外国情报监控法》第 104 条。

② 有学者作出统计,在《外国情报监控法》颁布后的二十多年内,仅有两个实施电子监听的申请被拒绝。See Nathan C. Henderson, The Patriot Act's Impact on the Government's Ability to Conduct Electronic Surveillance of Ongoing Domestic Communications, 52 Duke L. J. 179, 193(2002). 转引自向燕. 搜查与隐私权保护[D]: [博士学位论文]. 北京:中国政法大学研究生院,2009.

③ 参见《爱国者法》第 218 条。

④ 参见《爱国者法》第 216 条。

邮件①；允许执法机构截取公民在计算机上进行的通信，从而绕过1986年《电子通信隐私法》的规定②；等等。这些规定不仅饱受争议，同时亦引发了与此相关的诉讼③。

其五，2015年《自由法》（USA Freedom Act）。2013年6月"棱镜计划"曝光后，美国公民得知情报机构多年来一直监控网络以及通信运营商留存的用户信息，其中包括大量美国公民信息，因此引发广泛的抗议。基于此，2015年5月美国国会通过《自由法》④。《自由法》虽然限制美国国家安全部门大规模收集美国公民有关电话通信记录的数据信息，但在法案实施后，国家安全部门只要在确认某人或某组织有恐怖活动嫌疑时，就能向电信公司获取相关的数据信息，包括电话号码、通电话的时间和交谈长短，还有电子邮件和网络地址等。

通过以上分析可以得出结论，美国联邦最高法院对通信中内容信息和信封信息的区分也影响了国会的立法，上述法律亦对不同类型通信信息的获取设置了不同密度的法律规制程序。虽然，法律试图通过事前与事后的程序设置来规制获取内容信息的执法

---

①　参见《爱国者法》第204条和第209条。

②　参见《爱国者法》第217条。

③　2013年12月16日美国哥伦比亚特区联邦地区法官已经作出过相关的判决，本案两名原告认为国家安全局（National Security Agency）记录其个人通话数据信息，要求国家安全局停止并销毁相关的历史通话记录。法官理查德·利昂（Richard J. Leon）在判决中指出，"在预先没有司法批准的情况下，以收集信息和分析为目的，系统地采用高科技手段收集和保留几乎每一名公民的个人信息——我想象不出比这种做法更'不加区分'和'随意'的侵犯行为"，"这样的项目侵犯了开国先贤们在宪法第4条修正案中规定的'那种程度的隐私权'"。因此，判决政府停止类似收集公民个人通话数据信息的项目，并要求销毁相关的通话历史记录。本案是外国情报监视专门法庭以外的联邦法院第一次代表非刑事辩护人来调查这个大规模数据信息收集的项目，而外国情报监视专门法庭曾秘密授权了这个项目的启动与实施。See Josh Gertein. Judge：NSA Program Likely Unconstitutional［EB/OL］，https：//www. politico. com/story/2013/12/national-security-agency-phones-judge-101203，2019-12-09.

④　《爱国者法》亦于2015年6月1日到期。

行为,但这些法律规定的执法人员获取信封信息的授权、申请程序的门槛非常低,执法人员只需要持法院命令即可。要注意的是,法院命令与法官令状存在本质上的区别,法院命令被认为是法院行政管理职能的体现,其对执法行为的约束几乎无异于"橡皮图章"①。可见,美国国会立法中仍然沿袭着联邦最高法院所确定的风险承担理论的路径,对通信隐私中的信封信息予以谨慎而保守的保护。这一传统做法在 2018 年联邦最高法院审决的"卡彭特对美国案"(Carpenter v. United States)②受到了挑战。本案中,控辩双方争论的核心焦点是执法人员是否需要在获取搜查令后,才能获取手机服务地点信息(Cell Service Location Information,简称 CSLI,即国内通常所讲的"手机基站信息")。这些信息通常由电信公司保存用来确定漫游费用、通信网络信号微弱地点,以及显示手机用户在任何特定时间连接上的手机通信基站位置。联邦最高法院于 2018 年 6 月 22 日,以 5:4 的比例最终作出了裁决。多数人意见认为,政府必须获得搜查令后才能访问手机基站的历史记录。多数人意见还认为:"数字技术的地震式的变化不仅可以跟踪卡彭特的位置,还可以跟踪其他所有人的位置,这不仅可以是短期的,而且可以是多年的跟踪。电信公司及其竞争对手不是典型的见证人,与爱管闲事的邻居时刻关注来来往往的情况不同,他们

---

① 参见程雷.秘密侦查比较研究——以美、德、荷、英四国为样本的分析[M].北京:中国人民公安大学出版社,2008:473.

② 2010 年至 2011 年 3 月,提摩西·卡彭特(Timothy Carpenter)在俄亥俄州和密歇根州抢了几间手机店。在卡彭特和他的共犯们被逮捕后,美国联邦调查局要求电信公司提供卡彭特数个月的手机基站记录。根据美国联邦最高法院在 20 世纪 70 年代"美国诉米勒"(United States v. Miller)以及"史密斯诉马里兰"(Smith v. Maryland)两案中维持的风险承担理论,电信公司依惯例在执法人员能够显示具备"相当理由"以及该数据信息对侦查来说是"相关且重要的"时,向联邦调查局提供了信息。联邦调查局获得的数据信息显示卡彭特的手机在抢劫案发生时连接到了被抢的店家附近的手机基站,卡彭特因此被认定犯下了 11 项持械抢劫罪。卡彭特提起上诉,辩称政府在没有搜查令的情况下非法取得了他的手机基站数据信息记录。美国第六区上诉法院驳回了他的上诉。See No. 16 - 402,585 U. S. (2018).

时刻保持警惕,记忆力几乎是绝对可靠的。在'米勒案'和'史密斯案'中提出的风险承担理论与当今电信运营商随便收集的详尽的位置信息之间,存在着巨大的差异。"①这意味着风险承担理论在信息时代的存续或者适用问题,已经受到美国法律界的关注。

3.3.3　信息隐私干预的法律规制

在刑事司法领域,美国政府已经保有大量的数据库,同时也能够非常方便地取得第三方保有的数据,执法人员借由这些数据能迅速实现数据间的匹配、合并及新信息的获取。这些执法行为涉及信息隐私干预法律规制的问题。目前,执法中两种典型的信息隐私干预方式是数据聚合和数据挖掘。

其一,数据聚合(data aggregation)。数据聚合是指对"既有的数据进行集中,从而将有关个人的零碎信息拼合起来"②。数据聚合是在 20 世纪 60 年代因计算机技术的发展而兴起的,目前正随着相关配套技术的成熟而广泛运用。根据公开报道,美国联邦政府运营着超过 2 000 个数据库,这些数据库在信息内容上涉及公民生活的方方面面。除了公共记录外,第三方主体特别是大型商业公司也拥有大量的数据库③。数据聚合将数据库中已有的数据进行拼合,它会揭示出个人不愿让他人知晓的隐私。同时,数据聚合能够产生新的信息,这些信息一旦不能真实地反映个人情况,还会影响公民的正常生活。在警察执法中,最可怕的是政府可以

---

① Sabrina McCubbin. Summary:The Supreme Court Rules in Carpenter v. United States [EB/OL]. https://www. lawfareblog. com/summary-supreme-court-rules-carpenter-v-united-states,2020 - 02 - 02.

② 向燕. 搜查与隐私权保护[D]:[博士学位论文]. 北京:中国政法大学研究生院,2009.

③ 根据 IBM 公司的估计,由于智能手机、平板电脑、社交媒体网站、电子邮件和其他形式的数字通信等广泛使用,全球每天产生 250 亿亿字节的新数据,这些数据几乎都掌握在极少部分巨头公司中。参见詹姆斯·里森等. 美国如何利用科技扫荡全球数据?[EB/OL]. https://cn. nytimes. com/U. S. a/20130613/c13nsa/,2019 - 09 - 09.

假借调查犯罪之名,广泛收集公民的数据信息并建立相关的数据库,这些数据库中的数据聚合可以掌握公民日常生活的整体和细节状况,甚至蜕变为对公民私生活进行全面监控的工具。

其二,数据挖掘(data mining)。数据挖掘是指"通过特定的计算机算法对大量的数据进行自动分析,从而揭示数据之间隐藏的关系、模式和趋势,为决策者提供新的知识"[①]。它通常利用数据库中的数据同时结合各种分析,从中找出数据之间隐藏的特殊关联性。数据挖掘使用的原始数据多为执法机关自身所拥有的数据库中的数据,当然也包括由第三方提供的数据[②],其主要功能是"通过对过去一定时期内的犯罪数据进行挖掘后对犯罪热点地区、犯罪人群、犯罪手法等犯罪趋势提出的科学预测,将犯罪预防与防控建立在大数据预测的犯罪规律基础之上,从而能够更为精确、科学地调动警力并实现对犯罪的精确打击"[③]。

应该来说,联邦最高法院早已在 1977 年的"沃伦诉罗伊案"对信息隐私权予以了承认。那么,政府数据聚合和数据挖掘等侵犯公民信息隐私的行为应当属于宪法第 4 条修正案下的搜查。然而问题并非如此简单,数据聚合和数据挖掘虽然涉及对公民个人数据信息的分析应用,但其能否被视为搜查,更多取决于它们是否侵

---

① 涂子沛. 大数据:正在到来的数据革命,以及它如何改变政府、商业与我们的生活[M]. 桂林:广西师范大学出版社,2013:98.

② 根据美国媒体报道,美国警察可以从 Sensorvault 数据库中获取安卓移动终端用户的位置数据。Sensorvault 是谷歌公司所拥有的记录用户位置数据的数据库,它使用手机中的 GPS 信息和其他位置信息来构建用户的活动表。这些数据信息收集的初衷本来是为用户提供更多个性化的搜索结果和建议,但位置数据与犯罪调查紧密相关,警方可以借由公民的行踪发现或者确定其犯罪嫌疑。过去,在调查犯罪时,谷歌公司会直接向警察和其他政府部门授予访问特定用户的移动手令。现在,警方在使用这类手令后,谷歌公司会在 Sensorvault 上搜索发生犯罪时处于现场范围内的移动终端设备并将相关数据信息提供给警方,警方再结合其他信息可以迅速锁定犯罪嫌疑人。See By Tracey Rosenberger. Stop Sensorvault from Providing Your Location to the Police[EB/OL]. https://www. maketecheasier. com/stop-sensorvault-provide-location-to-police/,2019-10-25.

③ 程雷. 大数据侦查的法律控制[J]. 中国社会科学,2018,40(11):158.

犯公民的"隐私合理期待"。在"美国诉米勒案"（United States v. Miller）、"史密斯诉马里兰州案"（Smith v. Maryland）等判例中，最高法院确立的风险承担理论阻止将数据聚合和数据挖掘纳入第4条修正案规制的范围。根据风险承担理论，个人对自愿披露给第三人的数据信息不再享有合理的隐私期待，因而获取相关数据信息的政府行为实施不受到第4条修正案中相当理由与令状要求的规制。因此，美国宪法第4条修正案虽常被认为是抵御政府侵犯公民自由最重要的防线，但政府的数据聚合和数据挖掘行为难以受到第4条修正案的拘束。

关于进一步解释隐私合理期待的众多理论中，部分案件中法官还援引过马赛克理论（Mosaic-based approach）进行说理。所谓马赛克理论，最简单的理解是"集合体大于各部分的拼凑"[1]。当时，马赛克理论被政府执法人员用来证明他们保留某些私人数据信息的正当性[2]。此后，该理论的适用在刑事司法领域兴起，一些人将马赛克理论作为一种理论框架去解释第4条修正案中的隐私合理期待，并且试图改变传统理论的部分观点。根据这一理论，尽管数据聚合和数据挖掘的基础数据信息多来源于第三方，但公民对这些数据信息的集合体享有合理的隐私期待，因此，将相关的数据信息集合在一起加以运用的行为应当置于第4条修正案下进行法律规制。换言之，公民可以主张政府执法人员将个人数据信息进行聚合或者挖掘的行为应受到相当理由和令状原则实施要求的限制。然而，在2012年"美国诉琼斯案"（United States v. Jones）中，大法官在协同意见中虽然指出应对风险承担理论加以反思，但

---

①　马赛克理论最初用于指导情报收集活动，它认为分散的数据信息碎片尽管对于占有人来说没有价值或价值有限，但将这些碎片组合起来后会产生不可估量的整体价值。See David E. Pozen. The Mosaic Theory, National Security, and the Freedom of Information Act[J]. The Yale Law Journal, 2005, 115：628.

②　See Christina E. Wells. CIA v. Sims：Mosaic Theory and Government Attitude[J]. Admin. L. Rev., 2006, 58：845 – 857.

该案并未推翻"米勒案"与"史密斯案"所确定的风险承担理论的基本结论,马赛克理论也并未得到普遍的承认。因此,从总体上看,第4条修正案的焦点在于执法人员未经个人同意而获取个人数据信息的搜查,其规制的重点在于获取数据信息的过程,而难以将数据聚合和数据挖掘等纳入宪法第4条修正案规制的范围。

宪法第4条修正案对于信息隐私保护的无力,并不意味着美国在这一领域的法律规制完全是空白的。在信息隐私保护的立法方面,王泽鉴曾指出在"罗伊诉韦德案"以及"沃伦诉罗伊案"后,美国关于信息隐私保护的发展主要有两个重点,"一为由法院采个案利益衡量的方式判断政府搜集、储存、利用个人资料的合宪性或合法性;二为制定保护隐私的特别法"①。诚如此言,美国的信息隐私立法可谓五花八门,它们区分不同领域或事项对信息隐私进行分别立法②。其中,1974年《隐私法》是规范联邦政府收集与处理个人数据信息的重要法律,是美国保护信息隐私的根本大法。但是,1974年《隐私法》的制定旨在解决政府建立大型集中的个人数据库带来的隐患,该法只适用于政府设立数据库的情形,对于政府实施数据聚合和数据挖掘的权力几乎没有限制。《美国联邦行政法典》(Code of Federal Regulation)专门就刑事司法中的数据信息系统运作进行了规定,但其也只是强调执法部门在收集、存储、维护和使用相关数据信息时,要确保数据信息的准确性、完整性等,并且应对公民隐私权进行保护。该法还规定管理部门要对数据信息体系进行常规性的审查,允许公民查询犯罪相关的数据库

---

① 参见王泽鉴.人格权的具体化及保护范围·隐私篇(上)[J].比较法研究,2008,33(6):11.

② 相关的立法主要包括1966年《信息自由法》(Freedom of Information Act)、1970年《公平信用报告法》(Fair Credit Reporting Act)、1974年《隐私法》(Privacy Act)、1978年《财务隐私权利法》(Financial Privacy Rights Act)、1986年《计算机欺诈与滥用法》(Computer Fraud and Abuse Act)、1988年《录像隐私保护法》(Video Privacy Protection Act)、1988年《计算机匹配和隐私保护法》(Computer Matching and Privacy Protection Act)等。

并有权修改错误的数据信息①。可以说,美国国会制定的信息隐私保护方面的单行法覆盖了个人生活的多个领域,但这些法律几乎都为政府执法活动和情报活动作出了例外规定,给政府使用个人数据信息提供了比较宽泛的自由空间。一言以蔽之,美国执法人员运用数据聚合和数据挖掘等措施时,几乎不会受到太多的法律规制。

关于美国信息隐私干预的法律规制,还要提及的是"联合DNA索引系统"(The Combined DNA Index System,简称为CODIS)建立和运用的相关法律规定。"联合DNA索引系统"是美国联邦政府建立的DNA数据库。借助这一系统,联邦、各州和地方的法医实验室能够以电子方式交换DNA数据以及比对DNA样本,可以"将犯罪现场的证据链接到系统中已定罪的犯人的DNA样本"②。该数据库根据1994年《暴力犯罪控制与执法法》(The Violent Crime Control and Law Enforcement Act of 1994)的规定建立,但联邦调查局将1994年的法案解释为仅允许创建"联合DNA索引系统",而不允许对因犯有联邦罪行而被定罪的人进行DNA采样以输入系统③。此后,国会通过了2000年《DNA分析排期消除法》(The DNA Analysis Backlog Elimination Act of 2000),该法对"联合DNA索引系统"的使用进行了授权④。《美国法典》第42卷第14132条规定,"国会授权联邦调查局创建从被定罪的罪犯、犯罪现场和犯罪受害者以及身份不明的遗体中

---

①　Wayne A. Logan & Andrew Guthrie Ferguson, Policing Criminal Justice Data [J]. 101 Minn. L. Rev. 541, 595(2016). 转引自夏菲. 警务科技化进程中的公民权利保障[J]. 华东政法大学学报,2019,22(5):90.

②　FBI. Combined DNA Index System(CODIS)[EB/OL]. https://www. fbi. gov/services/laboratory/biometric-analysis/codis,2019-06-08.

③　See H. R. 3355-Violent Crime Control and Law Enforcement Act of 1994[EB/OL]. https://www. congress. gov/bill/103rd-congress/house-bill/3355/text,2019-08-18.

④　See DNA Analysis Backlog Elimination Act of 2000, 42 U. S. C. [EB/OL]. https://www. congress. gov/106/plaws/publ546/PLAW-106publ546. pdf,2019-08-08.

提取的脱氧核糖核酸(DNA)样本的国家索引"。从第 14135 条及其后条文来看,该法主要从样本采集范围和运用两个角度对"联合 DNA 索引系统"的建立和使用进行法律规制。从样本采集范围来看,"联合 DNA 索引系统"的样本采集范围限于"监狱局羁押的人,或者已经被判定犯有联邦犯罪的人,以及因上述原因处缓刑、假释、被监督释放的人"。从"联合 DNA 索引系统"运用来看,一旦将 DNA 样本数据输入"联合 DNA 索引系统",该数据就只能被发布:(1) 给刑事司法机构的执法人员用以人身识别;(2) 在司法程序中;(3) 出于刑事辩护目的,对于被告人而言,应有权获得与其案件有关的样本和分析;或(4) 如果删除了个人身份信息,可以用于人口统计数据库,以识别研究和协议开发或用于质量控制。可见,DNA 数据库的使用只能服务于打击犯罪以及立法明确规定的某些公益目的。《DNA 分析排期消除法》还规定对不当披露样本结果或者不当获取、使用 DNA 样本的个人处以刑事处罚。可见,尽管从整体而言美国法对执法人员运用信息隐私干预措施的规制程度较低,但对于 DNA 数据库建立和运用的问题,美国法还是表现出了应有的谨慎。概因 DNA 信息属于私密个人信息,一旦放任执法人员任意地获取、运用这一隐私信息,将对相关人员的隐私利益造成重大侵犯。

3.3.4 活动隐私干预的法律规制

在美国,宪法第 4 条修正案对活动隐私的承认力度是有限的。公民在私人空间内的活动隐私虽然受到绝对保护,但由于公共暴露理论的地位至今未出现根本性的动摇,因此,更为广泛的观点认为,公民在公共空间中的活动不具备合理的隐私期待。然而,随着部分执法行为运用的场景愈来愈多,美国国内也引发了关于活动隐私保护的讨论。

其一,对公民行踪进行监控的相关争议。在公共暴露理论看来,隐私是针对私人领域而言的,超出了私人领域便再无隐私。对于公民来讲,住宅无疑是最重要的进行私人活动的领域。由于第4条修正案明白无误地表示,公民的住宅不受不合理搜查和扣押,因此,住宅内的私人活动理所当然受到法律的保护。实务中,每当联邦最高法院对相关案件进行判决时,只要认定执法行为使住宅权受到侵害,无论侵害的手段如何,也无论执法行为获取的私人活动的信息内容如何,都会将该执法行为认定为搜查。但是,在对一些判例进行分析后,我们发现最高法院对于承认公民在公共空间拥有活动隐私方面始终畏首畏脚。在"卡诺案"(United States v. Karo)[1]中,政府主张利用电子蜂鸣器进行追踪导致的侵害十分轻微,政府的执法行为不构成搜查。但是,联邦最高法院坚持认为,本案执法行为涉及当事人的住宅而构成宪法上的搜查[2]。而就在此案判决的前一年,联邦最高法院刚刚在"诺茨案"(United States v. Knotts)[3]中判定,执法人员利用无线电波追踪器追踪特定化学物质在公共道路上的行踪的政府行为,不构成宪法上的搜查。相比较而言,两案的侵害手段完全一致,追踪的对象也都是与个人关联性较低的化学物品,但由于"卡诺案"涉及化学物品在住宅内部的行踪,导致两案最终的判决结果存在天壤之别。

公民在公共空间的活动绝对不拥有合理隐私期待的观点,在前述的 2012 年"琼斯案"中受到了冲击。本案中,绝大多数大法官虽然拒绝使用马赛克理论进行分析,但大法官索托马约尔和阿利

---

① 警方通过在乙醚罐中放置电子蜂鸣器,追踪到标记的罐头与一箱 50 加仑(1加仑为 3.785 升)的乙醚一起被出售给了卡诺,而卡诺原本打算将乙醚用于可卡因的提取和生产。执法人员在发现这些物品于多个住宅和商业储物柜之间移动后,确定了罐头的最终位置。此后,执法人员依此申请获得了逮捕令,并以违反毒品犯罪相关的法规起诉了卡诺等人。See 468 U.S 705(1984).
② "一个电子设备的监控,例如无线电波发射器,侵害性当然少于全面的搜索,但它揭示了关于住宅内部重要事实,该事实是政府极为感兴趣的,且不可能在欠缺令状的情况下取得。"See ID at 715. 转引自向燕.搜查与隐私权保护[D]:[博士学位论文].北京:中国政法大学研究生院,2009.
③ See 460 U.S. 276(1983).

托提出协同意见时,据学者的观察,都曾将马赛克理论的实质精神用于"琼斯案"的分析,从侧面显示出该理论可能具备的实际价值。哥伦比亚特区的联邦巡回上诉法院于"梅纳德案"(United States v. Maynard)使用了马赛克理论。本案法官认为,执法者不能在没有搜查令的情况下使用 GPS 来追踪犯罪嫌疑人,因为根据马赛克理论这种侦查技术使用违反了嫌疑人根据宪法第 4 条修正案的权利,即使这种方法成功地追踪了嫌疑人的行动,从而证明了被告参与贩毒的指控。在马赛克理论看来,通过数据分析技术将个人信息加以整合,在内容上可能产生大于单纯个别信息内容的累积效果。简单来讲,马赛克理论强调信息积累"量变"可能导致"质变"①。因此,在公共空间即便是公民每个单独的举动(或行为)信息不受法律的保护,但由多个这样的单独行为信息组成的信息集合体应当受到宪法第 4 条修正案的保护,公民对这种信息集合体所享有的权利不容侵犯②。换言之,公民享有免受执法人员所实施的长期监控行为侵扰其生活的权利,因为长期的监控使国家能够将个人在公共空间的活动片段拼凑成窥看其生活全貌的"马赛克"或"智力拼图"③。"琼斯案"中,索托马约尔和阿利托两位大法官认为琼斯对于聚合的行动整体享有隐私利益,但此种隐私利益并不存在于单个行动之中。换言之,如果公民一次性地故意将行踪暴露在公众视线中,这些行踪信息不受到第 4 条修正案的保护,但公民在 28 天内的行动不可能全部都被公众知晓,因此执法人员的行为属于搜查。因此,应当区分暂时性的、短期的监控与持续性的、长期的监控,后者会使被监控者的行踪轨迹、行为习惯等活动

---

① See United States v. Maynard, 615 F. 3d 544(D. C. Cir. 2010).

② See David E. Pozen. The Mosaic Theory, National Security, and the Freedom of Information Act[J]. The Yale Law Journal, 2005, 115: 629.

③ See Marc Jonathan Blitz. The Fourth Amendment Future of Public Surveillance: Remote Recording and Other Searches in Public Space[J]. American University Law Review, 2013, 63(1): 22-27.

隐私被他人知晓,而这些内容应当在个人合理的隐私期待范畴内。

关于"琼斯案"还值得深入探讨的是,为何绝大多数大法官拒绝使用马赛克理论对本案进行分析。实际上,很多学者已经对马赛克理论的适用进行了各式各样的质疑,包括:(1)一旦接受马赛克理论,执法人员实施侦查可能变得极为困难。根据马赛克理论,即使是最简单的、最短时间的监控行为也很有可能曝光公民的隐私,而应当被纳入搜查的范畴。例如,对公民而言极其普通的行程,但如果公民去参加的是政党集会或者其他政治活动,则对该行程的短期监控会暴露公民的政治主张倾向,而这些信息在美国一般被认为是公民希望保有的私密个人信息。此时,无论执法人员实施的监控行为是否符合社会公众共同认可的合理标准,每个公民都有理由拒绝执法人员对自己实施最简单的、最短时间的监控。除此之外,警察派遣卧底贴靠嫌疑对象以收集公民信息,或者通过其他秘密方式获取公民信息的侦查措施适用也将受到极大限制,因为根据马赛克理论,公民可以主张如果执法人员将这些信息大量收集并整合起来,就会曝光公民的私人信息。因此,这一行为亦属于第 4 条修正案下的搜查。(2)用来判定政府的监控行为是否违反第 4 条修正案的标准并不十分明确。根据马赛克理论,长期的监控行为构成搜查,但长期的监控究竟是为期一个月、两个星期还是其他时长的监控呢?短期的监控行为是否也可能构成搜查呢?这些问题司法判例没有给出相应的解答,美国各级法院也难以找到一个具有说服力的原则,作为判断政府监控行为是否合理的标准。换言之,该理论虽认可公民在公共空间的活动隐私应受到法律保护,但没有具体解答何种监控行为实施构成第 4 条修正案所规定的搜查。(3)将产生"回溯违宪"的困境。司法实践中,适用马赛克理论可能产生以下困境:当执法人员第一天对公民实施监控时,由于执法人员能够获得的当事人信息较少。此时,执法人员所为的监控行为并未构成搜查。然而,当执法人员经过较长时间的监控,收集到一定数量的信息并将这些信息聚合在一起时,他们可能发现当事人的私密个人信息。此时,执法人员所为的监控行为构成搜查。由此,人们可以反推执法人员在第一天的监控行为就是宪法第4条修正案下的搜查。造成这种"回溯违宪"现象的原因在于,马赛克理论坚持认为公民仅对其整体行动享有合理的隐私期待,而在最终认定执法行为性质时,必须回溯到政府执法人员最初的信息收集行为。

对公民行踪隐私的监控还应当关注2015年的"格雷迪诉北卡罗来纳州案"(Grady v. North Carolina)。由于格雷迪是猥亵儿童的累犯,北卡罗来纳州政府因而强制要求格雷迪穿戴GPS装置,以对其行踪进行全天候的监控,包括格雷迪在公众场合和私人空间内的行踪。格雷迪依据"琼斯案"的判决主张政府此举构成宪法第4条修正案下的不合理搜查。本案在初审法院和上诉法院判决后仍存争议,因此移交联邦最高法院进行审判。在联邦最高法院的审判中,全体大法官作出决定认为北卡罗来纳州的政府行为违反了联邦最高法院曾判决的"琼斯案"所作出的判决。本案辩论的焦点虽然在于通过GPS进行行踪监控的行为是否构成不合理搜查而违背宪法要求,但讨论这一争点的前提是强迫当事人穿戴GPS装置进行监控是否属于宪法上的搜查,本案判决由全体大法官作出(并无具体的主笔大法官),其核心观点认为强制当事人穿戴GPS装置使得具有个人行踪信息收集功能的设备物理性地接触个人身体,按照物理侵入标准此行为属于搜查[①]。可见,双轨理论在此判例中继续得到援引。

其二,对人脸识别技术和车牌自动识别技术运用的相关争议。目前,美国公共空间安装视频监控的数量越来越多,它们与时下热

---

① Grady v. North Carolina,135 S. Ct. 1368 – 1371(2015).

门的人脸识别系统①、车牌识别系统②等技术结合起来,成为异常强大和高效的执法工具。在"琼斯案"中,联邦最高法院多数大法官都赞同这样的观点,过于长久和密集的监控会对公民的隐私利益造成侵犯。此时,联邦最高法院似乎已经开始改变公共暴露理论所坚持的个人在公共空间无合理的隐私期待的观点,如果执法机关对特定个人进行长时间持续性的监控就构成搜查。然而,这一判例没有解决与之相关的很多问题,其中一个问题是针对公共空间的不特定公众的视频监控是否侵犯公民的隐私权。虽然有不少学者曾就这一问题发表过见解③,但根据本书所掌握的资料,目前联邦最高法院并无将人脸识别技术和车牌自动识别技术运用视为搜查或者扣押的判例,主导性的观点仍认为人脸识别技术和车

---

　　① 该系统可透过个人的面部特征识别个人的身份,这一技术运用的前提是人脸侦测(Face Detection)。在侦测到人脸后,系统便通过计算机算法,抽取某人脸上的特征细节(例如颧骨形状、两眼距离、下巴形状或其他独特的人脸特征),再去比对人脸数据库中的数据,以识别其身份。由于需要的只是特征细节数据,这类被拣选出的数据和一般的照片不同。人脸识别技术在公共场所的视频监控设备中使用时,其后端如果连接有人脸数据库,即可实时完成身份识别。因此,公民的人脸特征数据事实上成为一张活动的身份证。

　　② 该系统是如今被许多州政府和地方警察局使用的新型监控技术。当视频监控系统中加载车牌自动识别系统后,只要公民开车经过特定路口或者街道时,该系统都会收集记录公民行驶车辆的信息,包括记录车辆的车牌号码、车辆驾驶座和副驾驶座上的人员、该车出现的时间、日期和地点等。通过这一系统所收集的数据信息,政府执法人员可以在没有获得法官授权搜查令的情况下,追踪特定时期内某一车辆和人员的行踪轨迹。

　　③ 布利茨(Marc Jonathan Blitz)针对"琼斯案"的判例提出过自己的见解,他认为如果法院将宪法第4条修正案保护的范围扩展到公共领域,那么这个扩展范围应该多大,判例中并未解释清楚,说警察的每一眼或他们在街上观察到的每一件事突然激活了宪法保护的力量,这似乎是错误的;说当警察凝视更长的时间、戴上一副更好的眼镜或者使用双筒望远镜,宪法第4条修正案的保护措施立即适用,似乎也是错误的。他提出了公共空间监控被认定为搜查的两个要素,包括:警察(1)不仅观察,而且还记录警察不在场时人或事件的图像或声音时构成搜查;或(2)放大人的特征或者该人所携带文件或其他物品的详情,揭示在没有拍身搜查或截停搜查某人的文件时不会显而易见的信息时,构成搜查。See Marc Jonathan Blitz, The Fourth Amendment Future of Public Surveillance: Remote Recording and Other Searches in Public Space [J]. American University Law Review, 2013, 63(1): 25.

牌自动识别技术不是第 4 条修正案下的搜查或者扣押。

人脸识别技术与指纹识别技术相比,乃是一种非接触性的生物特征识别技术。换言之,人脸识别技术在运用过程中,当事人不易察觉这一技术正在无声无息运用。人脸识别技术运用存在一定的法治风险,因为其可能对公民的隐私合理期待造成侵害。一方面,人脸识别技术运用时,与其相关的后台数据库中储存有一定数量的公民脸部特征数据,如同指纹特征数据一样,人脸特征有其生物特征性且一定时期内保持不变,应属于公民重要的生物信息之一。另一方面,人脸识别技术运用可以实时确定当事人的身份,如果在不同的地区、场合连续运用人脸识别技术,就能研判分析出当事人行踪隐私。由于美国在"琼斯案"已经肯定公民在公共场合也可以保有隐私合理期待。因此,人脸识别技术的运用应当受到一定的限制。目前,美国联邦政府并未大规模运用人脸识别技术,但部分州政府已经开始频繁使用人脸识别技术,它们或者在警察身上配备人脸扫描设备,或者在公共空间安装人脸识别相机,或者将人脸识别技术与公共视频监控系统进行深度整合。其中将人脸识别技术与公共视频监控进行整合性运用,是目前执法机关最倾向于选择的人脸识别技术应用方式。相关的报告也指出,美国联邦政府非常希望将这一技术用于追踪重要的犯罪嫌疑人①。这些技术的运用随即产生了一系列担忧,其核心是这些技术在运用时究竟有无侵犯公民的隐私利益。很显然,人脸识别技术的运用,比单纯的公共空间的视频监控运用更为复杂。

在美国,关于人脸识别技术运用的性质主要有以下观点:(1)人脸识别技术运用不构成宪法第 4 条修正案下的搜查,其运用类似于传统的警察肉眼观察活动。公共暴露理论认为,个人自

---

① See Mark Mazzetti, Helene Cooper and Peter Baker. Behind the Hunt for Bin Laden[EB/OL] https://www.nytimes.com/2011/05/03/world/asia/03intel.html, 2019 - 08 - 08.

愿离开住宅暴露在公众场所,他们就冒着被其他人监控的风险。持这一观点的人所坚持的一个强有力的论据是,当公民位于他们不享有不被监控期待的公共空间时,他们在该场所同样不享有不被识别出身份的期待。因为当一个人行走在大街上时,完全可能出乎意料地被另外一个行人认出,所以当人脸识别技术运用拍下其照片时,他们也不能期望自己的照片不会与政府数据库里的照片进行对比,从而被识别身份。(2)人脸识别技术运用不构成宪法第 4 条修正案下的搜查,其运用类似于警察实施的"拦截并询问"。在美国,拦截并询问受到第 4 条修正案的规制,但拦截并询问侵害公民权益轻微,无须具备扣押实施所要求的相当理由和获得令状,而只需满足"合理性标准"即可实施[1]。部分提倡在公共空间运用人脸识别技术的学者结合"美国诉门登霍尔案"(United States v. Mendenhall)[2]和"移民归化局诉德尔加多案"(Immigration and Naturalization Service v. Delgado)[3]来证明自己的观点,即当在公共空间运用人脸识别技术时,其对行人实施的识别行为并不构成扣押,因为被识别的行人并未被物理性的强制力停止或者阻碍其行动。上述两案中,执法人员实施的行为都得到了法院的支持,认为它们不构成第 4 条修正案下的扣押。正如大法官斯图尔特(Stewart)在"门登霍尔案"的判决中所写的那样,"我们坚持的观点是,只有当某个公民被物理性的力量控制或者受制于某种权威而使公民的自由活动受到限制时,我们才认为扣押行为发生了"。这些意见为以下结论的产生提供了支持,即当人脸识别技术运用时,无须基于相当理由和令状要求而实施。

---

① 参见王兆鹏.美国刑事诉讼法[M].第二版.北京:北京大学出版社,2014.215.

② "门登霍尔案"中,美国缉毒局接近某位符合运毒人员特征的航空旅客,并且要求她出示身份证和机票。See 446 U. S. 544(1980).

③ "德尔加多案"中,美国移民归化局的执法人员到某工厂进行突击检查,其中部分执法人员守在工厂的出口处,另一些执法人员到工厂作业区问询工人移民的情况,并要求其出示身份证。See 466 U. S. 210(1984).

当然,人脸识别技术运用的争议仍在持续发酵[①]。反对在公共空间使用人脸识别技术的意见,主要从以下方面展开:

一是广泛使用的人脸识别技术对个人享有的隐私权造成了威胁。这种观点主要援引隐私权内涵界定中的"人格理论"和"私生活控制理论"加以论证。基于"人格理论",人们可以对人脸识别技术运用提出这样的疑问,当公民在公共空间受到人脸识别技术的监控时,这一行为必然削弱公民树立的独立人格的自我形象,将对公民的人性尊严造成伤害。对隐私权的本质持"私生活控制理论"的人则认定,人们在考虑何时以及是否与他人交往时享有自主权,而拥有保密权、匿名权及独处权将是人们行使私生活控制权的必要条件。毫无疑问,人脸识别技术的运用剥夺了人们享有的保密权、匿名权及独处权的期待,人们的隐私利益自然受到了威胁。

二是人脸识别技术因其"拉网式侦查"风格而应当被禁止。"拉网式侦查"指的是按照概括嫌疑或者模糊标准追查嫌疑人,随意怀疑并进行调查的侦查方式。这种侦查方式贬低了公民的人格,对其身心造成了不必要的惊恐,影响了他们的正常社会交往和亲密关系形成。在美国,法院不允许警察采用"拉网式侦查"的方法收集违法犯罪证据,如移民巡逻队进行流动巡逻,政府执法人员在公路上设立搜查毒品的检查站,或者是医院对所有怀孕的病人进行药检等都是被禁止的。也就是说,只要当政府机构实施的调查或者监控阻碍了不特定公民的正常生活或者能够窥探不特定公民的活动时,法院会认定此种调查行为无效。因此,既然"拉网式侦查"是被禁止的,那么类似于"拉网式侦查"的人脸识别技术运用

---

① 截至 2019 年 9 月 8 日,根据公开报道,旧金山是第一个禁止政府使用人脸识别技术的城市。从那时起,加利福尼亚州的奥克兰和伯克利,以及马萨诸塞州的萨默维尔和剑桥都实行了自己的禁令——全面禁止在公共空间使用人脸识别技术。See Matt Cagle, California Just Blocked Police Body Cam use of Face Recognition [EB/OL]. https://www. aclu. org/blog/privacy-technology/surveillance-technologies/california-jU. S. t-blocked-police-body-cam-U. S. e-face,2020 – 01 – 01.

也应当被禁止。

三是使用人脸识别技术运用类似于警察在没有针对性怀疑的情况下拦截行人并且强迫让行人回答问题的行为。在 1979 年"布朗诉得克萨斯州案"（Brown v. Texas）中，警察在大街上拦截布朗，仅仅是因为：（1）该地区以非法贩卖药物出名；（2）警察不认识该男子；（3）布朗从另一个人的身旁离开。由于布朗拒绝向警方透露其姓名，于是警察就拘捕了他①。联邦最高法院认定，警察实施的扣押是不合理的，因为布朗受到警察漫无边际的执法裁量权的侵犯，强制要求布朗公开自己的身份。基于此，人脸识别技术运用虽然未对行人造成物理性的强制扣押，但它实质上强迫行人公开自己的身份，因此，公共空间人脸识别技术运用应归为扣押的一种形式，应禁止政府部门随意使用。

还有部分人对于这一问题持折中观点，认为人脸识别技术不应当全面禁止，而是应该允许有条件地运用。这一观点通常基于"降低期待原则"和"特殊需求原则"等进行论证，它们认为如果只是将人脸识别技术运用涉及的数据库照片限制在部分具有高度犯罪嫌疑的人员，或者只将该技术运用在某些高度敏感的场所，那这一技术运用将免受宪法第 4 条修正案的审查。事实上，近几十年来，美国联邦最高法院都认为，学生和罪犯等特殊人群在某些方面享有的隐私期待应当受到限制。当政府执法人员对这些人进行搜查，如何判断执法行为是否侵害了他们本就已经减少的隐私期待时，法官通常要考虑三个要素：（1）被搜查对象与国家的关系；（2）搜查所产生的国家利益；（3）是否通过非侵入性的方式获取信息②。例如，罪犯相较于普通公民享有的隐私期待较小；犯重罪的罪犯对其 DNA 样本所享有的隐私期待较小，对自己的住所和

---

① See 443 U.S. 47(1979).

② 参见以下两个判例：United States v. Knights, See 534 U.S. 112,119(2001); Vernonia School Dist. 47J v. Acton, See 515 U.S. 646,654-658(1995).

汽车所享有的隐私期待也是较小的。因此,应该允许政府运用受到一定限制的人脸识别技术,如将人脸识别技术运用涉及的数据库限制在假释犯、逃犯、犯罪嫌疑人和离家出走的未成年人等的照片范围内。此外,政府还可以将人脸识别技术运用于容易受到恐怖主义袭击的建筑物和场合中①。

可以料想,与人脸识别技术运用相关的争议还将持续进行下去。虽然,就总体而言,美国法已经开始对于人脸识别技术运用作出了某些限制,但这一执法行为难以归类为第 4 条修正案下的搜查,部分州对其的运用规制较为宽松。与之相类似的还有车牌自动识别系统的运用,这一技术运用无差别地记录每个车牌号码,实际上能让执法人员收集到公民的实质性私密个人信息,从而改变公民与政府之间的关系。在主流观点看来,这一技术运用同样不属于第 4 条修正案下的搜查,但部分州已经对这一系统作出立法上的规定②。

3.3.5 人身隐私干预的法律规制

在有关第 4 条修正案的判例中,主要将干预公民人身隐私的

---

① 参见[美]道格拉斯·A.弗莱提.脸部识别技术监控:《美国联邦宪法第四修正案》保护公共场所隐私权的关键问题[C].魏凌译//张民安.民商法学家:第十二卷.广州:中山大学出版社,2016:508-509.

② 美国缅因州的法律已经对车牌自动识别系统收集数据信息的存储时间作出了规定,它认为车牌自动识别系统收集的数据信息涉及公民隐私,所有执法机构和公司使用这些系统收集的数据信息的时间跨度不得超过 21 天。换言之,系统内无论何时保有的数据信息仅是 21 天内的。诚然,使用限于 21 天内的数据信息缺乏规范化的论证与说明。但是,要准确确定删除车牌自动识别系统所收集的数据信息的期限,无疑是极为困难的事情,立法机构难以判断车牌自动识别系统收集的数据信息总量何时才会达到侵犯公民隐私权的程度。See Sam. Use of License Plate Tracking is on the Rise. Maine Laws Reign it in[EB/OL]. https://www. aclumaine. org/en/news/use-license-plate-tracking-rise-maine-laws-reign-it,2019-09-05.

搜查分为脱衣搜查(strip search)和体内搜查(body cavity search)①。人身隐私干预既可借由感官实施,也可借由技术工具实施。脱衣搜查可以前后两种方式实施,但体内搜查大多只能在借助技术工具的情况下,侵入当事人体腔进行探测查验或者提取相关的生物样本。

其一,脱衣搜查②。脱衣搜查实施中,执法人员有权要求被搜查人脱掉部分或全部衣物,检查其私人物品和体表情况,具有"贬低人格、非人性化、有损尊严、带有羞辱和恐吓性、令人不快、厌恶、难堪、尴尬并且标志着降格和降服"③之效果,对公民的人身隐私有着强烈的干预特征。在长时间以来内,尽管美国各级法院都认识到脱衣搜查较之人身搜查更具侵犯性,但最高法院并没有直接针对警方脱衣搜查实施作出的判决。"巴克诉贝尔案"(Buck v. Bell)④是最高法院针对这一问题作出的第一例判决,但这个案例的争端仅限于监狱或者拘留所这一极为特殊的空间内。最高法院认为,此时的脱衣搜查违反第4条宪法修正案,必须以"平衡标准(balancing test)"对无证搜查的合理性进行评估,也就是说搜查对公民权利造成的侵害性和搜查行为的必要性之间应当得到恰当的平衡。此后,"贝尔案"确定的"平衡标准"扩展到所有脱衣搜查的实施上。在"贝尔案"后的十年里,联邦最高法院众多累积的判例

①　常见的搜查还包括拍身搜查(frisk):是对嫌疑人外衣表面进行快速拍打所进行的搜查。这种搜查对人身隐私侵害程度影响极其轻微。

②　裸体搜查是对人的裸体体表所进行的搜查,包括对全部或部分裸露的皮肤、毛发及身体附属物进行查验的执法行为。See Mark Leech, Deborah Cheney. The Prisons Handbook[M]. 4th ed. Waterside Press,2002:316.

③　Mary Beth G. v. City of Chicago,723 F. 2d 1263,1272　转引自吴玲,张德淼. 美国警察无证裸身搜查的法律控制及其对中国的启示[J]. 比较法研究,2015,29(3):124.

④　该案是大都会教养中心(Metropolitan Correctional Center)的囚犯提起的集体诉讼,大都会教养中心是联邦政府运营的短期拘留设施,拘禁于此的囚犯们对一些监禁条件的合理性予以质疑,包括接触探视者之后,执法人员可在无证情况下对拘留者进行裸体搜查。See 274 U.S. 200(1927).

已经对脱衣搜查施加了较多限制,这些限制主要体现为必须以合理的方式进行脱衣搜查。同时,相关判例对"平衡标准"的要求进行细化,包括:(1) 在搜查范围上——"仅限于视觉";(2) 在搜查方式上——必须"敏感与专业";(3) 在搜查地点上——必须"出离公众视线";(4) 在搜查确信度上——达到"相当理由"的标准①。有学者一针见血地指出,这些程序性要求的核心在于,脱衣搜查必须以"侵犯最小的方式为之"②。要强调的是,尽管对逮捕对象的附带人身搜查是允许的,但是不像一般的人身搜查一样,在逮捕犯罪嫌疑人后必须有合理的怀疑理由,才允许对犯罪嫌疑人进行脱衣搜查③。

其二,体内搜查④。由于体内搜查令人羞辱、不舒服且具有侵略性,其人身隐私干预强度超过脱衣搜查。在司法实务中,许多违禁品可以通过插入直肠等方式隐藏在人体体腔中,比如将装有非法药物的避孕套,或者将静脉注射器、刀具等装在类似于雪茄管之类的圆筒中,后暂时将其存放在人体结肠内等。指导体内搜查的联邦最高法院判例是"施默伯案"而非"贝尔案"。"施默伯诉加利福尼亚案"(Schmerber v. California)⑤中,法院对体内搜查的一些问题进行了澄清。在"施默伯案"之前,联邦最高法院并未阐明警察是否必须在采集血样之前取得搜查令,也未澄清刑事诉讼中是否可以将针对犯罪嫌疑人的血样分析用于指控犯罪嫌疑人有罪。

---

① 参见吴玲,张德森.美国警察无证裸身搜查的法律控制及其对中国的启示[J].比较法研究,2015,29(3):126-129.

② Charles H. Whitebread & Christopher Slobogin, Criminal Procedure 206 (Foundation Press,1993). 转引自王兆鹏.美国刑事诉讼法[M]:第二版.北京:北京大学出版社,2014:162.

③ [美]Rolando V. del Carmen.美国刑事侦查法制与实务[M].李政峰,林灿璋,邱俊诚等译.台北:五南图书出版公司,2006:232.

④ 体内搜查是对人体深度口腔、胃腹、肠道、阴道等体腔的搜查,以及强行从人体提取血液、DNA 等生物样本的执法行为。See Security and Law Enforcement Employees, District Council 82 v. Carey, 737 F. 2d 187, 187(2d Cir. 1984).

⑤ See 384 U. S. 757(1966).

该案中,联邦最高法院的多数意见认为,人体搜查中强制抽取和分析血液样本的行为并非强制作证,它不违反禁止自我归罪的第 5 条修正案规定。联邦最高法院还裁定,体内搜查需要搜查令,只有在紧急情况时,警方才可以强制抽取和分析血液样本,因为警官在申请令状的过程中,血液中酒精含量的证据可能会被人体自然代谢过程破坏。但是,在 2013 年"密苏里州诉麦克尼里案"(Missouri v. McNeely)中[①],最高法院澄清酒精在血液中的自然代谢并不是一种紧急情况,它总是可以证明涉嫌在酒精影响下驾驶的人有罪。因此,警察必须在获得逮捕令后对涉嫌酒后驾车的嫌疑犯进行血液检查。要注意的是,体内搜查在内心确信度上也适用"相当理由"的标准,即有可能发现证据,不得已进行体内搜查。

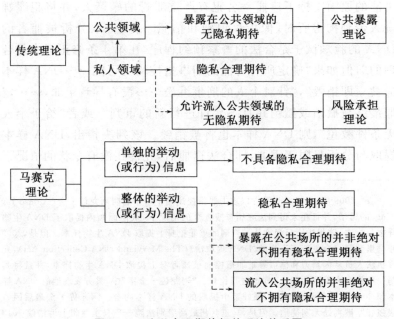

图 3 - 1　隐私合理期待相关理论关系图

---

① 　See 569 U. S. 141(2013).

　　逮捕后,在具有"合理怀疑"的情况下对 DNA 生物样本的提取是否需要搜查证在美国实务界亦曾引起过争论。多年来,美国各州一直允许提取被捕者的指纹,并且把它们与尚未侦破案件中留下的指纹进行比较。除了提取指纹之外,警方还允许对被捕者进行拍照,一方面通过拍照采集被捕者的个人信息,另一方面将拍照获取的照片与其他照片排列供证人辨认,以确定被告是否实施了警方所怀疑的其他犯罪。如果被捕者有携带毒品的嫌疑,执法人员还可以基于"合理怀疑"对他们进行脱衣搜查和体内搜查。但是,合法逮捕后是否允许提取被捕者的 DNA 生物样本存在争议,这一争议最终在"马里兰州诉金案"(Maryland v. King)[1]中尘埃落定。此案在上诉至联邦最高法院后,最高法院裁定:"当警官在可能的原因支持下逮捕一名犯有严重罪行的嫌疑人,并将犯罪嫌疑人带到拘留所时,像指纹识别和拍照一样,提取分析被捕者的 DNA 的脸颊拭子是合法的警察预约程序,在第 4 条修正案中是合理的",但如果"确定所有可能的刑事指控均无可能……DNA 样本应被立即销毁","针对个人的刑事诉讼……没有导致定罪,……定罪最终被撤销或撤销并且不允许进行新的审判",或者"给予个人无条件赦免",则 DNA 样本也将被销毁。该判决指出,DNA 样本提取与分析只限于重罪,即合法逮捕后,允许在没有令状的情况下

---

　　① 2009 年,马里兰州警方以攻击罪指控逮捕了一个名叫阿龙佐·金(Alonzo Jay King)的男子,并且在未得到法庭颁布搜查令的情况下,从他面颊内提取了 DNA 生物样本。过去,该州法律只允许从被判刑的重罪犯身上提取 DNA 生物样本。但是,2009年马里兰议会更新了该州的《DNA 提取法》(The Maryland DNA Collection Act),允许执法人员从因暴力和偷盗等重罪指控而被捕者身上提取 DNA 生物样本,并且将其与一些悬案中提取的 DNA 样本进行比较。"阿龙佐·金案"中,警方发现他的 DNA 样本和 2003 年一起没有侦破的强奸案中提取的 DNA 样本吻合。阿龙佐·金最后因一级强奸罪被判处无期徒刑。但是,马里兰最高级别法院——马里兰州上诉法院 2012年 4 月 24 日判决该州的《DNA 提取法》违反了宪法第 4 条修正案,从而推翻了下级法院对阿龙佐·金的有罪判决。目前,马里兰州的 DNA 样本提取和分析只允许从因谋杀、性攻击、抢劫和偷盗等重罪而被捕者的身上提取,这个范围日后是否会扩大至所有犯罪,将是未来法律要解决的问题。See 569 U. S. 435(2013).

提取 DNA 样本的必须是受到重罪指控被捕的人。

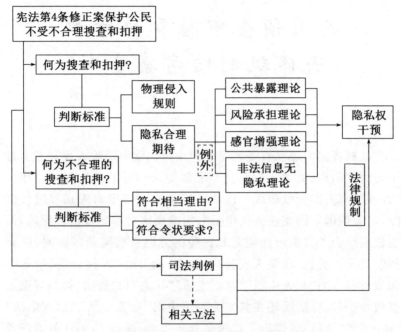

图 3－2 美国侦查中隐私权干预法律规制思路图

第四章

英国侦查中隐私权干预
法律规制的考察分析

　　欧洲各国的隐私权受到宪法和法律、《欧洲保障人权和基本自由公约》(简称《欧洲人权公约》)和欧盟条约等的立法保障。在国内法层面,大部分欧盟成员国的宪法都明文规定对隐私权进行保障,诸如英国等国宪法条文中虽未明确规定对隐私权进行保障,但也长期致力于将国内法朝隐私保障的方向进行解释。同时,所有欧盟成员国受到《欧洲人权公约》约束,而《欧洲人权公约》第8条保障所有人的"私人生活""家庭生活""住宅"和"通信"得到尊重之权利,欧洲人权法院还在其实务判决中对"私人生活""家庭生活""住宅"和"通信"等作出了扩张解释。当然,2020年1月英国正式脱离欧盟,此后欧盟法不再适用于英国,然则英国自1973年加入欧盟以来,其国内法受欧盟法的影响广泛且深刻,这些影响也体现在隐私权干预法律规制方面。①

---

　　① 英国全名为大不列颠及北爱尔兰联合王国(The United Kingdom of Great Britain and Northern Ireland),由英格兰、威尔士、苏格兰和北爱尔兰四部分组成。英国有三种不同的法律体系,其中英格兰和威尔士实行普通法系的法律制度,苏格兰实行大陆法系的法律制度,北爱尔兰实行与英格兰相似的法律制度。本书中所谈及英国的法律制度,一般指的是英格兰、威尔士和北爱尔兰的法律制度。

4.1　英国法上隐私权保护的基本情况

4.1.1　"莫斯利案"之前英国法对隐私的保护

传统上,英国法无论是在立法中还是司法中,均不认为隐私权是一种独立的权利。直到 2008 年的"莫斯利诉新闻集团报纸有限公司案"(简称"莫斯利案",Mosley v. News Group Newspapers Ltd),隐私权是一项独立的权利而非利益才在英国法上第一次得到确认。在"莫斯利案"之前,英国法虽然没有承认隐私权的独立地位,但这并不意味着个人隐私完全不受法律的保护,英国法中的普通法、衡平法和制定法分别对公民的隐私利益进行保护。由于当时隐私权独立的地位没有得到承认,仅当相关的利益诉求与某一地位更为牢靠的权利相连时,这一诉求才会得到法院的支持。换言之,只有当隐私利益与直接侵害、违约等诉讼相连接时,法院才会为隐私利益提供保护。此时,单独的隐私利益受到侵害几乎难以获得法律上的救济。

其一,普通法对隐私利益的保护。普通法对个人隐私利益的保护有一定的积极作用,很多不同类型的侵权行为都可能与个人隐私利益形成关联,进而成为隐私利益保护的诉因。但是,人们不能因此否定英国法中隐私保护所表现出来的明显局限性。因为原告在具体的诉讼案件中,经常会纠结于采取何种侵权事由提出诉讼。有学者对相关判例进行梳理,认为英国普通法主要通过侵害(Trespass)之诉、滋扰(Nuisance)之诉、诽谤(Defamation)之诉对隐私利益进行间接保护[①]。

其二,衡平法对隐私利益的保护。在英国,衡平法上对隐私利

---

① 参见王黎黎. 英国三大法律下的隐私权保护立法及其评价[J]. 求索,2012,32(3):143-144.

益的保护主要是通过保密理论而实现的。在 1969 年"可可诉克拉克案"(Coco v. AN Clark)①中,英国法非常清晰地界定违反保密义务侵权救济所需要满足的条件——"信息必须具有保密性质""必须在承担保密义务的情况下传达信息"和"必须对信息进行未经授权的使用,对拥有信息的人造成侵害"。该案的判决被认为在"'保密法'中具有基础地位"②。根据保密理论,保护当事人的隐私要关注的是当事人彼此之间的关系——是否具备保密义务,而非重点关注信息本身的内容与性质。因此,相较于美国或者其他欧洲国家的隐私权保护,英国衡平法上的隐私利益保护呈现出一些特色。比如,根据美国隐私保护的风险承担理论,当某人自愿将隐私信息进行公开或者与他人分享时,这些信息随即丧失了作为隐私利益的资格,因而不再享有法律提供的保护。但是,在英国违反保密义务后,公民仍有可能基于保密理论而获得隐私保护。例如在"斯蒂芬斯诉艾弗里案"(Stephens v. Avery)③,法官认为即便是原告曾将相关隐私信息告诉给他人,只要获知信息的人数未达到众多,相关的信息仍具有隐私属性。保密理论在个人隐私保护上能够发挥一定功能,但其存在的缺陷也是清晰可见的。其最大的问题在于,这种保护方式对于非基于信任关系而获得隐私信息后的披露行为,并不能有效地进行救济。因为当不存在信任关系时,信息获取者揭露他人信息的行为并不会涉及保密责任,此时并不存在真正的泄密行为。后来,英国的娱乐媒体和记者大量涌现,个人隐私受到侵犯的事件越来越多,依赖于保密理论对个人隐

---

① See [1968] F. S. R. 415.

② Tanya Aplin. Coco v. AN Clark(Engineers) Ltd(1969) [EB/OL]. https://papers. ssrn. com/sol3/papers. cfm? abstract_id=2951259,2020 - 7 - 7.

③ 诉讼的双方原本是朋友,他们在一起讨论了个人的同性性生活等隐私。Avery 将这些信息告知给报纸及其编辑,本案其他被告将这些个人隐私公开发布。原告因此要求被告赔偿损失,因为他们的谈话是秘密的,被告对此承担保密义务。但是,被告拒绝赔偿并提出上诉。See [1988] 2 WLR 1280.

私进行保护的缺陷毋庸置疑。

其三,制定法上的隐私利益保护。在隐私权保护方面,英国没有一部独立的隐私权保护法律,但有部分与隐私保护相关的制定法。从立法目的和内容来看,每一部法律都有自身的制定目标和调整对象,这意味着法律只能对部分法益或者权利进行保护。由于在很长时间内,英国并不存在独立的隐私权,因此,这些法律对于隐私保护的有效程度可想而知。在这些制定法中,应该注意的是 2003 年《广播法案》(其前身为 1996 年《广播法案》)。该法制定的主要目的在于调整个人隐私与媒体自由表达之间的关系,其制定反映出英国试图立足于对媒体报道活动的监管,以实现隐私权保护之目的。除此之外,还要注意英国在个人数据保护方面的努力,代表性的法律是 2018 年《数据保护法》(Data Protection Act 2018)①。该法基于《欧盟通用数据保护条例》重建英国数据保护的框架,以此促进欧盟法在英国的全面落实,确保英国在"脱欧"之后仍能与欧盟国家在个人数据保护方面保持基本的一致,能够顺利与欧盟国家实现数据之间的流动和分享。该法涉及的主要产业包括医疗资讯、网络零售、金融服务和航空运输等,其内容围绕两方面进行,一方面加强数据主体对其个人数据的控制权,另一方面完善数据使用者的义务。此外,该法还为警察执法中涉及个人数据的事项设计了专门的法律框架。②

4.1.2 "莫斯利案"对英国隐私权保护的影响

近些年,隐私权保护在英国的发展突飞猛进,其中一个关键性

---

① 该法是对《欧盟通用数据保护条例》(GDPR, General Data Protection Regulation)的补充,并对其国内 1998 年《数据保护法》的相关内容进行了更新。

② 参见 2018 年《数据保护法》第 82 条至第 112 条。

的案例是"莫斯利诉案"①,该案的重要意义之一是确认隐私权是一种独立存在的权利。该案中,莫斯利辩称,新闻集团报纸有限公司(《世界新闻报》)所报道的事件在本质上是私密的,由于其与五名妓女之间有一段时间的相互了解,且作为成年人自愿完成了上述行为,因此,他们彼此之间已经存在保密关系。新闻集团报纸有限公司却认为,对于本事件中相关的信息,莫斯利本人并没有合理的隐私期待,也可以说媒体发布信息的公共利益大于莫斯利个人的隐私利益,因为莫斯利作为国际汽联的主席,公众对他所进行的性活动是很感兴趣的。所以,媒体的言论自由保障理应占上风。虽然,在之前的英国法中有这样一种假设:鉴于公众人物在社会中的作用,他们所享有的隐私保护程度亦应当较低。但是,在"莫斯利案"中,法院裁定莫斯利在该事件中享有隐私的合理期待,即使没有预先存在的关系也承担可执行的保密义务。很明显,法院在得出这一结论时并没有很多困难,因为"该事件发生在一个私人场所,在成人的自愿下发生,他们有权选择自己任何感兴趣的性行为方式"。

在明确莫斯利存在隐私的合理期待之后,法院开始对本案件所涉及的法律问题进行裁判。法院认为,隐私权和言论自由是法院作为公共机构必须保护的权利,它们是同等重要的合法权利。当公民行使这两种权利或者两种权利发生冲突时,法院不能径直认为其中一种权利自动优于另一种权利。因此,法院必须平衡莫斯利隐私权与新闻集团报纸有限公司表达自由权之间的冲突——当行使自由表达权时,如果知道这些报道涉及真正的公共利益,法

---

① 该案中,《世界新闻报》(*The News of the World*)讲述了国际汽联主席莫斯利的故事,涉及莫斯利和五名女性参与性虐待和自虐行为以及一些角色扮演的性活动。该信息还发布在 NGN 网站上,其中包含活动的图片和视频。文章称这些活动以纳粹为主题,嘲笑了大屠杀受害者在集中营被残忍对待的方式。参加活动的一名妇女用新闻集团提供的隐藏式摄像机秘密地拍摄了该活动的录像。此案,最终以莫斯利获赔60 000 英镑告终。See [2008] EWHC 1777(QB).

院将允许信息披露。此案中,新闻集团报纸有限公司声称,莫斯利从事的性行为类似于"纳粹行为"。新闻集团报纸有限公司指出,莫斯利在公开场合虽然强调他反对其父支持纳粹的行为,但他们一直想把这一事实弄清楚。法院则对此指出,没有发现莫斯利有任何嘲笑大屠杀受害者的证据,公众没有真正的兴趣弄清他究竟是不是支持"纳粹"。最后,法院的结论是如果在网站上发布视频和图片的行为并不涉及公共利益,新闻集团报纸有限公司也可以直接进行文字报道而不是发布视频或图片,此时,法院可以允许言论自由占上风。此案更加清楚地证明,当媒体无端干预或者报道个人私生活时,法院愿意保护个人的隐私权。该案的判决也驳斥了公众人物不应享有任何隐私的假设。

　　此案之后,在隐私权保护方面,英国与美国和其他欧陆国家之间距离明显缩小,英国很多类似案件的当事人均援引"莫斯利案"的判决并获得胜诉。国内有学者对该案进行了详细的分析,认为该案的核心意义包括"首次承认了隐私权的独立存在""确认隐私保护的首要条件原则——'合理的隐私期待'""对公共利益抗辩的若干疑难点进行了澄清和厘定""缩小了与欧陆和美国在隐私法保护上的差距"和"对隐私权侵权判罚高额赔偿金"[①]。可以料想的是,英国法对隐私权保护基本态度的转变,必然也会影响其对隐私权干预进行法律规制的立场。

4.2　《欧洲人权公约》对英国隐私权干预法律规制的影响

4.2.1　《欧洲人权公约》第8条的规范分析

　　英国在1998年通过的《人权法案》(1998 Human Rights Act)

　　① 郗伟明.论英国隐私法的最新转向——以 Mosley 案为分析重点[J].比较法研究,2013,27(3):104-109.

将《欧洲人权公约》引入英国宪法体系，使得《欧洲人权公约》的规定可以直接转化为英国的国内法①。鉴于《欧洲人权公约》在英国法中的地位，英国刑事诉讼实践中所有干预《欧洲人权公约》赋予的权利的公权力行为，都是受到其法律规制的。因此，英国国会也不得不持续地向欧洲人权法院的判决、特别是针对英国国内案件的判决看齐。例如，在 2010 年"吉兰和昆顿诉英国案"（Gillan and Quinton v. the United Kingdom）中，欧洲人权法院作出一项判决，根据 2000 年《恐怖主义法》第 44 条和第 45 条授权和确认的、在没有合理怀疑的情况下截停和搜查的权力，侵犯了当事人的隐私权，其既未受到适当的法律规制以防止滥用，它们的适用也是没有根据的。所以，欧洲人权法院认为英国 2000 年《恐怖主义法》的相关规定与《欧洲人权公约》第 8 条之精神相悖②。此后，英国不

---

① 1998 年《人权法案》第 6 条规定，"公共当局实施与公约权利不相一致的行为是非法行为"。

② 《恐怖主义法》第 44 条规定：（1）根据本款的授权书，授权任何身穿制服的警员将车辆停在授权书中指定的区域或地点，并搜查：（a）该车辆；（b）该车辆的驾驶员；（c）车辆上的乘客；（d）车辆内或车辆上或由驾驶员或乘客携带的任何东西。（2）根据本款的授权书授权任何身穿制服的警员在授权书中指明的区域或地点拦下行人，并搜查：（a）行人；（b）他携带的任何东西。（3）只有在为第（1）或（2）款所述行为的人认为它对于防止恐怖主义行为是适当的时，才可给予该授权。（4）以下人员可以给予授权：（a）如果指定的区域或地方是北爱尔兰以外的警察区域的全部或一部分，（b）或（c）所述的区域除外，则由至少具有助理首席警官级别的人员授权；（b）如指明的区域或地方是都市警区的全部或一部分，则由该地区的警务人员来担任，该人员至少为都市警官的级别；（c）如果指定的区域是伦敦市的全部或一部分，则由该市的警官来担任，该警官至少应是伦敦市警察部队的司令官级别；（d）如指明的区域是北爱尔兰的全部或一部分，则由皇家乌尔斯特警察的一名成员担任，该成员的职级至少为警长助理。（5）如经口头给予授权，则给予授权的人须在合理切实可行范围内尽快以书面形式确认授权。第 45 条规定：（1）授权根据第 44（1）条行使的权力。或（a）只能出于寻找可用于恐怖主义的物品的目的而行使，并且（b）不论该警员是否怀疑存在该类物品。（2）一名警员可以扣押和保留他在搜查过程中凭借第 44（1）或（2）条发现的物品，并且他合理地怀疑其打算将其用于恐怖主义。（3）警员行使授权所赋予的权力，不得要求任何人在公共场合脱下任何衣服，但头饰、鞋类、外套、夹克或手套除外。（4）凡警员凭借第 44（1）或（2）条建议搜查某人或车辆，他可扣留该人或车辆一段合理的时间，以允许在该地点或附近进行搜查。（5）凡（a）凭借第 44（1）或（2）条使车辆或行人停车，并且……或根据第 44（1）或（2）条将他逮捕，应提供书面陈述。（6）根据第（5）款提出的申请，必须在车辆或行人停车之日起 12 个月内提出。

得不对相关条款进行修改。

《欧洲人权公约》第 8 条是关于隐私权保护的规定,①与隐私权干预法律规制的关系也最为密切。《欧洲人权公约》第 8 条第 1 款和第 2 款的规定展示了自由主义法治传统下"承认权利"和"规范权力干预"的常见范式。这一规定表明,第 8 条承认的权利在于防范国家权力的不当扩张,要求所有缔约国不实施妨害该条款承认权利的积极行为,而第 2 款之于第 1 款是例外规则,只有在特定条件下才允许对这一权利进行必要的干预或者限制。这一规定展示了《欧洲人权公约》尝试平衡"个人权利保护"与"国家采取措施保护民主社会之必需"两者的努力。当然,基于《欧洲人权公约》第 8 条所实施的救济局限也是很明显的:由于法律规定的义务主体仅限于公权力机构。因此,对于侵犯隐私的私人或者新闻媒体等,当事人并不能援引该法条要求法律救济。

从内容上来看,《欧洲人权公约》第 8 条第 1 款列举了法律保护的四大领域——"私人生活""家庭生活""住宅"和"通信",它清楚地阐释了权利的边界——"人人享有其私人和家庭生活,家庭和通信得到尊重之权利"。公约第 8 条第 1 款虽然涵盖调整不同的领域,但欧洲人权法院的判决发展至今,它们也从未真正清晰界定第 1 款规定的四种权利的具体保护范围如何。正因为这样,欧洲人权法院能够随着社会与科技的发展变化,不断重新诠释四种权利的具体保护范围。即便如此,公约第 8 条第 1 款"一直被解释为是,确认四种不同权利的法源,而隐私又被视为背后统一的理论基础"②。从欧洲人权法院对于"私人生活"的解释中可以看出这一

---

① 《欧洲人权公约》第 8 条第 1 款规定,人人享有使其私人和家庭生活、家庭和通信得到尊重之权利;第 8 条第 2 款规定,非依法律规定且在民主社会中为国家安全、公共安全或者国家之经济福祉,防止骚乱或犯罪,保护健康或道德,或者为保护他人权利及自由之必需,公权力机关不得干涉个人权利的行使。

② [西]R.瑞兹.电子通信中的隐私权[M].林喜芬等译.上海:上海交通大学出版社,2017:150.

倾向。欧洲人权法院认为,私人生活是一个内涵丰富的概念,无法穷尽其定义,但简单来说私人生活是指每个人自由地追寻、发展及实践其人格之范畴。欧洲人权法院也曾在不同案件中认定,所谓私人生活的概念包括一个人之身份及照片,亦包括身体及心理之和谐并扩及于个人之姓名等资料、性倾向、性生活、性别认同等①。《欧洲人权公约》第8条第1款规定的是个人隐私权利应当得到尊重,此规定是各国在《欧洲人权公约》下应履行国家义务的根据。此处的国家义务包括消极义务,也包括积极义务②。在刑事诉讼中隐私权干预的领域,《欧洲人权公约》第8条第1款所保障隐私权的重点是划定隐私权干预的程序要求以及国家义务的消极面向,也就是要求国家不得任意干预公民隐私权利,而不是从积极义务的角度要求国家应当确保公民隐私利益的实现。

《欧洲人权公约》第8条第2款为针对隐私权利进行干预的行为设置了法律要件,也就是干预权利的正当化事由。所有干预公民隐私的公权力行为都必须具备明确清晰的法律依据,为民主社会之必需且为了实现特定的公共利益才允许实施,否则将被认为是侵害公民隐私的行为。与《欧洲人权公约》一样,其他国际人权公约也有涉及隐私权保护的类似条款,诸如《公民权利和政治权利国际公约》③等。但是,这些条款在规定中为隐私权干预正当化事由所设定的法律要件与《欧洲人权公约》设定的法律要件存在着区别,国际人权公约的相关条款只是概括性地禁止对私人生活、家庭、住宅或通信进行无理或非法侵扰。有学者认为《欧洲人权公

---

① 参见廖福特. 从欧洲人权法院 Stock 及 Buck 判决看其对德国法院之冲击[J]. 欧美研究,2011,41(3):772-773.

② 刘静怡. 通讯监察与民主监督:欧美争议发展趋势之反思欧美研究[J]. 欧美研究,2017,47(1):48.

③ 该公约第17条第1款规定,任何人之私生活、家庭、住宅或通信,不得被无理或非法侵扰,其名誉及信用,亦不得被非法破坏。第17条第2款规定,对于此种侵扰或破坏,人人有受法律保护之权利。类似的规定还包括《美洲人权公约》第11条。

约》第8条第2款关于干预隐私权的正当化事由的规范密度较高，上述规范密度的差异带来了实质性的影响①。也有国际人权法专家认为，"这是个重要的差异，显示欧洲人权公约比其他公约更为严格要求干预的正当化事由"②。这些见解是有洞察力的，当诉讼当事人指责一国执法机关对其隐私权进行不法侵犯时，在欠缺法律依据或授权法律内容过于模糊时，若依据《公民权利和政治权利国际公约》，诉讼当事人仍然必须证明公权力干预行为是"无理""非法"的，否则很难推翻公权力干预合法的结论。反之，在适用《欧洲人权公约》时，诉讼当事人只需要证明存在国家干预隐私的公权力行为即可，接下来就必须由被告国政府说服欧洲人权法院，其实施的干预行为有法律依据、追求正当的目的，且为民主社会之必需，才不会被宣告违反公约第8条的规定。

有学者详细对《欧洲人权公约》中隐私干预的正当化事由进行了分析。他认为，根据《欧洲人权公约》第8条之规定，干预公民隐私的正当化事由应当包括正当目的、法律保留和比例原则三个事由③。

就正当目的而言④，刑事诉讼中隐私权干预的运用可以轻易找到正当化目的。因此，欧洲人权法院也几乎从来没有实质性地讨论何为正当目的。此时，隐私权干预正当化事由的考察转向对法律保留和比例原则的审查。

就法律保留而言，其依据来自公约第8条所要求的"依法律规定"才能实施干预的要求，此乃法律保留原则的基本精神。关于

---

① 参见林钰雄.论通讯之监察——评析欧洲人权法院相关裁判之发展与影响[J].东吴法律学报，2008，19(4)：115.

② Trechsel. Human Rights in Criminal Proceedings [M]. Oxford：Oxford University Press，2005：535－536.

③ 参见林钰雄.论通讯之监察——评析欧洲人权法院相关裁判之发展与影响[J].东吴法律学报，2008，19(4)：119－122.

④ 《欧洲人权公约》第8条所要求的正当目的包括"为国家安全、公共安全或者国家之经济福祉，防止骚乱或犯罪，保护健康或道德，或者为保护他人权利及自由"。

"法"的概念,由于《欧洲人权公约》的签约国有不同的法律传统,特别是签约国包括有普通法传统的英国、爱尔兰等,因此,欧洲人权法院将"法"的概念从议会制定法扩大到判例法。不仅如此,欧洲人权法院还在"'自由'组织等诉英国案"(Liberty and Others v. the United Kingdom)①的判决中认为,"可理解性"和"可预见性"这两个要件如果以行政命令或者其他"软法"模式落实,也在可接受的范围内。由于国家机关实施隐私权干预是在秘密状态下完成的,这一特征使得国家机关的行为更具恣意专断的风险,应当通过良好的法律来降低恣意专断的风险。在依据法律保留要求审查争议法律时,欧洲人权法院重点关注的是国内授权法的实质而非形式标准。在 1984 年"马龙案"(Malone v. the United Kingdom)判决时,欧洲人权法院曾强调不应仅要求政府所采取的措施对公民权利的干预与国内法相符、具有国内法的授权基础,这些措施运用所依据的国内法必须具备一定的"法律品质",方可通过审查②。法律达到实质标准是其具备"法律品质"的必要条件之一。关于实质标准,主要包括"可理解性"(accessibility)③和"可预见性"(foreseeability)④之要求。值得注意的是,"可理解性"和"可预测性"这两个要件往往相互纠缠、相互联系,不能轻易切割、分别处理。法律的实质标准要求国家承担对应的义务,即确保法律得到正确执行的义务。详言之,不管是在何种背景或者条件下,当法律

---

① See Liberty and Others v. the United Kingdom [2008] ECHR at para. 61.

② See Malone v. the United Kingdom [1984] ECHR 10 at para. 66.

③ "可理解性",指的是"受干预之人要能够觉察、接近、取得该内国的授权法"。换言之,对公众保密、未曾公开出版的授权依据,不具有可理解性。参见林钰雄. 论通讯之监察——评析欧洲人权法院相关裁判之发展与影响[J]. 东吴法律学报,2008,19(4):121.

④ "可预见性",指的是"国内授权法必须明确到足以令人预见国家的干预行为及结果"。换言之,作为潜在的受干预的对象,应当知悉国家哪个机关于何时、何种情形,可以对何人发动何种干预行为。参见林钰雄. 论通讯之监察——评析欧洲人权法院相关裁判之发展与影响[J]. 东吴法律学报,2008,19(4):121.

授权公权力能够以诉诸秘密且具有潜在危险性的手段实现特定目的时,特别是要对私人生活或通信等隐私进行干预时,法律就应对公民提供充分的信息,让公民明确获知在何种情况下其权利会遭受公权力的干预①。

在"'自由'组织等诉英国案"中,名为"自由"的非营利组织起诉英国国防部实施了一套能够同时拦截1万伦敦、都柏林和欧陆之间跨境电信频道的情报收集计划,同时监控了两个英国电信服务商之间相互传输的、数量巨大的电话、传真和电子邮件等。英国政府对于原告的指控采取"不置可否"的态度,其虽承认在当时的情报收集计划下,原告可能被纳入通信监控的法人范围内,不过基于"国家安全"这一理由,英国政府拒绝进一步提供上述情报收集计划的详细内容,以及与这些情报收集计划相关的行政命令、内部资料等。英国政府还声称上述情报收集计划的过程、获取的资料均由独立委员会审查,该审查委员会的报告相当注意对公民通信隐私之保障。本案中,欧洲人权法院虽然并不要求实施通信监控的授权来自最严格的国会立法,但仍然认为英国政府的作为违反《欧洲人权公约》第8条之规定。其理由包括:(1)哪些非属英国境内的境外通信活动可以纳入监控,"法律"并没有作出任何限制;(2)英国政府授权给执行通信监控机关的权限相当广泛,既包括对获取资料的实质性监控权力,也包括行使裁量权。更进一步地说,哪些通信资料能够成为具体的监控对象,在许可文件中仅使用诸如"国家安全"等意义空泛的条文进行说明;(3)更为重要的,也是欧洲人权法院判决英国政府违法的主要理由是,授权公权力实施上述行为的行政命令等细节,对于大众处于无法获知的秘密状态。② 此外,在"克鲁斯林诉法国案"(Kruslin v. France)③中,欧洲

---

① See Malone v. the United Kingdom [1984] ECHR at para. 66.

② See Liberty and Others v. the United Kingdom [2008] ECHR at para. 61.

③ See(1990) 12 ECHR 547.

人权法院指出,"电话监听严重干扰了私人生活和通信,因此必须基于特别精确的'法律'。必须有明确、详细的规则,尤其是随着可用技术的日趋复杂化"。对于"精确的'法律'",法官进一步解释,应当明确司法令状下可以进行电话监听的人员以及可能被颁发这种令状的犯罪的性质;设定电话监听的时间限制;指定制作被监听对话的摘要报告的过程;明确为了完整地传达录音内容而采取的预防措施;以及在什么情况下可能或必须删除录音或磁带。这些判决对于理解"可理解性""可预见性"等有一定的帮助。

就比例原则而言,其依据来自公约第 8 条所要求的"民主社会所必需",要求限制公民隐私权利的手段与其所追求目的之间呈比例性(proportionality),即强调比例原则之精神。大体而言,法律保留原则和正当目的审查,在一定程度上是一般性的抽象审查,但比例原则就必须针对个案中隐私权干预措施运用的情形进行具体分析,其属于特殊性的具体审查。因此,比例原则的审查结果并非固定不变的,而是取决于诉争案件与权利干预目的的性质。一般来说,欧洲人权法院审查个案时,会考虑隐私权干预措施运用是否符合"急迫的社会需求",但同时允许缔约国的立法机关和行政机关拥有判断通信隐私干预必要性的裁量空间。比如,成员国如果规定基于国家安全目的实施隐私权干预措施,那么立法中比例原则运用的裁量空间一般相当广泛。要说明的是,对于绝大多数违反公约第 8 条提起诉讼的案件而言,它们通常难以经受住法律保留原则的审查,因此,相较之下,欧洲人权法院阐释比例原则的判例也较少。就比例原则的审查,特别值得一提的是,欧洲人权法院会要求签约国提供"适当且有效对抗滥用的担保"[①],并且以此作为判断公权力干预是否必要的标准。在"兰伯特诉法国案"

---

① 林钰雄.论通讯之监察——评析欧洲人权法院相关裁判之发展与影响[J].东吴法律学报,2008,19(4):137.

(Lambert v. France)①中,对于"第三人监听"——在对涉嫌犯罪的对象进行监听时,由于涉及的内容是尚不存在的对话,在这一过程中,除去嫌疑人本人之外,与案件无关的第三人的通信隐私也会受到侵犯。欧洲人权法院一方面认为,依国内法来实施"第三人监听",有关干预是"在民主社会中所必需的",特别在"兰伯特案"中监听是查明案件真相的主要调查手段之一。也就是说,这一公权力干预行为通过了法律保留的审查。但另一方面,欧洲人权法院在利用比例原则审查该监听行为时,宣告法国违反公约第8条之规定,因为"最高法院的推理导致第三人被剥夺法律保护的可能","有关人员没有从法治所期望的'有效控制'中受益",法国关于第三人监听的案件不当限缩了救济对象的范围。

　　平心而论,欧洲人权法院对于隐私权干预领域判决的基本立场将重点放在法律保留而非正当目的、比例原则等要件的判断上,这一做法对于相关立法争议也确实发挥了某种程度的规范功能。不过即便如此,也有一些论者认为欧洲人权法院的此种审查倾向,导致其只关注"克制性"(accountability)和"可理解性"这种相对而言比较安全的争议结果,而对于目前欧洲内外发展出来的监控措施到底是否在欧洲人权公约可接受之范围内,并未明确表态,实为遗憾②。确实如此,欧洲人权法院应当更为重视基于比例原则所开展的审查,详细列举民主社会可接受哪种隐私权干预措施,不可接受哪种隐私权干预措施,从而一方面确保个人隐私受到尊重的

---

　　① 本案中是关于"第三人监听"的典型案例,法国调查官下令监听 R.B. 的电话,原告兰伯特打电话给 R.B.,因此相关的通信内容也被监听,后来法国警方据此对兰伯特所涉及的犯罪行为展开调查。在法国国内的审判中,兰伯特曾提出抗辩,通过电话监听所获取的线索是在延长监听期间所得,相关的监听因超过了时间限制而无效。法院并未采纳此观点,法国最高法院同时指出,兰伯特对监听命令的延长并无提出诉讼的权利。换言之,本案由于监听针对的是 R.B. 实施的,对监听行为的合法性审查也只有 R.B. 才能提出。See(2000) 30 EHRR 346.

　　② See De Hert & Gutwirth, Regulating Profiling in a Democratic Constitutional State[M]. Berlin: Springer Apress, 2005: 63.

权利,另一方面也对隐私权干预运用之"必需"所关乎的"效率"问题深入分析,特别是在新型监控措施普遍盛行的当下。但是,欧洲人权法院的判决若要实质上约束缔约国,就必须确保其判决能够影响缔约国的国内法实践,而欧洲人权法院并无执行机关,所以欧洲人权法院如何避免僭越其权限,同时促进各缔约国政府和立法机关普遍遵守其判决,便成了关键问题之一。这也许就是欧洲人权法院更多关注法律保留审查,而给缔约国预留判断比例原则较大空间的深层原因。

4.2.2 欧洲人权法院判决中涉及英国隐私权干预运用的案件

一般而言,只有《欧洲人权公约》所保护的隐私利益的受害者才能向欧洲人权法院进行起诉。然则,实际的情况是国家机关进行隐私权干预时,通常不会使得被干预对象明确得知自身权利已经受到了干预,因此,在这一条件下,不可能要求原告证明其权利确实受到侵害。此正如欧洲人权法院在其判决中所言,倘若严格要求起诉的原告必须证明自己隐私已经受损害,无疑将会架空《欧洲人权公约》第 8 条立法的真正意蕴①。由于欧洲人权法院没有对原告的适格性作出严格要求,法院只要获知存在有关隐私权干预立法授权的争议,即启动事后的审查。实际上,在制定 1998 年《人权法案》之前,英国已经出现了一批提交欧洲人权法院裁判的案件,这些案件在判决中援引《欧洲人权公约》第 8 条之规定。公约第 8 条明确了私人生活、家庭生活、家庭和通信受到保护,然而这些权利保护范围的内涵和外延较广泛,难以分别明确各自的定义或者穷尽其外延,更何况四者之间交叉重复之势亦为常态。但是,从相关判例来看,《欧洲人权公约》第 8 条所保护的隐私权益无非也涉及空间隐私、通信隐私、信息隐私、活动隐私和人身隐私。因此,基于这一分类,现将相关案件分述如下。

---

① See Klass and Others v. Germany, at para. 34.

1. 涉及空间隐私的案件

在 2003 年的"查克利诉英国案"（Chalkley v. the United Kingdom）①中，查克利被怀疑与一起抢劫犯罪有关，为此，警方以"信用卡诈骗"为名对其进行了逮捕，并在查克利及其伴侣被逮捕期间，进入其住宅安装了监听设备。监听持续期间，警察再次进入了查克利的住宅更新监听设备中的电池。通过监听，警察获得了查克利和其同伙"J"的对话。在欧洲人权法院审理该案期间，查克利援引了《欧洲人权公约》第 8 条为自己辩护，他认为警察擅自闯入其家中放置秘密监听设备，在其家中窃听其谈话的行为违反第 8 条的规定。当他得知警察还配备了他住宅的钥匙后，他进一步要求更换公寓的门锁并由政府赔偿 200 英镑。该案中，查克利要求赔偿金钱和非金钱损失。他认为，"应该就政府侵犯其隐私的时间以及他等待获得救济的时间内他的感受进行适当赔偿，因为这些时间内他感到痛苦、焦虑和沮丧"。原告的诉讼意见并未完全得到欧洲人权法院的支持。法院认为，本案中警察最大的过错在于监听执行的方式，而不在于是否执行监听上。警方私自配备查克利家的钥匙并进入其住宅的行为，确实存在侵害当事人空间隐私的错误。英国政府亦承认原告在监听持续的时间内，没有享受《欧洲人权公约》第 8 条赋予其的权利。此外，要提及的是"艾伦诉英

---

① 1994 年 3 月，剑桥郡警察局警察怀疑该原告查克利涉嫌抢劫。剑桥郡地区侦查人员认为，有必要在查克利的家中放置一个隐藏的由电池供电的监听设备。因此，1994 年 6 月 21 日，警察根据 1984 年《非法定内政部准则》（Home Office Guidelines of 1984），向总警司提出安装这种设备的申请。为了安装该设备，警察决定以"信用卡诈骗"逮捕查克利及其伴侣，并将他们及其子女从家中带走。然而，之前警察没有对查克利及其伴侣涉嫌信用卡欺诈行为进行过任何调查，警察也没有获得任何应当逮捕两人的线索。但是，剑桥郡警察局的官员仍颁布逮捕令，目的是将查克利及其伴侣从他们的家中带走足够长的时间，以便安装窃听设备。See(2003) 37 E. H. R. R. 30.

国案"(Allan v. the United Kingdom)①和"P. G. 和 J. H. 诉英国案"(P. G. and J. H. v. the United Kingdom)②。对于前者,欧洲人权法院认为,在羁押场所实施的针对原告艾伦的线人侦查以及秘密拍摄录像,会干扰《欧洲人权公约》第 8 条规定的私生活得到尊重的权利,因此,其实施必须具有明确清晰的法律依据,而电话监听不能作为羁押场所监听的法律依据,《警察监视行动中使用设备的准则》(Guidelines on the Use of Equipment in Police Surveillance Operation, by The Home Office Guidelines of 1984)也不能成为羁押场所监听的法律依据。对于后者,欧洲人权法院认为公约第 8 条保护身份权和个人发展权以及与其他人或者外界建立关系的权利,即使在公共空间,人与人之间也存在一个相互作用的区域,这可能属于"私人生活"的范围。因此,空间隐私包括住

---

① 1995 年 2 月 3 日,商店经理大卫·比斯利先生在大曼彻斯特的一家超市的经理办公室被枪杀。艾伦和另一个名叫格兰特(Leroy Grant)的男子被捕。在之后的警方讯问中,艾伦行使自己的沉默权。在艾伦被羁押期间,警察将线人安排在他的牢房中,目的是从艾伦处获取其犯罪的信息,同时警方在艾伦的牢房和探视区安装相关设备进行秘密录音和录像。此后,线人在其证词中陈述,艾伦承认他曾经出现在谋杀现场。庭审中,艾伦认定线人的证词不属于讯问的一部分,并且其真实性存在争议。但艾伦仍被判犯有谋杀罪并被判处无期徒刑。艾伦在上诉失败后,向欧洲人权法院提出诉讼。原告艾伦认为,在其牢房、监狱探视区内进行秘密监控和录音,以及在审判时使用了通过这些手段获得的材料是不合法的。欧洲人权法院认为,警察通过使用线人获得的信息是在无视原告的意愿的情况下获得的,在审判时使用该信息会损害原告的沉默权和不得自证其罪的权利,这构成违反《欧洲人权公约》第 6 条的行为。法院认为,在尚无法律来规范警察对秘密录音和录像设备的使用时,针对原告采取的措施所披露的干扰不符合《欧洲人权公约》第 8 条第 2 款的"依法进行"规定。See(2003) 36 EHRR 12.

② 1995 年 3 月 4 日,警方根据有关两名嫌疑人计划实施武装抢劫的情报,向首席警察提交了一份报告,正在休年假的首席警官口头批准警方的监听计划。随后,警方对公寓中嫌疑人的谈话进行了监听,直到 3 月 15 日该设备被发现为止。电话运营商也逐项列出了与公寓电话有关的通话记录。尽管最后没有发生抢劫,但两名嫌疑人仍被捕,后来被指控串谋抢劫。在获得法律咨询后,两名嫌疑人拒绝发表评论并拒绝提供言语样本。此后,警方在原告的牢房中安装隐蔽的监听设备,声纹专家将相关录音与公寓中记录的声音进行比较。See(2008) 46 EHRR 51.

宅以外的其他场所,甚至在自由受到拘束而被看管的羁押场所,被羁押者的言谈举止也可能受到法律的保护,而不允许随意被录像、录音或者采取其他监控措施。

2. 涉及通信隐私的案件

除了前述 2008 年"'自由'组织等诉英国案"欧洲人权法院以违反法律保留原则为由判决英国政府违法之外,有关通信隐私的案件还包括"马龙案"和"哈尔福德诉英国案"(Halford v. The United Kingdom)。在欧洲人权法院的审判中,当事人马龙主张英国政府的违法行为包括电话监听和调取通话记录,而当时英国法中连关于通信监控的一般性规定都付之阙如,更遑论规范通话记录调取的规定。在这一问题上,英国实务中的通行做法是由内务部长签署令状,再由警察实施相关措施。对此,欧洲人权法院指出,"至少在目前的状态下,英格兰和威尔士关于规制警察实施通信监控的法律有些晦涩难懂,而且可以有不同的解释。如果欧洲人权法院试图就这种国内法问题作出权威性的陈述,那么它将损害国家法院的职能……但是,根据《欧洲人权公约》第 8 条第 2 款的要求,欧洲人权法院有权确定有关法律是否合理地明确规定了当局在这一领域的权力的基本要件"①。最终,两种行为都被欧洲人权法院认定为非法实施的公权力干预行为。为了回应欧洲人权法院的要求,英国制定 1985 年《通信监察法》(Interception of Communications Act 1985),该法案将过去实务中的通行做法成文法化,赋予内务部长在特定条件下签发令状允许实施通信监控的决定权,该法也要求专责的法庭来处理违法监控的控诉案件。该法颁布以后,英国虽然在一些欧洲人权法院判决的案件中暂时免于败诉。但是,上述法律规制的通信隐私干预的范围狭窄,亦存在规制密度不足的问题,监听以外的其他通信隐私干预仍处于"法外"状态,实务中也继续依照内务部的内部准则来实施。因此,欧

---

① See Malone v. The United Kingdom [1984] ECHR 10.

洲人权法院作出的新的判决持续对英国政府造成压力。在 1997
年的"哈尔福德案"中,英国政府对哈尔福德使用的警察局的内线
电话实施监听,但 1985 年《通信监察法》不适用于公共网络之外的
电话监听,英国法中也没有其他法规来规范此类电话监听。最终,
欧洲人权法院指出,"哈尔福德女士在默西赛德郡警察总部办公室
电话上的通话被监听的情况,不受国内法律的管制。由警察实施
的、主要目的是收集在性别歧视诉讼中使用的对她不利材料的监
听行为,构成了有关人员严重侵犯她权利的行为"①。

　　无论是对于英国还是其他缔约国,欧洲人权法院有关通信监
控措施的判决都阐述得相当详尽,而且详细论述了通信监控的要
件,使得英国国内的立法机关必须以非常特定的方式进行立法,才
能符合其要求。正因为如此,英国只能不断按照欧洲人权法院的
要求对法律进行修改和完善,使得通信隐私干预措施国内授权的
要件日趋严格。还有必要补充的是,欧盟法有关通信信封信息获
得的法律规制问题,也对英国的国内法产生了重要影响。2006
年,欧盟通过的《资料保存指令》(Data Protection Directive)放弃
过去容许成员国的国内法要求储存通信信封信息的模式,转而强
制成员国的国内法规定电信服务提供商储存信封资料的立场,其
第 6 条规定信封资料的储存期间以至少 6 个月、至多不超过 24 个
月为期。此外,《资料保存指令》强调不得保留任何透露通信内容

---

① 该案中,哈尔福德女士拟被任命为默西赛德郡警察局副局长,但在她被拒绝提
拔之后,哈尔福德女士开始向就业法庭提起诉讼,声称她受到性别歧视。哈尔福德女
士声称,默西赛德郡警察局的某些成员针对她向工业法庭提出的起诉发起了针对她的
反对活动,采取的形式是监听其电话并将信息泄漏给媒体。欧洲人权法院认为,在私
人空间中监听当事人的电话是对她隐私权的侵犯,她对隐私权受保护有合理的期望。
警察对当事人电话的监听,为的是获取有关她在就业法庭上提出的性别歧视主张的信
息,"严重侵犯了她的权利"。法庭判决哈尔福德获得非金赔偿 10 000 英镑(即使他
们反驳了她声称自己因被拒绝而患上与压力有关的疾病的主张)。完全不受法规规限
的监听并非"依法进行",因此是对《欧洲人权公约》第 8 条保留的权利的干涉。See
(1998) 24 EHRR 523.

的数据,为根据必要性和相称性要求访问保留数据而应遵循的程序和应满足的条件应由每个成员国在其国内法中定义,但须遵守欧盟法律或公共国际法的相关规定,尤其是欧洲人权法院解释的《欧洲人权公约》①。但是,《资料保存指令》仍然给了成员国立法极大的自由裁量,只要其使用的资料条件规定合乎指令第 1 条规定的"严重犯罪的调查、侦查和起诉"即可。《资料保存指令》立法在草案制定阶段就充满了争议,其对个人信息资料应受保护的权利造成了极大冲击,尤其是对那些已经在国内宪法层面提高个人信息与隐私保护标准的国家。比如,德国联邦宪法法院在宪法判决中推导出信息自主权是受到《德国基本法》所保障的基本权,并且判决国会依照《资料保存指令》进行的立法违宪,盖因这一立法会造成公民"受监视之感受",且未对保存信息的使用设定足够的限制②。但是由于德国联邦宪法法院并无直接挑战之权威,所以仅要求国会提供更多的保护措施,以确保公民的信息自觉和隐私保障。最终,欧盟法院(Court of Justice of the European Union,非欧洲人权法院,其为欧盟法院系统之总称,其成立旨在与各个欧盟成员国的内国法院合作,确保欧盟法在欧盟各国间能够有统一的解释和适用)在 2014 年 4 月做出了指标性的裁判——"爱尔兰数据权力案"(Digital Rights Ireland Ltd v. Ireland),认为爱尔兰基于前述《资料保存指令》所制定的刑事诉讼法中有关电信数据保留的规定,有违反《欧盟基本权利宪章》的隐私与信息保护权之规定。

上述案件中,欧盟法院首先分析了《欧盟基本权利宪章》(即

---

① 参见 2006 年《资料保存指令》第 4 条。
② BVerfGE 125;BVerfGE 261. 转引自刘静怡. 通讯监察与民主监督:欧美争议发展趋势之反思欧美研究[J]. 欧美研究,2017,47(1):86.

"里斯本条约")第二章第 7 条和第 8 条①与《资料保存指令》之间的关系,认为《资料保存指令》要求收集保存通信中所产生的非内容数据结合在一起后,能够精确地描绘出个人的私生活状态,因而构成对《欧盟基本权利宪章》第 8 条和第 7 条所保护权利之干预。此后,欧盟法院对《资料保存指令》是否符合比例原则进行了审查。欧盟法院承认《资料保存指令》欲达成对抗严重犯罪之目的是正当理由,但坚持认为其对于公民隐私的干预不符合比例原则。具体而言,《资料保存指令》合乎比例原则中的适当性原则,其确实有助于增加政府发现处于隐匿状态的严重犯罪的概率,但无法经过比例性原则中必要性要求的审查。换言之,欧盟法院认为对抗严重犯罪是为政府的重大利益,基于这些利益考量,能够使部分隐私权干预措施正当化,但无论多么重大的利益都不可能正当化《资料保存指令》所规定的权力干预方式。《资料保存指令》逾越比例原则主要体现在指令适用对象范围过广、未限制国家机关使用个人数据条件、没有对私人公司保存的个人资料进行足够保障等。因此,欧盟法院宣告《资料保存指令》立即失效。欧盟人权法院有关"爱尔兰数据权力案"的判决成为数据时代欧洲人权保障的历史分水岭,它极大地塑造了欧盟各成员国对抗严重犯罪的策略,影响这些国家平衡自由与安全的方式。此案所判决的阐述重点无非当国家的法律如果允许对所有公民通信的信封信息资料都存储起来以供未来侦查和执法使用之时,将会产生"寒蝉效应"并极度影响公民的私人与家庭生活②。很明显,这样的见解与美国联邦最高法院

---

① 《欧盟基本权利宪章》第二章第 7 条"尊重私人和家庭生活"规定,每个人都有权尊重他或她的私人和家庭生活、家庭和通信。第 8 条"个人数据的保护"规定:1. 每个人都有权保护与他或她有关的个人数据。2. 此类数据必须为特定目的并在相关人员同意或法律规定的其他合法依据的基础上公平处理。每个人都有权访问收集到的关于他或她的数据,并有权对其进行更正。3. 遵守这些规则应受独立机构的控制。

② See Digital Rights Ireland Ltd vs. Ireland[EB/OL]. https://eur-lex. europa. eu/legal-content/EN/TXT/? uri=CELEX%3A62012CJ0293,2022 - 09 - 22.

大法官索托马约尔和阿利托在"琼斯案"协同意见书中的观点相互呼应。欧盟法院注意到数据资料收集所带来的连锁反应,并否决了个人通信时已经放弃于电信服务商处留存数据信息的隐私保障主张,强调即便是在公共领域政府实施的全面监控中,也必须保障公民隐私权。从表面上来看,这个判决虽然仅对爱尔兰产生直接效力,但由于各国通信数据的保存都是《资料保存指令》的例外,相关国内法也都必须经过欧洲法院的正当性审视。由于这些措施在欧盟法院看来是违背《欧洲人权宪章》的,因此,各国的类似措施在经欧盟法院审查时均会面对被判无效的结果。"爱尔兰数据权力案"所产生的外溢效应对英国 2016 年《侦查权力法案》造成了影响,相关内容在后文详述。

3. 涉及活动隐私的案例

在 2003 年的"佩克诉英国案"(Peck v. the United Kingdom)①中,欧洲人权法院指出公开视频监控照片和录像后,原告行为的暴露程度远远超过了对过路人安全观察的暴露程度,并且其影响远超原告可能预见的范围。因此,安理会披露相关视频资料的行为,使得原告私人生活得到尊重的权利受到了严重的侵犯。欧洲人权法院认为,没有发现相关或充分的理由,可以使安理会在没有征得原告同意或尽可能不掩盖其身份的情况下披露相关信息。本案中,欧洲人权法院指出,安理会考虑披露的内容涉及预防犯罪的目标,需要对其进行特别的审查和关注,但英国国内的

---

① 1995 年 8 月 20 日晚上,正值佩克患上抑郁症时,他手里拿着菜刀独自走到布伦特伍德自治市的大街上,然后试图割伤自己的手腕自杀。他不知道自己正被市议会安装的视频监控摄录。视频监控没有显示佩克割伤手腕,仅提醒操作员注意佩克手里有刀。警察在接到通知后到达现场,他们为佩克提供医疗救助,并将其带到警局。此后,警察根据 1983 年《精神卫生法》将佩克拘留。在接受治疗后,佩克被无罪释放,并被警察送回家。1995 年 10 月 9 日,市议会发布了两张从当晚视频监控资料上拍摄的照片,标题为"视频监控与警察之间的伙伴关系可防止潜在的危险情况",而且佩克的脸没有被遮盖。此后,部分媒体杂志使用了这些照片,并对佩克的个人生活造成不良影响。See [2003] EHRR 287.

法院既没有在得知原告对于在媒体中露面的态度后,要求当局减少这种行为的侵害性,也没有对信息披露的程序持谨慎的态度。所以,原告是因国家和地方媒体报道而导致其隐私权受到严重干扰的受害者,英国政府和地方媒体报道"构成了不成比例的、不合理的干预原告的私生活和违反《欧洲人权公约》第8条的行为"。可以看到,欧洲人权法院对当事人的活动隐私保护持肯定的态度,因为英国政府对外公布的资料包含有当事人活动隐私的信息,公布资料的行为虽然最初基于犯罪预防的目标而实施,但其难以经受住比例原则的审查,因而被认为是不合法的。从该案判决也可以看出,欧洲人权法院对美国法中所坚持的"公共场合无隐私"的观点进行了驳斥,并对公民在公共空间的活动隐私进行了维护。但是,在活动隐私维护的具体程度上,欧洲人权法院采用比例原则对相关的公益目的与隐私利益进行了权衡。

4. 涉及信息隐私的案件

在2008年的"S和马珀诉英国案"(S and Marper v. the United Kingdom)①中,欧洲人权法院裁定,政府保存此前被捕但后来被无罪释放,或者被撤销其犯罪指控的公民的DNA样本,侵犯了公民根据《欧洲人权公约》第8条获得的隐私权。自2004年以来,在英国(特别是在英格兰、威尔士和北爱尔兰)②,任何因可

---

① 该案中,S先生于2001年1月19日被捕(时年11岁),罪名是企图抢劫,警方采集了他的指纹和DNA样本。S于2001年6月14日无罪释放。迈克尔·马珀(Michael Marper)于2001年3月13日被捕,并被指控骚扰他的伴侣。警察采集了他的指纹和DNA样本。但是,警方最终没有提出指控,因为马珀和他的伴侣在指控之前已经和解。See [2008] ECHR 1581.

② 值得注意的是,英国的另一部分,即苏格兰提供了一个有关DNA样本保留的更合理方法的规定,如果一个人没有被定罪或被绝对释放,则样品将被销毁;但是,如果嫌疑人涉嫌某些性犯罪或暴力犯罪,当局可以保留样品。参见2006年《国家警察计算机名义记录保留准则》(Retention Guidelines for Nominal Records on the Police National Computer 2006)。转引自Wikipedia. S and Marper v. the United Kingdom [EB/OL]. https://en. wikipedia. org/wiki/S_and_Marper_v_United_Kingdom,2020 - 08 - 11.

记录的犯罪而被捕的当事人,即使从未起诉过该人,或者中止了刑事诉讼程序,或者当事人后来被宣告无罪,他们的 DNA 样本都被允许采集,并以数字档案的形式存储在国家 DNA 数据库中,这些 DNA 数据可以被永久保存。虽然,欧洲委员会多数缔约国允许在刑事诉讼中强制采取当事人的指纹和 DNA 样本,但只有英国是唯一明确允许系统和无限期保留此类 DNA 样本的缔约国。相比较之下,德国、法国、芬兰、瑞典等国均规定犯罪嫌疑人无罪释放之后,应将 DNA 样本等相关资料删除①。法院认为,很明显,英国这一做法逾越了可接受的程度,是"概括全面且不加区别"地干预个人信息隐私,是不成比例地侵害嫌疑人私人生活领域的权利,不应当被认为是民主社会"必需"之作为,因而逾越比例原则之限制。此外,欧洲人权法院还认为任何人未受定罪之前,都应当享有无罪推定的权利,保留未犯罪者的 DNA 样本和记录等,等于要求犯罪者承担"社会污名"的风险,会令无犯罪记录的当事人因被当作罪犯同等对待而深感不安。最终,该案由十七名法官组成的法庭一致裁定,英国警察的做法违反了《欧洲人权公约》第 8 条,并要求英国政府向每位申请人赔偿 42 000 欧元。本案的判决,对英国日后的相关立法产生了重要影响。2011 年 2 月,英国政府颁发了 2012 年《保护自由法案》(Protection of Freedoms Act 2012),该法案中遵守"S 和马珀案"的裁决要求,对 DNA 数据库中样本的范围进行了限制。根据新的规定,如果未定罪,那些被逮捕或被指控犯有轻微罪行的公民的 DNA 样本数据将被销毁。此后,英国国家 DNA 数据库中数量超过一百万的 DNA 样本数据在几个月内被删除。

5. 涉及人身隐私的案件

在"温赖特诉内政部案"中,欧洲人权法院在 2006 年 9 月 26 日发布的判决书中指出,考虑到监狱囚犯滥用药物的背景,从原则

① 参见刘静怡. 通讯监察与民主监督:欧美争议发展趋势之反思欧美研究[J]. 欧美研究,2017,47(1):70.

上讲,对探监人员进行人身搜身是合理的,但监狱官员没有遵守适当程序来执行搜身,温赖特夫妇的家人所获得的待遇是"有辱人格"的,对他们的私人生活没有给予足够的尊重①。此外,按照《欧洲人权公约》第 8 条第 2 款的含义,以这种方式进行脱衣搜身不被视为民主社会中所必需的权利干预。由于该事件发生于 1997 年,此时 1998 年《人权法案》并未生效,因此,在英国国内的审判中法院不能直接援引《欧洲人权公约》第 8 条进行判决。对此,欧洲人权法院指出,英国政府没有为温赖特提供有效的法律救济途径,其违反了《欧洲人权公约》第 13 条的规定,未能保障公民有效获得国内司法救济之权利。

对上述案件进行分析,可以发现英国政府败诉的原因多在于违反法律保留的相关要求,因为英国隐私权干预运用的相关法律依据要么直接缺失,要么在规制密度上存在严重不足。当然,英国政府的公权力行为虽然违反了《欧洲人权公约》的相关规定,但这并不意味着相关措施的运用完全没有根据。根据英国传统的法治思想,免受公权力干预的随意限制是自由主义精神之基本要求,相应的,但凡不是法律所明确禁止的公权力行为,执法人员在侦查中均有权实施。这一法治思想即"没有特别禁止的事项,就是警察得为的干预"②。这种法治理念之下,英国警察在隐私权干预措施广泛运用的早些阶段,只需要在内务部内部准则的要求下运用这些措施即可。此时,由于法律并未对这些侦查措施的性质作出定性,隐私权干预的运用无须由法律进行明确的授权。实际上,在英国刑事司法的长期实践中,内政部制定了大量的内部执法准则。这些内部执法准则涉及的内容非常全面,侦查执法实践中的隐私权干预运用都涵盖在其中。同时,作为指导执法人员具体执法的依据,为了保证准则的可操作性,内部执法准则的规定相当具体详

---

① See [2006] ECHR 807.
② 林钰雄.刑事程序与国际人权(二)[M].台北:元照出版公司,2012:280.

细。但是,这些内部执法准则只对执法机关公开、对外是绝对保密的,社会公众的知情权被限制,难以了解这些内部准则的具体内容①,它们也难以产生实际的法律约束效力。换言之,当刑事诉讼中公民的权利受到侵害,或者当事人对相关措施适用的合法性予以质疑时,难以援引这些内部执法规则要求法律救济。

有学者指出,"英国是所有公约签约国中,被欧洲人权法院指导最多的国家"②。造成这一现象的重要原因是英国基于长期奉行的法治理念,对于法律保留原则的理解与落实难以符合《欧洲人权公约》对法治国家的最低要求。根据法律保留原则的要求,未经事先依法授予的干预行为就是禁止的事项,但英国法坚持的是遇到实际案件再来解决问题的判例法思维。然而,英国法中法律授权隐私权干预措施的速度永远赶不上侦查实务的发展,即便是对部分隐私权干预措施进行了法律授权,其简单、模糊的规定也难以符合法律保留原则中"可理解性"和"可预见性"等的要求。因此,如果不彻底改变法律规制隐私权干预的方式,其不断被欧洲人权法院作出不利判决的结果可想而知。正是在《欧洲人权公约》和欧洲人权法院的压力下,为了改变英国国内法规制层出不穷的隐私权干预措施运用的明显疲态,英国议会出台了部分成文法对隐私权干预进行法律规制。

通过以上分析可以看出,《欧洲人权公约》第 8 条主要保护公民的隐私权,有关这一条文的适用有几个重点值得注意:首先,欧洲人权法院对各国立法所进行的审查,主要依托正当目的、法律保

---

① 国内有学者作出推断,"这种内部准则的保密状况与英国长期以来拒绝将监听结果作为证据使用的想法是一脉相承的,即均为了防止侦查手段的公开而导致反侦查活动的盛行,从而影响到相应秘密侦查手段的有效性"。程雷.秘密侦查比较研究——以美、德、荷、英四国为样本的分析[M].北京:中国人民公安大学出版社,2008:402 - 403.

② 林钰雄.论通讯之监察——评析欧洲人权法院相关裁判之发展与影响[J].东吴法律学报,19(4):140.

留原则和比例原则展开审查,虽然早些年的判决更多基于法律保留原则而注重法律形式上的正当性,但比例原则对于法律正义的实质作用在近些年愈来愈得到欧洲人权法院的重视。在部分判决中,欧洲人权法院对比例原则运用作出了极为全面和细致的阐述(如"爱尔兰数据权力案");第二,欧洲人权法院倾向于对第 8 条保护的范围进行扩张解释,特别是对于通信隐私而言,其保护的范围不止于通信内容信息,而是扩张到信封信息。这一判决预示着欧洲日后数据信息收集保护的发展方向。

4.3 几种具体隐私权干预措施的法律规制

进入到 20 世纪之后,随着判例法和成文法的发展,英国警察的侦查权力不断扩大,特别是英国议会制定 1984 年《警察与刑事证据法》(Police and Criminal Evidence Act 1984)及与该法相关的五部实施细则以来,警察的侦查权力得到极大强化。除此之外,英国对隐私权干预进行法律规制的法律还包括 1994 年《警察法令》(Police Act 1994)、1997 年《警察法案》(Police Act 1997)、2000 年《侦查权力规范法案》(Regulation of Investigatory Powers Act 2000)、2014 年《数据保留和侦查权力法》(Data Retention and Investigatory Powers Act 2014,2016 年 12 月 31 日被废除,由 2016 年《侦查权力法案》所取代)、2016 年《侦查权力法案》(The Investigatory Powers Act 2016)[①]。

4.3.1 秘密监控的法律规制

在英国法中,秘密监控(covert surveillance)是一类含义比较丰富的侦查措施。根据 2000 年《侦查权力规范法案》的规定,监控

---

① 2016 年《侦查权力法案》对 2000 年《侦查权力规范法案》的部分内容进行了更新,并在生效后取代了 2014 年《数据保留和侦查权力法》。

是监视、观察或听取他人的活动、对话或其他活动与通信,包括记录在监控过程中监视、观察或听到的任何事物。秘密监控活动既可以借助人力进行,也可以借助监视设备进行①。对这一概念稍加分析,可以发现英国法中的秘密监控可能涉及空间隐私、通信隐私和活动隐私等隐私,属于典型的隐私权干预措施。2000 年《侦查权力规范法案》虽然对秘密监控作出了相关的规定,但从英国法整体的规定来考察,并非所有的监控行为都构成法律意义上的秘密监控。法律意义上的秘密监控必须具备系统性,监控效果只具有随机或者偶然性的、非系统性的监控行为不能属于法定意义上的秘密监控②。为了更进一步地解释这一问题,2018 年颁布的《秘密监控和财产干预修订的实施细则》(Covert Surveillance and Property Interference Revised Code of Practice)中明确指出,某些监控活动并不构成侵入监控或直接监控,无须获得针对此类活动的侵入或直接监控的授权。此类活动包括:对事件的即时回应所进行的秘密监控;秘密监控是一般观察活动的一部分;与 2000 年《侦查权力规范法案》所规定的法定理由无关的秘密监控;公开使用视频监控和车牌自动识别系统;根据 2016 年《侦查权力法案》作为设备干扰令(an equipment interference warrant)的一部分所授权进行的秘密监控③。对于法定意义上秘密监控外延的限制,表明英国立法者并不计划将所有警察实施的监控行为都纳入法律规制的范畴,部分监控行为即便是对公民的隐私有一定轻微程度的侵犯,法律因而允许警察基于自由裁量权而适用。

英国法虽然对秘密监控的概念作出了规定,但认真考察这一概念,却发现正确理解其内涵和外延存在一定的困难。实际侦查

---

① 参见 2000 年《侦查权力法案》第 48 条。

② 例如,警察为了预防和发现犯罪在日常巡逻中实施的监视等行为,实际上很难达到系统地获取个人信息的效果,这一监控行为也无须划入秘密监控之范畴。参见《秘密监控和财产干预修订的实施细则》第 3.30 条。

③ 参见《秘密监控和财产干预修订的实施细则》第 3.31 条。

中,警察实施的监控行为表现形式多样复杂,具体方式不一而足,任何试图将所有监控行为都纳入法律调整范畴的努力都面临着失败的宿命。为了帮助执法人员厘清秘密监控的内涵与外延,英国法根据两种不同的区分标准对秘密监控进行了分类。其中,一种分类是根据侵犯对象是否涉及私人住宅或者汽车,将秘密监控分为侵入监控(intrusive surveillance)和直接监控(directed surveillance)。

　　侵入监控,被认为是针对任何私人住宅或者车辆中发生的事实所进行的监控,如安装窃听、监视设备等所进行的监控。侵入监控认定的关键在于,监控行为涉及私人的住宅或者车辆等私人空间。当然,这里的"涉及"并非仅体现为"侵入",在上述私人空间之外实施的监控也绝非不会被认定为侵入监控,当某一监控行为在事实上,与直接侵入私人空间实施监控具有相当的权利干预程度和效果时,这些监控行为也会被认为是侵入监控①。因此,在住宅和车辆外通过观察发现空间内人的活动,以及使用设备对上述空间所实施的监控亦在秘密监控的范畴之内。在《秘密监控和财产干预修订的实施细则》中,相关规定假定侵入监控一旦实施,任何时候都可以获得私人信息②。同时,相关规定还对私人空间的外延进行了扩张解释③。

---

① Clive Harfield and Karen Harfield,Covert Investigation,p. 50. 转引自程雷. 秘密侦查比较研究——以美、德、荷、英四国为范本的分析[M]. 北京:中国人民公安大学出版社,2008:494.

② 《秘密监控和财产干预修订的实施细则》第 2.24 条。

③ 视为住宅的应包括:目前用于居住目的的出租公寓;监狱牢房(或充当临时监狱设施的警察牢房);酒店的卧室或套房。不被视为住宅的包括:一组公寓中的公用楼梯(除非被无家可归者作为临时居所);警察牢房(除非用作临时监狱设施);监狱食堂或警察采访室;酒店接待区或饭厅;公众容易看到的住宅的前花园或车道;公共机构为非住宅目的占用的住宅场所。参见《秘密监控和财产干预修订的实施细则》第 3.25 条和第 3.26 条。

　　关于直接监控,2000 年《侦查权力法案》亦作出了相关规定①,但法律未对直接监控的内涵作出清晰无误的规定,其主要是规定直接监控的目的和获取的信息等。其中,认定执法行为属于直接监控最重要的标准是,执法行为是否能够获得当事人的个人信息。根据 2000 年《侦查权力规范法案》的规定,个人信息包括与以下内容有关的任何信息:一个人的私人生活或家庭生活。个人信息也可能包括个人数据,例如姓名、电话号码和地址详细信息。如果通过秘密监控来获取具有合理隐私期待的公民的此类信息,则应当经过直接监视的授权。在 2018 年《秘密监控与财产干预实施细则》中,对直接监控的界定也遵循这一思路②。

　　面对警察执法实践的复杂性,在将秘密监控划分为侵入监控与直接监控后,英国立法者还从反面强调了两种例外情形。在这两种例外情形下③,警察实施的监控不属于侵入监控而属于直接监控。可以看出,英国法对直接监控的界定,是将侵入监控之外的秘密监控均视为直接监控。立法者对秘密监控做出此种法定分类,主要是因为侵入监控对公民的空间隐私进行了强烈的干预,立

---

　　①　直接监控是出于以下目的实施的,如果是秘密的但非侵入性的:(a) 出于特定调查或特定操作的目的;(b) 以可能导致获得有关某人的私人信息的方式(不论是否为调查或操作目的而特别识别);和(c)并非以对事件或情况的立即反应为方式,而其性质如此以致无法合理地切实可行地寻求根据本部进行的授权以进行监视。参见 2000 年《侦查权力规范法案》第 48 条(2)之规定。

　　②　如果满足以下所有条件,则监视是直接监视:(1) 它是秘密的,但不是侵入监控;(2) 出于特定调查或操作目的而进行;(3) 可能会导致获得有关某人的私人信息(无论有或没有专门为调查或操作目的而识别的人);(4) 它不是通过对事件或情况进行即时响应而进行的,而事件或情况的性质如此,以致根据 2000 年法案第二部分寻求授权在合理可行的范围内。参见《秘密监控和财产干预修订的实施细则》第 3.1 条。

　　③　其一,在私人车辆上安装特定的仪器装置用来确定车辆的行踪或者方位时,即便是仪器和装置被安装在私人车辆内部,该监控行为也只是属于直接监控。要注意的是,单独使用此类仪器装置并不一定构成直接监视,因为它们不一定提供有关当事人的私人信息,特定仪器装置有时仅提供有关其自身的位置信息。其二,经一方同意的,利用公共邮政服务或电信系统进行的仍处于传输过程中的邮件检查或电话监听,在英国法上也被视为直接监控。参见《秘密监控和财产干预修订的实施细则》第 3.7 条。

法者力图突出法律对于空间隐私进行严格保护的基本态度。

在英国法中,对秘密监控进行分类的第二项标准,是以有无存在干预财产的情况为依据,将秘密监控划分为财产干预监控和非财产干预监控。财产干预监控不仅对公民的隐私权造成侵害,还会对公民的财产权造成侵害,因此,必须具备明确的法律依据,执法机关才能豁免在实施相关措施时,法律为财产干预行为所设置的刑事责任与民事责任。对此,有学者指出干预财产的秘密监控需要特别的授权,和侵入监控与直接监控的划分具有相同的立法原意,即立法者更为关注对财产权的保护,而不是对隐私权的保护①。这与英国法在很长一段时间内,未承认隐私权的独立地位不无关系。对秘密监控的这一划分,最初出现在 1997 年《警察法案》中,2000 年《侦查权力规范法案》并未提及这种分类,但由于1997 年《警察法案》依然具有法律效力,因此,这种分类在英国法中仍是有效的。要注意的是,当秘密监控行为同时涉及两种不同分类下的监控行为时,必须同时履行各自的授权审批程序才能实施。比如,当警察进入私人住宅安装窃听设备,对住宅内的对话、活动等进行监控,这一行为既属于侵入监控又属于财产干预监控。因此,这一执法行为需要分别履行审批程序才可以实施。

在此要强调的是,在英国法中秘密监控的法律规制体系中,秘密监控实施的授权方式实行的是行政审查,而非其他欧洲国家普遍实行的司法授权。但是,在《欧洲人权公约》及其裁决的推动下,英国侦查中隐私权干预法律规制的授权方式已经出现了变化,但目前这一变化仅体现在通信监控的法律规制方面。当然,为了弥补隐私权干预措施运用司法授权欠缺带来的问题,英国的立法者

---

① Sybil Sharpe, *Covert Surveillance and the Use of Informants*, in Mike MeConville and Geoffrey Wilson eds, The Handbook of the Criminal Justice Process, Oxford 2002, p. 66. 转引自程雷. 秘密侦查的中国问题研究[M]. 北京:中国检察出版社,2018:105.

也在秘密监控的外在控权方面设置了其他的限制措施[①]。

4.3.2　通信监控的法律规制

从本质上看,通信监控属于秘密监控的一种。由于通信隐私毫无疑问地属于隐私权保护的范围,因此,英国法重点对这一执法行为进行了法律规制。2000年以来,涉及通信监控的法律主要是2000年《侦查权力规范法案》,但该法在2016年为当年出台的《侦查权力法案》所替代。2016年《侦查权力法案》制定颁布的主要意义在于:一是该法对执法机构、安全情报机构已经拥有的通信隐私干预的权力进行了汇总,使得这些权力以及适用于它们的保障措施更加清晰易懂。二是该法从根本上改革了授权和监督通信隐私干预权力的方式,它为包括通信截取和所有批量功能在内的最具侵入性的干预力量引入了"双锁机制"。通信监控的实施,除了经过警察机关内部的行政审批之外,还必须在司法专员(Judicial Commissioner)批准之后,相关的令状才可以签发。该法创建了一个强大的侦查权力专员(Investigatory Powers Commissioner),以监督这些权力的使用方式。三是它确保相关的通信隐私干预权力能够适应信息数据时代之需求。该法对保留互联网连接记录作出了新规定,以便执法部门识别设备已连接的通信服务,这填补了由于人们交流方式的改变而出现的侦查权力覆盖空白的现象[②]。

2016年《侦查权力法案》调整和更新了通信截取的授权方式,

---

① 如对议会负责的监控委员会办公室,对秘密监控措施的使用情况进行检查并提交年度报告,设置专门的法庭对违法秘密监控进行救济等。参见程雷.秘密侦查比较研究[M].北京:中国人民公安大学出版社,2008:510.

② See Home Office. Investigatory Powers Act 2016 Consultation: Codes of Practice[EB/OL]. https://assets. publishing. service. gov. uk/government/uploads/system/uploads/attachment_data/file/593725/IP_Act_codes_consultation_Feb2017_FINAL_WEB. pdf,2020-08-11.

将"双锁机制"适用于通信监控的司法授权。这一做法改变了传统上英国通信截取审批所实施的纯粹的行政模式,开始与主流欧洲国家的做法保持大体上的一致。也有学者指出,尽管英国在通信监控的令状签发方面向司法审查迈出重要的一步,但本次改革并不彻底,没有完全改变原有的行政审批模式,因为在紧急案件中仅有内政大臣的批准也可以进行通信截取。同时,该法并没有对侵犯个人隐私造成损害后如何救济的内容作出规定,对通信截取造成的个人隐私侵犯不能仅仅进行"理论上"的救济,而是应当采取"实际""有效"的救济措施以维护当事人的权利①。

从整体上看,英国国内法对通信隐私干预的类型进行了细化,根据监控对象是否涉及通信内容以及通信监控的方式,通信监控被划分为通信截取(interception of communications)、通信数据获取(obtain communication data)和通信数据保留(retention of communication data)等三种情形。三种执法行为对个人通信隐私的干预程度、强制程度等不同,它们分别被规定在 2016 年《侦查权力法案》的第二部分、第三部分和第四部分。

其一,通信截取。"截取"指的是执法机关在通信传输过程中监控获知特定人通信内容的行为。通信截取必须基于相关的令状而实施,根据 2016 年《侦查权力法案》第 15 条(2)的规定,其类型包括定向截取令状(targeted interception warrant)、定向检查令状(targeted examination warrants)和互助令状(mutual assistance warrants)。定向截取令状是指授权或要求对特定对象,以其所描述的某种行为,实施以下方式中的任何一项或多项行为的令状:(a)截取令状所描述的利用邮递服务或电信系统通信时的通信内容;(b)截取令状所描述的通过邮递服务或电信系统通信时的辅

---

① See Cole Mark & Annelies Vandendriessche, From Digital Rights Ireland and Schrems in Luxembourg to Zakharow and Szabó/ Vissy in Strasbourg[J]. Eur. Data Prot. L. Rev., 2016, 2(1): 127.

助数据;(c)以令状中描述的任何方式披露根据令状获得的信息,送达给令状发出者或代表令状发出者行事的任何人①。定向检查令状针对的对象必须是违反第 152(4)条规定的,根据第六部分第一章由批量截取令授权或要求截取的任何通信内容②。互助令状是基于欧盟互助文书、国际互助协议等授权或要求受助人以其所描述的方式进行通信截取的令状③。

具体来说,通信截取的表现形式包括电话监听、普通邮件检查、对电子邮件和声音邮件以及自动应答电话的监控④。在令状申请方面,实施通信截取首先要经过内政大臣的批准。其中,定向截取令状和定向检查令状的申请理由包括:为了国家安全;为了预防或侦查严重罪行;或符合英国的经济利益,只要这些利益也与国家安全的利益有关⑤。互助令状的申请理由包括:为了执行欧盟互助文书或国际互助协定的规定,有必要并且内政大臣认为存在与定向截取令状和定向检查令状发出相同的理由⑥。通信截取令状签发的条件之一为"为了预防或者侦查严重罪行",说明通信截取的案件范围已经限制在重罪领域,对于轻罪、违警罪等并不适用。恐怖主义犯罪威胁国家利益和公共安全⑦,该类案件也属于通信截取适用的对象。

---

① 参见 2016 年《侦查权力法案》第 15 条(2)。
② 参见 2016 年《侦查权力法案》第 15 条(3)。
③ 参见 2016 年《侦查权力法案》第 15 条(4)。
④ 值得注意的是,通信截取是对传递过程中的通信内容所进行的干预。对正在进行的通信进行监控毫无疑问属于截取。同时,相关通信内容传递到接收方,在接收方未浏览该内容之前所进行的监控也被视为"截获"。See Clive Harfield and Karen Harfield, *Covert Investigation*, Oxford University Press 2005, p. 118. 转引自程雷. 秘密侦查比较研究[M]. 北京:中国人民公安大学出版社,2008:490.
⑤ 参见 2016 年《侦查权力法案》第 20 条(2)。
⑥ 参见 2016 年《侦查权力法案》第 20 条(3)。
⑦ 有学者认为,恐怖主义犯罪具有"危害人身自由""破坏财产自由""严重干扰电信系统"等特点。See Christos Boukalas U. K. *Counterterrorism Law*, *Pre-emption*, *and Politics*: *Toward Authoritarian Legality*. New Crim. L. Rev. 2017,20(3):363.

其二,通信数据获取。通信数据获取,指的是被授权官员从拥有与案件有关的所需数据的个人或者电信运营商处取得通信数据的执法行为。通信数据,指的是何人、何时、何地如何进行通信方面的信息,实际上是除通信内容之外的其他通信特征[1]。与电信服务有关的通信数据,包括通信的时间和持续时间、电话号码或电子邮件地址发起者和接收者,以及设备的来源等,涵盖包括互联网在内的电子通信访问、互联网电话、即时消息传递和应用程序使用等[2]。根据 2016 年《侦查权力法案》第 61(4)条的规定,被授予权限的执法人员在获取通信数据后可实施如下行为:(1)从任何人或电信系统本身获取通信数据;(2)询问获得授权的执法人员认为拥有或可能拥有该通信数据或有能力获得该通信数据的任何人——(i)获取该数据(如果尚未拥有的话),以及(ii)向授权或根据授权所确定的人披露数据(无论该人已经拥有还是随后由该人获取);(3)通知要求获得授权的执法人员认为是或可能拥有该通信数据或能够获取该通信数据的电信运营商——(i)获取数据(如果尚未拥有的话),以及(ii)将数据(无论是已经由运营商拥有还是由运营商随后获取)披露给由授权确定或根据授权确定的人。

通信数据获取具有如下特点:一是通信数据获取的对象既包括电信运营商,又包括所有持有或者可能持有所需通信数据的个人。二是由内政大臣发出保留通知,但必须经过司法专员批准后

---

[1] See Clive Harfield and Karen Harfield, *Covert Investigation*, Oxford University Press 2005, p. 108. 转引自程雷. 秘密侦查比较研究[M]. 北京:中国人民公安大学出版社,2008:491.

[2] 参见《批量获取通信数据业务守则》(Bulk Acquisition of Communications Data Code of Practice)第 2.11 条。

才能送达执行。三是通信数据获取的目的并非局限于侦查犯罪方面[①]。

2016 年《侦查权力法案》亦对执法人员获取互联网连接记录的执法行为进行了规定。互联网连接记录属于通信数据中的一种,即互联网服务中特定设备的连接记录,可用于识别或协助识别互联网服务商向其发送的电信服务。互联网连接记录获取的目的在于得到计算机文件或计算机程序的访问或运行,包括电信运营商在向通信发送方(无论是个人或者非个人)提供电信服务的过程中生成或处理的数据[②],如用户访问过的网站、WhatsApp 等通信软件,甚至包括更新电脑时通信软件连接到的远程服务器。这部分数据信息由互联网服务提供商负责创建及存储。作为通信数据的互联网记录,使得执法人员能够将特定个人与账户或者互联网行为联系起来;对个人进行追踪;了解嫌疑人曾经进行沟通的对象;等等。

其三,通信数据保留。2016 年《侦查权力法案》在第四部分规定,内政大臣有权通过保留通知(retention notice)要求电信运营商存留相关的通信数据,但保留通知产生法律效力必须经过司法专员的批准。相关的通信数据包括:(1)通信的发送者或接收者(无论是否有人);(2)通信的时间或持续时间;(3)通信的类型、方法、方式或事实;(4)来自、去往或通过的电信系统(或其任何部

---

①　如果有必要获取通信数据,则该通信数据应属于本小节所述的目的:(a)为了国家安全,(b)为了预防或侦查犯罪或预防混乱,(c)为了英国的经济福祉,只要这些利益也与国家安全的利益有关,(d)为了公共安全,(e)为了保护公众健康,(f)为评估或收取应付给政府部门的任何税、关税、征费或其他征收、贡献或收费,(g)为了防止死亡或伤害或对人的身心健康的任何损害,或减轻伤害或对人的身心健康的损害,(h)协助调查所谓的司法不公,(i)某人("P")由于身体或精神状况死亡或无法自认——(i)协助确定 P,或(ii)获取有关 P 的近亲或与 P 有联系的其他人的信息,或有关 P 的死亡或状况的原因的信息,或(j)为行使与以下目的有关的职能——(i)对金融服务和市场的监管,或(ii)财务稳定。参见 2016 年《侦查权力法案》第 61 条(7)。

②　参见 2016 年《侦查权力法案》第 62 条(7)。

分)通信正在进行或者数据已传送的情况;(5) 任何此类系统的位置。相关的通信数据特别包括互联网连接记录①。

通信数据保留具有如下特点:一是由内政大臣发出保留通知,但必须经过司法专员批准后才能送达执行。二是相关的通信数据由电信运营商保存,相关通信数据存留的期限不超过 12 个月。同时,根据该法案第 96 条(1)的规定,通信数据保存也适用于邮政经营者和邮政服务。三是与通信数据获取一样,通信数据保留的目的也并非局限于侦查犯罪方面。

2016 年《侦查权力法案》还规定了批量截取(bulk interception)的运用要求。批量截取必须基于批量截取令而实施。根据 2016 年《侦查权力法案》第 136 条的规定,批量截取令必须符合两个条件。其中,条件一是令状的主要目的是下列一项或多项:(1) 截获与海外有关的通信;(2) 从此类通信中获取辅助数据②。条件二是批量截取令授权或要求其所针对的对象通过令状中所述的行为,确保以下任何一项或多项活动得到实现:(1) 在通过电信系统通信的过程中,截获令状中所述的通信;(2) 从通过该

---

① 参见 2016 年《侦查权力法案》第 87 条(11)。

② 2016 年《侦查权力法案》第 137 条规定,辅助数据可能属于系统数据,也可能属于识别数据。属于系统数据的辅助数据包含在通信中,作为通信的一部分,附加于通信或与通信逻辑关联(无论是由发送方还是以其他方式)。属于识别数据的辅助数据:(a) 包含在通信中,作为通信的一部分,附加于通信或与通信逻辑关联(无论是由发送者还是以其他方式),(b) 能够在逻辑上与其余的通信分开,并且(c) 如果被如此分开,则不会透露任何合理地被认为是该通信的含义的内容(如果有的话),而不论该通信的事实或与传输以下内容有关的任何数据所产生的任何含义沟通。在 2016 年法案中,"识别数据"是指(a) 可用于识别或协助识别任何人、装置、系统或服务的数据,(b) 可用于识别或协助识别任何事件的数据,或(c) 可用于识别或协助识别任何人、事件或事物的位置的数据。"系统数据"是指能够启用或促进、识别或描述与启用或促进以下任何功能相关的任何数据:(a) 邮政服务;(b) 电信系统(包括构成系统一部分的任何设备);(c)通过电信系统提供的任何电信服务;(d) 相关系统(包括构成系统一部分的任何设备);(e) 通过相关系统提供的任何服务。参见 2016 年《侦查权力法案》第 263 条(2)和第 263 条(4)。

系统传输并在令状中描述的通信中获取辅助数据；(3) 选择以令状所述的任何方式检查根据令状获得的截取内容或辅助数据；(4) 以令状中所述的任何方式披露根据令状获得的任何信息，送达给令状所针对的人或代表该人行事的任何人。除此之外，批量截获令状还授权以下行为（除令状中所述的行为外）：(1) 为执行令状明确授权或要求而必须进行的任何行为；(2) 任何人的行为，而该人的行为是根据要求或代为执行令状的人所施加的要求而提供的，以协助执行令状；(3) 从任何电信运营商获取相关系统数据的任何行为。批量截取令状由安全局局长、秘密情报局局长或者政府通信总部主任向内政大臣提出申请，在内政大臣批准后还需要得到司法专员的批准。但是，批量截取中如何确定获取数据的范围，该法没有提供足够的监督或保障措施。因此，这一立法事实上是将过去的惯例明确为法律，从而引起了巨大的争议。

从前文的论述可以看出，英国有着极具特色的隐私权干预规制法律体系。2016 年《侦查权力法案》对通信监控所确定的"双锁机制"，将涉及通信隐私干预的侦查措施都纳入司法审查的范围。在决定是否批准某人根据相关规定发布令状的决定时，司法专员必须就以下事项进行审查：(1) 出于相关理由是否有必要使用令状——必要性（necessity）审查；(2) 令状授权的行为是否与该行为寻求达到的目的相称——比例性（proportionality）审查。在这一过程中，司法专员必须运用与法院对司法复核的申请相同的原则，以及充分谨慎地考虑相关理由和目的相称事项，以确保司法专员符合相关规定的职责①。要注意的是，令状申请的实质性理由——必要性和比例性，事实上也适用于必须基于行政审查而实施的隐私权干预运用中，它们成为判断某一隐私权干预实施是否合理的实质标准。

就必要性而言，2000 年《侦查权力规范法案》、1997 年《警察法

---

① 参见 2016 年《侦查权力法案》第 23 条(1)、第 23 条(2)。

案》和 1994 年《警察法案》均规定,为进行直接或侵入监控或干涉财产监控,而予以授权或签发令状的人必须认为,出于一项或多项法定理由必须进行授权的活动①。以直接监控为例,相关的法定理由包括:为了国家安全;为了预防或侦查犯罪或预防灾难;为了英国的经济利益;为了公共安全;为了保护公共健康;为了评估或收取应付给政府部门的任何税款;或者为了内政大臣的命令规定的任何其他目的。

就比例性而言,尽管根据一项或多项法定理由认为这些活动是必要的,但授权或发出令状的人还必须相信,这些活动与通过开展这些活动所寻求达到的目标相称。只有同时满足必要性和比例性的双重要求后,隐私权干预运用的令状签发才具有实质理由。对于隐私权干预运用的比例性判断,在涉及调查和操作方面,对干预对象(或任何其他可能受影响的人)隐私进行侵犯的严重性与对该执法活动需要之间应该形成一种成比例的状态。就这种成比例的状态而言,在案件的整体调查过程中,如果授权或令状过多,将不成比例;在案件的具体调查过程中,授权的每项执法活动均应为调查或操作带来预期的收益,并且不应过分或随意。但是,调查的可疑犯罪为严重犯罪的事实,并不必然与拟申请的隐私权干预运用相称。同样地,调查的可疑犯罪为轻微犯罪的事实,定然使得隐私权干预的实施不相称。此时,如果可以通过其他干预强度较小的手段合理地获取所寻求的信息,则不应认为相关的执法活动是相称的。事实上,《秘密监控和财产干预修订的实施细则》中就比例性的审查判断作了进一步的解释:(1)拟申请的执法活动的规模和范围与所察觉的犯罪或损害的严重性和程度之间取得平衡;(2)解释将如何以及为什么采用此方法能以最小的可能程度干扰

---

① 这些法定依据载于 2000 年《侦查权力法案》第 28(3)条中,以进行直接监控;2000 年《侵入式监视法》第 32(3)条,以及 1997 年《警察法案》第 93(2)条和 1994 年《警察法案》第 5 条。

当事人和他人；（3）考虑该活动是否适当地使用了立法；在参照所有合理的选择基础之上，考虑该活动是否为获取所寻求信息的合理方式；（4）在合理可行的范围内，证明考虑了哪些其他方法，以及为什么未实施或未成功实施这些方法[1]。

必要性和比例性的内容属于比例原则的精神实质。英国之所以将比例原则引入作为司法审查的实质理由，除了比例原则的普适性功能外，亦与《欧洲人权公约》的影响莫无关系。在欧洲人权法院对英国涉及隐私权干预运用的案件的裁判中，一般将法律保留和比例原则作为隐私权干预运用审查的合法性事由。就隐私权干预的法律保留而言，某一大类隐私权干预具备相关的法律依据，并不意味着某一具体的隐私权干预措施就能够在相关法律中找到其运用依据，例如，"马龙案"中警方任意调取通话记录的实务惯例，并不能援引电话监听作为授权依据；"哈尔福德案"中非公共电信系统内的通信监控，也不能援引公共电信系统内的通信监控作为法律依据。就隐私权干预的比例原则而言，侵犯《欧洲人权公约》规定、违反比例原则等也时常成为公民申请司法审查的理由，如"克拉斯案"等[2]。因此，英国法将比例原则引进本国的司法审查标准中。

4.3.3　活动隐私干预的法律规制

通过对英国秘密监控法律规制情况的考察，可以发现英国法重点保护的是私人空间和财产等，而并非关注对人本身的保护。传统上，英国法对于公民在公共空间中的隐私保护关注比较薄弱。然而，伴随着落实《欧洲人权公约》的压力，英国法对隐私权干预措施运用的关注度越来越高。在现行法律来看，虽然一个人在公共

---

[1]　参见《秘密监控和财产干预修订的实施细则》第4.7条。

[2]　Ibid.，at §50－56；see also Leander v. Sweden，1987，Series A no. 116；Martin & Wilson，supra note 2，at 190. 转引自林钰雄. 论通讯之监察——评析欧洲人权法院相关裁判之发展与影响[J]. 东吴法律学报，2009，19(4)：146.

空间对隐私的期望会降低，但对该人在公共空间的活动进行秘密监控仍可能导致其个人私密信息的暴露。例如，两个人在公共街道上或公共汽车上进行交谈，他们对对话内容享有合理的隐私期待，即使他们在公开场合也是如此。其中，谈话内容应视为私人信息①。因此，这一行为在英国法中被认为是直接监控，应在法律的授权下才允许实施。

英国法承认在公共空间中公民能够享有活动隐私利益，将与之相关的秘密监控认定为直接监控而对其进行程序控制。但是，英国法对公民活动隐私的保护力度亦是有限度的。这一点首先反映在英国法对待公共空间中非秘密监控，如视频监控系统和车牌自动识别系统运用的态度上。在英国，对于公共当局使用明显的视频监控，不需要根据 2000 年《侦查权力规范法案》获得授权。但是，法律要求应当让公众明确无误地意识到这样的视频监控系统正在使用。此外，根据 2012 年《保护自由法案》(The Protection of Freedoms Act 2012)规定，由视频监控专员监督实施的《视频监控操作规范》(The Surveillance Camera Code of Practice)，规定了公共空间视频监控具体操作的指南。《视频监控操作规范》为执法部门视频监控运用构建了较为完备的实践框架，其中还包括执法机构应当遵循的法律义务——2018 年《数据保护法》(The Data Protection Act 2018)处理个人数据的义务，以及 1998 年《人权法案》中的相关义务。

同样地，车牌自动识别系统的公开使用，如监控交通流量或检测驾驶违法等行为，亦不需要 2000 年《侦查权力规范法案》的授权。对此，《秘密监控和财产干预修订的实施细则》解释道，当公开监控设备，例如市中心视频监控系统或车牌自动识别系统用于作为事后操作的一部分来收集信息（如确定事件发生后造成刑事危害后果的嫌疑人），这样的使用不等于秘密监控，因为设备是公开

---

① 参见《秘密监控和财产干预修订的实施细则》第 3.4 条。

的而不是秘密的,在这样的情况下不需要将其使用界定为直接监控进行授权①。然而,《秘密监控和财产干预修订的实施细则》中紧接着规定,如果在特定调查或操作中以秘密和预先计划的方式使用公开的视频监控系统、车牌自动识别系统或其他公开的监控探头来监视特定的个人或人群,则应当在获得直接监控授权的情况下实施。因为这种秘密监控很可能会导致执法机构获得有关某人的个人信息(即其活动隐私以及记录),因此,这一行为完全属于直接监控。在这种情况下,视频监控、车牌自动识别或其他公开监控摄像头的使用都超出了一般预防、侦查犯罪和保护公众的预期用途②。可见,在判断视频监控、车牌自动识别系统等运用干预公民活动隐私权与否,以及是否需要直接监控授权时,主要应该考虑的因素包括相关设备运用是否存在秘密性和预先性,有无针对特定的个人或者人群以及能否获得个人信息。当监控设备以秘密和预先的方式针对特定个人和人群进行监控,并且可能获取相关的个人信息时,这一执法行为属于直接监控,其实施需要获得秘密监控的授权。当监控设备以公开的方式针对非特定个人进行监控时,这一执法行为不属于直接监控或者财产监控,不需要经过秘密监控的授权程序就能够实施。

上述标准亦延伸到其他情境中,用于判断执法行为是否干预公民活动隐私,比如执法人员使用机载飞行器或设备(直升机或无人机)进行监视的情境。此时,应当以相同的判断标准确定相关的执法行为是否需要秘密监控的法律授权。对于监控活动秘密性的判断,应考虑到飞行器或设备在高空的能见度降低。如果飞行器或设备超出正常肉眼可见的范围,应当认为是秘密监控。又如,警察部署的无人机需要获得直接监视的授权,才能在公开示威活动中监控感兴趣的对象,因为空中监控观察很可能会获得个人信息,

---

①　参见《秘密监控和财产干预修订的实施细则》第3.38条。
②　参见《秘密监控和财产干预修订的实施细则》第3.38条。

而被观察者并不知道这一情况正在发生。除非警察已采取足够的措施确保示威活动的参与者知道警察已经进行空中监控,否则此类活动应视为秘密监控①。再比如,互联网的发展以及当前可以在线获取的信息,为执法机关提供了查看或收集信息的新机会,这些信息可以帮助他们预防或侦查犯罪或执行其他法定职能等。换言之,互联网可用于执法活动中的情报收集或用作监控工具。对此,《秘密监控和财产干预修订的实施细则》作出规定,出于以下目的而秘密进行在线监视或调查的情况:如果专门的调查或操作可能会导致获得有关个人或团体的私人信息,应获取直接监视的授权。相反,如果公共当局已采取合理步骤通知公众或特定个人正在进行或可能正在进行监视,则该活动可能被视为公开活动,并且通常不需要获得直接监控的授权。

4.3.4 人身隐私干预的法律规制

在 1984 年《警察与刑事证据法》及其实施规程的相关规定中,涉及隐私权干预措施的,还包括身体隐私处搜查、脱衣搜查和生物样本采样。

其一,身体隐私处搜查和脱衣搜查。1984 年《警察与刑事证据法》第 55 条规定,警察有权对嫌疑人实行人身检查,包括所有体腔器官。这种检查必须征得警察负责人的同意,必须有合理的理由且由具有注册医师资格的专家进行。这一规定较为笼统。为了使得相关的法律规定更具操作性,1984 年《警察与刑事证据法》规程 C 中的附件 A 对身体隐私处搜查作出了更为细致的规定,同时

① 参见《秘密监控和财产干预修订的实施细则》第 3.18 条。

要求充分注意搜查身体隐私处的既存及可能的风险①。

其二,生物样本采样。1984年《警察与刑事证据法》第55条和第61条规定,警察有权对于犯罪嫌疑人提取指纹。此外,该法第62条和第63条规定,经过犯罪嫌疑人的书面同意,警察还可以提取包括血液、唾液或者精液在内的人体标本。但是,经警察向其负责人及以上职衔的警官批准,可以在不征求犯罪嫌疑人同意的情况下提取其头发、指甲等样本,上述批准必须是书面的并且要记录在案②。此外,2001年《刑事司法与公共秩序法》进一步扩大了警察提取生物样本的权力③。

---

①　附件A明确了身体隐私处搜查的具体法律规制内容:(1)授权方面。由督查或以上级别的警官进行。(2)启动条件。除了督查或以上级别的警官认为有相当理由之外,还必须满足两种情况,即嫌疑人在体内隐藏了会伤害其本人或他人的物品,或者嫌疑人在其体内隐藏了准备提供给他人或转移至境外的a类毒品。(3)执行方面。明确了关于告知义务、执行主体、实施地点等的具体规定。(4)特殊情况下的身体隐私处搜查。对针对特殊当事人(如未成年人精神失常或精神障碍者),紧急或者不得已情况下实施身体隐私处搜查作出了具体的规定。1984年《警察与刑事证据法》规程C中的附件A也对脱衣搜查作了更为细致的规定。

②　事实上,英国1984年《警察与刑事证据法》对公民的生物样本分为“私密性样本”和“非私密性样本”。第65条对“私密性样本”的解释是:血液、精液、任何其他组织液、尿液和阴毛,牙印,从人体的生殖器(包括阴毛)或其体腔内(口腔除外)取得的样本;对“非私密性样本”的解释是:阴毛之外的毛发样本;从指甲或者指甲下提取的样本;从人的身上擦拭下的不视作私密性样本的样本;唾液;皮肤印记。警察在提取指纹、私密性样品以及非私密性样品时,均须遵循法律的授权事由和程序限制。

③　根据该法规定,政府可以提取和保存所有监狱在押人员的DNA样本,这些DNA样本信息将被存放在国家DNA数据库中。

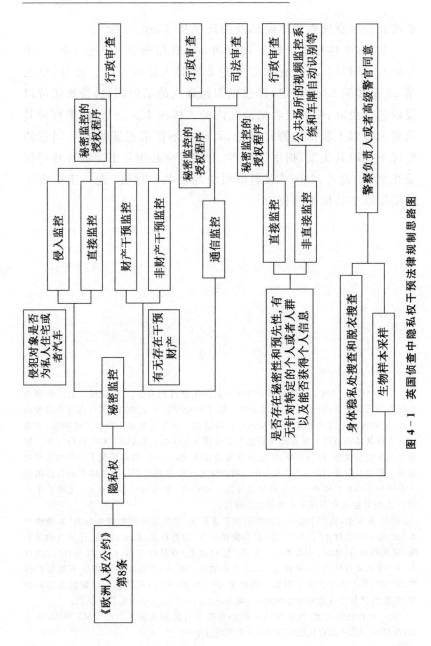

图 4-1 英国侦查中隐私权干预法律规制思路图

第五章

德国侦查中隐私权干预
法律规制的考察分析

在德国,法律对侦查主体所拥有的运用隐私权干预措施的权力有着严格的限制,这些限制以成文法的形式明确规定在《德国刑事诉讼法典》中。实务中,侦查人员运用隐私权干预措施时,须受到检察官或法官的事前和事后的审查监督。特别是在事后进行审查监督时,法官须对隐私权干预运用进行基本权干预的合宪性审查,只有具备法律保留原则和比例原则等合宪性事由时,这些隐私权干预运用才能被认为是合法正当的。

5.1 德国宪法上隐私权保护的基本情况

5.1.1 德国隐私权的保护范围:"领域理论"及其内容

《欧洲人权公约》在德国具有国内法效力,欧洲人权法院有关《欧洲人权公约》第 8 条的判决,自然会对德国国内隐私权保护的立法和司法造成影响。然而,德国受欧洲人权法院判决的影响已经超过 40 年,至 2008 年年底为止,欧洲人权法院共审理过 136 件以德国为被告的案件。不过直到 2001 年后,欧洲人权法院才有有关德国隐私权争议的判决,而且到 2009 年 9 月为止,欧洲人权法院的判决中以德国为被告且有关隐私权的案件只有 14 个。其中,4 个案件被判决未违反《欧洲人权公约》第 8 条,而其他被判决违反《欧洲人权公约》第 8 条的案件基本与家庭隐私权有关。实际上,这些案件中涉及刑事诉讼中公权力对公民私生活、通信隐私等造成不当影响的案件极少①。通过这些情况,可以大致作出推断,德国法对于侦查中隐私权干预的法律规制应当是比较完善的。因此,本书对于德国侦查中隐私权干预法律规制情况的考察,主要从德国国内法的角度展开。

在德国,相关法律中原本无隐私或者隐私权的概念,只是随着社会经济的发展,为了维护公民的人性尊严及价值,由联邦法院在审判中首先创设了相关的概念。在德国法语境中,相当于美国法上"隐私"(Privacy)概念的,当属判例学说中的"Privatsphäre"(私领域)或"Privatheit"(私人性)。这些概念是德国法上一般人格权为保护个人生活领域所为的具体化②,并且发展出独具德国特色的"领域理论"。通说认为,德国的一般人格权以《德国基本法》第1 条规定的"个人的人性尊严应受尊重"③和第 2 条第 1 款承认的"人格的自由发展应受尊重"④为基础,并确认其属于《德国民法典》第 823 条第 1 款所言的"其他权利"⑤。

德国宪法上的隐私权与《德国基本法》中的"人性尊严"关联。《德国基本法》的相关规定实际上是以"人性尊严"为核心法秩序展

---

① 参见廖福特. 从欧洲人权法院 Stock 及 Buck 判决看其对德国法院之冲击[J]. 欧美研究,2011,41(3):765.

② 王泽鉴. 人格权的具体化及保护范围·隐私篇(上)[J]. 比较法研究,2008,33(6):16.

③ 其规定为:"人的尊严不可侵犯。尊重和保护人的尊严是一切国家权力的义务。"

④ 其规定为:"人人享有个性自由发展的权利,但不得侵害他人权利,不得违反宪法秩序或道德规范。"

⑤ 由于 1900 年《德国民法典》创制人格权并坚持人格权法定主义,而《德国民法典》第 823 条、第 824 条未明确规定隐私权,因此,隐私权是一般人格权的结果和具体化,而非具体的人格权。Vgl. Amelung, Der Schutz der Privatheit im Zivilrecht, Mohr Siebeck,2002,s. 7. 转引自王利明. 隐私权概念的再界定[J]. 法学家,2012,27(1):111.

开的,其第 1 条对"人性尊严"作出了经典的规定,使得"人性尊严"成为"权利的权利"和"基本法价值的基础"。依据《欧洲人权公约》第 8 条确定的权利保护范围,对《德国基本法》进行审视,发现德国宪法中包含数个与隐私权保护有直接关联的宪法条文,包括:第 13 条的住宅之不可侵犯性、第 10 条的通信邮件与电信秘密的保障和第 6 条对名誉与家庭的保障等。在德国法院看来,依据宪法原则,私生活领域受到保护,不能公之于众①。这些观点决定了隐私权的保护范围是使个人享有一个由自我生活所形成的私人领域,"亦即个人享有一个自我生活之自主领域,得排除他人干预而实现个人性,享有属于自我存在的领域"②。私人领域与公共领域相对,在公共领域内个人发展的可能性受到法律、道德和其他社会规范的限制。但是,在私人领域,个人得排除他人或者国家的干预而自由发展,从而实现自己的个性。实际上,这就是由德国理论界最早提出,并经法院在司法实践中不断确认形成的"领域理论"的主要内容。这一理论与美国基于"公共—私人"领域二元划分,确立隐私权,并对其进行保护的法律精神一脉相承。"领域理论"将隐私权保护所涉及的保护范围划分为三类范围较小的私人领域,这种界定隐私权保护范围的方法,既能够帮助相对准确地确定隐私权保护的大致范围,也能为不断填充新的隐私利益类型留下空余,因此,它对于判断是否存在隐私利益以及给予隐私利益何种程度的保护具有重要意义。

　　根据"领域理论","个人的人格开展于不同的领域"③,可以基于个人与社会联系的不同程度,将不同的人格利益放在一个"同心圆上",从而将私人领域划分为不同的隐私区域——"亲密领域"(Intimsphäre)、"隐私领域"(Privatsphäre)和"个人领域"

---

① Sehen Vgl. BGH, NJW 1988, 1984.

② 王泽鉴.人格权法[M].北京:北京大学出版社,2012:232.

③ 参见王泽鉴.人格权的具体化及保护范围·隐私篇(上)[J].比较法研究,2008,33(6):16.

(Individualsphäre)。法律则对以上三个不同的领域,进行不同程度的法律保护①。

其一,"亲密领域"是人格权保护的核心领域,即"私生活核心领域",这一领域内的人格权与人性尊严和人格自由发展距离最近,是公权力和个人禁止侵犯的绝对领域。这一核心领域是从《德国基本法》第 1 条第 1 款和第 2 条第 1 款的规定推导出来的,并由联邦宪法法院和联邦最高法院通过判例予以解释的②。"亲密领域"的特点主要表现为"专属性和缺少或者根本没有社会关系性"③,当事人有权使其内容保持在不公开的状态④。此后,德国联邦宪法法院在判决中会根据"亲密领域"的内容和功能,判断法律规定不明的情况是否有利于《基本法》规定的人性尊严、人格自由发展的保护,符合《基本法》精神的侦查措施运用就是适当的,反之,则是必须禁止的⑤。犯罪嫌疑人可以此为依据进行辩护⑥。

---

① Sehen BGHZ 169,193,199;BGHZ 164,203,209. 转引自贺栩栩. 比较法上的个人数据信息自决权[J]. 比较法研究,2013,27(2):67.

② 诸如性行为、日记、私密的信件、对证人或被告自我责难的强制等,属于"亲密领域"内的事项。

③ Björn Ahl. 德国保障 IT 系统私密性和完整性基本权利的确立[J]. 刘志军译. 法学,2009,56(3):133.

④ 《德国刑事诉讼法典》第 100 条 c 规定的"住宅监听"长期在德国法学界被热烈讨论。联邦法院审判某一案件时曾指出,私人住宅是维护人性尊严的"最后堡垒",虽然不要求对其享有绝对的保护,但私人住宅内的"私生活核心领域"属绝对保护之范围。因此,监听行为不应损及"私人生活不可侵犯的核心领域",即使允许对私人住宅进行监听,亦只能限于对刑事诉讼有意义的谈话,长时间且毫无限制的监听可能因触及"私生活核心领域"而侵犯人性尊严,此一核心领域不得为达到刑事追诉之目的而予以限制或衡量。参见杨云骅. 保障"私人生活不可侵犯之核心领域"[EB/OL]. https://www.jrf.org.tw/newjrf/rte/myform_detail.asp?id=752,2019-10-20.

⑤ 在 1983 年 3 月 16 日的判决中,德国联邦最高法院裁定必须排除合法监听中偶然获得的证据,因为夫妇两人在"房间内的谈话"属于神圣不可侵犯的"亲密领域"。参见向燕. 搜查与隐私权保护[D]:[博士学位论文]. 北京:中国政法大学研究生院,2009.

⑥ 托马斯·魏根特. 德国刑事诉讼程序[M]. 岳礼玲,温小洁译. 北京:中国政法大学出版社,2004:190-191.

其二,"隐私领域"是指个人生活的住宅空间和家人关系等。在这一领域内,公民的私生活并不必然受到法律保护,因为公民作为社会成员必须受到社会的约束,需忍受公共利益占优时,政府所实施的干预其隐私利益的措施。但是,法院必须利用比例原则对政府的干预行为进行合法审查。只有存在相当程度的公共利益时,才可以通过干预处于"隐私领域"之内和"亲密领域"之外的权利而取得证据①。

其三,"个人领域"是指保护个人的自主自决的权利,特别是个人可以自由决定以怎样的方式在大庭广众之下进行自我呈现。对于"个人领域"中的个人利益,法官同样应当依比例原则对其与公共利益之间的关系进行衡量,由此认定干预权利的执法行为是否具备正当性。例如,在合法赌博场合,财政部派出的某一稽核人员在偷窃纸币时,恰为赌场秘密安装的摄影机所拍录,拍录到的照片和视频被法院裁定可以作为证据使用②。

"领域理论"的适用,可以为涉及宪法隐私权侵害的案件提供一些便利,因为法院在审查宪法诉愿是否可以被支持时,首先要检验的是隐私保护所在的领域,再根据特定的要求对干预行为实施进行合法审查。然而,"领域理论"亦存在一定的局限,如没有很好地解决不同隐私领域之间的界分,联邦宪法法院对"领域理论"也并非一直明确地加以适用。在此后的司法实践中,"领域理论"还在一定程度受到了扬弃。

---

① 如在部分案件中,当事人因税捐、房屋经营与他人发生纠纷,一方当事人于谈判时私下录音并将其作为证据的行为,联邦法院认为此一行为侵害他方私人的领域,属于人格权法上的"隐私领域",为保全民事证据的私人利益原则上不足以作为对谈话秘密录音的正当事由,因此,禁止在审判中使用该些证据。Sehen BGHZ27,284. 转引自王泽鉴. 人格权的具体化及保护范围·隐私篇(上)[J]. 比较法研究,2008,33(6):17.
② 参见克劳思·罗科信. 刑事诉讼法[M]:第21版. 吴丽琪译. 北京:法律出版社,2003:219.

5.1.2　信息自主权的创制与"领域理论"的扬弃

在德国法中,允许通过宪法释法机制来解释、发展宪法基本权,基本权被认为"是一个动态的发展体系,一旦在基本权利的保障上面临宪法未列举的权利时,便可以从宪法概括规定基本权利的条款中去演绎出新的基本权利,弥补列举基本权利存在的漏洞,以最大限度地发挥宪法的人权保障功能"。[①] 司法实务中,"领域理论"运用并非不存在局限,特别是各领域之间存在模糊地带,部分利益难以准确归类。也就是说,人们难以极为精确地判断究竟何种私人事物属于何种领域、应当获何种保护。正因为如此,德国联邦法院在宪法解释中对该理论进行了修正,创制了"信息自主权"和"IT 系统秘密性和完整性之基本权",将与之相关的侦查措施纳入基本权干预范畴,使它们同样受到了严格的法律规制。

1982 年,德国议会制定《人口普查法》,准备对公民个人信息进行全面的普查。因担忧个人信息被政府不当利用,该法在德国社会各阶层引起争议。最终,联邦宪法法院裁决《人口普查法》违宪。在裁决中,联邦宪法法院确定了两个重要原则:其一,在信息化社会中,"人格的自由发展取决于个人有权对抗对其个人资料无限制的收集、储存、使用与传送"。其二,"个人对其切身资料并无所谓绝对不受限制的支配","国家公权力对人民信息自主权领域的规范,应受法律保留原则、授权明确性原则及比例原则的拘束"[②]。基于这一判例,德国法创制了"信息自主权"(又称"信息自决权"),即"个人依照法律控制自己的个人信息并决定是否被收集

---

① 王广辉.论宪法未列举权利[J].法商研究,2007,51(5):60.
② 王泽鉴.人格权的具体化及保护范围·隐私篇(上)[J].比较法研究,2008,33(6):18.

和利用的权利"①。从本质上看,信息自主权可以被理解为个人确定其本体的权利,"个人可以此权利为依据,使其本体的塑造和确定免受某种方式的严重影响"②。

信息自主权是德国法在一般人格权保障范围上的进一步具体化。过去,德国法在隐私权保护中坚持"领域理论",以不同领域与人性尊严、人格自由发展的接近程度,作为隐私保护程度上的区分。此后,德国法在信息自主权的基础上,以数据信息的使用或聚合带来的侵权可能性,作为是否进行隐私保护的判定标准之一③。但是,信息自主权及其相关的理论至今尚未完全替代"领域理论"成为隐私权保护层次的标尺,"领域理论"至今仍发挥影响并主导着德国宪法上隐私权保护的基本结构。在联邦宪法法院 2004 年判决的"大监听与个人隐私案"中,联邦宪法法院强调"依基本法第1 条第 1 项所保障之人性尊严不可侵犯,系属于个人生活所绝对保护的核心领域,为犯罪侦查之目的所为之监听也不能侵犯此一领域,故在此即毋庸考虑依比例原则衡量居住自由不可侵犯与犯罪侦查间之利益"④,而侵入"非私密领域"的侦查措施,仍应依据比例原则来确认公权力行使的正当性。

自信息自主权产生后,德国法中对个人数据信息的保护拥有了宪法基础。德国联邦层面的立法者随后对此前颁行的深受美国

---

①　Gola/SchomerU. S. , Bundesdatenschutzgesetz (BDSG) Kommentar, 11. Auflage,Verlag C. H. Beck München 2012,Rn. 9. 转引自王利明. 论个人信息权在人格权法中的地位[J]. 苏州大学学报(哲学社会科学版),2012,33(6):70.

②　Bodo/Schlink:Grundrecht-Staatsrecht Ⅱ , C. F. Muller, S. 231. 转引自贺栩栩. 比较法上的个人数据信息自决权[J]. 比较法研究,2013,27(2):68.

③　有学者指出,"德国人格权法隐私领域的发展,系由领域理论趋向信息自主,逐渐扩大信息的概念,建构了以信息自主权为中心的法律规范体系"。参见李震山. 论资料自决权[C]//李鸿禧主编. 现代国家与宪法——李鸿禧教授六秩华诞论文集. 台北:月旦出版社,1997:709.

④　台湾"司法院"大法官书记处. 德国联邦宪法法院裁判选辑[M]:第十二卷. 2007:26.

隐私权理论影响的《德国联邦数据保护法》（Bundesdatenschutz-gesetz，BDSG）进行了大幅修改，在信息技术飞速发展的背景下该法已经凸显出局限性。2003年，修改后的《德国联邦数据保护法》保障对象确定为"个人信息"[①]。这一修改使得德国公民受到隐私保护的领域得到扩大，同时对侦查中相关措施的法律规制也产生了深远的影响。诸如，2006年5月德国联邦宪法法院裁定，国家安全部门采取的"拉网式搜索"违反《德国基本法》[②]。又如，2008年德国联邦宪法法院判决"石勒苏益格-荷尔斯泰因州"2007年授权警方对车辆车牌进行自动识别的行为违宪[③]。可以形成鲜明对比的是，美国、英国在宪法和刑事诉讼法中未承认公民的信息自主权，因而两国在刑事诉讼法及相关规定中，对于执法机关运用车牌自动识别技术等侦查措施的法律限制几乎是空白的。时至今日，该法仍在不停修改，2018年5月25日旧的《德国联邦数据保护法》被新的《德国联邦数据保护法》（BDSG-neu）取代，它与欧盟

---

① 该法将个人信息界定为"所有能够直接或是间接识别个人身份的信息，而并不仅限于具有敏感性、私密性的隐私信息"。参见赵宏.信息自决权在我国的保护现状及其立法趋势前瞻[J].中国法律评论，2017,8(1):151.

② 本案中，获胜的是一名摩洛哥人。当时，德国情报机关怀疑有伊斯兰极端组织恐怖分子可能在德国制造恐怖袭击，因此，借助于大学、户籍管理处、外国人管理局、语言学校以及飞机驾驶学校的数据库，确定关键词后开始搜索嫌疑人，这些关键词包括：性别：男；年龄：18岁至40岁之间；职业：大学生；宗教信仰：伊斯兰教。而这位摩洛哥人在德国情报部门进行的"模糊式拉网搜索"时引起了官方的注意，被当成恐怖分子的线人。在长达70页的裁决书中，卡尔斯鲁厄法官表示，为了发现嫌疑人而随意怀疑并进行拉网式搜索，贬低了当事人的人格，对他们的身心造成了不必要的惊恐，影响了其与朋友之间的正常交往。在社会中，不能让一群人感觉到被监视。即便是在"9·11"事件之后存在恐怖袭击的威胁，也不足以匹配如此大规模侵害公民基本权的借口。本案中，公民的基本权——信息自主权被严重侵犯。因此，这样拉网式的搜索违反基本法。参见德国之声在线报导.德国最高法院裁定：拉网式搜索违反基本法[EB/OL].https://www.dw.com/zh/德国最高法院裁定拉网式搜索违反基/a-2030309.

③ 该案判决的理由是该案中警方无差别地辨识车牌，没有标明具体的目的与原因，严重不符合比例原则而不具备正当性，因而干预公民信息自主权的措施是违法的。参见黄清德.科技定位追踪监视与基本人权保障[M].台北：元照出版公司，2011:203.

《通用数据保护条例》(GDPR)的相关性明显增加，并对数据侦查措施的法律规制产生了较大影响。

信息自主权的创制为德国提供了数据信息收集、存储、分析和处理等方面的宪法基准，且对隐私领域的划分造成了影响，这使得德国法中规制的隐私权干预措施的种类比较宽泛，而且《德国刑事诉讼法典》对这些涉及个人信息自主权的侦查措施进行了明文规定。例如，在对待通信往来数据获取(即通常所说的"通信记录调取")的问题上，由于德国坚持对信息自主权进行保障，认为通信往来数据获取涵盖在信息自主权的保障范围内，也属于隐私保护的领域。因此，德国刑事诉讼法规定任何形式的通信往来数据获取均须遵循令状原则，亦即必须由法官进行事前的核准。可见，在这一问题上，德国法与英国法表现出一致性，但与美国法中相关的规定存在着一定差别。

5.1.3　IT系统秘密性和完整性之基本权的创制及其影响

除了信息自主权之外，德国在基本权体系当中，还发展出IT系统秘密性和完整性之基本权(IT即为"Information Technology"，中文为"信息科技系统")[①]。2006年，德国北莱茵-威斯特法伦州通过了一项立法——《宪法保护法》，该法主要内容有二：第一，赋予宪法保护局收集数据的权力，特别是从计算机系统收集数据的权力；第二，规定了数据信息收集的方法[②]。关于宪法保护局的权限，该法第5条第2款第11项规定："根据第7条，宪法保护局可

---

① 德国法中IT系统基本权区别于信息自主权，两者的差异主要体现在：一是信息自主权涵盖公民对个人信息的控制，但其着重保护的是避免公权力对个人信息占有与使用所造成的侵害，而当公权力仅掌握或者监控IT系统而未开展有效的数据信息收集活动时，并不在信息自主权的保障范围内。二是信息自主权的保障在于防御具体个案中警察对数据信息收集和分析的活动，而发生在IT系统内的大规模资料收集已经超出了信息自主权的保障范围。参见谢硕骏.警察机关的骇客任务——论线上搜索在警察法领域内的实施问题[J].台北大学法学论丛,2012,47(6):24.

② Sehen BVerfGE 120,274.(英文版)

以运用下列措施,以收集数据为情报:……第 11 项:秘密监视及其他网络侦查,特别是侦查禁止他人参与的通信设施;秘密搜寻、存取计算机系统内之信息也是调查的方法。但是这些措施造成对秘密通信的干预或是与这些干预的本质及强度相等时,后者只有在合于《基本法》第 10 条施行法之情形下才被允许"①。本法声称其立法目的在于,保障德国自由民主的基本秩序及联邦与邦的安全与存续,特别是以预防犯罪与反恐斗争为目的。此后,该州宪法保护局等情报部门可以利用"特洛伊"等木马软件,在犯罪嫌疑人不知情的情况下潜入其电脑,监控嫌疑人的电脑文件、电子邮件以及互联网聊天信息等。该法还允许情报部门监控用户的互联网电话系统,这些侦查措施被统称为"线上搜查"(又称"大木马")。有学者对在线搜查给出更为简单明了的定义,即"为使实时监控以及记录已存储的数据中的变动情况变得可行,对私人计算机的秘密侵入"②。

2008 年 2 月 27 日,德国联邦宪法法院对北莱茵-威斯特法伦州的《宪法保护法》进行了最高裁决,宣告所谓为了国家安全之目的,赋予国家得于计算机及网络上收集人民信息之权力所制定的《宪法保护法》违宪,即便是出于反恐之目的也不可为所欲为。在合宪性方面,德国联邦宪法法院认为《宪法保护法》的制定机关未尽其立法义务,关于宪法保护机关所采取的线上搜查是否侵害了某些基本权的问题,须进行复杂的价值评价与衡量,而这一问题主要且应先由立法者处理。立法者对于其任务,应采取适当的措施将涉及基本权的"在线搜查"的启动条件和法律要件具体化,而这一基本权干预措施运用的立法决定权不能转交给行政机关。但是,在《宪法保护法》的相关内容中,对于在线搜查的启动条件以及

---

① Sehen BVerfGE 120,274.(英文版)

② 托马斯·魏根特.德国刑事诉讼法原理[M].江溯等译.北京:中国法制出版社,2021:41.

法律要件,皆援引《德国基本法》第 10 条保障通信、邮政和电信秘密的规定①,立法者并未于《宪法保护法》中规定此种新形态的国家干预措施实施的法律要件,并且第 5 条第 2 款第 11 项后段使用"与干预秘密通信自由有本质及强度相等性"等表述作为适用《德国基本法》第 10 条的法律要件,而委由行政机关判断有无达到此种干预程度。因此,这一立法技术不符合法律明确性原则的要求。此外,最高法院认为在线搜查虽然也是通过相关设备调取电子设备中的数据信息,但这与"通信"没有直接相关性,在线搜查不能援引互联网监听(《德国刑事诉讼法典》第 100 条 b)的法律授权。本案中,联邦法院就在线搜查的合宪性问题作出重要判决,导致现行德国侦查实务中在线搜查的实施没有合法依据,侦查人员一旦实施即为违法。这一局面至 2017 年才得以改变。在 2017 年修订的《德国刑事诉讼法典》第 100 条 b 对在线搜查进行了特别授权,但其使用门槛较之大多数侦查措施更高。

　　本案中,联邦宪法法院还认为现有的公民基本权体系已出现漏洞,于是从《德国基本法》第 1 条第 1 款人性尊严之保障及第 2 条第 1 款人格自由发展之保障要求中,推导出"IT 系统私密性和完整性之基本权"。该权利的创制为一般人格权保障的特殊面向,旨在确保使用者创造、拥有及储存在 IT 系统信息的利益受到保障而可维持其亲密性,此为保障个人主体性及人性尊严所不可或缺②。由于这一权利是宪法判例上的创制,联邦宪法法院通过判例对其不断加以完善,因此,学者们往往从宪法的角度来讨论这一

---

　　①　其规定为:"通信、邮政和电信秘密:(1)通信秘密以及邮政、电信秘密不可侵犯。(2)此项权利只能根据法律予以限制。此种限制有利于保护联邦或州的自由民主的基本秩序或保障联邦和州的生存或安全时,法律可规定不将此项限制告知受限制人,由议会指定机构和辅助机构对有关情况进行审查以取代进行法律诉讼。"
　　②　参见伯阳.一般人格权之具体体现:新创设的保障 IT 系统私密性和完整性的基本权利[C].刘志军译//中德法学论坛:第 6 辑.南京:南京大学出版社,2008,19(6):41－42.

权利①。此基本权所保障之客体范围,主要包括储存于网络服务提供商处的数据信息,如网络服务提供商所提供的储存空间以及储存于其中的暂时性或永久性数据信息。该基本权可保障公民使用 IT 系统时,各种数据信息不受公权力任意的收集和分析。当然,IT 系统基本权作为新型的基本权,其终极目的是保护人的权利而非仅限于 IT 系统,因此,这一权利可适用于所有储存电子数据信息的 IT 系统和其他科技设备,如手机、平板电脑、电脑等电子设备,或是可深入了解个人生活重要部分并描绘其人格的科技产品,无论该科技产品的用途为私人生活还是工作,皆在 IT 基本权所欲保障的范围内。

此后,为了执行联邦宪法法院的这一裁决,立法机关还于 2008 年制定《德国联邦刑事警察机关法》。根据本法之规定,在线搜查的授权仅及于预防犯罪的活动,且这类活动的结果仅能在负责侦查既往犯罪的机关依据《德国刑事诉讼法典》有权调取时才能移交给犯罪侦查机关②。由于 2017 年 8 月 24 日以前,《德国刑事诉讼法典》并未对在线搜查进行特别授权,因此基于犯罪预防实施的在线搜查的结果,转化为刑事诉讼中证据的做法是被禁止的③。直至 2017 年《德国刑事诉讼法典》修订给予在线搜查特别授权时,运用这一措施获取的信息才能够在刑事诉讼中作为证据使用。

除了在线搜查以外,侦查机关运用的措施中涉及公民 IT 基本权的是来源端电信监控。来源端电信监控指的是在终端通信设备中植入木马程序,以取得加密前或解密后的原始通信信息。由于获取这些原始信息并不处于通信的持续状态中,这些措施运用

① Maunz/Duerig, Grundgesetz-Kommentar 64. Ergaenzungslieferung, Verlag C. H. Beck Muenchen,2012, s. 174 ff.

② 《德国联邦刑事警察机关法》第 20k 条中规定,信息技术系统的秘密侦查,即在线搜查,允许联邦刑事警察在特定的前提条件下,面对严重危协生命、身体和自由的犯罪时,可以采取在线搜查措施。

③ 参见黄河.论德国电信监听的法律规制[J].比较法研究,2017,31(3):99.

干预的是公民的 IT 基本权而非通信隐私权。因此,在宪法解释增设公民 IT 基本权的法治框架下,来源端电信监控对这一基本权造成严重干预,非经法律特别授权而不能采用。为了解决法律空白与实务中措施、实际需求之间的矛盾,《德国刑事诉讼法典》在2017 年修订时增加了相关的特别授权条款,使之与在线搜查同时实现了法治化的目标。在线搜查与来源端电信监控虽然已获得德国法特别授权条款,但不代表其运用中不会再出现其他法治难题。从具体操作方法上来讲,侦查机关在开展线上搜索和来源端电信监控需要通过目标 IT 系统的安全漏洞植入木马程序,方能实现监控获取信息之目标。可是,相关电子设备制造商或者软件服务提供商为了提供优质服务吸引更多用户,大多力求保证自家 IT 系统是没有安全漏洞的。商家在发现系统安全漏洞后,会竭尽所能对其进行防范或堵塞。这种防范或者堵塞行为能够避免第三方对用户 IT 系统的攻击行为,这当然也包括侦查机关合法运用在线搜查和来源端电信监控时植入木马程序的行为。在这种情况下,产生了一个不可视而不见的矛盾冲突——如果保障国家有效开展刑事追诉,就必须保留一定的 IT 安全漏洞,而保留 IT 安全漏洞又与商家利益、伦理相悖[①]。这种矛盾如何予以纾解,是日后法治发展必须面对的问题之一。

---

① Benjamin Derin/ Sebastian J. Golla,NJW 2019,1115. 转引自吴俊毅.刑事诉讼上的在线搜索与源头通讯监察——引进的必要性及实践上的困境[C]//台湾地区司法官学院主编.刑事政策与犯罪研究论文集.台北:"法务部"司法官学院出版社,2020:480.

5.2 德国侦查中隐私权干预的立法规制

5.2.1 立法规制的基点：基本权的客观功能

德国的基本权具有主观和客观两大功能。从主观功能上看，基本权是一种请求权，也是一种防御权①。基本权的主观功能体现了"通过权利制约权力"的法治思路，这也是基本权干预正当性和合法性的保障制度之一。除此之外，基本权的客观功能具有确立法治运行中价值秩序的功能。此时，对基本权进行保护不再是简单的宪法观念问题，而要求部门法层面通过详细具体的规定将基本权保护的要求具体化。有学者指出，这些客观价值秩序标准的功能表现为充当那些没有明示界限的基本权的内在界限，或者被用来把内容抽象、开放的基本权界限予以进一步具体化，同时也加以限制②。

基本权的客观功能对德国刑事诉讼的立法发挥着指导作用，它是法律规制侦查措施的灵魂之所在。基本权主导侦查法治，其核心要求在于侦查制度设计和实践运行必须以保护基本权作为价值导向和规范依据，只有这样才能让侦查在正当性和合法性方面受到认同。对于侦查制度和实践而言，保护基本权作为价值导向和规范依据的要求集中在以下方面：一方面，从制度设计来看，应

---

① 《德国基本法》第 19 条第 4 款规定，"任何人的权利受到公权力的侵犯，都可以向法院起诉"。

② 参见 Christian Starck. 法学、宪法法院审判权与基本权利[M]. 杨子惠等译. 台北：元照出版公司，2006：320.

当通过精细立法对基本权干预运用进行全方位严密的法律规制①。对基本权干预进行法律规制的初衷是彻底保护公民的基本权,而非完全基于对侦查运行进行合法化赋权的立场。另一方面,从实践运行来看,它要求执法人员不得超越法律对基本权干预所设定的法定要件和程序规定,而随意限制或者侵犯公民的基本权。执法人员如果超越法律所赋予的权限随意侵犯公民的基本权,则会直接导致基本权客观功能无法实现之后果。此外,对基本权的客观义务遵守不仅体现在非出于正当理由不得对基本权进行侵犯上,还要求在侦查机关即便基于法定要件能够干预公民基本权时,也必须绝对恪守比例原则的要求,即运用基本权干预不能超出必要的限度。

5.2.2　法定种类:德国隐私权干预措施的种类梳理

在德国,侦查中的隐私权干预是适用于某些特殊类型案件、异于普通侦查措施的特殊侦查措施。德国关于隐私权干预运用的规定主要在《德国刑事诉讼法典》总则第八章中,其具体种类取决于对隐私权内涵和保护范围的界定。在本书看来,德国法中隐私权干预措施的判定,应基于"领域理论"、信息自主权和 IT 系统权等

---

①　如对被告人身体检查与血液检验(第81条a);对被告人照相、捺印指纹、测量身高等身份确认之措施与处理(第81条b);对第三人身体检查与血液检验(第81条c);DNA分析比对(第81条e);证物保全与扣押(第94条、第98条);计算机排查侦缉(又被称为"棚网侦缉",第98条a与第98条b)与数据比对(第98条c);电话监听(第100条a与第100条b);秘密照相与录像、非公开谈话之监听与窃录(第100条c、第100条d);对于犯罪嫌疑人及第三人住所、人身、物品等之搜查(第102条、第103条第1项、第105条);卧底侦查之实施(第110条a至第110条e);检查站之设置(第111条);其他动产(非属证据数据)之扣押(第111条b、第111条c第1项、第111条e);暂时性之逮捕(第127条第2项);通缉令之发布(第131条第2项);对被告、证人、鉴定人之讯问与传唤(第163条a);对犯罪嫌疑人与非犯罪嫌疑人身份确认,以及基于此目的所必要之检查与留置(第163条b与第163条c);拉网缉捕(又被译为"拖网式追捕""笼网式追捕",第163条d);警察监视之通报(第163条e);对于在执行公务之地点或场所之滋扰者之暂时逮捕(第164条);等等。

进行审视,如果相关侦查措施实施涉及公民在不同层级私人领域中的保护事项,或者直接侵害公民的信息自主权、IT基本权,那么应当将这一措施认定为隐私权干预措施。《德国刑事诉讼法典》中明确规定的隐私权干预措施主要包括:

其一,监听。在德国,以听觉为主要手段的监控措施包括电信监控、住宅内监听和住宅外监听。《德国刑事诉讼法典》第100条a规定,允许在所涉及人员不知情时,监听和记录电信通信。这一措施即为电信监控。电信监控实施有严格的法律要件,需要遵循"重罪原则""最后手段原则""相对法官保留原则"等①。此外要关注的是,《德国刑事诉讼法典》2017年修订时在第100条a中增订第1款第2、第3句,上述条款对来源端电信监控进行了特别授权。根据这些条款,侦查机关可以通过木马程序入侵公民IT系统(如当事人电脑、手机等电子设备的信息系统),对于正在进行的通信以及储存的通信内容、通信资料状态展开监控。传统电信监听实施时,为了获得犯罪嫌疑人利用通信设备传递的通信内容,侦查机关主要利用技术设备在通信过程中拦截信号副本。但是,针对加密的通信过程,特别是基于电子终端与电子终端之间的通信,即使侦查机关截获通信中的信号,其获得的加密数据也无法解密,因此不能得知当事人通信的具体内容。在这样的背景下,侦查机关在实践中选择利用技术设备或手段侵入当事人的IT系统,在通信发出者的电子终端加密前或者通信接收者的终端解密后截取通信内容,此即为设备端电信监控。虽然从功能上讲,来源端电信监控和传统电信监控是一致的,但通讯端电信监控无须电信服务运营商的介入,其运作过程中隐秘性更强、效率更高。因此,来源端电

---

① 包括:一定的事实构成此嫌疑,即某人作为正犯或共犯实施了严重犯罪行为,或者他在可罚的情形中行为未遂,或者他通过犯罪行为进行预备;在个案中犯罪行为亦属严重;以其他方式查清案情或侦查被指控人所在地可能十分困难或无望。实施电信监听原则上只能由法官命令,但在延误就有危险时,检察官也有权命令,但这种决定权必须三日之内获得法官确认,否则自动失效。

信监控作为一般电信监控的补充,原则上比照一般电信监控的启动要件开展,但其授权规格更高①。《德国刑事诉讼法典》第 100 条 b 承认互联网监控属于电信监控的一种。

在德国,监听包括《德国刑事诉讼法典》第 100 条 c 规定的住宅监听(俗称"大监听")和第 100 条 f 规定的住宅外监听(俗称"小监听"),它们是对嫌疑人使用任何电子通信设备或不使用任何电子通信设备的非公开言谈内容的截获、窃听。对大监听的规范严厉程度要高于小监听,因为大监听既侵犯了公民的通信隐私,又破坏了公民住宅的空间隐私②,而小监听只侵犯了公民的通信隐私。因此,两者适用不同严密程度的法律规制程序,但两者原则上都必须基于法官的令状而实施。

其二,线上搜查(又称"在线搜查")。过去,对于犯罪嫌疑人在 IT 系统中留存的与犯罪有关的电子数据,侦查机关可以通过搜查、扣押等方式获取。由于电子数据的搜查、扣押通常是公开进行的,遇有当事人拒绝提供电子设备密码、利用云端技术删除或者转移电子数据等不配合情形时,这些侦查措施的实施必然受到阻碍。因此,为了更好地实现获取电子数据的目的,德国侦查机关在实践中选择实施在线搜查,即通过秘密方式获取当事人 IT 系统中的电子数据。在线搜查与来源端电信监控都是将木马软件嵌入到当事人的 IT 系统后获取电子数据的,但线上搜查获取的电子数据

---

① 2017 年《德国刑事诉讼法典》在第 100 条 a 中增订第 1 款第 2、第 3 句,相关法律表述为:1.进行中通信:当有必要依解密方式进行监察与记录时,亦得以科技设备侵入受干预人所使用之信息科技系统,进行电信通信之监察与记录。2.储存的通信内容及通信状态数据:储存于受干预人信息系统之通信内容与状态亦得监察与记录,当其在公共电信线路以加密方式所进行之传输过程原本即可被监察与记录时。

② 1992 年《德国刑事诉讼法典》增列了允许小监听的规定。1998 年 7 月《德国刑事诉讼法》再次修正,允许大监听。《德国基本法》第 13 条"保护住宅不可侵犯性"的规定也相应作了修正,增加了一款规定,"如果是为了侦查重大犯罪,可以对住宅监听"。允许大监听的规定,在德国曾一度引起舆论哗然。德国法学界对于大监听的争议,至今仍未平息。

不包含当事人通信中所产生的数据。毫无疑问,线上搜查对公民的 IT 基本权造成极大程度的干预。正因为如此,2017 年修改生效的《德国刑事诉讼法典》于第 100 条 b 对线上在线搜查进行了特别授权①。就立法授权的严密程度而言,在线搜查的启动要件和程序规则大致比照住宅监听,是一般侦查措施运用效果不佳时的最后手段,"两者并列为德国刑诉法上目前等级最高、要件及技术担保要求也最为严格的科技侦查手段,法官保留的规格也最高"②。此外,《德国刑事诉讼法典》第 100 条 d 第 3 款还作出了有关侦查禁止的规定③。从法学解释的角度来讲,侦查机关使用的措施如果可能取得与个人私生活核心领域有关的资料,那么这一措施是被禁止的。因此,在线搜查运用时,不能启动相关电子设备的镜头或者麦克风监控、监听电子设备所处空间内的对话和内部情况④。

其三,通信中内容数据与非内容数据的获取。关于通信中内容数据的获取,这里的"通信内容数据"即《德国电信法》第 3 条第

---

① 其启动条件如下:有下列情形,即使受干预人不知情,得以科技方法入侵受干预人使用之信息系统,并得由该系统取得数据(线上搜查):1. 一定事实怀疑成立列举犯罪之正犯或共犯或未遂犯,2. 犯罪个案情节重大,并且 3. 以其他方法调查犯罪事实或探查被告所在地有显著困难或预期无结果。

② 参见王士帆. 当科技侦查骇入语音助理——刑事诉讼准备好了吗? [J]. 台北大学法学论丛,2019,112(2):223–234;施育杰. 数字、科技与刑事程序干预处分——信息框架理论之建构[D]:[博士学位论文]. 台北:政治大学,2020:181–184. 转引自林钰雄. 科技侦查概论(下)[J]. 月旦法学教室,2021,221(3):51.

③ 《德国刑事诉讼法典》第 100 条 d 第 3 规定,在第 100 条 b 的措施,如果能在技术上确定,资料涉及个人生活核心领域,则不得取得。

④ Arndt Sinn, a. a. O. , S. 8; Soiné, Michael, NStZ 2018, S. 504. 转引自吴俊毅. 刑事诉讼上的在线搜索与源头通讯监察——引进的必要性及实践上的困境[C]// 台湾地区司法官学院主编. 刑事政策与犯罪研究论文集. 台北:"法务部"司法官学院出版社,2020:476.

22 款所指的"通信数据"①。通信内容数据一般存储在通信服务提供商的服务器上,或者保存在个人的电子储存介质如电脑和其他通信工具中。由于此时通信过程已经结束,侦查机关介入服务器或者扣押个人电脑搜查电子数据等过程,不被认为是监听。对这一行为的法律规制适用《德国刑事诉讼法典》第 94 条保全、第 99 条信件扣押以及第 102 条搜查等的规定。关于通信中非内容数据的获取,这里的"非内容数据"主要包括基本数据和往来数据②。《德国刑事诉讼法典》对获取通信中不同类型的数据有着不同的规定。《德国刑事诉讼法典》第 100 条 j 是涉及通信基本数据获取的规定③。《德国刑事诉讼法典》第 100 条 i 规定,允许侦查机关使用"国际移动用户识别码捕捉器"(IMSI-catcher),通过虚拟的网络基站侵入目标手机获取其机器识别码、卡号以及定位信息查获犯

---

①　它是通信过程中所产生的所有信息和信号,其内容不仅包括传统意义上的电话通话内容,还包括通过电信设施所传输的数字和模拟信号,如电子邮件、短信、彩信和语音消息等。

②　根据《德国电信法》的相关规定,基本数据是指顾客与电信服务商之间缔结、变更和终止电信合同的相关信息,包括号码和其他识别码、开户人姓名、地址和出生年月、固定电话的装机地址、移动电话的设备标识码(IMEI)、合同缔结日期、静态 IP 地址等,但不包含客户的具体使用信息;往来数据是运营商在提供和维持电信服务过程中所产生的所有数据,包括主叫和被叫业务的号码及其他识别信息、通话起止时间和通话时长、客户所使用的具体业务、手机通话的地点信息以及动态 IP 地址信息等。参见黄河.论德国电信监听的法律规制[J].比较法研究,2017,31(3):91.

③　只要为查清案情或侦查被指控人所在地所必要,可以要求从事或参与电信通信业务者,提供有关的基本数据。调取基本数据需要获得法官的批准,紧急情况下,检察官可以发出该命令,但事后应当立即通知法官并获得其追认。获取通信基本数据的还可以"在移动无线通信仪器情况下的侦查"的方式进行。

罪嫌疑人的手机号和定位信息①。《德国刑事诉讼法典》第 100 条 g 是涉及往来数据获取的规定②。在具体规定上,法律区分了"重大的犯罪行为"和"借助电信通信实施犯罪行为"中获取通信数据的差异性要件,要求在"借助电信通信实施犯罪行为"中,仅当查清案情或侦查被指控人所在地采用其他方式可能无望,且提取数据与案件的重大性成适当比例时才准许实施,由此体现比例原则的要求。德国法中精细化立法还体现在实时定位数据获取的规定中,"实时提取定位数据只准许在第一句第一项情形中进行",这一法条的潜在含义是定位数据应当区分为实时数据和既往数据,实时定位数据较之既往定位数据对公民隐私权造成更为强烈的干预,因此,只允许在"重大的犯罪行为"调查中运用相关措施。在德国,调取非内容数据都需要获得法官的批准,紧急情况下,检察官可以发出该命令,但事后应当立即通知法官并获得其追认。

其四,监控、跟踪。有关监控跟踪的基础性授权条款涉及《德

---

① 《德国刑事诉讼法》第 100 条 g 规定:(一) 如果一定的事实构成此嫌疑,即某人作为正犯或共犯 1. 实施了在个案中亦属重大的犯罪行为,特别是第 100 条 a 第 2 款所称犯罪行为,或者他在未遂可罚的情形中行为未遂,或者他通过犯罪行为进行预备,或者 2. 借助电信通信实施犯罪行为,只要为查清案情或侦查被指控人所在地所必要,即使所涉及人不知情,亦允许提取电信通信数据(《德国电信通信法》第 96 条第 1 款,第 113 条 a)。第一句第二项情形中,仅当查清案情或侦查被指控人所在地采用其他方式可能无望,且提取数据与案件的重大性成适当比例时,才准许措施。实时提取定位数据只准许在第一句第一项情形中进行。(二) 第 100 条 a 第 3 款和第 100 条 b 第 1 款至第 4 款第一句的规定相应适用。重大犯罪行为情形中,如果查清案情或侦查被指控人所在地采用其他方式可能无望或十分困难,可以不遵守第 100 条 b 第 2 款第二句第二项的规定,对电信通信作足够的、特定的、空间与时间上的记录即可。

② 如果有一定的事实涉嫌构成犯罪的,为了查明案件事实之需,侦查机关可以向电信运营商调取犯罪嫌疑人的电信数据,但调取该数据必须与查清犯罪事实的重要性之间构成适当的比例。同时,该措施只能在其他的侦查措施显然无效的情况下进行。

国刑事诉讼法典》第 100 条 h[①] 和第 163 条 f 之规定[②]，两个条文需要配合起来进行理解和适用。虽然在法条上并未明显标识出GPS、无人机等具体科技设备进行监控、跟踪等，但根据立法目的，德国实务界和学者皆认为根据本法条的文理解释和规范目的，包括运用各种科技设备实现监控、跟踪的措施。在 2004 年德国有关利用 GPS 装置追踪定位进行侦查的判决中，德国联邦宪法法院将运用 GPS 装置进行定位追踪的执法行为解释为利用"为观察之目的的一定的其他技术手段"。此后，不仅侦查机关运用 GPS 装置进行定位追踪必须遵守《德国刑事诉讼法典》第 100 条 h 的相关规定[③]，通过其他科技设备为观察目的的措施，亦应当受到严格的法律规制。此外，德国法还专门就长期监控跟踪（即《德国刑事诉讼法典》中所谓"长期观察"）的运用作出规定。长期监控要求持续不间断地进行监控超过 24 小时，或者超过 2 日。长期监控既可以针对被指控人，也可以针对其他人员——如果根据一定的事实认为其与犯罪行为人有联系或正建立这种联系，而此措施能够查清案情或侦查犯罪行为人所在地，且采用其他方式可能收效甚微或十分困难，则准许实施此措施。长期监控的实施由法官审批，当迟延就有危险时亦允许由检察院及其侦查人员审批，但必须经过法官事后的确认。因此，长期监控适用相对法官保留原则。但是，短期监控（持续时间不超过 24 小时或者实行不超过 2 日）对公民行踪隐私的干预强度较弱，不受《德国刑事诉讼法典》特别条款的规制。在这里可以看出，德国立法中区分了短期监控和长期监控，这一区

---

① 《德国刑事诉讼法典》第 100 条 h 规定，即使所涉及人员不知情，如果查清案情或侦查被指控人所在地采用其他方式可能收效不大或困难，亦允许在住宅外：（1）拍照、录像；（2）当侦查对象是重大犯罪行为时，使用特别为观察之目的的一定的其他技术手段。

② 《德国刑事诉讼法典》第 163 条 f 规定，对于特定案件，当查清案情或侦查犯罪行为人所在地采用其他方式可能收效甚微或十分困难时，"允许命令对被指控人进行有计划的观察（长期观察）"。

③ 参见艾明.新型监控侦查措施法律规制[M].北京:法律出版社,2013:61.

分的理由与此前本书提到的马赛克理论的内核是一致的,只要连续监控超过 24 小时或超过 2 日,就已经达到了马赛克理论中所云的从量变到质变,可以构建出个人私生活图像的核心范畴。因此,德国法做出了这样的设计。此外,侦查机关在物品上放置电子设备来追踪和追查物品下落的措施在德国法中没有得到规定,上述两项措施在性质上属于任意侦查措施。

其五,人身检查和人身搜查[①]。人身检查的法律依据是《德国刑事诉讼法典》的第 81 条 a[②]。《德国刑事诉讼法典》第 81 条 c 则规定对其他人员如证人的强制人身检查[③]。此外,人身搜查的法律授权依据是《德国刑事诉讼法典》第 102 条,由于人身搜查可以对人的体穴进行检查,亦属于人身隐私干预的范畴。

其六,DNA 样本的提取、比对和集体筛查。《德国刑事诉讼法典》第 81 条 a 规定,DNA 生物样本的提取以法官审批为原则,以检察官和侦查人员审批为例外,该法条为 DNA 生物样本提取的授权依据。《德国刑事诉讼法典》第 81 条 e 规定,只要为确定血统或者为确定所发现的迹证物质是否来自被指控人或被害人此项事

---

① 德国学界的通说认为,所有以身体本身之物理性质、状态作为证据目的而为的勘查、采集及检测处分,属于身体检查。抽血、插入医疗器材(如内视镜)等穿刺性处分在内的所有对人身体内进行的干预,也都属于身体检查处分。对于涉及人的身体表面、随身衣物的搜索,以及对体穴的检查,皆为搜查。参见林钰雄. 干预处分与刑事证据[M].台北:元照出版公司,2008:20 - 22. 所谓体穴检查,是指对身体的自然开口处(包括口腔、耳穴、肛门在内)进行的身体检查。

② 它规定为确定对于程序具有意义的事实,允许对被指控人进行身体检查。为此目的,且对被指控人健康无不利之虞时,准许不经其同意,由医师为检查目的,依照医术规则抽取血样和进行其他的身体侵犯。法官有权命令前款措施,在迟延可能危及侦查结果情况下,检察院及其侦查人员(依《德国法院组织法》第 152 条规定)亦有权命令。法律还规定抽取或提取的被指控人血样和体细胞,只能用于据以采取该措施的刑事程序或其他未决刑事程序;一旦为此不再必要时,应当不迟延地销毁。

③ 对其他人员如证人的人身检查只有在"为查清真相不可避免"时,才允许不经受检查者同意。当然,法院有权命令本条措施,在迟延可能危及侦查结果情况下,检察院及其侦查人员(依《德国法院组织法》第 152 条规定)亦有权命令。

实所必要,亦允许对依据第 81 条 a 授权获得的物质进行分子基因检测。该法条为 DNA 样本比对的授权依据。德国侦查机关除了能够进行 DNA 样本提取、比对之外,还能够进行 DNA 集体筛查,有必要对这一措施进行比较详细的分析。所谓 DNA 集体筛查,指的是对符合刑事追诉机关所预测的行为人标志的、较大规模的人群进行 DNA 检查。《德国刑事诉讼法典》第 81 条 h 第 1 款作出相关规定①。这些规定是 2017 年《德国刑事诉讼法典》修改以前的"旧法","旧法"在内容上存在一定局限,这些局限可以在"奥斯纳布吕克地区强奸案中"②中得到验证。本案的争议点在于 DNA 集体筛查的近似结果(并非发现了案件的犯罪嫌疑人,而是发现了犯罪嫌疑人的亲属),能否作为确定犯罪嫌疑人的依据,因为根据法律本意,DNA 集体筛查的立法目的为"为确定迹证物质是否来源于该人员"。法院经审理认为,本案中 DNA 集体筛查虽然超过了立法目的之限制,但侦查措施实施的违法程度不高,不足以导致证据禁止使用之后果。此后,在 2017 年《德国刑事诉讼法典》第 81 条 h 增加了 DNA 集体筛查可以用于确定迹证物质是否来源于相对人直系亲属和三等以内旁系亲属的规定③。

其七,DNA 数据库建立与使用。《德国刑事诉讼法典》第 81

---

①　相关规定为:(1) 一定的事实构成此嫌疑,即发生了针对生命、身体之不受侵犯权、人身自由或性自主决定权的重罪时,(2) 对于与特定的、预测的犯罪行为人检查特征吻合的人员,(3) 只要为确定迹证物质是否来源于该人员所必要,并且特别鉴于所涉及人员的数量,认为措施与犯罪行为的严重性未超出比例,(4) 经其书面同意,允许进行下列措施:a. 提取体细胞,b. 为确定 DNA 识别密码和性别,进行分子基因检测,和 c. 所确定的 DNA 识别密码与迹证物质的 DNA 识别密码进行自动化对比。

②　本案中,侦查机关根据嫌疑人的年龄特征(18~40 岁)对案发地区 2 406 名适龄男性进行了 DNA 采样,并将其与从被害人处提取的 DNA 嫌疑样本进行自动比对,最终发现有两个 DNA 样本与嫌疑样本高度一致,进而确定这两人为犯罪嫌疑人的亲属。侦查人员随即对两人的男性亲属展开了排查,最终确定了犯罪嫌疑人。

③　参见施鹏鹏,褚侨.德国刑事诉讼法的最新改革[J].人民检察,2022,67(1):69.

条 g 为德国 DNA 数据库的建立在刑事诉讼法上的授权条款①,它将 DNA 数据库中的样本范围局限在重大犯罪行为或侵犯性自主决定权犯罪行为上。在获得法律的明确授权之后,德国警方于1998 年正式建立了自己的 DNA 数据库②。在使用 DNA 数据进行数据比对时,由于该数据库是建立于警方在刑事诉讼程序中收集和建立的数据库,其使用依据是《德国刑事诉讼法典》第 98条 c。

其八,计算机排查侦缉。在对特定类型的犯罪进行侦查时,侦查机关可以对与特定的、预测的行为人检查特征吻合的人员,采用技术设备,将其涉及个人的数据与其他数据比较,以排除无嫌疑人或确定符合其他具有侦查意义检查特征的人员。《德国刑事诉讼法典》第 98 条 a 是计算机排查侦缉运用的授权条款③。计算机排查侦缉时可以利用通过其他渠道获得的个人数据,这里所说的通过其他渠道获得的个人数据是在刑事追诉机关之外的其他部门保存的数据,其他部门有义务将该数据传输至追诉机关。其他机关数据传输义务的法律依据是《德国刑事诉法典》第 163 条第 1 款的"侦查概括条款"——"警察机关及警察官员应当侦查犯罪行为,并作出所有不容推延的命令,以避免事实真相被掩盖。为此目的,只要其他法律未特别规定其职权,他们有权向所有机关请求提供讯

---

① 被指控人具有重大犯罪行为或侵犯性自主决定权犯罪行为的嫌疑时,如果基于犯罪行为性质或实施方式、被指控人的性格或其他知悉情况,有理由认为将对其因重大犯罪行为启动刑事程序,为在将来的刑事程序中确定身份,允许提取体细胞并为确定 DNA 识别密码及性别进行分子基因分析。其他犯罪行为的重复违犯在不法内涵上等同于重大犯罪行为。

② 参见吴俊毅.德国刑事诉讼程序中 DNA 鉴定相关规定之介绍(上)[J].军法专刊,2001,47(3):16-17.

③ 计算机排查侦缉在满足下列条件时才被允许:(1)侦查涉及十分严重的毒品或武器犯罪、伪造货币犯罪、保护国家安全领域的犯罪,危害公共安全(如纵火罪)或影响生命、健康、行动自由或性自主的犯罪,或任何职业性、惯常性犯罪,或团伙、有组织犯罪时;(2)为排除非嫌疑人或为识别满足与案件有关条件的人所必需的措施;(3)其他措施对于侦查这一事项的效率明显更低。

息,在迟延就有危险时亦可要求提供讯息,以及采取各种侦查形式"。同时《德国刑事诉讼法典》第 98 条 a 第 2 款再次强调第三方的数据传递义务:"为了第一款所称目的,保存数据机关应当从数据库调出对比所需数据,并向追诉机关传递"。计算机排查侦缉与我国侦查机关运用的网上摸排比较类似,它们都依据前期调查所确定的特征条件,通过数据库比对,从不特定人群中排除特定人员的犯罪嫌疑(消极的计算机排查侦缉)或者识别发现嫌疑人(积极的计算机排查侦缉)。此外,《德国刑事诉讼法》第 98 条 b 就计算机排查侦缉适用的条件("仅当以其他方式查清案情或侦查行为人所在地可能收效甚微或十分困难时")、适用的程序("原则上由法官审批,延迟就有危险时由检察官审批,法官 3 日内确认")以及数据归还和销毁等问题作了明确规定。

其九,数据比对。《德国刑事诉讼法典》第 98 条 c 是数据比对运用的授权条款①。从广义来看,数据比对和计算机排查侦缉都属于利用数据技术进行的数据比对或分析行为,但二者所借助的基本数据不同。二者的区别主要有两点:(1)从两者所依托的数据库来源来看,数据比对利用追诉机关既有数据库中的数据信息进行比对,这一措施与我国侦查机关在获取嫌疑数据样本基础上,运用指纹数据库、DNA 数据库等进行自动化比对的侦查措施比较类似。数据比对主要利用追诉机关自身建设的与违法犯罪行为相关的数据库,而计算机排查侦缉可以利用刑事追诉机关之外的其他部门保存的数据信息进行海量数据挖掘,因此,在运用这一措施时,侦查机关并未受到如计算机排查侦缉运用的特别要件如特定犯罪类型、必要性、法官审批以及数据归还和销毁等方面的限制。(2)从两者实施的目的来看,数据比对的目的是为查明犯罪行为

---

① 《德国刑事诉讼法典》第 98 条 c 规定,为查明犯罪行为,或者为刑事程序目的而侦查被侦缉人员的所在地,允许将来自某刑事程序的涉及个人的数据与为追诉、执行刑罚或防御危险而保存的其他数据,使用机器设备进行对比。

或者被侦缉人员的所在地,计算机排查侦缉的目的是排除部分人的犯罪嫌疑,或者发现犯罪嫌疑人的其他特征。

其十,拉网缉捕。《德国刑事诉讼法典》第 163 条 d 第 1 项是拉网缉捕运用的授权条款①。这一措施与我国侦查机关运用的"网上通缉"比较类似。此外,第 163 条 d 第 4 项还有相关数据保存区域、时间的限制以及销毁数据的规定。

上文中,本书对《德国刑事诉讼法典》中隐私权干预措施的具体种类进行了梳理。可见,目前德国刑事诉讼法已经明确规定了涵盖范围较广、门类较全的隐私权干预措施体系。上述隐私权干预措施运用与其可能涉及的隐私利益种类之间的关系如下表 5-1:

表 5-1　德国隐私权干预与涉及的隐私利益关系

德国法中隐私权干预类型	可能涉及的隐私利益	法律依据
电信监控	通信隐私	《德国刑事诉讼法典》第 100 条 a
大监听(住宅监听)	通信隐私+空间隐私	《德国刑事诉讼法典》第 100 条 c
小监听(住宅外监听)	通信隐私	《德国刑事诉讼法典》第 100 条 f
通信内容数据的获取	通信隐私+虚拟空间隐私	《德国刑事诉讼法典》第 94 条保全、第 99 条信件扣押以及第 102 条搜查

---

① 《德国刑事诉讼法典》第 163 条 d 第 1 项规定,在特定犯罪中,如果事实使得有理由认为进行数据分析可以抓获犯罪行为人或查明犯罪行为,且措施与案件的重大性并非不成比例,执法机关可以将边防检查时收集的个人身份信息,与依《德国刑事诉讼法典》第 111 条进行个人检查时获得的个人身份信息,以及将对查清犯罪行为、破获案件可能具有重要意义的数据储存起来。执法机关储存该数据时,原则上应得到法官的审批,延迟就有危险时由检察官或者侦查人员审批,但需得到法官事后确认。

（续表）

德国法中隐私权 干预类型	可能涉及的 隐私利益	法律依据
通信中非内容数据 （主要包括基本数据 和往来数据）的获取	通信隐私	《德国刑事诉讼法典》第 100 条 j、 第 100 条 i、第 100 条 g
长期观察	活动隐私	《德国刑事诉讼法典》第 163 条 f
住宅外的监视	活动隐私	《德国刑事诉讼法典》第 100 条 h
人身检查	人身隐私	《德国刑事诉讼法典》第 81 条 a
人身搜查	人身隐私	《德国刑事诉讼法典》第 102 条
DNA 生物样本的 提取与分析	人身隐私	《德国刑事诉讼法典》第 81 条 a
DNA 数据库 建立与使用	人身隐私	《德国刑事诉讼法典》第 81 条 f
计算机排查侦缉	信息隐私 （信息自主权）	《德国刑事诉讼法典》第 98 条 a
数据对比	信息隐私 （信息自主权）	《德国刑事诉讼法典》第 98 条 c
拉网缉捕	信息隐私 （信息自主权）	《德国刑事诉讼法典》第 163 条 d

5.2.3　《德国联邦数据保护法》对隐私权干预措施的立法规制

信息自主权是德国宪法中与"人格尊严"相联系的基本权,对包括警察机关、检察机关在内的所有公共机构保护公民数据提出了客观义务。德国刑事诉讼法对隐私权干预措施中涉及信息隐私的侦查措施如计算机排查侦缉、数据比对、拉网缉捕等进行了特别授权,其授权密度较高,特别是对于计算机排除侦缉采取了严格的法官保留原则,显示出德国作为法治发达国家,在侦查中的个人数据保护方面走在世界前列且极具德国特色。但是,要想全面了解德国对干预信息隐私措施的法律规制,仅了解刑事诉讼法相关规定是不够的,尤其是不能忽略《德国联邦数据保护法》对上述隐私权干预措施运用的影响。在德国,1970 年黑森州率先颁布《数据保护法》,该法是世界上第一部专门的数据保护法。1977 年,联邦立法机关通过了《德国联邦数据保护法》。此法颁布之后,随着计算机和互联网技术的发展,经过多次修订,现行版本于 2017 年 6 月 30 日颁布实施,并在 2021 年 6 月 23 日对法案第 10 条进行了改动。该法在世界范围内率先采取了公共机构和私人机构数据保护统一规定的模式,以实现个人数据保护的全面覆盖。《德国联邦数据保护法》的主体内容分为四部分:(1) 共同规定;(2) 为根据欧盟纲领 2016/679(即《欧盟通用数据保护条例》)第 2 条的目的而执行的处理规定;(3) 用于欧盟指令 2016/680 第 1(1) 条所述目的的处理规定;(4) 在不属于欧盟纲领 2016/679 和欧盟指令 2016/680 范围内的活动中进行处理的特殊规定。2017 年 6 月 30 日德国对《德国联邦数据保护法》的修改正是为了因应欧盟纲领 2016/679 和欧盟指令 2016/680 的规定,将欧盟法的规定转化为德国国内法。其中,第三部分“用于欧盟指令 2016/680 第 1(1) 条所述目的的处理规定”适用于负责预防、调查、侦查、起诉或惩罚刑事或行政犯罪的公共机构对个人数据的处理,只要它们处理数据是为了完成这些任务。该部分内容既涉及对公民信息自主权的保护,也涉及对警察机关数据侦查措施的运用。由于《德国联邦数据保护法》对其他国家立法和司法有重要意义,本书围绕研究主题对相关内容进行梳理。

其一,个人数据类型的划分。《德国联邦数据保护法》第 3 部分第 1 章第 46 条规定,个人数据的一般定义是指与已识别或可识别的自然人(数据主体)有关的任何信息;可识别的自然人指的是,以直接或间接方式,特别是通过关联诸如姓名、身份证号、位置数据、在线标识符,或者是一个或多个表达自然人的身体、生理、遗传、心理、经济、文化或社会身份等特征的标识符,加以识别的人。由于个人数据的类型多种多样,《德国联邦数据保护法》在界定个

人数据的基础上指出"特殊类别的个人数据"的具体范围,包括:
(1)揭示种族或民族血统、政治观点、宗教或哲学信仰或工会成员
身份的数据;(2)遗传数据;(3)用于唯一识别自然人的生物特征
数据;(4)健康数据;(5)性生活或性取向数据。其中,"遗传数
据"是指与自然人的遗传或获得的遗传特征有关的个人数据,这些
数据提供有关该人生理或健康状况的明确信息,特别是通过分析
该人的生物样本获得的信息。"生物特征数据"是通过特殊技术过
程获得的关于自然人身体、生理或行为特征的个人数据,这些数据
能够实现或确认该自然人的唯一身份识别特别是面部图像或指纹
数据。"健康数据"是与个人身体或心理健康有关的个人数据,包
括提供医疗保健服务并揭示有关该人健康状况的信息。此外,由
于特殊类别的个人数据所包含的隐私程度更高、与公民的人格尊
严更为靠近,因此,法律对公共机构处理上述数据的行为给予了更
严格的规范。

其二,公共机构处理数据的依据。《德国联邦数据保护法》第
3部分第2章第3条专门对公共机构处理个人数据的依据作出了
规定,如果公共机构对个人数据的处理对于其权限范围内的任务
或行使赋予其的官方权力是必要的,则应被允许。但是,对个人数
据进行处理必须符合《德国联邦数据保护法》第3部分第1章第
47条规定的原则,包括个人数据必须:(1)合法公正地处理;
(2)为特定、明确和合法的目的而收集,并且不以与这些目的不相
容的方式进行处理;(3)对应于处理目的,是实现处理目的所必需
的,并且其处理与该目的须相称;(4)准确,并在必要时保持数据
为最新;必须采取一切合理措施,确保及时删除或纠正与其处理目
的相关的不准确个人数据;(5)以允许识别数据主体的形式保存
不超过处理目的所需的时间;以及(6)以确保个人数据适当安全
的方式进行处理;这还包括防止未经授权或非法处理、意外丢失、
意外破坏或意外损坏,并通过适当的技术和组织措施加以保证。
《德国联邦数据保护法》第3部分第2章第3条规定,对特殊类别

个人数据的处理,仅在完成任务绝对必要时才允许处理特殊类别的个人数据,而且要求公共机构给予数据主体的合法权益提供适当的保障。适当的保证尤其包括:(1)数据安全或数据保护控制的具体要求;(2)特殊隔离测试期的确定;(3)提高参与加工操作的人员的意识;(4)在负责机构内限制访问个人数据;(5)与其他数据分开处理;(6)个人数据的假名化;(7)个人数据的加密;或(8)特定程序规则,以确保在传输或用于其他目的处理的情况下处理的合法性。

其三,公共场所监控的依据。视频监控和视频监控数据在公共机构维护社会秩序的过程中发挥重要作用,《德国联邦数据保护法》专门对这些行为进行了规范。相关的规定使得德国警方可能进一步发挥视频监控在侦查中的作用,同时也将视频监控纳入法治轨道以巩固公民隐私权不被任意侵害的底线。关于公共场所监控的依据,《德国联邦数据保护法》第1部分第2章第3节(1)规定,仅在必要时才允许使用视频监控为特定目的维护合法利益,且没有任何迹象表明数据主体的利益压倒一切的利益。用于视频监控的有:(1)大型公共设施,如体育设施、聚会娱乐场所、购物中心、停车场等;(2)公共铁路、船舶或公共汽车运输的车辆和大型公共设施,保护在场人员的生命、健康和自由应被视为一项非常重要的利益。关于公共场所监控数据处理的依据,《德国联邦数据保护法》第1部分第2章第4节(3)规定,如果为达到预期目的而有必要且没有任何迹象表明数据主体的合法利益高于一切,则应允许存储或使用根据第1款收集的数据。第1款第二句应相应适用。只有在防止对国家和公共安全的威胁以及起诉犯罪所必需的情况下,才能出于其他目的进一步处理数据。从这些规定可以看出,德国警察在公共场所进行视频监控必须符合"必要性",禁止不必要的、无明确目的的撒网式视频监控。此外,视频监控数据的运用也必须符合"必要性",否则相关的数据不能用于给犯罪嫌疑人定罪。

其四，数据剖析（Data Profiling）。数据剖析是德国检察机关、侦查机关在实务中运用的一项侦查措施，关于其定义借助《德国联邦数据保护法》（BDSG）第 46 条第 4 款规定可以加以理解："对任何类型的个人数据的自动处理，其中该数据用于评估与自然人有关的某些个人方面的特征，特别是工作表现、经济状况、健康、个人偏好等方面，分析或预测兴趣、可靠性、该自然人的行为、下落或移动。"数据剖析与计算机排查侦缉之间存在区别。计算机排查侦缉中，侦查人员所用的数据分析方法基于此前已经高度结构化的数据；数据分析的过程属于传统形式逻辑中的单向是非逻辑；侦查人员在数据分析框架内依程式运作，其结果出现与否是一种必然现象。数据剖析时，侦查人员不需要依据事先已经存在的结构化数据，而是借助分析软件自行将非结构化的数据纳入其数据矩阵；就数据分析过程而言，其分析公式也未必是机械的，而是在自动学习运算中持续调整优化。就运算结果而言，"以类神经网络所处理的数据剖析并不提供一个必然正确的判断结果，仅提供高度或然率的分析结果"[1]。可见，两者之间最重要的区别在于，计算机排查侦缉基于传统逻辑运算，数据剖析基于类神经网络运算，将《德国刑事诉讼法典》第 98 条 a 作为数据剖析的授权依据是不恰当的。在德国侦查中，比较典型的有关数据剖析的例子应当是汉堡检警机关侦查 G20 会议时所发生的暴动及其嫌疑人的案例[2]。警方的数据剖析对于侦查发挥了重要作用，但这一侦查方式也引起了一定关注。检警机关认为，数据剖析的法源来自《汉堡

---

[1]　参见葛祥林.数位化、大数据和人工智能对刑事诉讼的冲击[J].高大法学论丛,2020,15(2):67.

[2]　2017 年,G20 会议期间有不少来自不同国家和背景的人聚集在汉堡,他们一边游行示威,一边破坏车辆、店铺等。德国检警机关在事后调取了所有公交车、地铁、车站等的视频监控资料,民众提供的或者警察机关拍到的照片录像等,在先行确认何人、在何处、进行何种破坏行动的基础上,继续借由分析软件比对搜寻嫌疑人无法辨别的真实长相、曾乘坐的交通工具、到达和离开汉堡的时间等。参见葛祥林.数位化、大数据和人工智能对刑事诉讼的冲击[J].高大法学论丛,2020,15(2):65.

警察处理数据法》(Gesetz über die Datenverarbeitung der Polizei，Hamburg)第 18 条、第 49 条、第 50 条之规定。该法 18 条(1)规定，为预防刑事犯罪，警方可以通过图像传输的方式公开监控可公开进入的街道、小路和广场——如果在这些地点屡次发生街头犯罪，并且有事实证明未来还会继续发生此类罪行。该法第 49 条(1)规定，在合理的个别案件中，警方可以使用自动应用程序处理存储在警察档案系统中的个人数据以进行数据评估——如果这是为了防止《德国刑事诉讼法典》第 100 条 a(2)所述的刑事犯罪，或避免威胁到联邦或土地或身体的存在或安全、个人或具有重大价值的事物的生命或自由，为了公共利益而需要对其进行保护；如果这对于预防或阻止《德国刑事诉讼法典》第 100 条 b 规定的刑事犯罪，或有必要避免对联邦或国家的生存或安全或对个人的生命、身体或自由或对重大财产的威胁，而避免这些威胁符合公共利益。该法第 50 条(1)规定，警方可能会要求公共和非公共机构传输某些人群的个人数据，以便与其他数据库进行自动比较，只要这是为了避免对联邦或州政府的存在或安全造成威胁或对一个人的生命、肢体或自由是必需的。从上述法条可以看出，其对警察实施数据调查方法的授权基于未来风险防控之目的。然而，本案中警察数据剖析之目的不在防止未来风险，而在侦查过去之犯罪事实。所以，汉堡警察实施的数据剖析的法律依据不应当是《汉堡警察处理数据法》，而应当依据刑事诉讼法及其规范。可见，尽管数据化时代已经到来，但德国刑事诉讼法暂未将对数据剖析的规范补充到其内容中。还要注意到的是，数据剖析也存在着权利干预强度方面的差异。因为数据剖析所依据的数据库可能是单一的，也可能是复合的。相对于单一数据库，基于多个数据库开展的数据比对行为，所应当防范的法治风险更大。此外，当同一个案件中数据剖析再结合其他数据侦查方法所形成的侦查效果，可能呈现质上的大幅提升。因此，尽管德国诉讼法规范中可以区分如上一些数据侦查措施，但未确定综合分析的规范，因而也存在着法律不明确的空间。

其五,自动决策。自动决策在各国侦查实务中也已经得到了运用。在人工智能系统的加持之下,海量数据信息被自动汇总分析,进而产生特定人员的犯罪画像,并对侦查工作产生重要影响。数据剖析和自动决策都要用到数据分析技术,但两者存在区别。数据剖析时,侦查人员必须避免由信息系统独立作出决策,而只能依照数据剖析得来的结论自行选择具体的行动方案、行动内容等。换言之,数据剖析的启动、结论分析以及后续行动决策,皆不能由人工智能系统独立主宰,需要侦查机关等加以决定和安排。自动决策则不存在这样的限制,其甚至能够直接代替侦查人员作出决策。然则,任何新兴技术的运用都有其两面性,自动决策的开展亦存在一定风险。自动决策和数据剖析一样,其实施都会干预不特定人群的信息自主权。此外,自动决策还可能加剧已有的侦查偏见或者歧视。比如,现阶段侦查常用的自动决策包括对人员的社会危害性、再犯的可能性等智能评估,用以决定是否对特定人员实施拘捕、继续羁押等。虽然,自动决策可以被视为侦查技术上的升级,但域外司法实践已经充分证明自动决策可能会加重对于特定群体的偏见和歧视①。正因为如此,《德国联邦数据保护法》对自动决策的开展也作出了法律限制,其第 3 部分第 4 章第 54 条规定,(1) 仅在法律有规定的情况下,才允许仅基于自动处理对数据主体产生不利法律后果或对其产生重大影响的决定。(2) 根据第 1 款作出的决定不得基于特殊类别的个人数据,除非已采取适当措施保护数据主体的合法利益。(3) 禁止基于特殊类别的个人数据而导致数据主体受到歧视的画像。和数据剖析一样,《德国刑事诉讼法典》暂时未对这一行为进行特别授权,鉴于这一措施日后将在侦查中发挥更为重要的作用,相关法律限制有待日后立法进行填补。

---

① 参见李训虎.刑事司法人工智能的包容性规制[J].中国社会科学,2021,43(2):51-52.

数据剖析和自动决策在实施中借助人工智能系统开展,由于不仅能够分析过去所发生的犯罪事宜,同时亦有预测未来犯罪事宜之功能。因此,侦查措施的运用已经出现了预测犯罪、预防犯罪之功能面向。传统刑事诉讼中,侦查措施原则上针对有具体犯罪嫌疑之人,即便是审判前的羁押,也多认为应出于无罪推定的立场禁止预防性羁押——为防止被告再犯罪而先行羁押。然而,侦查活动的新变化——出现运用前置或者功能拓展等现象,使得刑事诉讼法应当考虑到侦查的新内涵。《德国联邦数据保护法》第3部分第4章第72条所列举的数据主体明显已经超过了传统刑事诉讼主体的范围。《德国联邦数据保护法》第3部分第4章第72条规定公共机构(包括检警机构)承担数据控制者和处理者的义务,包括注意区分5类不同的数据主体:(1) 被合理怀疑犯有刑事罪行的人;(2) 有合理理由怀疑他们将在不久的将来犯下刑事罪行的人;(3) 被定罪的罪犯;(4) 犯罪受害者或某些事实表明他们可能是犯罪受害者的人,以及(5)其他人,例如证人、举报人或与第1至4项所列人员有联系的人。可见,法律允许警察对有合理理由怀疑他们将在不久的将来犯下刑事罪行的人予以数据处理,这些执法行为虽可以从预防犯罪的角度来理解,但犯罪预防和犯罪侦查的界限历来模糊,犯罪预防中存在未来侦查的较大可能性,强行将两者区分开来并不可行。

实际上,德国在进入风险社会后,最早在刑法立法上出现了"干预前置化"——"基于行为侵害法益的类型及可能造成危害后果的严重性和高度盖然性,按照从行为到结果的一系列时间序列选择一个最后有效时刻进行处置的立法行为"[①],开始将关注点由犯罪行为客观性转为犯罪人的人身危险性,即"有合理理由怀疑他们将在不久的将来犯下刑事罪行的人"。对于程序法而言,侦查的前置有一定的法治风险或者争议,但其趋势也越来越明显。其中

---

① 王强军.刑法干预前置化的理性反思[J].中国法学,2021,38(3):231.

一个重要动因来自当前恐怖主义犯罪的形势。有学者认为,由叙利亚战争带来的"圣战"人员已高达 1 000 人,德国警察和刑事司法人员被迫思考如何对这些宗教极端主义者、恐怖分子进行有效监督,以避免潜在的恐怖攻击倾向变为真实的恐怖攻击[①]。因此,在预测犯罪不可避免的情况下,应当将风险防控纳入数据法、警察法与刑事诉讼法共建的侦查体系,在数据法与刑事诉讼法的双重模式下规范侦查措施的运用。

在上文中,本书对《德国联邦数据保护法》进行了概略式的考察。之所以花费一定篇幅关注这一法律,一方面在于德国数据法治在世界范围内具有典型示范意义,另一方面在于 2017 年颁布实施、2021 年重新修订的《德国联邦数据保护法》吸收了《欧盟通用数据保护规则》和欧盟指令 2016/680 的法治精神,甚至直接在其法条中大量引用了《欧盟通用数据保护条例》和欧盟指令 2016/680 的规定。因此,对《德国联邦数据保护法》的考察可以获知欧盟数据保护、规制数据侦查措施的经验。在本书看来,以数据侦查为代表的侦查措施成为侦查中的"利器",其运用既干预公民的信息隐私权,也干预公民的数据权、信息自主权等,对这些侦查措施的法律规制既要在传统的刑事诉讼规范框架下进行,还应当沿袭个人数据保护的路径。只有同时关注传统的诉讼法规制和新兴的数据法规制,在两类规制方法相互协调的背景下,才能真正有效地对这类侦查措施进行适当的法律控制。

5.2.4　立法规制的基本特征:形式"精细化"和实质上"比例化"

对于任何事物特征的认识,都可以从形式特征和实质特征的双重角度进行。形式特征主要关注事物现象层面与其他事物不同

---

① 参见葛祥林.数位化、大数据和人工智能对刑事诉讼的冲击[J].高大法学论丛,2020,15(2):67.

的属性,实质特征则关注事物内在的、固定的本质上所表现出来的属性。德国侦查中隐私权干预立法规制的基本特征是形式特征与实质特征的统一。

其一,在形式特征方面,德国隐私权干预立法规制呈现"精细化"。与隐私权干预措施日新月异、种类繁杂的趋势一致,德国刑事诉讼法为隐私权干预措施运用设置了极为精细化的程序与之匹配,其目的在于让隐私权干预措施运用明确化,防止隐私权干预措施滥用造成的不当损害。这一特征具体表现在:(1) 对隐私权干预进行细化分类。例如,《德国刑事诉讼法典》第 98 条 a 规定的计算机排查侦缉和第 98 条 c 规定的数据比对,尽管两者都属于广义的借助于数据技术和数据库实施的数据侦查,但《德国刑事诉讼法典》对两者的适用作出了不同的规定。计算机排查侦缉只能针对有组织犯罪和侵害国家安全的犯罪等,"可能与犯罪行为人的检验特征相符的相关个人的数据以机械仪器比对,以筛选非嫌疑人或确认与续行的侦查行为有重要关系的人"[1]。而数据比对是"运用机器设备,将在刑事诉讼程序中收集的个人数据与为了追诉、执行刑罚或者预防危险目的而存储的其他数据进行比对"[2]。前者依据事先设定的特征条件,通过数据库比对从不特定人群中发现特定的嫌疑人,以缩小侦查范围;后者则是将收集的特定人的数据信息与既有的数据库内的数据信息进行比对,运用这一措施时主要借助执法机关自己建设的与违法犯罪相关的数据库,其干预公民信息自主权的范围相对有限,因此,侦查机关对其的运用并未受到如计算机排查侦缉一样的特别要件的限制。可见,尽管都属于数据侦查的范畴,《德国刑事诉讼法典》仍对其进行了细致的区分。实际上,这种细致的立法方式全面体现在德国对隐私权干预措施的具体种类确定上。(2) 详细设定隐私权干预运用的法定要件和

---

① 参见《德国刑事诉讼法典》第 98 条 a。
② 参见《德国刑事诉讼法典》第 98 条 c。

法定程序。以电信监控为例,《德国刑事诉讼法典》第 100 条 a 规定了电信监控的条件:"一定的事实构成此嫌疑,即某人作为正犯或共犯实施了第二款所称的严重犯罪行为,或者他在未遂可罚的情形中行为未遂,或者他通过犯罪行为进行预备;在个案中犯罪行为亦属严重;以其他方式查清案情或侦查被指控人所在地可能十分困难或无望"。紧随其后,法典对第 1 款第 1 项意义下的严重犯罪进行了详细的解释,它们涉及 11 类犯罪,具体包括危害和平罪、叛乱罪、教唆滥用庇护申请、偷运外国人、灭绝种族罪等 42 个罪名。立法者没有在条文内容上采取"等严重犯罪"之类的表述,从而使得电信监控运用涉及的罪名呈现出开放式的结构。相反,这一系列罪名的列举呈现封闭式的结构,极大避免了相关措施运用中的随意性。①

其二,在实质特征方面,德国隐私权干预立法规制呈现"比例化"。隐私权在基本权体系中的地位比较重要,隐私权干预法律规制在侦查法律规制中的重要性可想而知。除了受到大陆法系国家传统的强制侦查措施法定原则的限制外,比例原则对于隐私权干预法律规制的作用也十分突出。可以说,在德国隐私权干预法律规制的相关立法中,比例原则使得隐私权干预立法规制呈现出"比例化"的实质特征。这一特征具体表现在:(1)从运用范围上看,隐私权的重要性决定了隐私权干预措施运用属于对个人利益的重大侵犯,因此,大多数隐私权干预措施只适用于严重侵害社会利益的严重犯罪。这意味着,对于轻微犯罪而言,一般不能适用隐私权干预措施。例如,《德国刑事诉讼法典》规定的计算机排查侦缉主

① 在《德国刑事诉讼法典》的立法变迁过程中,修订次数最多的是第 100 条 a。除了谋杀、抢劫、诈骗、洗钱、有组织犯罪和恐怖主义犯罪等 11 种犯罪没有变动之外,立法者根据不同时期采取的不同刑事政策,及时地调整允许电信监控所涉及的"严重犯罪"的具体内涵。到目前为止,立法者删除了 19 个罪名,新增了 31 个罪名。Sehen Btir(Fn.14),§100a Rn.20.转引自黄河.论德国电信监听的法律规制[J].比较法研究,2017,31(3):94.

要适用于严重犯罪,包括:在麻醉物品或武器非法交易、伪造货币或有价证券领域内;在国家安全领域内(《德国法院组织法》第74条 a、第 120 条);在公共危险犯罪领域内;针对身体、生命、性自主决定权或人身自由;职业性或惯常地;由团伙成员或以其他方式有组织地①。(2)从运用顺序上看,隐私权干预运用应当是必要的,即不存在具有相同效果但权利干预程度更轻、能够实现侦查目的的措施。如果能够通过其他侵犯权利性质更为轻微的侦查措施实现侦查目的,则不能适用隐私权干预措施。有学者指出,隐私权干预措施属于迫不得已的次属性侦查措施(Subsidiaritit),而不应当是首要的侦查措施②。此时,隐私权干预措施的运用具有末位性——只有在通过其他侦查措施无法查明案件事实或者查明事实成本极高(重大的额外人力和物力上的成本)的情况下,才可运用隐私权干预。例如《德国刑事诉讼法典》规定的计算机排查侦缉除了可以在上述重大犯罪中使用外,"仅当以其他方式查清案情或侦查行为人所在地可能收效甚微或十分困难时,才能命令此措施"③。(3)从运用结果来看,隐私权干预措施运用可能带来的损失与预期的目的相比,要求合乎比例原则。例如《德国刑事诉讼法典》第 81 条 b 规定,允许违背被指控人意志对其进行拍照、收集指印、身体测量和类似的措施,但在涉及人体生物样本采样时,对没有取得嫌疑人口头或者书面陈述同意却从其身体或者身体的组成部分获得相关样本的,由于直接涉及当事人的人身隐私,应当衡量这些强制侦查措施行使对基本权的侵犯与措施适用所能获取信息的内容和价值是否合乎比例。当然,即便是相关隐私权干预措施运用所要获取的信息或证据的内容价值大于所侵犯的公民权益,也要慎重实施并坚持隐私权干预措施的次属性。如在人身检查时

---

① 参见《德国刑事诉讼法典》第 98 条 a 第 1 项。

② Sehen Meyer • Goflner, Strafprozessordnung, 57. Aufl., 2014, §100a Rn. 12. 转引自黄河. 论德国电信监听的法律规制[J]. 比较法研究,2017,31(3):95.

③ 同上。

不能强制对嫌疑人肺中和口中的气体进行分析,不能因为轻微犯罪而提取嫌疑人的脑液等①;允许为了澄清被告是否患有中枢神经系统疾病这一可能会免除或显著减轻他责任的问题,而从其脑或脊髓中取出液体。但是,如果被怀疑的犯罪行为不是(像谋杀、强奸那样的)严重犯罪,那么这种对身体相当大程度的侵犯就是不合比例的。

5.3　德国侦查中隐私权干预的司法规制

5.3.1　基本模式:基本权干预的合宪性审查

基本权干预理论本质是一种关于合宪性审查的理论。这一理论的实践运行作用在于维护宪法权威、保障公民基本权,它既是作为主观请求权的基本权要求司法权进行救济的题中应有之义,也是司法权对基本权客观功能之实现所承担的基本义务。根据基本权干预理论,特定的违宪审查主体应当对国家颁布的法律、法规、行政命令等规范性文件和国家机关的公权力行为行使是否符合宪法进行审查并做出处理。

在刑事诉讼中,侦查措施运用经常会涉及诸如住宅权、人身自由权、生命权、身体权和隐私权等在内的公民权益。从性质上看,这些侦查措施属于基本权干预。对于基本权干预而言,传统上必须遵循"基本权利保障范围——基本权利干预程度——基本权利干预的阻却违宪事由"②的三阶式审查路径,才能被认为是合宪的。如果前一阶段审查得出的结果是否定的,则无须进入下一阶段的审查。相关的审查具体步骤为:

其一,确定基本权保障范围。在《德国基本法》中,确定了基本

---

① 参见董邦俊.侦查权行使与人权保障之平衡[J].法学,2012,47(6):148.

② 参见林钰雄.干预处分与刑事证据[M].北京:北京大学出版社,2010:2-20.

权的类型。这些具体的基本权构成基本权保障的范围。当国家对公民基本权进行干预时,这些公权力行为随即进入基本权干预审查的范围。从反面讲,如果某些事项无法归入基本权的保障范围,那么,即使公权力对相关利益进行了干预,也不构成基本权干预行为。此时,并不需要对相关公权力运用的合宪性问题作出进一步的审查。

其二,判断是否存在基本权干预的公权力行为。这一步骤主要分析基本权是否为公权力干预行为所剥夺或侵害。传统上,基本权干预行为的认定要同时符合目的性、直接性、法效性和强制性。就目的性而言,基本权干预行为应当出于国家机关主观的故意,如果没有主观的故意,而只是在客观上影响公民的基本权,不构成基本权干预行为。就直接性而言,基本权干预行为应当是国家行为的直接结果,如果不是公权力直接作用的结果,而是公权力作用的间接结果或者附带结果,则不构成基本权干预行为。就法效性而言,基本权干预实施应当产生法律效果,未产生法律效果的公权力行为不能构成基本权干预。就强制性而言,基本权干预应以国家强制力保障其实施,没有国家强制力保障其实施的公权力行为不属于基本权干预。

其三,是否存在合宪性事由(部分文献称之为“阻却违宪事由”,两者的内涵是一致的)。这一步骤分析是否存在合宪性事由,如果存在合理的违宪阻却事由,则基本权干预实施是合宪的。如果不存在合理的违宪阻却事由,则基本权干预实施是不合宪的。一般认为,公权力干预公民基本权的行为如果能够通过法律保留原则和比例原则的审查,则可认为该干预行为实施的违宪性被阻却①。在合宪性事由审查中,法律保留原则为形式上的审查,指的是对公民基本权的干预必须依据法律而为之;比例原则为实质上

---

① 参见林钰雄.刑事诉讼法[M]:上册—总论编.北京:中国人民大学出版社,2003:232-234.

的审查,指的是干预公民基本权的行为和其欲达成的目的之间,应当存在相当的比例关系。

随着国家职能的扩大,国家与个人之间的联系愈发复杂,公权力干预基本权的方式也与时俱进。这一时代和社会背景目前已经对传统的三阶式审查路径造成冲击,特别是三阶式审查中的"判断是否存在基本权干预"的步骤受到较大争议。从目的性来看,部分干预行为主观上并不以干预公民基本权为目的,却可能在客观上造成公民基本权受到限制的事实;从强制性来看,部分干预行为实施中不再以强制性为表现特征,如隐私权干预措施的运用。此时,如果再坚持按照传统的"四特征标准"(即前述的目的性、直接性、法效性和强制性)认定是否存在基本权干预,则部分不具备基本权干预特征标准的行为不能纳入合宪性审查的范围,这样无疑会造成公权力运行过度影响公民基本权的状况。因此,是否存在基本权干预的认定标准不能一味强调"四性",而应主要关注公权力行为行使的"后果"——但凡基本权客观上受到了干预和限制的行为,都构成基本权干预,进而必须对该行为进行合宪性审查[①]。此时,"干预"内涵的变换——由古典的"干预"转向现代的"干预",国家的基本权干预行为不再以典型四特征标准表现出来,三阶段审查中的第二阶段已经名存实亡,实践中人们主要对公权力行为行使进行第一和第三阶段的审查[②]。

正因为如此,对刑事诉讼中基本权干预行为进行合宪性审查时,也不应当再按照传统的三阶式审查路径完成,在对隐私权干预措施运用进行合宪性审查时,亦应当作出相应的调整。具体而言,对隐私权干预措施运用进行合宪性审查时,应按照如下顺序和标准开展:其一,侦查措施运用是否涉及宪法所保障的隐私权范围,

---

① 参见张翔.基本权利限制问题的思考框架[J].法学家,2008,23(1):137.

② 参见向燕.刑事侦查中隐私权保护的审查机制[J].中国刑事法杂志,2011,22(1):39-40.

如果涉及当事人的隐私权,该措施即为隐私权干预措施;其二,该隐私权干预措施运用是否存在宪法上的正当基础,即是否符合法律保留原则和比例原则的要求。只有其运用同时符合法律保留原则和比例原则的隐私权干预措施,才是合宪性的隐私权干预措施。

5.3.2 合宪性的事由:符合法律保留原则和比例原则

基本权干预运用的合宪性事由是符合法律保留原则和比例原则。前者为形式上的合宪性事由,是指对公民基本权的干预有法律上的依据;后者为实质上的合宪性事由,是指公权力行为的手段和其欲达成的目的之间合乎比例关系。实际上,宪法上的基本权保障条款与基本权干预的合宪性事由之间,形成了一种原则和例外的逻辑关系:宪法原则上保障公民的基本权,但作为例外,也允许公权力对公民基本权予以适度的干预。但是,一旦基本权干预行为的实施难以经受住法律保留原则和比例原则的审查时,则这一公权力行为是不合宪的,通过非法的公权力行为获得的相关证据亦将被禁止发挥其预期价值①。根据德国学者帕克特(Pakter)的研究,早在1889年德国刑事诉讼中就出现了非法证据排除的案例②。

其一,法律保留原则。在严格的法律保留原则下,有权作出基本权干预相关规定的只能是立法机关。通过法律保留的方式将干预基本权的问题交给立法机关解决,这符合法治国家的一般要求。在基本权干预理论的发展中,还出现了几项与法律保留原则相关

---

① 在《德国刑事诉讼法典》中,没有明确规定不合宪的基本权干预会产生何种法律后果,但在德国刑事司法实践中发展出证据禁止规制,其理论根据源于德国法学家贝林(Beling)在20世纪初期发表的《刑事程序中作为真实探究界限的证据禁止》一文中提出的"证据禁止理论"。参见许乐.德国与美国刑事证据排除规则衍生史及制度构型比较研究[J].陕西师范大学学报(哲学社会科学版),2012,41(2):160-165.

② 相关的案例主要是关于非法搜查获取的证据不得作为认定案件事实的根据的案例。See Walter Pater. Exclusionary Rules in France, Germany, and Italy[J]. Hastings Int'l & Comp. L. Rev. 1985,9(1):30.

的原则,它们也是基本权干预合宪审查的标准之一,包括明确性原则和重大性原则等①。

　　关于法律保留原则在隐私权干预措施运用合宪性审查中的具体应用,一个典型的判例是 2005 年的"全球定位系统侦查方法案"②。被告方在该案中主张禁止使用 GPS 监控所获取的证据。之所以持这一主张,被告依据的是"刑事诉讼法第 100c 条第 1 项第 1 款第 b 目不能作为运用 GPS 系统之授权基础。科技方法之概念可能被广泛地解释,而涵盖不可预见之未来发展,因而偏离联邦宪法法院与欧洲人权法院基于法律之干预授权明确性所确立之要求"③。审判时,联邦法院认为:一是法律保留原则中的明确性

---

　　①　包括:其一,明确性原则。法律保留原则除要求基本权干预具备形式上的明文规定外,更重要的是要求公权力干预基本权时,必须谨遵法律设定的具体要件的限制。究其原因,基本权干预限制条款规定得越概括简单,公权力干预基本权的行为受到的羁束就越少,对公民基本权造成侵害的可能性也会越大;反之,基本权干预限制条款规定得越精细全面,公权力干预基本权的行为必须具备的合法要件就越多,对公民基本权的保障程度也会越高。因此,法律对基本权干预的启动、对象、措施、范围等法律要件必须规定得明确具体,防止法律规定模糊而造成基本权被过度干预的情况。学者将这一要求称为明确性原则,它属于法律保留原则的附带原则。参见张翔.基本权利限制问题的思考框架[J].法学家,2008,23(1):137.其二,重大性原则。重大性原则是指,并非所有涉及基本权的事项都必须制定法律,只有那些涉及基本权的"重大事项"才必须制定法律,而涉及基本权的一般事项可在立法机关授权基础上,由行政机关自行制定行政法规。当然,立法机关仍可授权行政机关就涉及基本权干预相关事项制定行政法规,但授权的内容、目的及范围必须明确,行政机关则不得逾越立法机关授权的限度,在制定行政法规时只能就执行法律的技术性、细节性等重大事项加以规定。这一理论创设的初衷是,现代国家由于职能持续扩大,如果要求所有涉及基本权的事项都由国家立法规定,那么必然会造成立法的繁重负担和国家效能的低下,因此,授权行政机关立法可以缓解这一压力。
　　②　该案中,侦查人员除长期观察外,还基于联邦检察总长的命令,加装 GPS 装置对嫌疑人的车辆轨迹进行跟踪定位。透过储存资料的周期设定,装设的接收器每分钟会记录日期、时间、地理经纬度以及车辆的行进速度,经由对位置信息的分析,此后一个月内,侦查人员可毫无漏洞地追溯车辆的行驶路径、停留位置与停留时间,能够在 50 米的误差范围内确定被告的车辆位置。
　　③　"全球定位系统侦查方法案"判决,参见德国联邦宪法法院裁判选辑[M]:第十二卷.2007:24.

原则要求立法者精确指称技术上的干预工具,并以此确保相对人总是能够认识到规范内容,但明确性原则并不是要求法律在表述方式上必须排除纳入任何犯罪侦查技术的更新;二是"其他以特别监视为目的的科技工具"的表述可以通过普遍承认的法律解释方法具体化。最终,联邦法院作出裁判:"刑事诉讼法第100c条第1项第1款第b目欠缺明确性,不具说服力。该规定中之授权即便将科技发展纳入,也会因监视本身对于干预强度具有重要性之观点而受有限制。本案程序中措施,实施当时之司法实务认为刑事诉讼法第161条及第163条的一般条款与刑事诉讼法第100c条第1项第1款第b目并列均可认为系长期实施监察之适当授权基础。2000年生效之刑事诉讼法第163f条之规定,对此不生影响。"①

此外,《德国基本法》中还有相关条款对法律保留原则作为基本权干预的一般合宪性事由进行了实质性补充,包括"个别立法禁止"②、"指明条款要求"③和"实质内容保障"④等规定。

其二,比例原则。《德国基本法》中把"实质内容保障"作为法律保留原则的补充规定。但是,基本权的"实质内容"究竟是什么,对这一问题的争论从未停息。联邦宪法法院曾经给出了对"实质内容"的界定,但这些界定学界没有给予太高的评价。后来,联邦宪法法院将基本权的实质内容放置在基本权体系内进行理解,认为《德国基本法》规定"实质内容"和第1条(1)规定的"人性尊严不可侵犯"在措辞和内容上几乎如出一辙,因此,开始用"人性尊

---

① "全球定位系统侦查方法案"判决,参见德国联邦宪法法院裁判选辑[M]:第十二卷.2007:24-25.

② 《德国基本法》第19条(1)规定,"某项基本权利可通过法律或依据法律予以限制的,该法律须具有普遍适用效力,不得只适用个别情况"。

③ 《德国基本法》第19条(1)规定,"该法律须指明引用有关基本权利的具体条款"。

④ 《德国基本法》第19条(2)规定,"任何情况下均不得侵害基本权利的实质内容"。

严"对"实质内容"进行解释。在此意义上,《德国基本法》中所有的基本权,都应视为人性尊严在不同领域的实现手段,所有的基本权都以"人性尊严"为其保护核心。然而,"人性尊严"的概念虽然能够整合所有基本权之内涵,但"人性尊严"本身也是一个极其不确定的概念。因此,以莱尔歇为代表的德国学者主张引入"过度禁止",将其作为是否构成"实质内容"侵害的形式判断基准。这种方法因明确清晰而迅速赢得了联邦宪法法院的支持。事实上,"过度禁止"与"比例原则"乃同义语。此时,比例原则作为一项公法原则,其规范功能在于对公权力干预基本权的正当性提供了一种评价标准,并且成为基本权干预正当化的实质事由。由于《德国基本法》主要是由联邦宪法法院所塑造的,宪法法院以个案审判为基础形成比例原则的基本内容。但是,在这些审判中,法官对比例原则的引用没有权威性的解释,对其应用理由进行的阐述也不深刻,以致到现在德国法学界仍难以清晰梳理出比例原则在宪法判例中的引入和发展过程①。

在德国,通说认为利用比例原则进行审查的结构,是在法解释上所确立的"三阶结构",其分析步骤包括:(1)适当性原则审查。主要审查行使公权力行为是否有助于公益目的的实现,如果公权力行为实施无法实现公益目的,则该行为未能经受住适当性原则的审查。(2)必要性原则审查。主要审查在多种公权力行为都能够实现有效目的的前提下,是否选择了对公民权利侵害最小的公权力行为。反过来说,为了实现特定的公益目的,已经不存在其他对公民权利侵害更小的公权力行为。必要性原则,也被称为"最小

---

① 这一切正如格雷默(Dieter Grimm)(1987—1999年联邦宪法法院法官)所言,"这一原则的引入被认为好像是理所当然的"。See Dieter Grimm, Proportionality in Canadian and German Constitutional Jurisprudence[J]. Univ. Toronto L. J. 2007, 57:383–387.

侵害"标准①。"最小侵害"的判断标准,不仅要以直接的利害关系人的感受为依据,还要以一般的社会经验为依据。(3)均衡性原则审查。主要审查公权力行为对公民权利造成的侵害结果和其所要达到的公益目的之间是否保持平衡②。如果公权力行为对公民权利造成的影响明显超出公益目的,或者说为了特定公益目的对公民权利造成明显过度的侵害,则公权力行为不符合均衡性原则的要求。

比例原则的实质审查虽具有三阶结构,但从德国"二战"后的司法实践来看,对基本权干预运用进行合宪性审查时,均衡性原则的审查更为人们所关注。一方面,适当性原则和必要性原则的审查,法官会更多地倚重执法人员的专业和经验判断。以侦查中的电信监控为例,侦查人员禁止在没有任何根据的情况对公民实施电信监控,在申请令状的过程中,侦查人员必须说明电信监控与发现犯罪证据之间的关联,以及电信监控作为末位性的侦查措施,是在其他侦查措施无力收集证据材料的情况下才要求实施的。然而,即便存在这样的判断,也并不意味着电信监控最终一定能够发现相关证据。因此,法官在审查电信监控合法性时,侦查人员如果能够证明电信监控的运用系基于专业判断并尽到了合理的注意义务,就不能认定电信监控的运用违背适当性原则和必要性原则的要求。另一方面,因为复杂的社会关系和利益需要更复杂的利益权衡工具将整个社会福祉考虑其中,以实现总利益与总成本之间的最优比率,而均衡性原则的运用能够扮演这种角色。为此,在1958年"药房案"的判决中,联邦宪法法院发展出了一套利用均衡

---

① 参见蒋红珍.论比例原则——政府规制工具选择的司法评价[M].北京:中国法律出版社,2010:43.
② 参见蒋红珍.论比例原则——政府规制工具选择的司法评价[M].北京:中国法律出版社,2010:24.我国行政法学者一般将比例原则的构成要件划分为适当性、必要性和平衡性。参见杨登峰.从合理原则走向统一的比例原则[J].中国法学,2016,33(3):88-105.

性原则进行审查的操作方法。这套操作方法的内在逻辑在于"越如何,则越如何",即要求对基本权的侵害越严重,所获得的利益就应越有分量①。均衡性原则审查的具体操作步骤包括:(1) 确定基本权受侵害的程度;(2) 确定增进公益大小的分量②;(3) 对彼此对立的法益进行衡量②。联邦宪法法院在判决中发展出的这套操作方法,为运用均衡性原则提供了一个初步的审查模式。此后,德国联邦宪法法院继续沿着"药房案"确定的均衡性原则审查的操作方法前进,树立起世界上最具权威的宪法法院形象③。

---

① 参见徐继强. 德国宪法实践中的比例原则[C]//许崇德,韩大元. 中国宪法年刊:2010. 北京:法律出版社,2011:33.

② 具体而言,均衡性原则审查的具体操作步骤包括:(1) 确定基本权受侵害的程度。影响基本权受侵害程度的因素包括:该基本权在宪法价值秩序中的抽象位阶(与人性尊严的关系接近程度)和所受具体侵害的强度(侵入基本权的领域)。(2) 确定增进公益大小的分量。影响公益大小的因素包括:公益的重要性和公益的迫切性。(3) 对彼此对立的法益进行衡量。

③ 参见克劳斯·施莱希,斯特凡·科里奥特. 德国联邦宪法法院[M]. 刘飞译. 北京:法律出版社,2007:6.

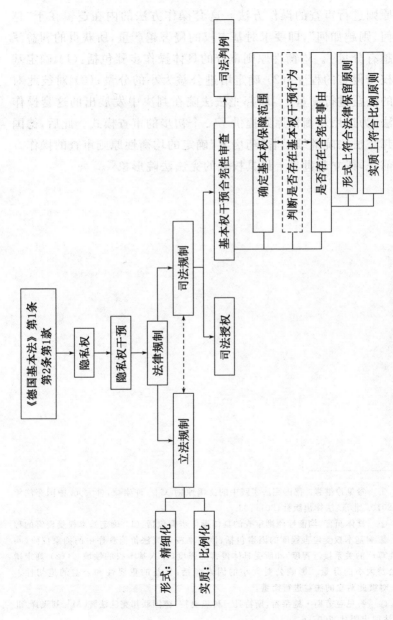

图 5 - 1 德国侦查中隐私权干预法律规制思路图

第六章

日本侦查中隐私权干预
法律规制的考察分析

　　日本的现代化进程始于"明治维新",其间日本大量学习西方国家的社会制度和科学技术。在刑事法制方面,日本主要学习以德、法为代表的欧陆国家,因而建立了职权主义的刑事诉讼制度。但是,"二战"之后,日本在对刑事诉讼制度的改造中大量地吸收美国刑事诉讼制度中当事人主义的因素。因此,日本刑事诉讼制度比较特殊,几乎在刑事诉讼的每个阶段都体现出自己的特色。这种特色也扩展到隐私权保护的法律实践,以及日本法对隐私权干预的法律规制中。

6.1　日本宪法上隐私权保护的基本情况

　　从法律体系和法律思想来看,美、德两国对日本影响之深远毋庸置疑,因此,日本隐私权保护的理论和实践亦深受美、德两国的影响。在 20 世纪 60 年代初的"'盛宴之后'案"①中,人们认识到不能单纯以名誉权去解释新闻报道中揭露他人隐私情况的现象,因此转而关注新兴的权利——隐私权,从而确定了隐私权在侵权法上的地位。在本案判决中,石田法官针对隐私的内涵指出,"私人生活的内容客观上确实存在、参照社会上一般人群的感受当事人并不希望公开这一内容、内容并不为一般人群所知晓、该内容一旦被公开会让当事人感到不快或不安"②是判断隐私侵权成立的四要件。此后,这一标准在日本法学界得到沿用。当然,对于本案的判决并非完全没有争议,相关的争议主要在于法官在审判中援引日本宪法第 13 条的规定③作为隐私权保护实定法上的依据是否妥当,以及宪法保护的范围是否及于私人之间的法律纠纷等。但无论如何,本案中日本法院首次在判决中承认隐私权为法律权

---

① 本案被告之一,日本作家三岛由纪夫在其小说《盛宴之后》中描写了外交官出身、战前担任外务大臣的 X 在妻子亡故之后,又同一家有名的餐馆女主人结婚,直至离婚的过程,以及 X 被"革政党"推举参加东京都知事选举,不幸惨败的经过。但是,小说给读者的印象是,其主人公 X 的人物原型是现实中的 Y,而餐馆的女主人则是现实中经营某餐馆的 Z。于是 Y 提起诉讼,要求作者以及出版社刊登谢罪广告,并赔偿损失。原告主张,作者在小说中发动想象力具体描写了原告与 Z 的私生活场面,特别是爱情生活的情况,同时,加入了许多为世人周知的事实,使得读者可以意识到小说是以原告为原型的,而且,小说还通过想象以近似于"偷窥"的手法描写了原告的私生活。因此,作者和出版社对试图平稳地度过余生的原告造成了不堪忍受的精神上的痛苦,侵害了其隐私权。但是,被告辩称,小说的主人公是其利用个人人生观、社会观创作的艺术上的人物,原告所称隐私权受到侵害的几处均是作者的创作,即使与原告的隐私权相抵触,表达自由的价值仍然具有优先的地位。但是,最终东京地方法院认可了原告的主张,判令被告赔偿损失。在本案之前,有关案件的判决均是依据名誉权作出的,因此,本案是日本第一个关于隐私权的案件,被认为在日本隐私权保障方面具有重要的价值。参见吕艳滨. 日本的隐私权保障机制研究[J]. 广西政法管理干部学院学报,2005,20(4):120.

② 韩序. 日本宪法隐私权保护探析[D]:[硕士学位论文]. 重庆:西南政法大学研究生院,2018.

③ 日本宪法第 13 条"尊重个人,追求幸福的权利,公共福利"规定,全体国民都作为个人而受到尊重。对于谋求生存、自由以及幸福的国民权利,只要不违反公共福利,在立法及其他国政上都必须受到最大的尊重。

利,并且在对隐私权保护的正当性进行论证时多次提及日本宪法第13条中的"尊重个人""追求幸福"等概念,这些努力被认为是日本试图确立隐私权宪法地位的重要尝试。

在日本,真正将隐私权确定为宪法上的权利还经历了一系列重要的案件,包括"京都府学案"①"前科照会案"②等。隐私权在日本宪法上地位的确定始于"京都府学案"。本案中,法官首次直接论述了隐私权与宪法之间的关系③。本案判决中,日本最高法院法官实际上未真正使用隐私权之概念,而是依托于肖像权对被告人的隐私权进行维护。但从判决的上下文中可以推断,此时法官对隐私权的内涵主要从"限制接近"方面进行理解。

在"前科照会案"中,审判的核心问题涉及比较敏感的个人犯罪前科信息被随意揭露的现象。对此,日本最高法院明确指出,

---

①　被告系R大学之学生,于1962年6月21日参加京都府学联为诉求反对大学管理制度修法不当而发起之游行示威,并站在先头集团行列之最前头前行,负有视察搜证任务之A警察在现场发现有违反许可条件状况,为确认违法示威状况及违法者,乃对被告所属集团之先头部分拍摄其游行示威之状况,被告以"哪儿来的摄影师"提出抗议,A警察表现出视若无睹的态度引起被告不满,被告以旗杆刺向A警察之下颚,使其至少需治疗约1周。案经检方以妨害执行公务罪及伤害罪提起公诉。参见日本刑事法学研究会.日本刑事判例研究(一)——侦查篇.台北:元照出版公司,2012:71-72.

②　某驾校教员X被驾校解雇后,在同驾校的诉讼过程中向法院申请地位保全的临时处分,驾校方面聘请的律师通过律师协会以律师法第二十三条第二款规定为依据向京都市某区政府提出告知X犯罪前科的申请,后该区政府将申请转交京都市市长,市长将X曾经犯有诈骗罪的犯罪经历回复给驾校方面的律师,驾校方面在通过律师知悉此事后单方面发布了对于X的解雇公告。X对京都市政府回复驾校的行为感到不满,遂起诉京都市政府要求获得损害赔偿并予以公开道歉。参见韩序.日本宪法隐私权保护探析[D].[硕士学位论文].重庆:西南政法大学研究生院,2018.

③　在判决中,最高法院就A警察拍摄行为的合法性作出如下判决,"根据宪法第13条之规定,国民私生活领域之自由,相对于警察权等国家权力之行使仍应被保护,任何人在私生活领域之自由上均享有非得其承诺不受恣意拍摄容貌和姿态之自由。此是否称为肖像权姑且不论,然而至少司法警察无正当理由而拍摄个人容貌之行为,违反宪法第13条之立法之处不应被允许"。参见日本刑事法学研究会.日本刑事判例研究(一)——侦查篇.台北:元照出版公司,2012:71-72.

"有犯罪前科和犯罪经历的人拥有法律保护的以下利益：与其名誉、信用直接相关的事宜不得被随意公开；不论他是否有犯罪前科或犯罪经历也无论他的犯罪种类和轻重，市区町村长不得随意应律师协会的照会报告其前科情况"①。更准确地说，个人的犯罪前科这一敏感信息不被随意揭露，受到日本宪法第 13 条的保护。本案日本最高法院没有明确承认"不能任意公开前科等自由"属于隐私权，但学术界和实务界普遍认为，根据最高法院的判决，隐私权已被确立为宪法上的权利，此时最高法院对隐私权内涵的理解更接近于"秘密理论"中隐私的内涵。

"'盛宴之后'案"及其此后的部分案件，使得隐私权在日本宪法上的地位得以确立。但是，这些案件在判决中，最高法院并未直接使用"隐私权"一词，这从侧面反映出，最高法院对于确立隐私权所持的谨慎态度。除此之外，这些案件判决中还有明显的共同点，包括援引日本宪法第 13 条作为隐私权保护的宪法依据，并将隐私权定位为一种被动的、消极的权利。但是，受到德国等国家相关立法和实践的影响，日本对隐私权内涵的界定亦随之出现了一些微妙的变化，这一变化始于 1986 年的"外国人拒绝按手印案"②。本案法官仍援引宪法第 13 条的规定对隐私权予以保护，但法官对于隐私权内涵的界定已经悄悄地出现了变化。此案中，隐私权更多地体现为公民所拥有的对个人信息加以控制的权利，这一做法从正面认可了德国信息自主权创制的初衷。可见，随着社会信息化

---

① 魏晓阳.私法权利向公法权利的跃升——以日本隐私权为例[C].见：何勤华主编.全国外国法制史研究会学术丛书——公法与私法的互动.北京：法律出版社，2012：228.

② 本案中，日本最高法院指出"指纹属于人人不同的、终身不变的身体特征，是识别个人最为可靠的手段……按手印在犯罪侦查中具有重要的作用，被强制按手印自然会令人产生不快、屈辱感……作为个人基于个人尊重理念而享有的私生活上的自由，公民享有不被违背意志强制按手印的自由"。最高裁 1995 年 12 月 15 日判决·判时1555 号 47 页。转引自马玉洁.GPS搜查手段的合法性与隐私权保护[J].行政法论丛，2018，22(1)：231.

的发展，人们对隐私权内涵的认识逐步由传统上的消极、被动之概念转向积极、主动之概念。根据日本著名学者的解释，隐私权"是指个人自由地决定在何时、用何种方式、以何种程度向他人传递与自己有关的信息的权利主张"①。此时，隐私权所保障的内容，早已超越传统意义上"限制他人随意接近""保守不愿为人所知的秘密"等权益，而扩展到个人信息保护方面。正因为如此，日本的国家机关更加重视公民个人数据信息的管理及公开等事项，进而推动了日后数据信息隐私保护的立法工作，并且出台《个人信息保护法修正案(2020)》《行政机关个人信息保护管理办法》等多部专门用于保护个人数据信息的法律。

在日本法确立信息自主权后，有日本学者对信息自主权相关的问题进行了研究，代表性的人物有佐藤幸治。佐藤幸治认为，参考一般人日常的经验与感受，可以对个人信息进行分类，一是隐私固有信息，一是隐私外延信息②。在佐藤幸治看来，前者的隐私敏感程度明显高于后者。前者是"与个人的道德自律直接相关的信息"，后者和个人的道德自律并不直接相关，但这些信息如果被大量恶意收集或者使用，便会暴露个人的生活方式，因而部分隐私外延信息亦应属于隐私的一部分而被保护。在"早稻田大学演讲案"③中，最高法院对隐私固有信息和隐私外延信息的区分进行了

---

① 奥平康弘.知情权[M].东京:株式会社岩波书店,1981:384-385.
② 参见佐藤幸治.宪法[M]:第三版.东京:青林书院,1995:460.
③ 早稻田大学于1998年某日迎来某外国政要来校访问并开展演讲,校方事先登记了希望参与该演讲的学生的姓名、生日、学号以及家庭住址等信息。后应要求将这些信息告知负责会场警备任务的东京都警视厅。部分学生认为此举侵害其隐私,遂将早稻田大学诉至法院,要求侵权损害赔偿。在本案前两审中原告的要求均被驳回,之后日本最高法院在2003年的终审判决中推翻了之前的判决,承认了学生们的诉求。韩序.日本宪法隐私权保护探析[D]:[硕士学位论文].重庆:西南政法大学研究生院,2018.

肯定,认为学生的姓名、生日、学号等属于隐私外延信息①。然而,与学术界强烈推崇信息自主权概念以及相关立法不同的是,最高法院在后来的相关案件中未对信息自主权进行全面承认②,其在审判中所表现出来的谨慎克制态度,显示其并不希望蚕食或者参与到本应属立法机关职权范围内的专门事务中。实际上,最高法院的惯常做法是不直接使用隐私权的概念,而是在描述应当对隐私进行保护的具体情况下,提出应对公权力行为进行约束的观点。纵观日本法院自 20 世纪 60 年代以来围绕着涉及隐私权保护的案件所作出的一系列判决,很容易产生一种直接的感觉——日本法院在判决时尽管大都认同对隐私权给予保护,但它们不愿过度引用或者论证法律尚无明确规定的隐私权。概因受制于"司法机关谦抑主义"的要求,日本法院并未像德国法院一样,基于一般人格权而继续创制信息自主权、IT 基本权等。

综合看来,日本对于隐私权的宪法保护,在宪法第 13 条的精神实质下得到确认与发展,其主要途径是通过不断累积的宪法判例,从宪法尊重个人的基本精神出发,将隐私权纳入宪法权利之范畴,并且不断扩大其内涵与功能面向。起初,最高法院对于隐私权,更多是从"限制接近理论"或者"保守秘密理论"等角度进行解释。其后,最高法院对隐私权的内涵认定转向"个人信息控制理论",认为个人的容貌、指纹和前科等信息属于个人私生活领域之内容,不受公权力任意侵犯,因而也要求国家机关正当使用、处理和公开公民的个人信息。正是在这样的理念下,日本宪法上的隐

---

① 同时,最高法院在判决书中指出,"从识别个人的角度而言,这些信息并不是极度私密的个人隐私,不过即便如此,学生不愿意学校随意将这些信息告诉给第三方的态度也很正常,他们对此有充足的可期待利益,继而应当将这些信息作为个人隐私利益加以保护"。参见长谷部恭男.注释日本国宪法[M].东京:有斐阁,2017:120.

② 在"错误信息订正案"中自我信息控制权的内容获得了某种程度的承认,随后的"居民身份诉讼案"中也被最高法院所肯定,但法院都没有从正面明确肯定自我信息控制权的内容。参见韩序.日本宪法隐私权保护探析[D]:[硕士学位论文].重庆:西南政法大学研究生院,2018.

私权保护开始围绕信息自主权而构建，以实现对公民隐私权的保障。

6.2　与隐私权干预法律规制相关的宪法条款

日本宪法第 13 条一般被认为是"宪法概括性条款"，包括隐私权在内的新兴权利多援引这一条款得到确立和发展。除此之外，宪法第 31 条至第 40 条是涉及刑事诉讼的条款，它们亦多与刑事诉讼中的人权保障或者侦查法律规制存在紧密关系。其中，较为重要的宪法条文为第 31 条、第 33 条和第 35 条。

日本宪法第 31 条规定，不经法律规定的手续，不得剥夺任何人的生命或自由，或课以其他刑罚。这一条文如仅从字面上来看，其内容集中在刑罚方面。由于刑法的主要内容是关于犯罪与刑罚的，在以犯罪为名对罪犯进行刑罚时，中间必不可少的程序就是刑事诉讼。从这个角度来讲，"行使刑罚权也就是实施运用刑法，就必须履行法律规定的程序"[①]。因此，对这一宪法条文的解读，日本法学界多对其作扩大解释，认为这一条文不仅相当于英美法系国家宪法中的"正当程序原则"，而且其内容还包括大陆法系国家中罪刑法定主义的要求[②]。尽管这些问题还有一些争议，但"强制处分应该通过某个法律进行规定是基于宪法上的要求"的观点，在日本各界反对之声并不多见。基于此，可以认为这一条文是刑事诉讼中强制侦查措施法定原则的宪法依据。关于日本法中强制侦查措施法定原则的意义，有学者指出，一方面"通过制定法律，制约侦查机关的权限，保障人的自由"；另一方面"市民自己通过国会，讨论赋予侦查机关什么样的权限，通过'市民的自律'过程，赋予侦

---

① 松尾浩也. 日本刑事诉讼法[M]：上册. 北京：中国人民大学出版社，2005：1.

② 参见韩序. 日本宪法隐私权保护探析[D]：[硕士学位论文]. 重庆：西南政法大学研究生院，2018.

查权限的正当性"①。

除此之外,日本宪法第 33 条②和第 35 条③规定,没有法官签发的令状,原则上任何人都不受拘留,也不得侵入、搜查或扣留任何人的住所、文件及持有物。通说认为,这些宪法条文规定的令状原则的主要意思包括:一是强制侦查措施应由法官审查。二是允许强制侦查措施实施的令状应基于"正当理由"而批准。有关令状原则中"正当理由"的宪法解释认为,在搜查和扣押过程中,有"扣押对象的存在"或"足认有应扣押物存在之充分事由"为"正当理由"的具体内涵。三是令状规定的处分对象应当是具体特定的④。有学者认为,这些规定为日本刑事诉讼中令状原则的宪法依据⑤。上述两条宪法条文之精神内核,一言以蔽之,即有权批准搜查和扣押的只有法官,侦查人员实施强制侦查措施应根据法官所核发的个别令状使得为之,即强制侦查措施实施的令状原则。

可以得出结论,日本刑事诉讼中强制侦查措施的运用分别受到立法机关和司法机关的双重规制,它们分别体现着强制侦查措施法定原则和令状原则。上述两个原则在日本宪法上的依据主要为第 31 条、第 33 条和第 35 条,它们试图将强制侦查措施运用对当事人权利造成的伤害降到最低。还要注意的是,强制侦查措施法定原则与令状原则之间的关系。由于强制侦查措施实施的令状

---

① 绿大辅.日本侦查程序中的强制处分法定主义[J].国家检察官学院学报,2014,22(2):169.

② 日本宪法第 33 条"逮捕的必要条件"规定,除作为现行犯逮捕者外,如无主管的司法机关签发并明确指出犯罪理由的拘捕证,对任何人均不得加以逮捕。

③ 日本宪法第 35 条"对居所不受侵入的保障"规定:(1)对任何人的住所、文件以及持有物不得侵入、搜查或扣留。此项权利,除第 33 条的规定外,如无依据正当的理由签发并明示搜查场所及扣留物品的命令书,一概不得侵犯。(2)搜查与扣留,应依据主管司法官署单独签发的命令书施行之。

④ 参见日本刑事法学研究会.日本刑事判例研究(一)——侦查篇.台北:元照出版公司,2012:340-341.

⑤ 参见田口守一.刑事诉讼法[M].第七版.张凌,于秀峰译.北京:法律出版社,2019:53.

原则是由宪法所要求的,鉴于宪法在法律效力上的至高性,即便是刑事诉讼法没有明确列出的强制侦查措施,其实施也应当遵循令状原则的程序性要求。因此,从这一点来看,令状原则和强制侦查措施法定原则应当是可以分开理解的。但是,令状原则适用的功能发挥主要是通过增加程序环节,由法院依据的具体法律规定对相关措施的运用情况进行个别审查,以实现事前制约之目的。此时,只有明确的法律规定作为令状原则适用的具体依据,才可以由法院进行审查并颁布令状。然而,对于刑事诉讼法未明文规定的强制侦查措施(如下文将要提及的"GPS侦查"),应当如何处理落实令状原则的要求呢? 一方面,由于法律规定不明确,基于何种理由、颁布何种类型的令状也是不明确的;另一方面,一旦强制侦查措施在实施之前都遵循法律既定的类型化的令状要求,由于不同强制侦查措施运行特点不一,部分令状所要求的提前告知等特性,可能会影响这类措施实际运用的效果。对此,日本国内的权威见解认为刑事诉讼法中没有规定的新型强制侦查措施不需要法定,判例也可创造法律,只需要在宪法等的指导下,对合理的要件和处分内容进行解释,以便能够实现对其的法律规制即可。这种观点被称为"新强制处分说"①。从深层次审视这一观点,发现它涉及强制侦查措施运用中立法规制和司法规制之间的关系,两者究竟谁对于强制侦查促使运用更具影响力? 在法律授权缺位时,能否全权委托司法机关通过令状原则对强制侦查措施进行规制? 仅依靠司法规制对强制侦查措施实施所进行的个别具体判断就能够实现防止其滥用的目标? 对于这些问题,"新强制处分说"认为令状原则较之强制措施法定原则更具优势地位。当然,这一观点的成立还需要"法官独立""法官至上"等配套制度的良性运转。

日本宪法第33条和第35条限制公权力拘留或者侵入、搜查和扣留公民的住所、文件及持有物,在客观上要求公权力不得肆意

---

① 参见田宫裕.刑事诉讼法[M].东京:有斐阁,1996:72.

侵犯公民的私生活,因此,从理论上分析,这两条规定也可以视为日本宪法对隐私权干预措施运用进行法律规制的法理依据。然而,第33条和第35条明文列举的个人利益仅包括身体、住所、文件和持有物,至于侵犯隐私利益的侦查措施是否应该受制于第33条和第35条的规制,并非不证自明的。有学者结合美国法进行论证,认为"宪法第33条、第35条实质上就是在美国宪法第4条修正案基础上做少许修改的产物在解释上毫无障碍"①。也有学者认为,强制处分意味着对重要的权利、利益产生实质性的侵害和制约,隐私权是判断强制处分性的重要因素②。但这些观点终究是一家之言。对于这一问题的争议,最终在日本"GPS侦查案"的判决中得以明确③。此时,日本最高法院对宪法第35条的保护功能进行了重新解释,因此,基于宪法制定的刑事诉讼法对相关侦查措施的运用亦应有令状方面的程序要求。

对于个人隐私的保护体现了法律对于个人幸福、个人尊重的关切,在这一理念下,新型科技侦查措施的运用因干预公民的隐私权而受到关注,日本最高法院也对部分案件中相关措施运用的合法性作出了重要的判决,它们成为规制这些措施运用的重要依据。有必要指出的是,日本宪法上的隐私权内涵不仅包括防御公权力非法侵入之意义,还有保障个人信息自主之属性,因此,仅从自我

---

① 新保史生,「プライバシー権の生成と展開」,成文堂,第103页。转引自韩序.日本宪法隐私权保护探析[D].[硕士学位论文].重庆:西南政法大学研究生院,2018.

② 参见大江一平. GPS侦查中宪法第35条强制处分的权利保障案例[J].新判例解说,2017,6.转引自马玉洁.GPS搜查手段的合法性与隐私权保护[J].行政法论丛,2018,22(1):229.

③ 本案中,最高法院指出,"宪法第35条所保护的对象不限于住宅、文件及持有物……符合这些对象标准的其他私人领域,也有不受侵犯的权利"。这一断论事实上将宪法第35条的保护范围拓展到隐私权,"违反合理推定的个人意思,侵犯私领域的搜查手段,压制个人意思,侵害宪法上保护的重要的法律属于刑事诉讼法没有特别的根据就不允许的强制处分"。参见马玉洁.GPS搜查手段的合法性与隐私权保护[J].行政法论丛,2018,22(1):227.

防御的角度来解释隐私权干预法律规制的目标是不完全的。但是,由于日本宪法对基本权的客观功能强调不够,刑事诉讼领域内信息自主权的保护要求也没有完全得到承认,日本著名学者田口守一在对比德、日两国刑事诉讼中对处理个人信息方面的侦查措施的法律规制状况后指出,鉴于这方面法律规制的空白,"日本也需要从个人信息的角度探讨此问题"①。

6.3　以"二分法"为前提的法律规制

6.3.1　强制侦查措施与任意侦查措施的界分

在侦查阶段,日本刑事诉讼法中最有特色的制度设计乃是强制侦查措施法定原则和任意侦查原则。日本刑事诉讼法通过区分强制侦查措施和任意侦查措施,要求侦查人员尽可能减少和抑制侦查中强制侦查措施的运用,以避免过度或不当实施强制侦查措施而侵犯公民权利。在日本,宪制下的刑事诉讼法中强制侦查措施法定原则和任意侦查原则的立法地位是非常明确的,它们集中在《日本刑事诉讼法》第197条中得到体现②。也有学者认为,除了强制侦查法定原则和任意侦查原则之外,《日本刑事诉讼法》第197条要求"实施侦查应当遵循相当性的原则(也称"比例原则"),即实施任意侦查不能超过一定的法定限度"③。换言之,相关的措施即使不属于强制侦查措施,也会受到比例原则的约束,在采取这些措施时,必须考虑到侦查措施运用的必要性、紧急性和适当性,

---

① 田口守一.刑事诉讼法[M]:第七版.张凌,于秀峰译.北京:法律出版社出版,2019:58.

② 有日本学者对此作出解释,对于强制侦查,只要刑事诉讼法上没有具体的规定就不得执行;对于任意侦查,法律没有特别限制,即使法律没有明文规定,原则上也可以采取适当的方式进行。参见石川才显.通说刑事诉讼法[M].东京:日本三省堂,1992:106-107.

③ 彭勃.日本刑事诉讼法通论[M].北京:中国政法大学出版社,2002:66-67.

此乃任意侦查措施运用的实质性要求。

　　关于强制侦查措施和任意侦查措施的界分标准,日本主要有三种学说——"以实施者的实施手段为标准的学说""不限定侵犯法益的被处分者标准"和"限制侵犯法益的被处分者标准说"①。其中,"以实施者的实施手段为标准的学说"以实施者是否行使了直接强制的有形力判断相关措施是否为强制侦查措施,日本刑事诉讼法在传统上坚持这一观点。然而,随着新的侦查方法出现,强制侦查措施和任意侦查措施的区分标准,已转移到是否实质上侵害权利、法益的标准上。伴随着这一趋势,日本强制侦查措施的范围变得宽泛,任意侦查措施的范围相对缩小,因此,刑事诉讼中人权保障的力度较过去也有所增加。

　　在日本,任意侦查措施的运用虽然并不受限于法定原则和令状原则,但其实施也不能由侦查人员随心所欲地进行。日本最高法院在著名的判例中对任意侦查措施的运用作出限制②。从本案的审判,至少可以得出两个结论:其一,即使是行使了有形力,也可能是任意侦查措施,因为该判例事实上否定了以有形力为标准的观点,而是设置了压制个人意志和限制身体、住所、财产等两个主客观判断标准,作为强制侦查措施和任意侦查措施的界分标准。进一步地说,在这个判例中,使用有形力是压制个人意志的前提,而侵害法益一般指的是侵犯身体、住所、财产等重要权益,因此,判例中所坚持的认定强制侦查措施的标准应当为"违反个人意志＋侵害个人的重要利益"。这种观点更接近"限制侵犯法益的被处分

---

　　① 参见田口守一. 刑事诉讼法[M]:第七版.张凌,于秀峰译.北京:法律出版社,2019:53-56.

　　② 本案中,侦查人员抓住欲从讯问室离开的犯罪嫌疑人的左手腕,对此,法官认为侦查中如果使用有形力就是强制侦查措施,"即为了实现强制性侦查的目的而压制个人意志,只有根据特殊规定,限制身体、住所、财产的行为等才是被允许的手段,但该手段的必要性、紧急性,在具体状况下在适当限度内是允许的"。参见最判昭和51-3-16刑集30-2-87.转引自田口守一.刑事诉讼法[M]:第七版.张凌,于秀峰译.北京:法律出版社,2019:56.

者标准说"。其二,即使是任意侦查措施,也不是在所有的时候都是被允许行使的,任意侦查措施的实施必须满足必要性、紧急性和适当性三个要素。换言之,即便是任意侦查措施,其运用亦必须符合比例原则的要求。但是,在日本的判例中,法官并没有对必要性、紧急性和适当性的准确内涵作出过解释,它们多数时候只是给出大致的判断标准,并借助于此前的判例累积,从而形成相对容易把握的法律标准,以供侦查人员能够在事前衡量任意侦查措施实施应当坚守的界限。① 此外,日本最高法院的这一判例对于刑事诉讼中隐私权的保护亦有重要意义。这一判例明确,随着科学技术的发展,侦查人员不需要在使用有形力的情况下直接侵犯调查对象的权利特别是隐私权,因此,强制侦查措施与任意侦查措施界分的这一判断基准的转变,对于隐私权干预措施的法律规制有重要影响。

6.3.2　作为任意侦查措施的隐私权干预

对于任意侦查措施运用而言,法律没有规定特别的法律要件,但侦查人员应当尽可能采取任意侦查措施或者在相关人员同意的情况下开展侦查。任意侦查措施的运用也并不是完全不受法律限制的,任意侦查措施实施除了满足必要性和紧急性外,还必须在必要限度内以适当的方式进行。根据日本刑事诉讼相关法律及司法判例,常见的属于任意侦查措施的隐私权干预主要包括以下几种:

其一,跟踪与蹲坑守候。跟踪与蹲坑守候是侦查人员以追踪

---

① 例如,在"京都府学案"中,最高法院承认隐私权在宪法第 13 条的保障范围内,但公共道路上的个人隐私与其他私人性质场所内的个人隐私在保护程度上有所差异,侦查人员在公共道路上进行拍照的行为属于任意侦查措施,因此,"现正实施犯罪或实施后经过不久,且有保全证据之必要性及紧急性,其拍摄又非以超出一般可允许限度之相当方法属之。此种情况,司法警察所为之照相录像,其对象中,除犯人之容貌,位于犯人身边或接近被拍摄物体,而无法排除,因而同时出现第三人之个人容貌,解释上应认为不违反宪法第 13 条、第 35 条之规定"。参见日本刑事法学研究会. 日本刑事判例研究(一)——侦查篇. 台北:元照出版公司,2012:71.

被处分对象的行踪为目的的秘密侦查措施。跟踪与蹲守是在当事人不知情的状况下实施的,这一特点无疑在一定程度上违背了当事人的真实意愿,但这一措施并没有直接违背当事人的自由意志,其侵犯的也只是隐私权中较轻微的行踪隐私。在法律规定方面,日本的刑事诉讼法、刑事诉讼规则并未对跟踪与蹲守的实施设置特殊的法律要件。《犯罪侦查规范》第101条则规定,在进行侦查时,应当通过打探、跟踪、暗访和蹲守等方法,尽可能多地收集侦查资料。很明显,跟踪与蹲守在日本被认为是任意侦查措施。因此,与其他任意侦查措施一样,跟踪与蹲守的合法性判断,应当考察这一措施实施的必要性、紧急性和适当性①。

其二,任意采集尿液、血液和呼气等。在日本法中,为了确定部分与案件相关的问题,侦查人员可以提取当事人的尿液、血液和呼气等,如采集人体尿液以确定检查对象是否服用了兴奋剂,采集呼气以检测涉嫌酒驾者体内有无酒精及其含量等。尽管日本法允许侦查人员行使有形力强制采集这些生物样本,但在具体实施中,侦查人员应首先尽量劝检查对象任意提交相关的生物样本。这些任意侦查措施的实施以征得被检查对象的同意为前提。

其三,公共空间的拍照与摄像等。在日本最高法院的历史判决中,有多起案件是针对公共空间的拍照与摄像等运用之合法性争议而作出的。在前述"京都学府案"中,最高法院的法官指出,公共空间的合法的无令状拍照与摄影等必须符合:(1) 正在实施犯罪或实施经过不久,(2) 有保存证据之必要性及紧急性,(3) 手段相当性等要件才能视为合法。其中,"正在实施犯罪或实施经过不久"之要件要求明确犯罪及犯罪嫌疑人的存在,而"有保存证据之必要性及紧急性"和"手段相当性"为任意侦查措施合法运用的限制要件。此外,在"利用RVS自动速度控制器对司机的容貌进行摄像以逮捕超速驾驶者案"中,日本最高法院认为,"在犯罪正在发

---

① 参见三井诚等.新刑事程序,东京:悠悠社,2002:412.

生的情形下,从犯罪的性质和状态来看,存在紧急保全犯罪证据的必要性,并且摄影的方法有没有超过一般所容许的限度,是相当的,因此,从宪法上看也是允许的"①。这一判决为公共空间摄像的合法性判断设定了与拍照大致相同的标准。判断公共空间的照相和摄像究竟属于强制侦查措施还是任意侦查措施,决定性的因素在于"正在实施犯罪或实施经过不久"或者"犯罪正在发生的情形下"之要件是否为不可欠缺的,这一要件如果并不是必需的或者可以进行适当放宽,则公共空间的拍照和摄像等属于任意侦查措施。此后,在2008年4月15日,日本最高法院第二小法庭在"柏青哥店案"判决中,并未限定"正在实施犯罪或实施后经过不久"作为适法性要件②。根据此判决,当公民处于"必须忍受被他人观察自己容貌体型之场合",也就是本书所指的公共空间等,侦查人员所为之照相和录像仅需要符合必要性及相当性即可。因此,公共空间的拍照与摄像等属于任意侦查措施。

其四,经过一方同意的秘密录音。在日本,侦查机关能否基于一方当事人的同意,对其与他人的对话进行秘密录音,在刑事诉讼法上并没有明确的规定。日本除了在刑事诉讼法中对通信监听进行了相关规定,还制定了《通信监听法》。但是,《通信监听法》中所界定的通信监听,除了包括固定电话、移动电话之外,只包括通过电子邮件、传真等所进行的通信。在欠缺明文规定的情况下,经当

---

①　最昭和61年2月14日刑集第40卷,1号,第48页。转引自宋英辉等. 外国刑事诉讼法[M]. 北京:北京大学出版社,2011:463.

②　同时,日本最高法院还指出,"存在侦查机关足可怀疑被告人为犯人之合理理由,且前开各录影机之录像,就有关强盗杀人等案件之侦查,系为取得判断防范摄影机所摄得人物之容貌、体型等与被告人之容貌、体型等是否具有同一性,以特定犯人之必要的重要证据资料,在此必须必要限度内,拍摄步行于公有道路上之被告容貌,或在不特定多数客人聚集之柏青哥店内拍摄被告人之容貌等,均属于个人通常必须忍受被他人观察自己容貌等之场所","此等录影可谓系达成侦查之目的,于必要范围内,且依相当方法所进行,应认系合法的侦查活动"。参见日本刑事法学研究会. 日本刑事判例研究(一)——侦查篇. 台北:元照出版公司,2012:78-79.

事人一方同意在他方不知情的情况下,所实施的秘密录音究竟是否为合法的侦查措施,成为日本法学界争论的问题。在早期,多数学者认为基于一方当事人同意而对私人对话进行的秘密录音,就其谈话内容而言,一方已经自愿将其置于他方支配之下,因此,当事人不能再主张对谈话的秘密性进行隐私保护。这一观点与美国法中风险承担理论之基本精神类似①。后来也有学者指出,当事人自愿放弃的隐私保护应以当场的对话内容为限,即使对话内容可经对方记忆泄露出去,但这种自愿放弃并不意味着当事人允许对话内容被录音然后传播出去,故在未经他方当事人同意的情况下一方当事人所为之秘密录音有侵害他人隐私之实②。这一争议性问题最终在"中核派成员恐吓案"③中得到澄清。该案中,法官首先对秘密录音的性质予以评价,原则上这一行为侵犯当事人的隐私权——如果谈话中其中一方知悉对方用机械正确地录音、播放,进而可能利用其作为谈话者音质同一性证据,可以预测其当然会拒绝的情形却未赋予其拒绝之机会而予以秘密录音,或多或少会侵害谈话者之隐私乃至人格权,这是不容否认的,更遑论将这种录音作为刑事裁判的资料,基于维护司法纯洁性的观点,应慎重为之。然而,法官虽原则上认为侦查机关在他方不知情的状况下,对相关谈话进行秘密录音的行为违法,但考虑录音的经过、内容、目的、必要性、所侵害个人法益与所保护之公共利益之间的均衡等,在具体情况下若属相当者为限,应解释为可被容许。本案中,"中

---

① 参见平野龙一.刑事诉讼法[M].东京:有斐阁出版社,1958:116.

② 参见阪村幸男.盗窃·搜查法大系(三)[M].东京:日本评论社,1986:255.

③ 本案被告是在日本主张革命的共产主义同盟全国委员会(简称"中核派")的成员,为了使千叶县土地征收委员会委员A辞职,被告数次打电话到A的住处恐吓A及其妻,迫使A辞去其土地征收委员会委员之职务。最终被告人被检察方以涉嫌恐吓为由提出诉讼。本案中,一份重要的录音证据乃由其他的"中核派"成员携带窃听器对涉案人员对话秘密录音而取得的,辩护人主张秘密取得的录音是侵害隐私权、践踏令状主义的重大违法行为所收集的证据,应予以排除。参见日本刑事法学研究会.日本刑事判例研究(一)——侦查篇.台北:元照出版公司,2012:90.

核派"成员有明显的犯罪嫌疑,对包括本案被告在内的"中核派"成员的对话加以录音作为本案相关证据使用确属必要。此外,警方录音的谈话内容与在场问题有关,而不涉及个人隐私或人格权相关的私密性内容,未迫使被告发言,也未使用任何强制或诈术等手段,故而认为经过一方同意的秘密录音属于任意侦查措施①。在此后的类似案件中,日本法院对这一侦查措施的运用持大致相同的态度。还要指出的是,直接使用窃听器窃听的方法(即美国法语境下的 bugging 或者 electronic eavesdropping)直接侵犯当事人的通话隐私,但法律中并无相关规定,也无相关判例涉及该问题,因此,这一措施在日本侦查实践中并无运用的余地。②

　　其五,通信履历的保全。"通信履历"指的是在记录有关通讯的事项中,不包括通信内容的部分③。这一概念相当于前文所述的"通信形式信息""通信中的非内容信息"等概念。日本的通信履历包括"认证记录"和"存储记录"两部分。前者是电信运营方所记录保存的通信履历;后者是设置 LAN 的公司、机关、大学等所记录保存的通信履历。由于通信履历是通信企业以有偿付费的形式保留下来的,因此,各企业一般不会将通信履历保存较长时间。然而,在侦查中,从案发到侦查人员获得扣押令状,往往需要相当长的时间,这时需要通信企业首先对特定的通讯履历进行保全,以防止这些电子记录被删除。日本学界尽管普遍认为通信履历信息与通信内容信息一样都涉及个人隐私,但侦查机关对通信履历的保全却并未受到过于严苛的法律规制,这一措施被认定为任意侦查措施。根据《日本刑事诉讼法》第 197 条第 3 款和第 4 款的相关规

---

　　①　参见日本刑事法学研究会.日本刑事判例研究(一)——侦查篇.台北:元照出版公司,2012:91-92.
　　②　参见张凌,于秀峰.日本刑事诉讼法律总览[M].北京:人民法院出版社,2017:218.
　　③　田口守一.刑事诉讼法[M]:第七版.张凌,于秀峰译.北京:法律出版社,2019:146.

定,侦查机关可用书面形式要求通信企业人员在规定的 30 日内，不能删除该业务中记录的通信发信方、收件方、日期等通信过程中产生的必要内容。在此期间，如有特别需要可以延长 30 天，但要求不要删除的期间不能超过 60 天。日本的相关法律之所以如此规定，是因为通信履历的保全并不直接侵害当事人的隐私，保全请求只是进一步对电子记录进行扣押的准备行为，所以，保全请求不需要令状。但是，在对有关通信履历的电子记录进行扣押时，侦查人员只有按规定获取令状之后才能实施。

其六，经过当事人同意承诺的强制侦查措施。强制侦查措施在征得当事人同意承诺实施，其性质蜕变为任意侦查措施。根据通说，财产权、自由权和隐私权等是可以放弃的权利，只要基于被处分对象的同意承诺，侦查人员就可以进行任意侦查。但是，部分权利是处分对象不能放弃的权利，例如检查妇女身体，同时涉及处分对象的人身权和隐私权等，日本法律不允许基于妇女的同意承诺而将此视为任意侦查措施[1]；搜查住宅、建筑物或者船舶时，涉及处分对象的住宅权，日本法律亦不允许基于处分对象的同意承诺而将此视为任意侦查措施[2]。关于当事人在任意侦查中的同意承诺，法律要求保证其为当事人的真实意思，侦查人员不得采取强制要求承诺或者可能强制的态度或方法，也不能使被处分人对侦查的任意性产生怀疑[3]。

6.3.3　作为强制侦查措施的隐私权干预

在日本，强制侦查措施运用是任意侦查措施运用的例外。作

---

[1]　《日本犯罪侦查规范》第 107 条规定，不得对女子进行非强制的身体检查。但是，不是裸体的情况不在此限。
[2]　《日本犯罪侦查规范》第 108 条规定，对有人居住或者有人看守的住宅、建筑物或者船舶需要进行搜查时，即使获得居住人或者看守人的非强制承诺，也应当在收到签发的许可证后进行搜查。
[3]　参见《日本犯罪侦查规范》第 100 条之规定。

为侦查中的非正常状态，强制侦查措施的运用需要遵守法定要件的限制，同时受到令状原则的规制。根据日本刑事诉讼相关法律及司法判例，常见的属于强制侦查措施的隐私权干预主要包括以下几种：

其一，强制勘验。"用五官对场所和物品的状态进行认识，被称为勘验"①。在不能取得或者无法扣押物证的情况下，勘验允许执法人员利用感官来辨认证据的形状、特征，并制作勘验笔录以供法庭审查，其作为侦查中的强制侦查措施是非常必要的。根据《日本宪法》第 35 条的规定，勘验与搜查扣押一样，原则上都要依据令状来执行。作为例外，《日本刑事诉讼法》也允许在依照相关规定拘留犯罪嫌疑人或者逮捕现行犯等情形下，进行无令状的勘验②。应归为强制勘验的隐私权干预措施，主要包括：

一是检查身体。在日本，当勘验对象是人的身体时，也被称为检查身体，其执行方式主要有三种：一是搜查身体③；二是作为勘验的身体检查④；三是作为鉴定的身体检查⑤。由于作为鉴定的身体检查，直接关系到个人的尊严以及人身隐私，日本法在程序上对此比较慎重，对相关事项如必要性⑥、法律要件⑦、实施的注意事项⑧等进行了详细的规定。在作为鉴定的身体检查运用中，提取当事人尿液的问题曾引起广泛关注。对于这一问题的争议集中在

---

①　松尾浩也.日本刑事诉讼法［M］:上册.北京:中国人民大学出版社,2005:82.

②　参见《日本刑事诉讼法》第 220 条。

③　这一措施实施涉及当事人衣服的内侧和身体表层。参见《日本刑事诉讼法》第 102 条。

④　这一措施实施是为了确认身体的外部形状。参见《日本刑事诉讼法》第 129 条。

⑤　这一措施不仅对身体外表部分进行检查,而且对身体内部进行侵入性检查,如采集尿液、血液,提取吞咽物等,这种身体检查只能由医师等专业人员实施。参见《日本刑事诉讼法》第 168 条第 1 款。

⑥　参见《日本刑事诉讼法》第 218 条第 4 款。

⑦　参见《日本刑事诉讼法》第 218 条第 5 款。

⑧　参见《日本刑事诉讼法》第 131 条。

两方面:一是强制采取尿液是否被允许,二是采集尿液的程序。对于第一个问题,尽管有学者认为这种强制提取尿液的行为,"超出一般医学的检查范围,严重侵害被检查人的尊严,实属不能允许之举"①,但在相关判例中日本法院指出,"(基于)犯罪嫌疑案件的严重性、存在的嫌疑、该证据极为重要和取证的必要性,不存在恰当的替代手段等情况,在认为使用该手段,侦查犯罪确实属于不得已时,在正当的法律程序的基础上,对犯罪嫌疑人身体安全及其人格给予充分保证后,作为最终手段可以使用"②。上述判决成为实务中强制提取尿液的根据。既然允许强制采取尿液,那么,另外一个重要问题应当是采用何种程序实施上述行为。在上述判例中,法院还认为尿液是人体必须排出体外的没有价值的物体,因此,根据搜查扣押令状实施这一措施即可,但在具体执行中应参照人体检查的方式进行。此外,常见的作为鉴定的人身检查还包括呼气采集。呼气采集在处分对象予以同意承诺时,其性质为任意侦查措施。

二是 X 线检查快递包裹。在日本近年来一起使用 X 线检查快递包裹的案件中,法官指出"通过照射可以探知包裹里面的物品形状和材质,根据包裹物品的内容可以在相当程度上确定该物品的种类,将在很大程度上侵害发件人和收件人的隐私等,这相当于具有勘验性质的强制措施"③。这一判例的出现对传统观点和实务工作造成了一定冲击。有学者对此作出评价,"对于这种隐私权侵害的评价发生的变化,是时代的变化,反映了在高度信息化的社会中个人信息的重要性"④。

---

① 铃木茂嗣.刑事诉讼法(修订版)[M].东京:青林书院,1990:93.
② 最决昭和 55－10－23 刑集 34－5－300. 转引自田口守一. 刑事诉讼法[M]:第七版.张凌,于秀峰译.北京:法律出版社,2019:126.
③ 最决平成 21－9－28 刑集 63－7－868. 转引自田口守一. 刑事诉讼法[M]:第七版.张凌,于秀峰译.北京:法律出版社,2019:56－57.
④ 田口守一. 刑事诉讼法[M]:第七版.张凌,于秀峰译.北京:法律出版社,2019:57.

　　其二,对电子记录物(即"电子储存介质""电子设备"等)的搜查和扣押。在日本,搜查是"以发现物或人为目的,对一定场所、物或人身采取的强制措施",查封的对象则是"物证或者应当没收的物品"①。按照传统观点,搜查和查封的对象只限于有形物,对话、信息或者电子记录(即我国所称的"电子数据")等无形物不在搜查和扣押的范畴之内。但是,现行的《日本刑事诉讼法》允许对电子记录物进行搜查和查封,尽管电子记录物可储存大量的信息,但电子记录本身并不具有有形性,因此,搜查和查封的对象是否还局限于有形物,在目前的日本法上是一个具有争议性的问题。搜查和查封运用中,一般会涉及诸如人身权、住宅权和财产权等多种权利,隐私权亦属于搜查和查封中经常被侵害的权利。日本有学者指出:"对物的强制处分的目的既然是取得有关被疑事实、公诉事实的情报,那么最终的被制约利益就是隐私。此外,现行的刑事诉讼法中规定了搜索、勘验的强制处分,体现了对隐私保护的价值。"②如果按照这一逻辑,搜查和查封属于隐私权干预并无疑义。但是,对相关有形物所进行的搜查和扣押是传统的侦查措施,其运用中亦无须借助新型技术手段即可完成,它们并非本书所说的"隐私权干预"。本书在此仅讨论日本法中对电子记录物的搜查和扣押的相关规定。

　　关于电子记录物的搜查和扣押,在 2011 年《日本刑事诉讼法》修改时,为了应对计算机信息技术高度发达时代的犯罪,法律对电子记录物的搜查和扣押,创设了新的侦查程序。相关的内容包括:(1) 查封电子记录物的执行方式③。电子记录物中存储着大量的信息,如果简单地查封该记录物,可能将与案件无关的其他信息一

---

　　①　田口守一.刑事诉讼法[M]:第七版.张凌,于秀峰译.北京:法律出版社,2019:110.

　　②　绿大辅.日本侦查程序中的强制处分法定主义[J].国家检察官学院学报,2014,22(2):173.

　　③　参见《日本刑事诉讼法》第 110 条之二。

起查封,并对信息提供者的经营造成重大影响。因此,法律允许在签发电子记录物查封令状时只收集特定信息的查封执行方式。此时,扣押执行人可以采取一定措施替代整体扣押电子记录物的执法方式,即由扣押执行人或者扣押处分对象将电子记录物中的电子记录复制、印刷或者转存到其他记录介质上,然后再扣押该记录介质。(2)附带记录命令的查封①。2011年《日本刑事诉讼法》创设了这一措施,其要求在必要时,可以命令电子记录的保管人和其他有权利用电子记录的人,将有必要获取的电子记录存储或印刷在记录介质上并扣押该介质。之所以规定这一措施,是由于计算机系统越来越复杂,由侦查人员自己对电子记录进行操作,还不如让系统管理者操作更为有效,同时也有利于保护计算机系统。(3)从计算机联网记录媒体的复制②。在需要扣押电子计算机时,从经通信线路与该计算机连接的记录介质,可以把电子记录复制在该电子计算机或其他介质上,然后扣押该电子计算机或者该记录介质。这一措施运用主要涉及计算机的远程访问权,这是属于计算机利用者的权限,这种权限并不会因对计算机采取相关的强制措施,而自然转移到侦查机关那里,因此,法律作出了这方面的规定。(4)要求电子记录物被扣押者提供协助③。当前计算机技术越来越复杂,侦查机关在任何情况下都自己执行搜查和扣押许可证,大部分会在执行上出现困难,这样不仅可能花费大量的时间,而且对被处理者造成的损失也会越来越大。因此,法律规定对电子记录进行搜查扣押时,可以要求被处分者给予协助。《日本刑事诉讼法》对电子记录进行搜查扣押设立了新的侦查程序,有论者指出,它与旧的制度相比显然是一大进步,特别是"刑诉法承认了替代扣押的处分,实质上更加贴近了扣押电子记录这种无形信息

---

① 参见《日本刑事诉讼法》第99条之二。
② 参见《日本刑事诉讼法》第219条第2款。
③ 参见《日本刑事诉讼法》第111条之二。

的特殊性"①。

其三，通信监听②。通信监听的对象是正在"进行的通信"。实践中，日本的侦查机关也经常监听嫌疑人通过计算机进行的通信，典型的例子就是截取电子邮件。但是，对于已经存储起来的电子邮件，侦查人员只能选择以搜查和扣押的方式收集相关的通信信息。现今的日本判例虽然认为，"监听通信侵害个人的通信秘密，是侵害他人隐私的强制措施"③，但受到美国法的影响，在很长一段时间内日本判例并不将通信监听作为一项独立的侦查措施。采这一观点的根据主要是，通信监听通过听觉认知通信内容并进行记录，由于这一措施是基于五官的作用而进行认知的，所以其性质类似于勘验，实务中侦查人员可以基于勘验令状实施通信监听④。直到 1999 年，《日本刑事诉讼法》增设了第 220 条之二，其规定"未经通信双方当事人任何一方的同意而实施监听通信的强制处分的，依照其他法律规定实施"。此处的"其他法律"指的就是《通信监听法》。该法在制定后经过多次修改，目前成为日本对通信监听进行规制的最重要的法律。《通信监听法》主要从适用案件范围⑤、监听

---

①　田口守一. 刑事诉讼法［M］：第七版. 张凌，于秀峰译. 北京：法律出版社，2019：148.

②　根据《通信监听法》（全称为《关于为犯罪侦查而监听通信的法律》）第 2 条第 2 款的规定，"监听是指对于正在与他人之间进行的通信，为了知晓通信的内容，不经通信当事人任何一方的同意而接收通信的行为"。

③　最决平成 11 - 12 - 16 刑集 53 - 9 - 1327. 转引自田口守一. 刑事诉讼法［M］：第七版. 张凌，于秀峰译. 北京：法律出版社，2019：130.

④　北海道旭川警局本部司法检察官，对于姓名不详的犯罪嫌疑人，因为反麻醉药品取缔法的案件，向旭川简易法院法官申请勘验处分许可令以实施通信监听。本案中，被告律师主张通信监听并无相关的法律依据，违反日本宪法第 21 条第 2 款、日本宪法第 31 条，以及日本刑事诉讼法第 91 条第 1 项但书的规定，旭川地方法院和最高法院均驳回了被告的主张。参见日本刑事法学研究会. 日本刑事判例研究（一）——侦查篇. 台北：元照出版公司，2012：335.

⑤　1999 年的《通信监听法》中，监听适用的案件，包括毒品犯罪、枪支犯罪、集团偷渡罪和有组织杀人四种。2016 年该法修订时，又增加了新的案件类型，包括：(1) 涉及杀人伤害的犯罪；(2) 涉及非法拘禁、绑架、诱拐的犯罪；(3) 涉及盗窃、抢劫、诈骗、敲诈勒索的犯罪；(4) 有关儿童的涉嫌犯罪，并且符合该犯罪的行为是由事先约定分工的团伙实施的。

令状的要件①、监听的程序要件②和监听的实施③等方面对监听进行规定。在监听令状的要件中,法律明确规定通信监听是在使用其他方法进行侦查十分困难时才允许使用。因此,通信监听是最后的、迫不得已才允许使用的侦查措施。此外,在 2019 年施行的《通信监听法》中,还补充规定了通过密码技术和信息技术等实施的通信监听的相关内容,这些规定使得日本通信监听的形式与时俱进地得到了扩充。

其四,GPS 侦查。GPS 侦查指的是侦查人员在调查对象不知情的状况下,将 GPS 终端安装在当事人车辆上,不间断获取其位置信息以确定其行踪的侦查措施。GPS 侦查同样以掌握调查对象的行踪为主要目的,但它在运用中借助先进技术设备,导致其投入资源、表现形式和获取信息等明显不同于跟踪和蹲守,实务中早就有相关案件的争议。将 GPS 侦查视为任意侦查措施的观点认为,GPS 侦查只不过是利用机械的手段作为辅助方法而实施的跟踪。也有观点认为,GPS 侦查侵害的隐私权,是被跟踪对象的重要利益,应当视为强制侦查措施④。直到 2017 年 3 月 15 日,日本最高法院才首次对于未取得法院令状而采取 GPS 侦查的措施作出违法判决⑤。这意味着,GPS 侦查被认为是强制侦查措施。日本最高法院指出,这一手段"违反合理推定的个人意思,侵犯私领

---

① 包括犯罪嫌疑的要件、盖然性的要件和补充性要件。

② 监听令状的请求权人是检察官或者司法警察,签发权人是地方法院的法官。

③ 包括监听的时间、见证人、禁止监听的内容(犯罪嫌疑人为了委托他人处理业务,而与医生律师等人员的通信不允许被监听)等。

④ 参见田口守一.刑事诉讼法[M].第七版.张凌,于秀峰译.北京:法律出版社,2019:124-125.

⑤ 在本案中,侦查人员怀疑被告人是共犯,为了了解共犯组织性的有无程度及被告人在组织内的作用,在未取得搜查许可令的情况下,秘密地对被告人、共犯被告人的熟人使用可能性很大的共计 19 辆汽车安装 GPS 终端,在手机画面上可以显示这些车辆的位置。从 2015 年 5 月 23 日到 12 月 4 日约 6 个半月的时间内,侦查人员多次连续地获得这些车辆的位置信息,从而掌握到相关行踪状况。参见马玉洁.GPS 搜查手段的合法性与隐私权保护[J].行政法论丛,2018,22(1):226.

域的搜查手段,压制个人意思,侵犯宪法上重要的法益","伴随着对个人行动持续性、网罗性的掌握……这一点和用肉眼或相机拍摄来掌握公共道路上的位置不同,伴随着公权力对私领域的侵犯"①。此外,最高法院还援引宪法第35条,认为该条所保护的对象不限于公民的住所、文件及持有物,符合这些对象标准的其他私人领域也不受侵犯。因此,GPS侦查虽然没有刑事诉讼法上的运用依据,但其在性质上属于强制侦查措施,侦查人员应当基于令状而实施。

关于GPS侦查实施中应基于何种令状实施,根据上述判例的观点,GPS侦查可以使用有条件记载实施期间和方法等内容的勘验令状。但有学者认为,如果勘验令状附加了许多条件,将有损其统一性,这也是违反正当程序的,对此,应通过立法的方法加以解决②。在日本理论界有关GPS侦查措施的法律性质,有学者遵循任意侦查措施和强制侦查措施区分之脉络,提出了二分法的思考,认为GPS侦查至少包括两种形式:其一,跟踪辅助手段型;其二,情报记录存储型③。GPS侦查如果作为跟踪手段实施属于任意侦查措施,而用作全面性、持续性掌握当事人的行踪则是强制侦查措施,两者适用宽严程度不同的法律规制方式。在本书看来,有关GPS侦查的这一分类的标准是浮动的,侦查机关实施GPS侦查容易以跟踪辅助手段为名而行情报记录储存之实,进而规避强制侦查措施法定主义原则的拘束。因此,最妥善的方式是由法律进行特别授权,允许侦查机关基于特殊令状而实施这一侦查措施。

---

① 马玉洁.GPS搜查手段的合法性与隐私权保护[J].行政法论丛,2018,22(1):227.

② 参见田口守一.刑事诉讼法[M]:第七版.张凌,于秀峰译.北京:法律出版社,2019:125.

③ 吴焕阳.遥控无人机作为侦查手段之适法性探讨[D]:[硕士学位论文].台北:政治大学法律学系,2021:72.

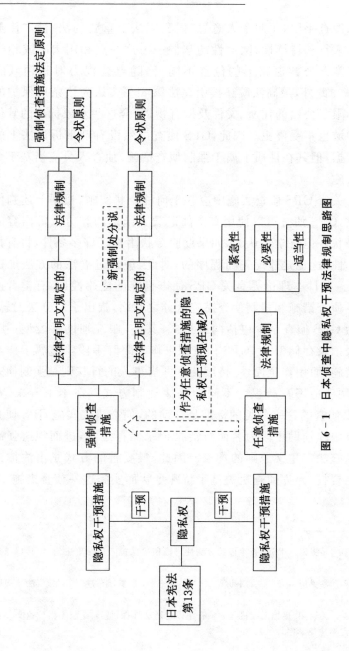

图 6 – 1　日本侦查中隐私权干预法律规制思路图

第七章

四国侦查中隐私权干预法律规制
比较分析的基本结论

从上文的梳理来看,隐私权干预措施种类繁多、性质复杂,各国对隐私权的认识与保护程度存在差异,对隐私权干预措施运用的法律规制也没有统一的样板。下文对上述国家隐私权干预法律规制的异同进行比较分析。

7.1 四国侦查中隐私权干预法律规制的暗合

7.1.1 承认宪法在隐私权干预法律规制中的基础地位

宪法作为国家之根本法,与刑事诉讼法之间的关系极为紧密。一方面,宪法对公民基本权保障的规定,成为各国刑事诉讼立法中人权保障的直接依据。另一方面,刑事诉讼法进一步具体化宪法对公民基本权保障的要求,将宪法保障人权之精神内化为刑事诉讼的价值导向和具体规则。在隐私权干预法律规制方面,四国宪法同样发挥着基石性的作用。

从隐私权入宪的方式来看,四国宪法均未直接出现相关条款直接对隐私权保障进行规定,但这并不影响它们已经在宪法上确立隐私权独立地位的实际状况。在美国,借助于"伴影理论",人们推导出隐私权受到多条宪法条文保护的结论。此外,美国宪法上的隐私权更接近于大陆法系国家中的一般人格权。在英国,虽然没有成文宪法,但《欧洲人权公约》作为英国法的宪法渊源,为隐私权保障提供了宪法的根据。英国首次承认隐私权的独立地位是在近些年的"莫斯利案"中,但现阶段英国已逐渐缩小了与美国、欧陆国家在隐私权保护方面的差距。在德国,人们基于《德国基本法》第 1 条和第 2 条的规定推导出隐私权,从而实现对隐私权的宪法保护。此时,隐私权是作为一般人格权的具体化而存在的。在这一点上,日本与德国相似,日本宪法上的隐私权也是依托于基本人格权条款(日本宪法第 13 条)推导而来的,隐私权保障作为"尊重个人""追求幸福的权利"的具体化要求而存在。因此,在隐私权的内涵上,美国宪法中的隐私权要略宽于德、英、日三国宪法上的隐私权。但是,无论是作为类似于一般人格权的隐私权,还是作为一般人格权具体展开的隐私权,它们在刑事诉讼领域都以抵制公权力介入私生活为宗旨。

从隐私权干预的具体法律规制来看,各国宪法及判例都对相关的法律规制制度产生了重要影响。在美国,宪法第 4 条修正案赋予公民不受不合理搜查和扣押的权利,因此,第 4 条修正案与隐私权干预的法律规制产生了紧密联系:一是第 4 条修正案适用确定的"隐私合理期待"判断标准及其例外原则,直接框定隐私权干预措施的范围,凡是在射程范围内的隐私权干预措施都被认为是搜查;二是合理搜查的标准成为判断隐私权干预措施实施是否合理的标准,只有按照第 4 条修正案的要求实施隐私权干预措施,才不构成对公民权利的侵犯。在英国,警察的执法行为除了由不断累积的判例进行规制外,多由内政部颁布的内部规则进行规制,但面对在欧洲人权法院审判中经常处于败诉地位的窘境,英国不得不持续地对警察执法行为(包括隐私权干预措施在内)进行成文化的立法。在立法过程中,由于《欧洲人权公约》认为干预公民隐私的正当化事由应当符合法律保留、正当目的和比例原则,因此,这些原则对英国隐私权干预措施运用的立法亦发挥了重要作用。在德国,隐私权是"人性尊严""人格自由"的具体化表达,属于基本权的范畴,因此,隐私权干预法律规制遵循着基本权合宪性审查的路径。进一步言之,德国的隐私权干预措施运用分别受到法律保留原则和比例原则在形式上和实质上的拘束。在日本,强制侦查措施与任意侦查措施的划分,是隐私权干预法律规制的制度前提。作为强制侦查措施的隐私权干预,其法律规制受到日本宪法第31条和35条之拘束,强制侦查措施法定原则和令状主义原则成为规制这类隐私权干预措施运用的基本原则。作为任意侦查措施的隐私权干预,其运用受到宪法判例之拘束,这些措施亦不可无度或者无限地运用,只有在满足必要性、紧急性和适当性的情况下,运用这些措施才是合法的。

　　从宪法救济来看,宪法诉讼制度能够为受隐私权干预措施违法侵害的当事人提供救济途径。在上述四国,隐私权基于其宪法权利的地位,能够防御和抵制国家发动的违法侦查。如果侦查人员违法实施隐私权干预措施,其性质即为侵犯公民基本权的行为,也就是所谓的"宪法性侵权行为"。此时,权利受侵害的当事人可以申请法院对隐私权干预措施运用进行合宪性审查,法院在听取控、辩双方意见后,独立判断隐私权干预措施实施是否违法。确属违法实施的,法院会依据法律、先例或者相关原则裁定是否排除通过违法隐私权干预措施运用所收集的证据及其衍生出来的其他证据。对于法院作出的裁定不服时,权利受到侵害的当事人还可以提出上诉。可见,四国通过相关的程序性制裁措施,以宪法性救济的方式赋予刑事诉讼最坚实的宪法基础。当然,权利受到侵害的当事人还有权在本案刑事诉讼结束后,提起民事或者行政诉讼要求赔偿损失。在具体的宪法救济制度上,四国还是存在一些差异的。如在德国和英国,权利受害者可以在本国司法系统中提出宪法诉讼,也可以直接向欧洲人权法院提起诉讼,但美国和日本的权利受害者只能向本国司法系统寻求帮助。再如,德国有专门的宪法法院,相关案件可由当事人直接向宪法法院提起,这一诉讼遵循独立的宪法诉讼程序。美国、英国、日本没有德国意义上的宪法法院,其违宪审查附带于普通诉讼中,不存在脱离普通诉讼的违宪审查。除了违宪审查主体以及是否具有独立程序外,四国诉讼制度的差异还表现在审查的范围、政治问题介入等方面①。

7.1.2 隐私权保护范围和隐私权干预措施外延均持续扩大

自隐私权的概念产生以来,隐私权的内涵和外延就处于不断发展的状态。隐私权保护的范围也随着这一趋势持续变化。在传统意义上,隐私权保护的内容主要涉及公民的住宅、人身不受侵犯,公民的通信秘密得到保护等。但是,现阶段单纯地主张住宅、人身以及通信秘密不受侵犯,已经难以全面保护公民的隐私权。此时,隐私的内涵和外延更加丰富,各国法律亦通过扩大解释扩张隐私权保障客体的范围。因此,四国纳入法律规制的隐私权干预措施亦愈来愈多,并且显示出一些共同的趋势。

其一,对空间隐私涉及范围与空间隐私干预形态的认识变化。近代以来,人们比较注重个人的独立性,即个体要求享有一定的独立活动空间。这一阶段,隐私权主要表现为个人对其私人生活领域所享有的自主控制权。在传统的隐私观念中,人们普遍认为住宅是空间隐私的集中体现。基于对住宅这一隐私空间的维护,人们可以保持彼此之间的差异,抗拒公权力或者他人任意支配、干涉其生活。因此,上述四国的法律都禁止执法人员违法实施搜查,同时还设置了相关制度对这些违法行为进行制裁。但是,随着技术手段的发展,执法人员无须物理性地侵入住宅,也可以探知住宅内的个人活动情形,如执法人员通过秘密监控、红外线探测等方式获知住宅内的个人隐私。此时,执法人员运用这些措施并不需要事前征得当事人的同意,当事人甚至处于完全不知情的状况,法律也难以通过围绕搜查设置的规制制度对这些执法行为实施形成有效

---

① 关于这些国家宪法诉讼制度的具体差异比较,可参见马岭.德国和美国违宪审查制度之比较[J].环球法律评论,2005,44(02):154-165.

的约束。目前,美、英、德、日均将这些利用新型技术设备实施的类似执法行为,认定为侵犯空间隐私的侦查措施,并且对其予以特别的法律规制。除此之外,公民对空间隐私的预期已经从单纯的住宅扩展到其他一些私密的空间,如个人租住的房间、临时公寓、宾馆房间等。也就是说,执法人员通过有形或无形的方式侵入上述空间的干预行为,都被纳入了法律规制之中。但是,目前德国从宪法判例中确定了 IT 基本权,对相关隐私利益进行保护,其他三国尚未直接确立这一权利。因此,在虚拟空间隐私保护方面,德国暂时领先于其他国家和地区。

其二,通信隐私干预法律规制的覆盖范围愈来愈大。当前,新的通信方式已经拓展到电话、短信、传真、电子邮件、网络通信软件等方面。与此同时,执法人员也会运用非传统手段,获取有关当事人的通信隐私情况。由于通信隐私在传统隐私保护中已经得到最大限度的重视,人们普遍能够接受通信隐私是隐私保护核心领域的观点。因此,在通信方式急速变化的情况下,四国迅速将法律规制的覆盖范围扩展到通过非传统方式所实施的通信监控上。还要提及的是,传统的侦查法律规制主要关注的是获取通信内容信息的执法行为,而如今多国已经认识到通信形式方面蕴蓄的信息亦属于通信隐私。此时,一些已经将法律规制的范畴扩展到通信形式信息的获取上。当然,四国在通信形式信息保护的力度上还存在一定的差异,对于获取公民通信形式信息的执法行为,美国和日本所进行的法律规制力度还比较薄弱。

其三,活动隐私的独立性得到承认,部分干预活动隐私的侦查措施开始受到法律规制。人们生活的空间是多样的,空间的法律意义多由人们活动的目的及内容赋予,因为法律应当保护的不是地点而是人们的活动。在传统观点看来,庭院、道路等公共空间不存在隐私预期或者较高的隐私预期,因此,执法人员对当事人在上述空间的活动情况所进行的观察、窥视、偷听等无须受到法律的规制。但是,随着隐私保护实践的发展,人们开始认识到即便是在公共空间,个人活动完全暴露在大庭广众下,个人也需要一定的隐私保护,特别是在执法人员可以利用特定设备持续性地对当事人的活动情况进行监控与探知的情况下。从上述四国的相关法律和判例来看,它们均已经承认对活动隐私进行保护的必要性。即便是传统上坚定支持"公共暴露理论"的美国,也开始在 2012 年"琼斯案"的判决中认定,放置 GPS 装置监控车辆行踪的执法行为属于美国法中的搜查。英、德、日等国亦有对活动隐私干预进行法律规制的判例。对活动隐私干预法律规制最严格的当属德国,《德国刑事诉讼法典》明确规定对住宅外的监控(包括监视与监听)和长期观察实行法律授权制度,并且为其运用设置了实体和程序要件。英国通过考虑相关设备运用是否存在秘密性和预先性、有无针对特定的个人或者人群以及能否获得个人信息等因素,来判断干预活动隐私的执法行为是否属于直接监控,但对于这类直接监控措施的实施,英国并不像德国一样实行司法授权制度,英国的执法人员仅基于内部行政审查批准即可实施相关的直接监控行为。综上所述,美、英、德、日四国在规制活动隐私干预措施的范围和程度上还存在着差异,对诸如公共空间视频监控、人脸自动识别技术和车牌自动识别技术等运用的争议仍在持续性地发酵。

其四,认识到个人数据信息与隐私之间的紧密关联,开始对部分信息隐私干预措施进行法律规制。个人数据信息作为信息社会的典型标识和产物,使得隐私权的内涵再次丰富。因为一旦放任人们任意地收集、使用个人数据信息,将置个人私生活和人格尊严于时刻被侵犯的危险境地。个人数据信息本身具有一定的私人特性,多数情况下其与公共利益和他人无涉。对于如何保护个人数据信息这一问题,德国在制度设计中赋予信息主体对于个人数据信息的知情利用、控制利用和支配权,这一权利即为信息自主权。信息自主权同样是由《德国基本法》第 1 条和第 2 条推导出的,它已成为德国基本权体系中的一部分。因此,《德国刑事诉讼法典》对计算机排查侦缉、数据比对、拉网缉捕、DNA 数据库建立与使用等大数据侦查措施进行了明文规定,并且对这些措施实施设定了严格的程序限制。英国由于此前签订了部分欧盟公约,也在一定程度承认信息自主权的地位,然而在刑事诉讼中,该国对大数据侦查的法律规制几乎处于空白。美国、日本则仍倾向于从隐私的角度对个人信息进行保护。这些不同导致了四国在大数据侦查法律规制的覆盖范围和严宽程度方面的巨大差异。但是,除了日本以外,其他三国法律均对涉及 DNA 这一私密个人信息的数据库建立和运用作出了规定。

其五,关注人身隐私的保护,并对相关措施进行了法律规制。在传统刑事诉讼中,以身体为载体,人们更多关注的是对人身自由权的保护,诸如在审前羁押中对人身自由的剥夺与限制等问题。然而,"人身自由之概念无法完全涵盖个人私生活之全部,即使只是讨论有关身体之和谐或身体完整性,亦非人身自由所可完全取代"①。在隐私权产生以后,人们认识到人身亦为隐私权的保障客体之一。实务中,执法人员为了获取物证对人身所进行的人身搜查、人身检查,或者侵入人身所进行的血液采集等,都涉及对人身隐私的侵害。在人身隐私保护方面,上述四国没有太多的争议,诸如人身搜查、人身检查、生物样本采样等措施都受到了严格的法律规制。特别要指出的是,英国法对人身隐私干预实施的法律规定极为细致,不仅将身体隐私处搜查、脱衣搜查从人身搜查中独立出来进行规定,还在生物样本采样中区分了隐私性样本采样和非隐私性样本采样的差异。这些规定主要在 1984 年《警察与刑事证据法》及其实施规程中得到了体现。

7.1.3 判例法对隐私权干预法治化的过程影响深远

上述国家,在隐私权干预措施法治化的进程中,基于各自的法

---

① 参见廖福特. 从欧洲人权法院 Stock 及 Buck 判决看其对德国法院之冲击[J]. 欧美研究,2011,41(3):773.

律传统与实际情况,在其所倚重的法律规制形式方面是存在差异的。这些差异主要体现为,究竟是倚重制定法还是判例法,以及两者在隐私权干预措施法治化过程中的地位和作用。在美国,联邦最高法院关于隐私权干预措施运用所作的裁判,成为日后隐私权干预措施运用以及进一步制定成文法的依据。基于诸多案件所形成的判决,美国不断对"隐私合理期待"进行宪法解释,与时俱进地实现对隐私权干预措施运用的法律规制。对部分隐私权干预措施而言,判例法甚至成为其实施的唯一法律渊源。英国虽同为判例法国家,但由于在很长时间内缺少宪法保护隐私权的配套制度,且地处欧洲受到欧洲人权法院审判的压力,主要通过制定成文法促进隐私权干预措施的法治化。但是,美、英两国没有专门的刑事诉讼法典,因此,针对隐私权干预措施合法化所制定的法律都属于专门立法,无论是美国 1986 年《电子通信隐私法》、2015 年《自由法》等,还是英国 2000 年《侦查权力规范法案》、2016 年《侦查权力法案》等。在德国与日本,它们主要通过对刑事诉讼法典原有内容进行修改或者增补,从而实现隐私权措施干预的法治化。这种通过修改刑事诉讼法典实现隐私权干预措施合法化的做法,与其刑事诉讼的法律渊源有关。德国、日本虽然也会就部分隐私权干预措施进行专门立法(如日本《通信监察法》),但这些专门立法制定时,刑事诉讼法典也会进行相应的修订,从而使得隐私权干预措施的法律依据都在刑事诉讼法典中得到体现。

要注意的是,无论各国隐私权干预措施的法治化过程主要通过何种形式实现,都不能忽略判例法在这一过程中的作用。由于法律条文存在安定性与滞后性,立法中已经存在的关于隐私权干预措施运用的法律规定,并不总能符合实践要求,甚至在很多情况下立法难以及时回应人们对于隐私权干预进行法律规制的期待。此时,只有允许司法创制,才能及时弥补法律的形式缺陷而满足人们的诉求。司法创制主要通过审判形成的司法判例来推动隐私权保护,以此最大限度缓解个人隐私利益扩张与法律安定性、滞后性之间的矛盾。隶属于判例法法系的美国,在这方面有得天独厚的优势。多年来,美国积累了大量关于隐私权干预措施运用的判例。这些判例成为今后法院判决类似案件的依据,也成为拘束侦查机关日后运用隐私权干预措施的先例,它们不断完善人们对"隐私合理期待"的理解,也持续性地为确定隐私权干预措施的新种类提供标准。在英国,欧洲人权法院就英国国内隐私权干预措施运用所作出的司法判例,对于英国出台相关的专门立法影响深远,很多欧盟法的精神和要求实质上内化为英国国内法中的具体规定。即便是典型的大陆法系国家德国,其国内有关隐私权干预措施运用的司法判例,对于日后相关立法的影响也是巨大的。曾经一段时间,德国实务中隐私权干预措施大量运用,但它们主要是通过警察部门的内部规范加以规制的,这些内部规范总体上比较简单、模糊,对隐私权干预措施实施的要件规定得比较宽松。因此,简单的内部规范难以满足对隐私权干预措施运用进行约束的需要,公民的相关权利也难以得到有效保障。此时,德国司法实务中屡有关于隐私权干预措施运用的司法判例,它们暂时填补了成文法规制隐私权干预措施运用的缺陷。此后,德国国会通过迅速地立法,对新的隐私权干预措施进行特别授权。可见,这些司法判例推动了德国成文法的立法发展。在日本,司法判例的影响力也不容小觑,部分隐私权干预措施的性质——究竟是强制侦查措施还是任意侦查措施,执法人员必须在相关司法判决中寻找答案。总之,判例法在隐私权干预措施法治化过程中发挥的影响极其重要,在很多方面弥补了成文法制定和实施中的不足。

　　当然,这并不意味着大陆法系成文立法的局限性无法得到避免。实际上,大陆法系国家的法律解释对于保障法律适用效果亦有重要意义。法律具有概括性和抽象性,其一经制定就已经确立了法律思想,并且和立法者脱离了关系。法律适用以法律解释为前提,法律适用效果离不开法律解释的充分展开。在隐私权干预法律规制领域,对于既有条款进行合法合理的法律解释,能够持续将新兴的侦查技术或措施纳入规制范畴。比如,1992 年德国就在《德国刑事诉讼法典》中规定了关于监控、跟踪的特别授权条款,当时侦查实务中德国警方运用 GPS 装置进行跟踪定位的措施并不普遍。但此后警察通过 GPS 装置进行跟踪定位时,其仍然能被有关监控、跟踪的特别授权条款所涵盖,进而对警察运用这一措施形成规制。而无论德国联邦宪法法院还是欧洲人权法院,均不认为那些授权条款有违反法律明确性的问题,这也体现了德国法优良的立法技术对于法治运行效果的助益。

7.1.4 通过事前授权和事后审查对隐私权干预进行司法规制

上述四国在对隐私权干预进行法律规制时,都将司法权作为制约侦查权的重要途径。这一制度实现的前提是司法独立。英国学者夏普洛曾言,司法独立是程序方面精心的设计,它"既无强制,又无意志,而只有判断"①。在司法独立的前提下,由超然中立的法官,对隐私权干预措施的运用进行审查判断,以此保障隐私权干预实施的合法性和合理性。

在事前司法授权方面,美国的"卡兹案"确立以隐私利益保护为中心的宪法第 4 条修正案分析方法,公权力只要对具有合理隐私期待的场所、物品等进行搜查,就须取得法官的令状。法官在决定是否颁发令状时,还必须对搜查对象、时间、范围等进行"特定化"的限制,将其可能对公民隐私造成的损害降到最低。在英国,传统法治虽然能够坚持司法授权原则,要求涉及限制人身自由的侦查措施必须在持有令状的情况下才能实施。但是,英国刑事诉讼中司法授权的范围并没有覆盖所有对公民重要权利造成侵害的措施。在很长时间内,关于秘密监控等隐私权干预措施的运用,英国采用行政审查的方式交由执法机关自己对这些措施能否实施进

---

① 汉密尔顿,杰伊,麦迪逊.联邦党人文集[M].程逢如,在汉,舒逊译.上海:商务印书馆,1980:391.

行审查。英国的这一做法一直为人诟病。但是,2016 年《侦查权力法案》颁布以来,英国调整了通信监控的审查方式,它改变了纯粹的行政审查方式,开始将行政审查和司法授权相结合的"双锁机制"运用于通信监控的令状签发。因此,在司法授权方面,英国亦开始朝着其他欧陆国家的通行做法迈进。在德国,传统上对基本权干预的法律规制是通过事前制定成文法的方式实现的。在相关的成文法中,会对基本权干预措施实施的法律要件和具体程序等作出详细的规定,这使得相关基本权干预措施的实施有法可依。在 20 世纪中期以后,德国开始借鉴英美法系国家特别是美国的一些做法,将司法授权制度引入德国的刑事诉讼中。目前,德国将几乎所有的隐私权干预措施纳入司法授权的范围,其授权范围远超其他国家。在日本,司法授权所要求的令状主义,在日本宪法第31 条中有据可循。因此,获取令状成为作为强制侦查措施的隐私权干预运用的基本前提。此外,《日本刑事诉讼法》还专门规定了"特定化令状"应该记载的内容以及制作要求等。

就事后司法审查方面,四国都会对涉嫌违法实施的隐私权干预措施进行事后审查,以程序性制裁作为公民隐私权保障的刚性制度。因此,针对违法隐私权干预措施运用的非法证据排除制度在四国刑事诉讼中均有体现。在美国,违反宪法第 4 条修正案实施的隐私权干预措施获取的证据,适用非法证据排除规则。在英国,对于违法实施隐私权干预措施所获得证据的处理方式,是证据制度的重要组成部分。在德国,刑事诉讼法典并未明确规定排除违法隐私权干预措施运用所获取的证据,但在实践中,法院可以根据侵犯隐私权的严重程度和惩罚犯罪的公共利益予以权衡[①],以决定是否排除相关的证据。在日本,受美国法的影响,已经确立了非法证据排除制度,但其内容还不及美国完善。但是,四国排除非

---

① 参见弗洛伊德·菲尼等.一个案例,两种制度:美德刑事司法比较[M].北京:中国法制出版社,2006:314-315.

法证据的内在逻辑和法理依据存在一些差别。美国非法证据排除的法理依据是"司法纯洁性理论"和"吓阻理论",特别是"吓阻理论"最为人们所重视。"吓阻理论"认为,抑制非法取证的最佳方法,就是宣告非法获取的证据不具有可采性,并予以强制排除,因此,美国司法实践中对非法证据排除的执行力度较为强硬,不仅排除非法证据,还排除非法证据衍生出的其他证据(即"毒树之果")。在英国,对于违法隐私权干预措施运用所获得的非法证据,总的原则是"由法官自由裁量处理,即非法证据能否排除由法官权衡司法公正与公民权利后作出决定"①。之所以采用这一方式,是因为英国有重视实体真实和维护实质正义的司法传统,英国著名的法学家边沁就认为,"证据乃正义之基石,排除证据即排除正义"②。英国普通法的传统也认为,法官最应当关心的是如何公正审判,而不是警察取证的方式。换言之,"不管你是如何得到的证据,即使是偷来的,也可以作为证据采纳"③。所以,在对待非法证据的态度上,法官更关注证据本身的真实性。在德国,法官对非法证据的绝对禁止使用,适用于侦查人员违反法定原则采取暴力或欺骗手段所进行的非法扣押行为所获得的证据,以及侵入公民"亲密领域"而获取的证据。除此之外,德国法院作出采纳或排除非法证据的决定,主要依据对被告人隐私权侵害和所犯罪行严重性之间的利益权衡来作出,因为德国主流观点以"利益权衡理论"和"公平审判理论"作为非法证据排除的法理依据④。在日本,对于隐私权干预措施运用获得的证据,审判中认定非法证据时坚持正当程序原则

---

① 李明.秘密侦查法律问题研究[M].北京:中国政法大学出版社,2016:116.

② 转引自王兆鹏.搜索扣押与刑事被告的宪法权利[M].台北:翰芦图书出版公司,2000:82.

③ 杨宇冠.非法证据排除规则研究[D]:[博士学位论文].北京:中国政法大学研究生院,2002.

④ 参见许乐.德国与美国刑事证据排除规则衍生史及制度构型比较研究[J].陕西师范大学学报(哲学社会科学版),2012,41(2):163.

标准,在获取程序方面存在问题的证据,都会被认为是非法证据。但在决定是否排除非法证据时,却受限于职权主义的理念,多由法官裁量是否排除相关的非法证据。

7.1.5　比例原则实质精神在隐私权干预法律规制中发挥着重要作用

刑事诉讼法所规定的隐私权干预措施是为了保护公民权利为目的而动用的恰当手段,隐私权干预措施的强度必须反映案件的严重程度等,"大炮打麻雀""牛刀杀鸡"等是对比例原则的严重违法。比例原则的精神在相关国家的隐私权干预措施法律规制中皆能见其踪影。比例原则起源于德国警察法领域,此后其得到德国宪法的承认,成为立法、行政和司法中,对公共利益与私人利益之间关系进行衡量的工具。当前,德国法中比例原则的解释与适用被不断细化,成为控制权力运行的重要理论和实践工具,并对世界其他国家产生深远影响。从大陆法系国家有关强制侦查措施运用的法律要件的规定来看,其基本精神就在于把强制侦查措施的实施限制在必要的限度内,防止侦查权对公民权利造成过度的侵犯。英美法系国家证据法中的证据标准——"合理怀疑""相当理由"和"清楚而令人信服"等,也在很大程度上体现着不同强弱的强制侦查措施分情况适用的比例原则要求。此外,美国还"以数个对公民财产权干预强度依次递增的措施构成对于物强制处分的体系"[①]。通过上文考察可以发现,在隐私权干预法律规制的制度设计中比例原则占据重要地位,它成为美、英、德、日四国立法设计和司法审查中,促使或者判断隐私权干预法律规制合理性的基准。

---

①　在美国的刑事诉讼中,追诉机关除了要收集犯罪证据,还可以针对实施特定犯罪活动的行为人申请刑事没收。于是在既有的扣押之外,还确立了诸如限制令、未决诉讼提示等措施,这些措施的实施要件和效力各不相同,在财产权干预的程度上也形成了差别性的权利干预体系。参见方柏兴.对物强制处分的功能定位与结构重塑[J].北京理工大学学报(社会科学版),2019,21(1):149.

从立法规制来看,《德国刑事诉讼法典》中有关比例原则的表述较多,如隐私权干预措施运用时,"对于特定案件""以其他方式查清案情或侦查被指控人所在地可能十分困难或无望""当查清案情或侦查犯罪行为人所在地采用其他方式可能收效甚微或十分困难时""必须与查清犯罪事实的重要性之间构成适当的比例"等。对于这些表述,有人将其总结为"重罪原则""最后使用原则"等。从司法规制来看,在德国基本权干预的合宪性审查中,比例原则被明确为基本权干预的实质合法事由。

与比例原则在德国起源和发展的清晰脉络形成反差的是,曾经有不少人对美国法中是否适用比例原则存有争议。现阶段,更多的学者倾向于承认美国法存在比例原则的源流[①]。理由包括:一是在世界范围内,美国是最早通过司法权审查包括立法权在内的所有公权力的国家,这一权力制约机制的起源是著名的"马伯里诉麦迪逊案"(Marbury v. Madison)[②],它最终确定了美国三权分立的政治体制。二是美国宪法比其他国家宪法更注重自由主义,从自由主义的角度来看,对公权力进行是否合乎比例的审查符合美国法治的内在逻辑。但是,美国司法实践中不存在德国式的"三阶式审查",美国式的审查主要运用比例原则中的必要性原则或者均衡性原则判断搜查和扣押是否具备合理理由,因此,比例原则也对美国隐私权干预措施运用的实践产生了积极影响。在英国,受到《欧洲人权公约》及欧洲人权法院审判的影响,目前已围绕着隐私权干预的法律规制形成了比较完备的成文法。相关立法中诸如"为了预防或侦查严重罪行""执法活动的规模和范围与所察觉的犯罪或损害的严重性和程度之间取得平衡"等,与比例原则有关的表述比较多见。另外,无论是司法专员还是内政大臣,在进行司

---

① 参见蔡宏伟.作为限制公权力滥用的比例原则[J].法制与社会发展,2019,25(6):136.

② See 5 U. S. (1 Cranch) 137(1803).

法授权和行政审查时,都要求将必要性和均衡性作为审查执法行为是否合法的实质要件。其中,必要性和均衡性之要求实为比例原则的精神内核。在日本,立法上强制侦查措施和任意侦查措施的划分,实质上就是比例原则的体现,其目的在于区分不同强度的侦查措施,以用于不同的案件情形。当然,即使是任意侦查措施,其运用也不是在任何时候都被允许的,必要性、紧急性和适当性是对任意侦查措施运用的基本要求。此外,日本刑事诉讼法中亦确定了司法审查制度,比例原则亦成为法官判断侦查措施运用合法、合理与否的重要标准。

比例原则之所以在四国隐私权干预法律规制中发挥如此重要之作用,概因隐私权干预措施的运用以及法律规制都涉及一个重要问题——公共利益与公民隐私利益之间的冲突与权衡。由于隐私权干预措施运用涉及当事人的隐私利益,只有出于实现正当的公共目的,才允许运用隐私权干预措施。此外,隐私权干预措施的运用应以必要为限,应防止给公民隐私权施加与公权力行使目的不相适应的限制或者负担。因此,只有将比例原则的精神实质彻底贯彻于隐私权干预法律规制的整体环节中,才能真正落实刑事诉讼中人权保障之目标。

7.2　四国侦查中隐私权干预法律规制的差异

7.2.1　对隐私权干预法律规制总体思路的理解存在差异

公民的基本权为各国宪法所承认,刑事诉讼法中对公民基本权的限制和保障的规定实际上是对宪法基本权保障要求的具体化。刑事诉讼法对基本权保障的细致表述与宪法上的权利保障条款,共同构建起公民基本权保护的规范体系。侦查中隐私权干预措施的运用直接关涉公民的隐私权,相关的法律规制本质上属于公民基本权规范体系中的内容,它们必然体现着各国宪法之精神价值。上述四国宪法虽然分享着人权保障、权力制衡、司法独立等共同价值,但这些宪法之间存在的差别也是明显的。譬如有学者就指出,"尊严是德国宪法的价值灵魂,而自由是美国宪法的价值灵魂"①。不同国家宪法深处的精神价值差异,对各国隐私权干预法律规制产生了重要影响。

在德国,以"人性尊严"为基础的基本权,实际上存在着两个功能面向——主观功能和客观功能。基本权的客观功能要求国家机关应当在其行使权力的过程中,实现基本法规定的基本权所欲实现的法治秩序。这意味着,国家机关必须承担一种责任,即尽可能地创造出良好的社会环境或者条件来保障权利的实现。为此,国家机关成为公民实现其基本权的保障者②。正是基于基本权客观功能之要求,德国法对隐私权干预规制的覆盖范围和规制强度在世界上首屈一指。在立法规制方面,德国法中明确规定的隐私权干预措施种类极为多样,实践中广泛运用的隐私权干预措施,如计算机排查侦缉、数据比对、拉网缉捕、住宅外的监视、往来数据获取、DNA 数据库建立与使用等,都在《德国刑事诉讼法典》中作出了详细的规定。这些隐私权干预措施的运用几乎与电信监控一样,有着相当强度的程序限制。在具体的法律规制中,部分隐私权干预措施运用不仅须遵循一系列干预公民权利的传统原则,比如令状原则、比例原则等,同时还须遵循个人信息保护的基本原则,比如数据的有限使用、及时删除以及接受数据保护部门的监督等。在司法规制方面,德国法中几乎所有的隐私权干预措施运用都适用司法审查。从事前司法授权来看,除了数据比对外的其他隐私权干预措施运用,德国法均要求将法官授权作为其特殊的法律要

---

① 马平.尊严与自由:宪法的价值灵魂[J].环球法律评论,2010,32(1):154.

② 比如,《德国基本法》第 10 条所保障公民的通信隐私权。根据规定,只有在三种情况下,通信隐私权才可被限制:自由的民主政体受到威胁,联邦国家的存在受到威胁,联邦州的存在受到威胁。由于这一规定完全有效,不让公民受到非法监听就成为联邦政府及其下属部门以及情报机构源于宪法的责任。

件,因此,这些隐私权干预措施应当在法官批准令状的基础上适用。在紧急情况下,隐私权干预措施运用亦可由检察官审查授权,但这种授权必须在事后得到法官的确认。从事后司法审查来看,德国法中隐私权干预措施在性质上属于基本权干预,需要在事后经过基本权干预的合宪性审查。可见,德国试图通过对隐私权干预的法律规制,促进公民人性尊严的实现以及自由人格的成长与发展。

美国宪法受到英国宪法影响较大,其诞生是在反抗英国殖民统治成功,并且独立建国之后。此时,美国先贤制定宪法的主要目的在于限制政府权力,试图把最大限度的自由留给人民,这与德国宪法将关注焦点置于对人性尊严的保障上有所不同。从功能来看,美国宪法中的基本权缺少德国宪法中基本权的客观功能面向。在这样的情况下,美国宪法秩序追求的最高价值始终是自由,而自由是私人面向的消极退守的领域,它规划着人们可以独处而不必受政府权力干涉的图景,因而在本质上缺乏向外伸展的张力。这些不同的理念对刑事诉讼法中的规则产生了深刻的影响,导致两国在隐私权干预法律规制的范围、强度等方面出现了分歧。在隐私权干预法律规制的内在精神实质上,德、美两国虽然都将人权保障作为最重要的目的。但是,美国在这一过程中偏向于保护公民的自由以及相关的私人领域,"美国宪法法律中基本权利理论与实践的发展说明,它关注的是布兰代斯所主张的'独处权',而不是任何发展才能或特征的权利"①。如前所述,美国对隐私权干预的法律规制主要以宪法第 4 条修正案为依据,第 4 条修正案本身规范的是传统意义上的搜查或者扣押,虽然在实践中发展出"隐私合理期待"作为权利保障范围的判断标准,但联邦最高法院在规制隐私权干预措施时始终保持一定的谨慎。近年来,联邦最高法院在司法判例中曾援引马赛克理论,一旦将马赛克理论纳入宪法第 4 条

---

① 马平.尊严与自由:宪法的价值灵魂[J].环球法律评论,2010,32(1):156.

修正案的具体适用中,能够在很大程度保证公民隐私免受现代隐私权干预措施的侵犯。但是,联邦最高法院至今不愿意过多地扩张宪法第 4 条修正案所保护的隐私利益范围,导致部分隐私权干预措施被排除在宪法第 4 条修正案的规制之外。以信息隐私预为例,联邦最高法院现有的判决中缺少类似的判例,虽有成文法(如《电子通信隐私法》等)能够对信息隐私保护起到一定作用,但该法主要关注对通信信息和交易记录信息的保护,对侦查机关利用其他数据信息实施的隐私权干预措施规制力度不够。这与已经确立了信息自主权,并基于这一权利对相关侦查措施设置了法律规制制度的德国不可同日而语。

英国和日本的宪法精神亦对本国隐私权干预的法律规制产生了重要影响。英国本是一个没有成文宪法的国家,《欧洲人权公约》在英国扮演着宪法的角色。欧洲人权法院和英国法院的共同职能之一,就是审查英国有哪些法律、判决与《欧洲人权公约》的规定相违背。在法治传统上,英国以判例法为基本特征,这与《欧洲人权公约》中对法治形式上的要求有所违背,而且在很长一段时间内英国不承认隐私权的独立地位,导致在欧洲人权法院作出的判决中英国经常性处于败诉的地位。但是,随着这些年的发展,英国将《欧洲人权公约》第 8 条作为本国隐私权保护的宪法条款,并对其所规定的"私人及家庭生活"作出了相当广泛的解释。目前,英国已经对绝大部分隐私权干预措施的法律规制进行了专门的立法。在日本,于明治维新之后开启的法律现代化进程受德国影响颇深,但在"二战"之后,日本又开始在美国的主导下重构法律制度。因此,日本的宪法及宪法所保护的隐私权中有不少美、德两国的印记于其中。和美、德一样,日本宪法并未直接规定隐私权,但围绕日本宪法第 13 条所形成的判例,确定了隐私权的宪法地位。日本宪法上的隐私权虽然兼具美、德两国的特色,但并非为两者的直接产物。在吸收他国隐私权保护精神的过程中,日本的宪法传统对于造就现阶段的隐私权干预法律规制面貌也有重要作用。在性质上,日本将隐私权干预措施划分为强制侦查措施和任意侦查措施,两者对应着不同的法律规制要求。除此之外,日本在司法审查中,还一直坚持司法谦抑主义的态度,以避免司法权蚕食本应属于立法领域的权限。在涉及隐私权干预法律规制的案件中,日本最高法院一般只是就具体案件中的具体执法行为进行分析,通过论证其究竟属于强制侦查措施还是任意侦查措施,进而明确相关的法律规制要求。因此,日本法中对活动隐私和信息隐私的保护亦比较保守。

7.2.2　不同隐私权干预措施法律规制的强度、密度存在差异

上述四国,比较明显或者共通的做法是对空间隐私干预、通信隐私干预和人身隐私干预作出了比较完备或者独立的规定。但是,这并不意味着各国对于上述隐私权干预措施内涵和性质的认识是一致的。比如,四国对通信隐私干预的内涵界定存在明显的差异。此外,对活动隐私和信息隐私的保护需求是伴随着监控技术、信息技术等的发展而新近出现的,四国对于干预活动隐私和信息隐私的侦查措施进行规制的范围和密度存在较多不同。下文主要对四国在通信隐私干预、活动隐私干预和信息隐私干预的法律规制方面的差异进行分析。

在通信隐私干预方面,随着通信技术的进步,通信方式的外延获得了极大的拓展。对于这一趋势,四国立法者都积极主动地进行了回应。如美国在 1986 年《电子通信隐私法》中,将通信隐私的外延扩展至电子通信中的隐私;英国在 2000 年《侦查权力规范法案》中使用"通信截取"这一富有弹性的概念,意图涵盖各种形式的通信方式;德国在刑事诉讼法的修改中,将此前的"电话监听"改为"电信监控";日本在《通信监听法》中,明确通信包括"其他电气通信"。在通信隐私干预的法律规制方面,这些国家存在的最大差异体现在两方面:一是通信隐私的涵盖范围;二是不同种类通信隐私干预措施的法律规制强度。在通信隐私涵盖范围方面,美国法中

通信隐私涵盖的范围最广,除了包括通过相关媒介所进行的联络与交流外,还将当事人之间的口头谈话作为通信隐私的构成部分。这一情况有别于其他三个国家。概因其他三个国家均将获取当事人口头谈话的行为单列为窃听,使其与通信监控区别开来。未将口头谈话窃听与通信监控区别开来的主要原因是,美国法根据是否存在隐私合理期待去判断隐私权保护的范围。所以,无论是口头的直接对话,还是通过媒介所进行的有线或者电子通信,均对当事人合理的隐私期待造成了侵犯。因此,无须将口头谈话窃听从通信监控中独立出来。然而,其他三个国家在进行相关立法时,所秉持的观念是如果通信必须借助于第三方提供的媒介而进行,那么交流内容的保密就依赖于提供通信媒介的第三方承担的保密义务而实现。如果第三方不承担这一义务,就会导致对话内容丧失秘密性,进而对当事人的隐私造成侵害。可见,其他三国对通信隐私干预进行法律规制的主要目的在于,对由第三方提供通信媒介的通信活动给予特殊的法律保护①。在不同种类通信隐私干预措施的法律规制强度方面,上述四国之间也存在着明显差异。一般来说,各国对于干预通信隐私的执法行为,都从内容和形式进行了划分。如美国法中将通信隐私干预所获取的信息分为内容信息和信封信息,进而区分出两种不同干预强度的执法行为。英国法中通信监控至少包括通信截取和通信数据获取,通信截取中包括对通信内容数据的获取,而通信数据实际上是指除通信内容数据之外的其他通信特征。德国法除了对电信监控进行规定外,还对通信数据获取、通信记录获取等内容进行了专门授权。在日本,《通信监听法》中监听的对象只能是"正在进行中的通信",至于有关通信的电子记录物,执法人员只能以搜查和扣押的方式获取。相关国家法律对通信隐私干预涉及的具体执法行为做了此种区分,意

---

① 参见江舜明.论通讯保障及监察法第三条之立法妥当性[J].法学丛刊,2005,50(3):107.

味着这些国家可能会对不同的通信隐私干预措施的法律规制进行有差别地对待。实际上，英、德、日三国制定不同的法律条文对具体执法行为分别进行规范，它们之间的法律规制强度大体上差别不大。但是，美国法基于风险承担理论认为，信封信息所蕴含的隐私合理期待程度较低，甚至完全不存在隐私的合理期待，因此，执法人员获取信封信息的授权程序的门槛非常低，执法人员只需要持法院命令即可实施上述行为。当然，直到近几年，这一情况才在"卡彭特案"判决中出现变化。

在活动隐私干预方面，主要涉及在公共场所对公民活动情况进行监控的执法行为。传统上，各国普遍对人力跟踪、拍照、录像等监控行为持宽容的态度，法律对其进行的规制较为宽松或者根本未将其纳入法律规制的范畴。之所以出现这样的倾向，是因为立法者考虑到这些行为侵犯公民隐私的程度比较轻微，即便是在部分执法活动中，执法人员会借助相关的技术设备来提升监控的效果，但这种效果的提升并非质上的飞跃。如在德国，传统观点就认为，侦查机关无须特别的授权，就可以对公民的活动进行监控，包括在监控过程中使用录像机，由于这种监控行为侵犯的权益比窃听谈话要更轻微一些，因此，只需根据刑事诉讼法中对于警察职权的概括授权条款即可实施[①]。在日本，法律将跟踪、蹲坑守候以及公共空间的拍照、录像等作为任意侦查措施，其运用受到较宽松的法律规制。在这一问题上，美国和英国也在很长时间内认为，公民在公共空间的活动不具备合理的隐私期待，因而不承认公共空间的隐私应当得到法律的保护。所以，从总体上看，四国的法律一般将涉及活动隐私的执法行为留给侦查人员自由裁量运用。然而，随着监控技术设备的更新换代，当它们运用于公共空间监控时，大幅提升了执法人员获得私人活动信息的感知能力和记录能

---

① 参见托马斯·魏根特.德国刑事诉讼程序[M].岳礼玲，温小洁译.北京:中国政法大学出版社,2004:127-128.

力。在这样的情况下,德国首先改变了既往的认识,通过相关的成文法或者判例法,对科技设备辅助下的监控运用进行了法律规制。在 1992 年修改刑事诉讼法时,德国法增加了对侦查人员运用"住宅外的监控"的特别授权条款。此后,德国立法者认为"长期观察"也侵犯了当事人的活动隐私,因而在刑事诉讼法中对其进行了特别授权。英国和日本的立法或者判例中也有这方面的体现。然而,在活动隐私保护方面,美国的步伐却略显滞后。在美国的"琼斯案"中,联邦法院虽然承认对个人在公共场所的活动进行长期监控,会侵害个人的"隐私合理期待"。但是,该案之后第一个涉及执法人员利用定位系统收集公民私人信息的案件——"美国诉格拉汉姆案"(United States v. Graham)①中,地方法院却拒绝使用"琼斯案"的协同意见书中所倡导的马赛克理论进行分析。"格拉汉姆案"的法官认可了马赛克理论,但他们也看到了联邦最高法院五位大法官对马赛克理论所持的保留态度,认为政府执法人员实施的监控行为,只有在少数情况下才构成宪法第 4 条修正案下的搜查。此外,在联邦最高法院的判例中,根据本书所查阅的资料,直到现在为止也未见有关人脸识别技术、车牌自动识别技术等运用合法性的判决,只是有极少州在本州的立法中,对这些执法行为实施进行了禁止或者限制。因此,从总体上看,美国法对活动隐私的保护力度要弱于其他国家在这方面的努力。

在信息隐私干预方面,随着信息技术的发展,执法机关逐渐重视个人数据信息在获取犯罪线索和证据方面的作用,并且形成了形式多样的大数据侦查措施。然而,此前各国刑事诉讼法所预设的侦查法律规制情景并非数据时代的,后诞生的大数据侦查最开始并未被各国法律所规制。此后,随着人们对数据信息以及信息

---

① "格拉汉姆案"中,当警察取得被告的手机后,被告要求警察不得查看手机的历史定位记录。被告主张,如果这些历史数据被组合到一起,警察就能勾勒出他过去所到之处的行踪隐私。See 846 F. Supp. 2d 384(D. Md. 2012).

隐私认识的深入,不同国家基于各自对隐私权和个人信息的理解,开始通过不同方式对大数据侦查进行宽严有别的法律规制。在美、英、日三国,法律规制的重点是个人数据信息获取的过程,同时,美、英两国还对执法机关 DNA 数据库的建立和运用进行了规定。但是,上述三国在一定程度上对执法机关获取其他数据信息的存储、分析以及运用采取听之任之的做法。在美国,人们坚持在宪法第 4 条修正案的隐私保障框架内审视大数据侦查,人们虽然可以在"隐私合理期待"的外延中推导出信息隐私在第 4 条修正案的保护范围内,但美国仍无法对大数据侦查施加整体有效的法律规制。这与美国法仅关注个人数据信息保护中的核心区域(涉及隐私权的部分),而对其他个人数据信息保护持放任的态度有关。例如,有学者就认为大数据侦查未涉及宪法第 4 条修正案,因为它"并没有侵入隐私,由于它把绝大多数私人信息都过滤了,这还防止了情报官员或其他人阅读这些信息……仅靠电子搜寻对隐私的侵犯不会超过一只训练用来嗅察非法毒品的狗,尽管一只狗'警觉'某个箱子中有毒品存在,就提供了相当理由以便一个(人工)调查者来搜查这个箱子"[①]。在英国,以 DNA 数据库运用为例,很长时间内英国法对存储公民 DNA 的法律限制程度很低,导致其获得比德国联邦刑事侦查局或者其他欧洲国家的数据库中多得多的 DNA 数据[②]。英国的 DNA 数据库样本范围虽然在经历欧洲人权法院判决的"S 和马珀案"败诉后有所限缩,但直到 2012 年,英国的《保护自由法案》才对指纹和 DNA 样本的保留、使用和销毁等作出了规定。然而,英国成文法或者判例法未见其他更多的关于大数据侦查运用的规定。日本刑事诉讼法中,几乎没有大数据侦查的相关规定,其国内著名的学者主张日本应当像德国一样,从个

---

① 理查德·波斯纳. 并非自杀契约——国家紧急状态时期的宪法[M]. 苏力译. 北京:北京大学出版社,2010:98 - 99.

② 参见汉斯-格·阿尔布莱西特. DNA,侦查程序和安全忧虑. 樊文译[EB/OL]. http:// http://www.iolaw.org.cn/showArticle.aspx?id=2488,2020 - 8 - 19.

人信息保护的角度探讨该问题[①]。反观之下,自 1997 年起,《德国刑事诉讼法典》就对 DNA 分析在刑事诉讼中的运用作出了明确规定。此后,在《德国刑事诉讼法典》中还增加了对计算机排查侦缉、数据比对和拉网缉捕等运用进行规制的相关内容。可见,上述国家在大数据侦查法律规制的力度上表现出较大差异。造成这一现象的根源在于,不同国家对大数据侦查干预权利的类型有着不同的判断。在德国,隐私权被认为是一般人格权在私生活领域上的具体化,大数据侦查虽然涉及隐私权但不仅限于隐私权,因此,德国针对执法活动中经常性涉及个人数据信息的问题,在本国宪法精神之下创制了信息自主权,并将它们视为基本权而纳入"个人领域"予以保护。此时,根据新创制的基本权,德国能够将大数据侦查涉及公民个人数据信息的收集、储存、分析和销毁的全环节的执法行为视为权利干预,进而将其纳入法律规制的轨道。

还应当澄清的是,美国法上的"信息隐私权"和德国法上的"信息自主权"之间的关系。对于这一疑义,一般认为信息隐私权强调并非所有个人信息皆是个人所欲维持的隐私;信息自主权在于彰显有关个人信息的利用依赖于自主决定。对此,国内有学者指出,在对信息隐私进行保护时有两种模式:美国等国家采取的是狭义的信息隐私保护模式,将隐私权界定为对秘密信息的保护;德国等国家采取的是广义的信息隐私保护模式,将隐私权界定为对信息的自我控制权[②]。但是,应当思考的是在对公民信息隐私进行保护时,是否能够完全放任他人对公民纯粹个人数据信息的收集与使用呢?答案是否定的。因为当对大量纯粹个人数据信息进行分析和使用时,仍可能揭露发掘公民的隐私。在这样的困境下,本书认为德国对大数据侦查的法律规制更为合理。

---

①　参见田口守一.刑事诉讼法[M].第七版.张凌,于秀峰译.北京:法律出版社出版,2019:58.

②　参见向燕.搜查与隐私权保护[D].[博士学位论文].北京:中国政法大学研究生院,2009:219.

经过以上对比可以发现,虽然过去在世界范围内,人们都愿意将美国联邦宪法第 4 条修正案,作为探求法律自由主义精神的指南予以"膜拜"。但从现状来看,在诸如通信隐私、活动隐私和信息隐私保护方面,美国对相关侦查措施的规制程序似乎并不如德国严密。也应看到的是,美国宪法第 4 条修正案的反复适用,实际上是公共利益与个人隐私之间不断对垒的战场。换言之,美国刑事司法系统对于政府执法活动的法律规制,会随着社会环境的变化而发生改变。自 2001 年的"9·11"事件以来,美国整体刑事司法运行都偏向于支持维护国家安全和打击控制犯罪。因此,对部分隐私权干预措施的运用也较为宽容,美国是否会与时俱进地加强对部分隐私权干预措施的法律规制,值得人们进一步关注。

7.3 启示

本章主要从立法规制和司法规制两个角度,对美、英、德、日刑事诉讼中隐私权干预法律规制的情况进行了介绍。这些国家中有的是英美法系国家的代表,有的是大陆法系国家的代表,有的是混合法系国家的代表,它们关于隐私权干预法律规制的状况在世界范围内具有一定的典型性,反映着世界范围内隐私权干预法律规制的现状及发展趋势。相关的域外经验对我国侦查中隐私权干预法律规制的完善有重要启示。

启示一:隐私权作为一项新兴的公民权利,起初都是基于法院对于宪法的解释而确立的,由此可以看出宪法释法机制的重要性。

四国所保障的作为基本权之一的隐私权,在各国的宪法中都没有直接明确地表述。但是,各国宪法法院、最高法院抑或欧洲人权法院,通过宪法解释以及作出的有关判例,使得隐私权能够在宪法基本权体系中得到确立和发展。这些具有先例拘束作用的宪法判例划定出隐私权保护的范围,并在适应社会现实需要的基础上,使得隐私权的内涵呈现出一定的扩展性。四国还分别确立了特色各异的隐私权保护的价值体系,这些价值体系实际上是相关司法判例的原则性指南,它使得各国的隐私权保护发展能够维持连贯稳定。

启示二:刑事诉讼中人权保障的内容应当与宪法中基本权体系的动态与发展相适应。四国由于已经在宪法上确立了独立地位的隐私权,因此必然会重视侦查中隐私权干预措施运用的法律规制。

对于法治国家而言,宪法对刑事诉讼法发挥着重要影响,刑事诉讼法立法与实施状况成为宪法权利保障的"试金石"。在刑事诉讼中,尊重和保护基本权的重要体现之一,是无论时代发展中侦查措施的外在形态与具体功能如何,只要执法部门实施可能侵害公民基本权的行为,就应当对其进行法律规制。实际上,在侦查措施的进化发展中,"这些新型侦查手法,已不是技术上能不能执行,而是法律上是否容许及法律要件如何设计的问题"①。在这样的背景下,隐私权干预法律规制的重要性进一步凸显。从四国隐私权干预法律规制的状况来看,各国都根据各自的法治传统和现行制度,对相关的措施进行了各具特色的法律规制,其核心在于与时俱进地落实刑事诉讼法关于人权保障的规定,特别是德国的相关做法在这方面有较强的标杆意义。举一个简单的例子,警察过去在侦查中原本是以肉眼进行跟踪的,这一侦查行为一般不需要法律的特别授权。此后随着侦查技术的发展,警察在跟踪中大多会进行拍照。然而,跟踪中的拍照、录像这一行为是否需要法律的特别授权成为立法者必须面对的问题。虽然,从其他国家的立法中很难发现相关条文,但《德国刑事诉讼法典》关于"监控、跟踪"的法律授权中明文允许侦查人员进行拍照、录像,还规定"当侦查对象是重大犯罪行为时,使用特别为观察之目的的一定的其他技术手

---

① 王士帆.网络之刑事追诉——科技与法律的较劲.政大法学评论,2015,47(3):343.

段",进而早在 2004 年就将 GPS 跟踪纳入法治。之所以出现这种状况,原因在于德国立法者认为作为一个法治国,执法人员的行为应当受到完整、全面、详细的法律规范,尽量减少执法中的自由裁量、恣意妄为等因素。正因为如此,德国立法在详细程度上要超越其他本书所考察的国家。近些年,德国法对侦查科技发展所衍生出来的对于传统刑事诉讼规则的质疑逐一审视,从传统侦查措施和新型侦查措施运用的每一个环节及其这些措施涉及的基本权角度出发,找准刑事诉讼规范不足之处以及应予调整的方向,据此通过立法修订或者宪法解释明确新型侦查措施应用的基本要求,使之符合法律保留原则比例原则等宪法之要求,这样一种侦查法治发展思路给各国做出了极好的借鉴。

启示三:从法律规制的方式来看,四国都将立法规制与司法规制相结合,从而构建隐私权干预法律规制的具体制度。

鉴于各国宪法与刑事诉讼法之间的密切关系,宪法对基本权类型、保障范围与审查标准的认定成为侦查立法的前提。对基本权体系的认识与接纳程度不同,相应的基本权干预的法律规制程序设计也未必一样。但是,各国对于隐私权干预的法律规制,都从立法规制和司法规制两个角度展开。在立法规制方面,四国或是对刑事诉讼法典中的有关内容进行修改,或是对隐私权干预措施的运用进行专门立法。这一过程中,法律的明确性、可预测性等法律保留原则的要求得到了体现。在司法规制方面,各国通过隐私权干预措施实施前的司法授权以及实施后的司法审查,实现了司法权对隐私权干预措施运用的规制。司法审查所产生的判例还有先例拘束之功能,它们也能够对日后隐私权干预措施的运用形成制约。

启示四:比例原则成为隐私权干预立法规制和司法规制实现的重要理论和实践工具。

比例原则虽然于德国被明确提出,但这一原则的精神实质在其他国家的隐私权干预法律规制中均有体现。这一原则作为衡量侵害公民个人利益与公共利益之间关系的理论和实践工具，重点在于限制公权力对公民施加超过公益目的本身的侵害，其运用是刑事诉讼中人权保障内在要求的体现。比例原则在隐私权干预的立法规制和司法规制中均有重要功能。特别要提到的是，德国长时间地探索推动隐私权干预措施的法治化，形成了一套自成体系的理论和实践规则。由于我国在法律传统上与德国有一定的相似性，德国的经验对于我国隐私权干预法律规制的完善意义重大。

第八章

我国侦查中隐私权干预
法律规制的现状及分析

我国侦查实务中亦采取多种隐私权干预措施收集相关的线索和证据,但侦查机关几乎所有关注点都置于隐私权干预措施运用的方式和方法上,而对隐私权干预法律规制的问题略显冷漠。下文首先介绍我国侦查中隐私权干预措施运用的现状,在此基础上分析我国隐私权干预法律规制存在的问题及其相关的原因。

8.1 我国侦查中隐私权干预措施运用的现状

8.1.1 我国侦查中隐私权干预措施的行为样态梳理

8.1.1.1 空间隐私干预措施

空间隐私包括物理空间隐私和虚拟空间隐私。这里的物理空间隐私,主要指的是私人空间。私人空间对于个人隐私意义非凡,各国一般都禁止他人在未经允许的情况下对私人空间实施侵入、窥视等行为。国内相关的实证研究也表明,无论有无利益驱动,私人空间都被中国公众视为敏感隐私。[①] 但是,各国对私人空间范

---

① 参见吴标兵,许和隆等.中国公众隐私敏感度实证研究[J].南京邮电大学学报(社会科学版),2015,17(3):82-90.

围的认定未必相同。在本书看来,私人空间除了包括个人所有的住宅外,也包括其租住或使用的非本人所有的房屋等,公民在这些场所内的隐私都应该受到法律的保护。侦查中,空间隐私干预措施主要包括对私人物理空间中当事人相关活动所进行的窥视、监视、窃听、拍照或录像等,或者直接侵入私人虚拟空间提取、分析相关电子数据等侦查措施。① 在我国,侦查中干预空间隐私的侦查措施主要包括:

其一,私人空间监控。私人空间监视和私人空间监听并称为私人空间监控。在很多情况下,私人空间监视和私人空间监听是结合在一起进行的。私人空间监控,虽然从字面上可以理解为针对私人空间所进行的监控,然则,这些措施运用的目标事实上指向特定场所中人的活动、自然对话等,它使得当事人的私生活安宁受到重大侵害。私人空间监控与通信监控存在区别。私人空间监控主要运用微型录音机、麦克风监听器等技术设备,秘密获取当事人在私人空间正在进行谈话的内容,这些谈话内容是以空气为媒介进行传播的;通信监控的对象则是当事人通过电线、无线电波或者

---

① 搜查是典型的空间隐私干预措施,但这一措施是传统的侦查措施,其实施通常无须借助现代科学技术设备进行。法律对这一措施的法律规制,主要是在保护当事人住宅权的基础上实现的,因此,本书并不将其列入隐私权干预措施之范畴。还要注意的是,在我国侦查实务中,存在一种秘而不宣、外界知之甚少的侦查措施——密搜密取,其内涵指的是"侦查人员在不为侦查对象发觉的情况下,对重大犯罪嫌疑人的住所、工作场所或可能隐藏犯罪痕迹、物证、赃款赃物等罪证的场所、地方进行秘密搜索检查,以发现和获取鉴定比对样本的物证材料和犯罪证据的一项秘密性侦查措施"(马海舰.侦查措施新论[M].北京:法律出版社,2016:576-577.)。密搜密取实施的核心要求是,秘密地从私人空间中获取痕迹、物品而又不为对方所察觉,其目的是发现与犯罪有关的痕迹、物证,或者密取鉴定样本供技术部门比对。这种搜查在没有被搜查人、被搜查人的家属、邻居或者其他见证人在场的情况下实施,对当事人的私人空间隐私造成的侵害极为严重。关于侦查机关运用密搜密取的法律依据,有人认为是现行《人民警察法》第16条的规定,但目前并没有配套法律明确"技术侦察措施"的范围和适用条件程序,而"技术侦察措施"是否等同于《刑事诉讼法》规定的"技术侦查措施"也存在争议。因此,可以认为密搜密取的运用并无明确的法律依据。对于这一问题应该引起高度重视。

信息网络等媒介传播的谈话内容。私人空间监控运用的法律依据是《刑事诉讼法》第 150 条。

其二,虚拟空间隐私干预。虚拟空间隐私干预主要指的是提取具有高度私人性质的电子设备和个人"云空间"中电子数据的侦查措施。在我国现行法律体系中,这一措施属于电子数据取证之范畴。《刑事诉讼法》并未专门为规范电子数据取证作出规定,但司法解释和部门规章承认其独立性。[①] 其中,《关于办理刑事案件收集提取和审查判断电子数据若干问题的规定》是司法解释,《计算机犯罪现场勘验与电子证据检查规则》《办理刑事案件电子数据取证规则》为部门规章。《办理刑事案件电子数据取证规则》作为《关于办理刑事案件收集提取和审查判断电子数据若干问题的规定》的细化,将电子数据取证的具体种类进行了具体规定。[②] 在我国,《刑事诉讼法》规定的法定证据种类包含电子数据,由于这些侦查措施运用中均涉及电子数据的获取,上述司法解释和部门规章就将相关措施在"电子数据取证"下集中进行规定。

8.1.1.2　通信隐私干预措施

在我国,侦查中干预通信隐私的侦查措施主要包括:

其一,通信监控。通信监控的对象是当事人的通信内容。当前,通信信号传播形式主要有两种:一是借助电线、无线电波的传播;二是借助网络环境和信息技术的传播。根据通信传播的两种形式,形成了两种通信监控手段:(1) 电话通信监控。包括有线电话监控和无线电话监控。有线电话监控是在有线通信线路、通信设备上安装窃听装置截获通话内容的通信监控;无线

---

① 如 2005 年公安部颁布的《计算机犯罪现场勘验与电子证据检查规则》、2016 年最高人民法院、最高人民检察院和公安部颁布的《关于办理刑事案件收集提取和审查判断电子数据若干问题的规定》以及 2019 年公安部颁布的《办理刑事案件电子数据取证规则》等都直接以电子数据取证为规范对象。

② 其具体种类分为扣押封存原始存储介质、现场提取电子数据、网络在线提取电子数据、冻结电子数据、电子数据检查和侦查实验等。

通信监控是利用技侦设备对特定人的无线通信内容进行的通信监控。（2）网络通信监控。网络通信监控是指在网络虚拟环境中获知他人互联网通信内容的监控。网络通信监控往往需要电信部门、网络服务提供商（ISP）或网络内容提供商（ICP）的配合才可能实现。通信监控运用的法律依据是《刑事诉讼法》第150条。

其二，通信数据获取。当前，人们在使用通信工具时，会留下相应的痕迹——电子数据。借助这些电子数据，可了解当时通信的情况。如前所述，在美国对通信数据作了内容数据和信封数据的划分；德国将通信中数据信息分为内容数据和非内容数据（包括基本数据和往来数据）。这些分类的初衷都是区分通信中不同类型的数据分别加以保护。本书赞同这些观点。对于通信数据而言，至少应当将其分为内容数据和形式数据。内容数据涉及通信过程中信息交流的内容，而形式数据是关乎通信但不直接涉及通信内容的数据。在我国，通信数据获取主要是以电子数据检查和调取的方式实现的，其运用的法律依据分别是《刑事诉讼法》第128条和第54条。

其三，扣押信件、电子邮件和电报。信件是指通过书写于纸张的文字、图像传递信息的通信形式，信件在我国《刑事诉讼法》中规定的"邮件"的范畴内；电子邮件是指通过计算机网络直接传递信息或者电子文件的通信形式；电报是指通过专用的电交换线路以编码方式传递通信信息的通信形式。扣押当事人信件、电子邮件和电报属于通信隐私干预措施。扣押信件的法律依据是《刑事诉讼法》第143条。扣押电子邮件和电报在《刑事诉讼法》中并无授权，《公安机关办理刑事案件程序规定》第232条扩大了扣押的范围，将电子邮件和电报纳入其中。

8.1.1.3 信息隐私干预措施

在我国，侦查中干预信息隐私的侦查措施主要包括：

其一，查询。在经济犯罪案件和侵财犯罪案件中，犯罪嫌疑人经常以存款、汇款、债券、股票、基金份额等财产的形式获取、隐匿、转移非法所得。及时迅速地发现、查明犯罪嫌疑人的非法财产,并对其予以冻结,才能最大限度地减少国家和公民的损失。此时,侦查机关必须采取的措施是查询。查询涉及当事人的私密个人信息——财务信息。因此,查询属于信息隐私干预措施。查询运用的法律依据是《刑事诉讼法》第 144 条。

其二,大数据侦查。所谓大数据侦查,即"通过计算机技术对存储于网络与计算机系统中的海量数据进行收集、共享、清洗、比对和挖掘,从而发现犯罪线索、证据信息或者犯罪嫌疑人的侦查措施与方法"[①]。这一概念"重点强调侦查中对大数据技术的运用"[②]。与传统侦查措施运用相比,大数据侦查更多地依赖数据以及数据库的运用来推动侦查,因而这一措施实施中包含了数据采集与数据库建设、数据调取与共享、数据查询、比对与分析等具体行为。但是,这些工作目前被视为公安机关内部建设管理的事项,且并不产生外部法律效果。我国现行《刑事诉讼法》中对大数据侦查运用并无明确的授权,《刑事诉讼法》及相关法律解释中既定的侦查措施种类也难以容纳大数据侦查。因此,大数据侦查运用也处于无法可依的状态。

大数据侦查实施中,数据的收集和留存是前置条件,数据的分析和使用是后续结果,它们在很大程度上会与公民的信息隐私产生连锁反应。其原因在于,侦查中使用的数据信息并非局限于犯罪数据信息,而是包括与犯罪无关的各种个人数据信息,如社保、劳务、医疗、生育、公路、公交、出租、房产等公民基本生活数据信息。这些被收集的数据信息多是未经公开的、能够直接联系当事人身份的数据信息,属于信息隐私的范畴。更为可怕的是,侦查一旦运用个人数据信息进行比对和分析,当事人的隐私可能随之被

---

① 程雷.大数据侦查的法律控制[J].中国社会科学,2018,40(11):157.
② 王燃.大数据侦查[M].北京:清华大学出版社,2017:32.

揭露。具体来说,大数据侦查主要在三个环节涉及当事人的信息隐私:

一是数据采集与数据库建设。这里主要指的是侦查机关所进行的数据采集与数据库建设。大数据时代,侦查机关数据采集能力和储存能力得到极大强化,使得公安机关掌握了大量数据并建成了相应的数据库。① 单就上海而言,公安机关已存储的公安业务数据和社会数据就达到 270 亿条,日均增加 5 000 万条。② 这些数据的来源主要为:(1)常规侦查中采集的各类数据信息。如在刑事案件侦办中,办案部门必须在采集犯罪嫌疑人、涉案物品、案件等数据信息后,及时将其录入相关数据库。以犯罪嫌疑人的信息数据采集为例,相关规定要求对到案的犯罪嫌疑人采集其基本情况、指纹、声像(含静态、动态)、血样等信息,分别录入相关数据库。③ (2)常规行政管理活动中采集的各类数据信息。如管理旅馆、网吧、二手物品交易等重点行业时采集的数据信息。其中有大量数据信息本身就属于信息隐私之范畴。

二是数据调取与共享。除了自身进行数据采集与数据库建设外,侦查机关还会依托社会治安综合治理体系主导者的优势地位,要求第三方最大限度地共享数据信息,进而充分利用各类数据信息开展侦查。侦查机关要求第三方分享的常见数据信息类型包

---

① 有学者指出,当前公安机关内网运行的各类信息系统已达 7 000 多个,已建成以全国人口信息库为代表的八大全国公安基础信息库(全国重大案件、在逃人员、出所人员、违法人员、盗抢汽车、未名尸体、失踪人员、杀人案件),存储了数百亿条基础数据。参见艾明.新型监控侦查措施法律规制研究[M].北京:法律出版社,2013:169-170.

② 参见孟建柱.推动公共安全信息共享共用[EB/OL].http://politics.people.com.cn/n/2015/0926/c1001-27636478.html,2019-11-3.

③ 参见《公安机关执法细则(第三版)》第 29-01(1)条。但是,要注意的是《公安机关执法细则(第三版)》第 5-03 条以下,规定公安机关在办理案件过程中,进行安全检查后必须进行信息采集,此后才能进行讯(询)问、继续盘问、辨认等办案活动。而这一部分规定信息采集的内容包括:人像、笔迹、指纹、血样以及身高、体重、外貌特征、口音等其他办案需要的信息。可见,同一部法规中两处规定的信息采集内容不完全一致。

括：视频监控数据信息、银行财务数据信息、网购数据信息、物流快递数据信息、交通数据信息、保险数据信息等。实务中，对于这部分数据信息的共享，侦查机关一般采用"调取证据"的方式实现，侦查人员只需要填写《呈请调取证据报告书》，并经县级以上公安机关负责人批准即可。近年来，关于这部分数据的共享出现新的趋势，即在公安大数据平台的支撑下，侦查机关和其他部门、行业事先协定实现数据共享，此时无须借助"调取证据"即可检索和查询这些数据库。早在2015年公安部下发的《公安机关信息共享规定》中，就要求加快部省两级信息平台，整合分散的外部数据，实现对公安专业数据、政府各部门管理数据、公共服务机构业务数据、互联网数据四大类数据的集成应用，建立以省级为主的"警务云"计算中心，形成全国公安云数据。① 值得警惕的是，公安云数据将建成巨大的全国性与区域性数据库，这些数据库能够储存大量个人数据信息且可无保存期限的限制，对其进行运用只需要侦查人员的数字身份验证即可。此外，实践中已经多次出现不当泄露个人信息隐私②或

---

① 参见孟建柱. 推动公共安全信息共享共用［EB/OL］. http://politics. people. com. cn/n/2015/0926/c1001-27636478. html，2019－11－3.

② 最为典型的是2012年发生的一起案件，案件的犯罪嫌疑人童某是一个典型的"80后"，大学毕业后，成为商城县公安局交警大队的一名警察。因工作关系的缘故，童某可以轻易获取公民个人信息，这些个人信息被其视作可换取利益的巨大资源。此后，童某通过公安内部网络查询公民个人人口信息、车辆信息、宾馆入住等信息，通过开设淘宝网店、QQ聊天等方式，出售个人信息。短短几个月，非法获利6万余元。案发后，办案人员发现多起转账记录，仅从童某的QQ邮箱已发出的涉案邮件中，就提取出公民个人信息1.2万余条。参见搜狐新闻. 河南一交警通过内网查询人口信息 开设网店出售［EB/OL］. http://news. sohu. com/20121203/n359283490. shtml，2019－12－12.

者错误登记个人信息①对公民生活造成影响的事件,这也表明侦查机关对个人数据获取和使用的权限过于宽松而缺乏法律的有效规制。

三是数据查询、检索与比对。大数据侦查的核心是数据的查询、检索与比对。数据只有在查询、检索与比对的情况下,才能转化为信息和情报,其中的关键在于发现不同数据之间的关联。现在,借助大数据分析技术,侦查人员可以更有效率地对相关的数据进行查询、检索与比对,进而快速挖掘从特定身份到酒店住宿,从行踪轨迹到社会交往等方方面面的信息,而这些信息能直接显示出相关人员与刑事案件、其他嫌疑人之间的关联,也直接联系到个人隐私。因此,需要对其进行一定程度的法律规制。

8.1.1.4 活动隐私干预措施

当前,私人领域已超越传统私人空间的限制,公民在公共场所的日常出行、活动情况等亦可能构成私人领域的组成部分。特别要指出的是,即便是在公共空间中,公民也应享有不受他人长时间注视或者查看等侵扰其私人生活的权利,因为如果受到他人持续地注视或者查看,其言行举止及人际互动将无法自由开展,其不愿意为他人知晓的活动也可能暴露。因此,公民在公共空间的活动隐私亦应当得到法律的承认和保护。在我国,侦查中干预活动隐私的侦查措施主要包括:

其一,行踪调查和行踪监控。行踪调查和行踪监控,指的是侦

---

① 一个典型的案件是,2015年的某天,颜先生一家人开开心心在深圳出游,没想到刚入酒店开好房,就有警察冲进来要查房,还要带颜先生去验尿、验血、录指纹。直到那时,颜先生才得知,自己被深圳警方登记为"吸毒人员"。在镇南派出所,深圳警方详细调查了事情的始末,颜先生的哥哥之前因为吸毒被抓,在镇南派出所做笔录时,冒用了他的身份信息。当颜先生在当地入住酒店时,作为"高危人群"的颜先生入住辖区酒店的信息立马被推送到辖区侦查人员处,相关侦查人员立即采取相关措施。参见搜狐新闻.深圳男子实力坑亲弟 弟弟开房突然被要求验血验尿[EB/OL]. https://www.sohu.com/a/227773189_384562,2020-03-09.

查人员通过各种方式掌握了解侦查对象行踪轨迹的侦查措施。行踪调查和行踪监控的区别在于，侦查人员挖掘了解侦查对象历史行踪的侦查措施为行踪调查，实时掌握侦查对象行踪的侦查措施为行踪监控。传统侦查中，行踪调查主要依靠对知情人的访问而得知，行踪监控则主要依靠侦查人员实施的秘密尾随、蹲点守候等方式实现，这些措施都是基于侦查人员的自然感官而实施的。目前，强化侦查人员自然感官的辅助性工具纷纷出笼，它们能够替代人工进行观察，从而更加有效地掌握侦查对象的行踪。当然，对侦查对象行踪隐私的掌握并不仅限于观察，侦查人员还可以通过对手机基站数据信息、手机内存数据信息、视频资料数据信息、相关数据库中的数据信息（如酒店居住记录信息、车票购买记录信息）等进行查询与分析以掌握侦查对象的历史行踪；侦查人员也可以通过安装 GPS 装置、网络地址定位、手机基站定位、手机 WiFi 地址定位、运用带有身份识别功能的公共视频监控等掌握侦查对象的实时行踪。这些侦查措施的运用，除了技术侦查部门通过手机基站定位实现的行踪监控可以援引《刑事诉讼法》第 150 条外，其他大多数措施并没有法律上的明确依据。

其二，公共空间监控。公共空间监控，指的是侦查人员在侦查对象经常出入的、可能进行隐身藏赃、接头联络或实施现行犯罪，以及其他与案件有关的非私人空间进行秘密监控的侦查措施。传统侦查中，类似的监控主要是通过侦查人员亲自观察、偷听等实现的。在科学技术高度发达的今天，公共空间监控可以依靠光学仪器、声学仪器和电子技术等实现。公共空间监控中，侦查机关可以获取当事人的行踪信息，但获得的信息远不止行踪信息。因此，公共空间监控具有较强的权利干预性，但相对于私人空间监控而言，其干预强度还是要弱一些。如前所述，在日本，执法人员在公共道路上的拍照为任意侦查措施，"因为拍照侵犯个人隐私，所以基本上是强制措施。但人们承认，即使是个人隐私，在住所中与在公共道路上期待程度不同。在公共道路上的隐私期待程度明显较低。

因此,在公共道路上拍照是任意措施"①。在本书看来,公共空间监控仍然干预公民隐私权,其实施条件虽可适当放宽,但法律并不能对这一措施"放任自流",只是在法律规制的严宽程度上可以略微轻于私人空间监控。目前,我国公共空间监控的运用并没有法律上的明确依据。

其三,带有身份识别功能的公共视频监控。与公共空间监控运用不同的是,公共视频监控针对公共空间中不特定公民的活动情况进行拍摄、记录。我国在公共视频监控建设和运用方面,无论是探头数量还是覆盖范围都更具优势。公共空间存在大量的私人活动,如果将不同场所视频监控中摄录的公民活动信息进行整合,完全可以知晓公民在何时、何地接触过何人、实施了何种活动等。这意味着,公共视频监控摄录的数据信息或者对这些数据信息的挖掘确实可能触及当事人的隐私。但是,要澄清的是,这些情况不代表公民的隐私权实际已经受到侵害,"与其说公共空间大规模监控直接侵犯了隐私权,毋宁说监控信息的滥用增加了隐私权被滥用的风险"②。实际上,真正必须警惕的是另外一种情形,即带有身份识别功能的公共视频监控的运用。与传统公共视频监控相比,增加身份识别功能的视频监控实现了性能上质的飞跃,其突破体现在能够实时识别监控范围内公民的身份,"能够让一个国家识别和跟踪一个人,也可以在他们被识别的地方记录他们的活动……这可能干扰隐私权及其以外的权利"③。这种身份识别依靠与视频监控系统相连接的人脸、车牌等数据库所进行的实时自动比对而实现。带有身份识别功能的公共

① [日]田口守一.刑事诉讼法[M].第七版.张凌,于秀峰译.北京:法律出版社,2019:122.

② 刘艳红.公共空间运用大规模监控的法理逻辑及限度[J].法学论坛,2020,35(2):8.

③ Willoughby,Angus. Biometric Surveillance and the Right to Privacy[J]. IEEE Technology and Society Magazine,2017,36(3): 41-45.

视频监控运用有很多潜在的侦查价值,可以帮助侦查人员辨认识别嫌疑对象和逃犯等。在特定情况下,带有身份识别功能的公共视频监控还可以直接转变为公共空间监控。目前,我国带有身份识别功能的公共视频监控运用并没有法律上的明确依据。

8.1.1.5　人身隐私干预措施

侦查中,人身隐私干预是一项比较重要的侦查措施,尤其是在涉及人身伤害的刑事案件。人身隐私干预中,"客观上体现为侦查措施对犯罪嫌疑人身体完整性的干预"[1]。这里的"身体完整性"含义非常广泛,"不仅包括以获取体表的毛发及体内的体液等为目的的侦查手段,还包括对人的身体超出日常范围内的查看和接触"[2]。在我国,侦查中干预人身隐私的侦查措施主要包括:

其一,人身检查与强制检查。人身检查是为了确定人体特征、痕迹和物质等的状态及其与案件的关联而对相关人员的人身进行检查的侦查措施。一般说来,位于当事人的身体隐私部位的特征、痕迹和物质涵盖在公民人身隐私的保护范围内。人身检查运用的法律依据是《刑事诉讼法》第 132 条[3]。人身检查中可提取指纹信息,采集血液、尿液等生物样本,即生物样本采样。[4] 可见,在我国生物样本采样并非一项独立的侦查措施,其运用依附于人身检查而存在。人身检查中,侦查人员认为必要的时候可以强制检查,强制检查只能针对犯罪嫌疑人实施,其运用的法律依据是《刑事诉讼法》第 132 条。

其二,脱衣搜查。我国搜查制度中未规定脱衣搜查,或者说

---

[1]　向燕.从隐私权角度论人身强制处分[J].北方法学,2011,5(3):101.

[2]　同上。

[3]　为了确定被害人、犯罪嫌疑人的某些特征、伤害情况或者生理状态等对人身进行的检查,即人身检查。

[4]　侦查中,如果要提取犯罪嫌疑人生物样本,侦查人员需要制作《人身检查笔录》和《提取痕迹物证登记表》两份侦查笔录。

未明确区分普通搜查与脱衣搜查,而将两种干预程度不一的侦查措施杂糅在一起规定,其运用的法律依据是《刑事诉讼法》第136条。毋庸讳言的是,脱衣搜查较之普通搜查对当事人人身隐私干预的强度更为强烈。因此,我国脱衣搜查的法律规制存在一定漏洞。

其三,体内搜查。在我国,对于进入身体内的异物(原本不属于身体的一部分,但经吞咽、移植手术等手段进入体内的)进行搜索、检查的侦查措施如何定性,目前存在一定争议。毒品案件中,许多犯罪分子将毒品藏于体内腔道组织,[①]甚至通过手术植入体内,这些藏毒方式给侦查带来困难。实务中,犯罪嫌疑人一旦到案,侦查人员一般首先通过仪器扫描或者 X 射线检测确定体内异物的存在,再通过特定方法将异物从其体内取出。这一系列措施均对当事人的人身隐私造成了严重干预,其在法律适用依据上存在争议,但实务部门通常援引《刑事诉讼法》授权的"搜查"或者"检查"等来实施这一隐私权干预措施。

如表 8 - 1 所示。

表 8 - 1　我国侦查中隐私权干预措施的实践样态和相关规定

隐私利益	隐私干预类别	具体措施	法律依据	审批主体
空间隐私	物理空间隐私干预	私人空间监控	《刑事诉讼法》(以下简称《刑诉法》)第 150 条	报设区的市一级以上公安机关负责人批准
	虚拟空间隐私干预	电子数据取证	无	无

---

① 体内藏毒运毒时,犯罪嫌疑人首先用塑胶把毒品装起,然后把避孕套扎在外面,将包装好的毒品放入体内,具体方式包括:口吞、塞入肛门或者女性生殖器内。在一定的时间内,这些进入体内的毒品小包,会随着排泄系统完整地排出体外或者可以通过人工方式取出体外,进而完成整个人体藏毒运毒的过程。

（续表）

隐私利益	隐私干预类别	具体措施		法律依据	审批主体
通信隐私	通信隐私干预	扣押邮件、电报		《刑诉法》第143条	县级以上公安机关负责人批准
		扣押电子邮件		《公安机关办理刑事案件程序规定》第232条	县级以上公安机关负责人批准
		通信监控	传统通信监听	《刑诉法》第150条	报设区的市一级以上公安机关负责人批准
			网络通信监听		
		通信数据提取	调取证据	《刑诉法》第54条	办案部门负责人批准
			检查	《刑诉法》第128条	无
信息隐私	信息隐私干预	查询		《刑诉法》第144条	县级以上公安机关负责人批准
		大数据侦查	数据采集与数据库建设	无	无
			数据的调取与共享	无	无
			数据的查询、检索与比对	无	无
活动隐私	活动隐私干预	公共空间监控	非私人空间监视	无	无
			非私人空间监听	无	无
		行踪监控	利用技术侦查措施实施的行踪监控	《刑诉法》第150条	报设区的市一级以上公安机关负责人批准
			利用其他技术手段实施的行踪监控	无	无

（续表）

隐私利益	隐私干预类别	具体措施	法律依据	审批主体
		行踪调查	无	无
		带有身份识别功能的公共视频监控	无	无
人身隐私	人身隐私干预	裸体搜查	《刑诉法》第136条	经县级以上公安机关负责人批准
		人身检查（包括生物样本采样）	《刑诉法》第132条	无
		强制人身检查（包括采样）	《刑诉法》第132条	办案部门负责人批准

8.2 我国侦查中隐私权干预法律规制存在的问题

8.2.1 问题审视的原则

下文将基于法律保留原则、比例原则、司法审查原则的立场和要求，对我国隐私权干预法律规制的现状进行审视。之所以选择上述三个法治原则作为标尺进行审视，其原因在于法律保留原则和比例原则在四国相关的侦查法治化中均扮演了重要的角色。但是，法律保留原则和比例原则只是静态地划定基本权干预运用的界限，至于具体个案中隐私权干预措施的运用是否符合上述原则，如果完全交由侦查机关自己判断，则有失程序正义之虞。此时，隐私权干预法律规制还需要坚持司法审查原则，由司法机关对隐私权干预措施运用进行事前授权和事后审查。可见，司法审查原则是法律保留原则和比例原则落实的必然延伸和制度保障。

审视原则之一：法律保留原则。

法律保留原则在价值上追求法的安定性，以此作为保障法律正义的手段,要求立法上尽可能设立明确、具体的规则。具体而言,法律保留原则以"关于公权力措施会如何限制基本权利(构成要件)/限制到何种程度(法律效果)的立法,应明确到使受规范者得以清楚预见而可措其手足"[①]为核心内涵,意在限制公权力运行的边界,使得侦查人员运用基本权干预或者强制侦查措施有了严格的遵循,也使得司法人员审查基本权干预或者强制侦查措施的合法性具备基本凭据,能够实现立法权、司法权对侦查权进行制约之目的。特别是隐私权干预措施在运用过程中,基于其秘密特性难以为个人或者大众所监督,因此,授权公权力运用隐私权干预措施的法律,其规定必须具有可理解性和可预见性,使得公民能够对自己的隐私权可能受到干预的情况有所预知,唯有如此,个人才有免受国家权力任意干预的基本保障。此外,"如果法律不能提供稳定性和一定程度的确定性,那么结果必将导致而不是抑制混乱"[②],司法权对侦查权的授权与审查等亦将失去凭据。

　　法律保留原则对隐私权干预法律规制的要求包括:一是法律保留原则中所指的"法律"应当为立法机关所制定的法律,其他位阶的法律规范等无此权限。它要求将处于"法外"状态下的隐私权干预措施运用全部纳入法律规定之中。二是干预公民隐私权的措施运用必须都有明确的法律依据,而不能仅依据宽泛的任务指示条款实施。它禁止从相关的任务指示条款得出在职权范围内侦查机关可以自由运用隐私权干预措施的结论。三是法律明确对隐私权干预措施运用进行授权,这意味着法律应从具体内涵、案件类型、启用条件和适用对象等方面对隐私权干预措施的运用作出明文规定。它要求对法律中关于隐私权干预措施运用的规定不应该有抽象、模糊之处。

---

　　① 陈爱娥.如何明确适用法律明确性原则[J].台北:月旦法学,2002,88:249.

　　② H.W.埃尔曼.比较法律文化[M].高鸿均等译.北京:生活·读书·新知三联书店出版社,1990:67.

审视原则之二：比例原则。

前文所述四国已经对侦查中隐私权干预的法律规制作出了有益的制度探索，其中一个重要启示就是在法律规制中充分发挥比例原则的功能。比例原则既是立法规制的原则，又是司法规制的原则。从立法规制的角度来看，应当考虑隐私权干预措施的设置是否有助于侦查目的的实现（适当性原则之要求）；在具有相同效果的情况下，是否要求采取对公民权益损害最小的侦查措施，或者要求隐私权干预措施只有在必要或者迫不得已的情况下才允许运用（必要性原则之要求）；限制隐私权干预措施运用对公民权益造成的损害是否超过侦查所追求的公共利益（均衡性原则之要求）等。从司法规制的角度来看，司法机关应在立法具体规定的基础上，综合案件具体情形运用比例原则，对隐私权干预措施运用的合法性和合理性进行审查。要注意的是，我国《刑事诉讼法》中并没有将比例原则规定为一项基本原则，也没有相关信息显示立法者会在日后明确将比例原则确立为刑事诉讼法的基本原则。但是，仔细审视《刑事诉讼法》的历次修订，不得不承认的事实是，每次改良都是将比例原则实质精神逐步彰显的过程。[1] 因此，以比例原则对我国侦查中隐私权干预法律规制状况进行审视并无不妥。

审视原则之三：司法审查原则。

传统意义上的刑事诉讼以权力至上为圭臬，在打击控制犯罪的目的之下，绝对权力的表现是侦查措施的运用不受约束或基本不受约束。近代资产阶级革命以来，在人权保障以及权力制约的旗帜下，世界多国在刑事司法领域建立起司法审查制度。司法审查制度肇始于英国的人身保护令状制度，即羁押犯罪嫌疑人的正当性必须得到司法机关的审查。这一制度运行以外部的司法权对侦查权进行限制，以此保障公民人身自由权利不受任意侵犯。此

---

① 如 2012 年《刑事诉讼法》修改中设立的特别诉讼程序、强制措施体系的改良以及技术侦查措施的确权等。

后,司法审查的范围从羁押这一只涉及人身自由的措施扩展到其他强制侦查措施。有学者指出,"强制侦查的司法审查,是刑事程序法治的一项基本原则,也已经在现代各国普遍推行并成为国际刑事司法的一项基本准则"。① 通过司法审查原则对隐私权干预法律规制进行审视,主要应当观察司法权能否通过对隐私权干预措施运用的事前授权和事后审查,充分保证隐私权干预措施运用的合法性和合理性。

8.2.2　基于法律保留原则的审视

8.2.2.1　法律中有关隐私权干预运用措施的规定抽象、模糊,《公安机关办理刑事案件程序规定》实际发挥着法律的功能

根据域外经验,隐私权干预措施运用的法律渊源包括宪法上的授权、刑事诉讼法上的授权和行政法上的授权。行政法上的授权主要是指警察法上的授权,它是警察机关依据警察法为维护公益而享有的各种权限。对于大多数国家而言,警察机关同时具有司法与行政的双重职能,即一方面负责对侵犯国家刑事法所保护的社会秩序的犯罪行为进行调查,另一方面作为国家行政机关负责维护社会公共安全。② 因此,警察法也是赋予警察机关侦查措施运用权力的法律渊源之一。

我国立法机关制定的《刑事诉讼法》《人民警察法》是真正可以明确隐私权干预措施内涵和运行边界的法律。这两部法律中虽然

---

① 龙宗智.强制侦查司法审查制度的完善[J].中国法学,2011,28(6):44.

② 如英国《1994年刑事审判和公共秩序法》就赋予了警察在预计可能有暴力事件发生的情况下广泛的搜查权,该法规定高级警察如果有理由相信当涉及严重暴力事件可能在其辖区内发生时,可以在该区域内任何地方对个人和车辆责令停止接受搜查,而不论警察是否怀疑某人携带武器或其他危险工具。美国联邦最高法院1968年发布的"特里诉俄亥俄州"一案的判决,也表明侦查措施权是警察行使公权力的一部分。该案判决理由中潜在的法理依据是,出于对公共安全秩序维护的考虑,警察机关所固有的行政权允许警察在认为存在相当理由时对嫌疑人进行搜查。

都有一些法条对隐私权干预措施进行了授权,相关法条大多宏观抽象、实际操作价值并不高。因此,法律在隐私权干预运用授权的密度方面仍有相当程度的不足,在实质控制隐私权干预、避免滥权倾向方面仍有较多弥补的空间。公安部针对《刑事诉讼法》的施行制定颁布了《公安机关办理刑事案件程序规定》。从本质上讲,《公安机关办理刑事案件程序规定》属于部门规章,其本身是对《刑事诉讼法》实施中的具体应用问题所做的说明。但是,《公安机关办理刑事案件程序规定》在我国刑事诉讼中实际上发挥着法律的功能,成为侦查机关办理刑事案件的直接根据和指南。以技术侦查措施为例,现行《刑事诉讼法》虽在"侦查"这一章内专设了第八节(第 150 条—154 条)对其进行了规定,但《刑事诉讼法》中未明确规定技术侦查措施的具体内涵。与之对应的是,《公安机关办理刑事案件程序规定》第 263 条至第 273 条中对技术侦查措施进行了界定。① 这一界定中极为重要的关键词为"技术"和"监控",前者强调现代科技手段的运用,后者直接关涉公民的隐私权,两个要素相结合后划定技术侦查措施的种类。② 可见,《刑事诉讼法》对技术侦查措施的授权仅为模糊授权,即在法律上承认其地位,但在其适用的法律要件上预留出了足够的空白或者相当程度的弹性,允许公安机关根据实际情况考量各种因素进行解释。当然,法律对隐私权干预措施运用进行模糊授权,《公安机关办理刑事案件程序规定》实际发挥法律功能的体现并不只限于这一处。《公安机关办理刑事案件程序规定》还存在超越《刑事诉讼法》规定,随意对隐私

---

① 相关条文指出,技术侦查措施是负责技术侦查的部门实施的记录监控、行踪监控、通信监控、场所监控等措施。

② 《刑事诉讼法》"侦查"一章第八节"技术侦查措施"还规定了隐匿身份秘密侦查和控制下交付,但是两者的实施都不以(科学)技术性为本质特征。它们和技术侦查的共同特性只有秘密性,以"秘密侦查"一词可以概括三种侦查措施,"技术侦查措施"却不足以容纳隐匿身份秘密侦查和控制下交付这两项措施。因此,以"技术侦查措施"统称并不贴切,应当定名为"特殊侦查措施"或者"秘密侦查措施"。参见张建伟.特殊侦查权力的授予与限制[J].华东政法大学学报,2012,15(5):103-112.

权干预措施运用进行赋权的情况。如我国《刑事诉讼法》第150条,对技术侦查措施运用的案件范围进行了明确列举,同时附加了"其他严重危害社会的犯罪案件"的弹性规定。从法理上来看,《公安机关办理刑事案件程序规定》在制定时,应当对此弹性规定作出进一步解释:只有在社会危害严重程度与此前所列举的犯罪性质相当的案件中,才允许侦查机关采取技术侦查措施。然而,《公安机关办理刑事案件程序规定》第263条在列举了五类重大刑事案件后,又附加了"依法可能判处七年以上有期徒刑的"另外一个弹性解释。这一弹性解释的出现,直接将技术侦查措施适用案件范围的标准从犯罪本身的性质严重与否,转变成为刑罚处罚的轻重与否。这样一来,《公安机关办理刑事案件程序规定》通过解释,大大扩张了技术侦查措施的案件适用范围,甚至造成了技术侦查措施开放性适用的效果,这与原本严格限定适用范围的立法意图背道而驰。

这种情况早已引起学界的重视和批评,有学者认为诸如《公安机关办理刑事案件程序规定》等规章、法规或者是司法解释,"日益增多、内容庞杂,呈现出主动性、创制性、专断性的特征,出现了'立法化'的倾向"①。也有学者指出,这些做法"侵犯了本应由立法机关所独享的立法权"②。从表面上来看,《刑事诉讼法》对部分隐私权干预措施运用的法律要件进行抽象、模糊规定,是希望给侦查机关运用隐私权干预措施提供充分的自由,以应对打击控制犯罪的压力。这种做法为《公安机关办理刑事案件程序规定》随意扩大隐私权干预措施的运用范围提供了可乘之机。然而,从深层次来看,制定抽象、模糊规定是由于国家机关打击控制犯罪的本位意识导致相关机关不愿意对隐私权干预措施运用进行过多的法律限制。

---

① 袁明圣.司法解释"立法化"现象探微[J].法商研究,2003,47(2):103-104.
② 汪建成."刑事诉讼法"的核心观念及认同[J].中国社会科学,2014,35(2):133.

8.2.2.2 即便在承认《公安机关办理刑事案件程序规定》准法律地位的前提下,实务中仍然存在部分"法外"隐私权干预措施

基于法律保留原则,侦查中运用的隐私权干预措施应当以成文法的方式作出明确的规定。除了这些法律明确规定的隐私权干预措施外,侦查人员不得基于实践的需求以其他方式干预公民隐私权。然而,从现实情况来看,我国《刑事诉讼法》虽然对传统的侦查措施作出了相对明确的规定,但随着侦查实践的发展,实务中运用的隐私权干预措施远远不止《刑事诉讼法》所规定的几种。即便是将《公安机关办理刑事案件程序规定》补充规定的几种隐私权干预措施算在内,也难以涵盖实务中运用的全部隐私权干预措施。因此,一些"法外"隐私权干预措施在实务中滋生并广泛运用。可见,法律的规定落后于隐私权干预运用的具体实践,部分隐私权干预措施运用基本上处于无法可依的状态,这些游离于《刑事诉讼法》和《公安机关办理刑事案件程序规定》以外的隐私权干预措施运用对公民的隐私权构成重大威胁。当前,重点应当关注的无法可依的隐私权干预措施包括:

一是电子数据取证。当前,大量的证据以电子数据的形式呈现出来,"电子证据的普遍性以及电子证据的强证明性奠定了电子证据的重要地位"[1],电子证据取证成为实践中重要的取证方法。电子数据在形成内容上的广泛性,导致各类电子数据所承载的利益不同。电子数据取证则在取证方式或者内容上可能涉及当事人的虚拟空间隐私、通信隐私、信息隐私和活动隐私等。因此,不同的电子数据取证措施运用干预的权利类型和强度等均不一致。然而,这一侦查措施运用并无《刑事诉讼法》和《公安机关办理刑事案件程序规定》上的依据,实务部门运用这一措施所依据的位阶最高的规范是《关于电子数据收集提取判断的规定》。但是,司法解释

---

① 蒋勇.个人信息保护视野下中国电子取证规制的程序法转向[J].西安交通大学学报(社会科学版),2019,39(6):140.

与部门规章都只是规定了电子取证措施的种类,而没有阐明电子数据取证中各种具体措施与刑事诉讼中侦查措施之间的关系,使得它们难以与原有的侦查措施形成对应关系。此外,这些司法解释与部门规章的制定初衷不是要对电子数据取证运用的权限和法律要件进行规定,而是为"规范电子数据的收集提取和审查判断,提高刑事案件办理质量"。实务中值得注意的现象有,侦查机关在对犯罪嫌疑人采取强制措施后,多会扣押其随身携带的手机等电子设备。由于电子数据检查的启动条件没有明确限制,此时对存储在嫌疑人电子设备中的电子数据进行取证均可视为"合法"。如此便利的规定为侦查机关无差别地获取嫌疑人私人电子设备中的电子数据提供了制度漏洞。

二是大数据侦查。当前,几乎所有的刑事案件都会借由大数据侦查为侦查破案提供支撑。这种侦查措施的出现,改变了传统的侦查时空观,形成了"虚拟侦查"与"落地侦查"并重的局面。大数据侦查作为一项独立的隐私权干预措施,区别于其他隐私权干预措施,其他侦查措施也难以将其涵盖其中。大数据侦查实施针对的对象是数据信息,使用这些数据信息时当事人一般不知情,它不同于以直接获取数据信息为目的的勘验或者检查等。另一方面,大数据侦查不具备"监控"的特征,多数情况下它只是使用既往存在的数据信息进行查询、比对和分析等,难以将其纳入技术侦查措施的范畴。在《公安机关执法细则》中将"采集犯罪信息"和"查询、检索、比对数据"分别单列规定,从另一角度说明,相关人士对大数据侦查独立性的认可。但是,在更高位阶的法律中并未对其进行规定。还要引起重视的是,大数据侦查开展的前提是侦查机关拥有大量的数据信息,侦查机关在未征得公民本人同意的情况下采集和存储公民数据信息,本就有侵犯公民信息隐私之嫌。此外,如果没有约束,则侦查机关可以任意要求第三方分享其所拥有的公民个人数据信息。如此一来,大数据侦查的运用就可能对公民生活形成全方位的监控。

三是DNA数据库的建立与使用。公民的DNA样本中包含遗传特征和生理缺陷等信息,这些信息可能导致当事人在择业、保险、择偶等方面受到限制甚至歧视,属于个人隐私的深层次内容和核心部分。① 我国《刑事诉讼法》允许提取犯罪嫌疑人、被害人的DNA样本,但并未规定DNA样本可以储存、分享或使用多长时间。然而,DNA数据库的建立与运用却"如火如荼"地开展,它们成为侦查机关破案中的"精确制导武器"。2000年"打击拐卖妇女儿童犯罪专项行动"以来,公安部要求对五类人员——"已经确认被拐卖儿童的亲生父母,自己要求采血的失踪儿童亲生父母,解救的被拐卖儿童,来历不明、疑似被拐卖的儿童,来历不明的流浪、乞讨儿童"②采集血样进行DNA检验,并将相关数据录入全国数据库,此举拉开了我国DNA数据库建设快速发展的序幕。其后,我国侦查机关DNA数据库建设的规模和速度扩张非常明显。③ 这一过程中,DNA数据库中的样本来源并不限于罪犯,而是尽量强调数据库打击控制犯罪的功能,无限制地扩大数据库的规模,甚至将DNA数据库建立中的样本采样作为"基础工作""基础业务"等的内容,列入公安机关日常考核和评比的指标。此外,法律对于DNA数据库的运用也没有作出具体的规定。

---

① 2009年发生的"基因歧视第一案"即是明证。参见佚名."基因歧视第一案"分析:基因检测滥用侵犯隐私[EB/OL]. http://www. chinanews. com/fz/2010/08-12/2463646. shtml,2019-07-22.

② 新华社.公安部建成全国"打拐"DNA数据库 查找被拐卖儿童[EB/OL]. http://www. gov. cn/jrzg/2009-04/29/content_1299953. htm,2019-09-12.

③ 根据公安部物证鉴定中心专家的披露,"2014年数据库新增数据接近800万份,平均每45天就新增数据100万条。2015年1月至9月,DNA数据库已新增数据超过500万条,预计年底数据增量将突破900万。截至2015年9月底,DNA数据库数据总量接近4000万条,在绝对数量上稳居世界第一位"。参见刘烁.全面深化公安机关DNA数据库建设发展应用切实提升精确打击犯罪能力和服务实战水平[J].刑事技术,2016,41(1):1.

四是网络通信监控和通信数据信息获取。在我国,网络通信监控被认为是技术侦查措施的一种。实务中,这一措施运用通常由公安机关内部的网安或者技侦部门负责实施。然而,这种立法方式回避了一个关键事实——网络通信监控在信息社会实乃最主要的技术侦查措施,其日后的使用甚至可能超过传统的电话通信监控。[①] 网络通信监控与电话通信监控存在较大差别,又在技术手段上与一般网络信息获取、网络舆情监控等网络安全监管活动类似,很多情况下难以对它们准确加以甄别。因此,为了避免网络通信监控的滥用,应当对其进行特别的授权与规定。此外,通讯数据信息获取中未区分内容数据信息和形式内容数据信息,其适用几乎也没有限制,这对公民通信隐私造成了极大的侵害。

五是行踪调查和行踪监控。行踪隐私是公民的重要活动隐私。行踪调查和行踪监控的运用使得侦查对象的隐私受到了侵犯。一个明显的经验是,在生活中,当我们得知自己的行迹被追踪和调查时,多数人会产生紧张和不安之感。实务中,侦查机关运用大量隐私权干预措施对犯罪嫌疑人及相关人员的行踪进行调查或者监控,寻找"人—物—案"之间轨迹重合所隐藏的内在关联去侦破案件,成为当前侦查破案的一种常见方法。实施行踪调查和行踪监控的方式是多样的,但现行法律中除了通过技术侦查措施实施的行踪监控有法律上的授权外,以其他方式实施的行踪调查和行踪监控并无法律上的依据。

六是公共空间监控和带有身份识别功能的公共视频监控运用。公共空间监控和带有身份识别功能的公共视频监控运用有较强的相似性,两者的运用都依靠监控技术的发展,且均对当事人在

---

① 仅就德国的数据而言,从 2011 年起,互联网通信中被监听的次数有大幅度的上升。其中,2015 年针对固话的监听次数为 3 332 次,针对互联网的监听次数为 7 431 次,涉及对移动电话的电信监听次数为 21 905 次。但是,互联网监听的上升趋势非常明显。参见黄河.论德国电信监听的法律规制[J].比较法研究,2017,31(3):96.

公共空间中的活动隐私造成强烈干预。在公共空间大量安装视频监控的时代背景下,特定场所中不特定公民的活动情况能被持续地摄录下来,而加装了带有身份识别功能的视频监控系统,能够对某一身份明确的公民在多个公共空间的行为持续性地进行监控和记录。此时,这一措施运用实质上近乎公共空间监控。然而,两种活动隐私干预措施的运用均没有法律上的依据。

8.2.2.3 未能为隐私权干预措施运用设置规范的边界,导致隐私权干预措施的实施缺乏可预测性

侦查中隐私权干预法律规制中,必须制定详细具体的程序规则。这些程序规则表现为"法定要件+程序规定"的固定结构,它通过具体的程序规则对权力运行进行分解、细化,以发挥自身对于权力规范、约束的作用。根据这种固定结构,只有在符合法定要件时才能实施法律所允许的隐私权干预措施。同时,隐私权干预措施实施时应当按照法定的程序要求来进行。一旦具体的隐私权干预措施运用缺乏法定要件或者违背程序要求,就会面临程序上或者实体上的不利后果。然而,当前我国的《刑事诉讼法》未按照这种固定结构对隐私权干预措施的运用作出规定,而是抽象、模糊地规定隐私权干预措施运用的法律要件,从而为部门规章制定留下较大空间。但是,《公安机关办理刑事案件程序规定》中也未明确部分隐私权干预措施运用的案件范围、启动条件和适用对象等法律要件,且极少规定隐私权干预措施运用的具体程序要求。因此,隐私权干预法律规制中完全有可能且有必要做到的"明确性""可预见性"等并未实现。

如表8-2所示。

表 8 - 2 我国隐私权干预法律规制情况

隐私干预类别	具体措施		法律依据	案件范围	启动条件	适用对象
物理空间隐私干预	私人空间监控		《刑诉法》第150条	严重危害社会的犯罪案件；①追捕被通缉或者批准、决定逮捕的在逃的犯罪嫌疑人、被告人	根据侦查犯罪的需要	无限制
			《公安机关办理刑事案件程序规定》第263条	严重危害社会的犯罪案件②	根据侦查犯罪的需要	犯罪嫌疑人、被告人以及与犯罪活动直接关联的人员
虚拟空间隐私干预	电子数据取证		无规定	无规定	无规定	无规定
通信隐私干预	通信监控	传统通信监听	《刑诉法》第150条	严重危害社会的犯罪案件；③追捕被通缉或者批准、决定逮捕的在逃的犯罪嫌疑人、被告人	根据侦查犯罪的需要	无限制

---

① "立案后,对于危害国家安全犯罪、恐怖活动犯罪、黑社会性质的组织犯罪、重大毒品犯罪或者其他严重危害社会的犯罪案件"。

② 具体包括:(一)危害国家安全犯罪、恐怖活动犯罪、黑社会性质的组织犯罪、重大毒品犯罪案件;(二)故意杀人、故意伤害致人重伤或者死亡、强奸、抢劫、绑架、放火、爆炸、投放危险物质等严重暴力犯罪案件;(三)集团性、系列性、跨区域性重大犯罪案件;(四)利用电信、计算机网络、寄递渠道等实施的重大犯罪案件,以及针对计算机网络实施的重大犯罪案件;(五)其他严重危害社会的犯罪案件,依法可能判处七年以上有期徒刑的。

③ "立案后,对于危害国家安全犯罪、恐怖活动犯罪、黑社会性质的组织犯罪、重大毒品犯罪或者其他严重危害社会的犯罪案件"。

(续表)

隐私干预类别	具体措施		法律依据	案件范围	启动条件	适用对象
	网络通信监控		《公安机关办理刑事案件程序规定》第263条	严重危害社会的犯罪案件①	根据侦查犯罪的需要	犯罪嫌疑人、被告人以及与犯罪活动直接关联的人员
	通信数据提取	调取证据	《刑诉法》第54条	无限制	无限制	有关单位和个人
			《公安机关办理刑事案件程序规定》第62条	无限制	无限制	有关单位和个人
		检查	《刑诉法》第128条	无限制	无限制	无限制
			《公安机关办理刑事案件程序规定》第213条	无限制	无限制	无限制
	扣押电子邮件		《刑诉法》无规定 《公安机关办理刑事案件程序规定》第232条	无限制	侦查人员认为需要	无限制

---

① 具体包括：(一)危害国家安全犯罪、恐怖活动犯罪、黑社会性质的组织犯罪、重大毒品犯罪案件；(二)故意杀人、故意伤害致人重伤或者死亡、强奸、抢劫、绑架、放火、爆炸、投放危险物质等严重暴力犯罪案件；(三)集团性、系列性、跨区域性重大犯罪案件；(四)利用电信、计算机网络、寄递渠道等实施的重大犯罪案件，以及针对计算机网络实施的重大犯罪案件；(五)其他严重危害社会的犯罪案件，依法可能判处七年以上有期徒刑的。

（续表）

隐私干预类别	具体措施		法律依据	案件范围	启动条件	适用对象
	扣押邮件、电报		《刑诉法》第143条	无限制	侦查人员认为需要	无限制
			《公安机关办理刑事案件程序规定》第232条			
	查询		《刑诉法》第144条	无限制	根据侦查犯罪的需要	无限制
			《公安机关办理刑事案件程序规定》第237条			
信息隐私干预	大数据侦查	数据采集与数据库建设	无规定	无规定	无规定	无规定
		数据的调取与共享	无规定	无规定	无规定	无规定
		数据的查询、检索与比对	无规定	无规定	无规定	无规定

（续表）

隐私干预类别	具体措施		法律依据	案件范围	启动条件	适用对象
活动隐私干预	公共空间监控		无规定	无规定	无规定	无规定
	行踪监控	利用技术侦查措施实施的行踪监控	《刑诉法》第150条	无限制	采取追捕所必需的	被通缉或者批准、决定逮捕的在逃的犯罪嫌疑人、被告人
			《公安机关办理刑事案件程序规定》第263条	无限制	采取追捕所必需的	被通缉或者批准、决定逮捕的在逃的犯罪嫌疑人、被告人
		利用其他技术手段实施的行踪监控	无规定	无规定	无规定	无规定
	行踪调查		无规定	无规定	无规定	无规定
	带有身份识别功能的公共视频监控		无规定	无规定	无规定	无规定
人身隐私干预	脱衣搜查		《刑诉法》第136条	无限制	为了收集犯罪证据、查获犯罪人	对犯罪嫌疑人以及可能隐藏罪犯或者犯罪证据的人的身体
			《公安机关办理刑事案件程序规定》第222条	无限制	为了收集犯罪证据、查获犯罪人	对犯罪嫌疑人以及可能隐藏罪犯或者犯罪证据的人的身体

（续表）

隐私干预类别	具体措施	法律依据	案件范围	启动条件	适用对象
人身检查（包括生物样本采样）		《刑诉法》第132条	无限制	为了确定某些特征、伤害情况或者生理状态	被害人、犯罪嫌疑人
		《公安机关办理刑事案件程序规定》第217条	无限制	为了确定某些特征、伤害情况或者生理状态，	被害人、犯罪嫌疑人
强制人身检查（包括强制生物样本采样）		《刑诉法》第132条	无限制	如果拒绝检查,侦查人员认为必要的时候	犯罪嫌疑人
		《公安机关办理刑事案件程序规定》第217条	无限制	拒绝检查、提取、采集的,侦查人员认为必要的时候	犯罪嫌疑人

8.2.2.4　部分隐私权干预措施借助"调取证据"实施,冲击现有侦查措施体系的稳定性

我国《刑事诉讼法》第54条的规定是实践中"调取证据"运用的法律依据[①]。关于"调取证据"的性质,我国学界有不同认识。有人认为,调取证据是"搜查、扣押的前置程序——命令提交,本质上也属一种间接强制措施"[②];也有人认为,调取证据是"扣押措施

---

① 《刑事诉讼法》第54条规定,人民法院、人民检察院和公安机关有权向有关单位和个人收集、调取证据。有关单位和个人应当如实提供证据。

② 万毅.论强制措施概念之修正[J].清华法学,2012,6(3):54.

的一种特殊型态,也即谓,应将第52条视为概括授权规定,而将《刑事诉讼法》关于查封、扣押的规定(第139条至第143条)视为特别授权规定"①。这些观点虽然存在一定差异,但其共同特点是否认调取证据是一项独立的侦查措施。然而,实践中《刑事诉讼法》第54条规定的"调取证据"被作为一项独立的侦查措施,而不是一般性的侦查概括授权条款②。由于相关规定的模糊性,部分隐私权干预措施以调取证据的方式实施。实务中,调取证据通常被用以调取手机通信记录、获取各类私密个人数据信息等,而这些措施本质上均为隐私权干预措施。

以侦查机关借助调取证据获取当事人通话记录为例。通过调取当事人通信记录,侦查人员可以获得当事人的数据信息,包括开户数据信息、社会交往数据信息等。这些数据信息虽然与通信内容数据信息相比较,隐私程度略低,但这些数据信息和其他数据信息聚合在一起时,能够揭露公民大量的隐私信息。在对待调取通信记录的态度上,德国坚持对信息自主权的保障,认为通信记录中的相关数据信息在信息自主权的保障范围内。因此,德国刑事诉讼法规定通信记录调取需遵循令状原则和比例原则的要求。这一点与我国以几乎不受法律规制的"调取证据"方式来获得当事人通话记录的做法相去甚远。

再以侦查机关要求第三方分享其拥有的个人信息数据为例。为了充分实现最大限度地分享第三方拥有的个人数据信息之目的,侦查机关与腾讯公司联合制定了《调证指南》。该指南是规制

---

① 艾明.调取证据应该成为一项独立的侦查取证措施吗?〔J〕.证据科学,2016,24(2):164.

② 有研究者指出,规定于第一编"总则"第五章"证据"中的第54条,只能解读为一般概括授权条款,并未以此规定辐射所有的侦查取证行为,侦查机关如何收集、调取证据尚需依据"侦查"章节的具体程序和规范进行。因此,实践中侦查机关依据第54条将调取证据开发成一独立的侦查取证措施,有违体系解释,是对《刑事诉讼法》的误读。参见艾明.调取证据应该成为一项独立的侦查取证措施吗?〔J〕.证据科学,2016,24(2):159-160.

侦查机关要求腾讯公司分享其拥有的个人数据信息的内部规范。根据该指南,当外地侦查人员赴深圳腾讯公司调取电子数据时,应当携带或者办理的法律文书包括:《公安部案件信息发送协查单》《受案报告》《立案决定书》《调取通知书》《调证清单》,以及两名警官证复印件和需要备案案件的备案证明。可调取的电子数据包括:(1) 信息类。QQ、QQ 群、QQ 空间,微信个人号、微信群号,微信公众号、腾讯云、邮箱、游戏等相关数据信息。(2) 支付类。QQ支付、微信支付(以上两项可调取注册信息最长为近半年交易明细),以及手机号、银行卡号、身份证号(上述三项只能查询注册信息)①。可见,对于腾讯公司拥有的私密个人数据信息,侦查机关仅用调取证据的方式就可以轻易获得。

　　有学者深刻地指出,调取证据"收集和调取的是证据,而不是一切信息,公安机关以该条作为调取所需数据信息的法律依据,有自行扩大适用范围之嫌"②。但是,《刑事诉讼法》并未对调取证据运用的程序作出规定,《公安机关办理刑事案件程序规定》第 62 条也只是规定公安机关向有关单位和个人调取证据,只需经办案部门负责人批准,开具调取证据通知书即可。可见,这一措施运用法律规制程度极低,部分隐私权干预措施借调取证据的方式实施,规避了其运用本应受到的严格法律规制。

8.2.3　基于比例原则的审视

8.2.3.1　未对不同隐私权干预措施强弱程度进行区分,这些措施的启动条件设定并无差异

　　对隐私权干预措施运用的启动条件,往往依据该措施本身的干预强度而设定,因此,不同的隐私权干预措施强度不一,与之相关的启动条件也形成逐步进阶的结构。例如,在德国刑事诉讼法

---

① 此种分类本书沿用了指南中的说法。

② 李双其等.法治视野下的信息化侦查[M].北京:中国检察出版社,2011:236.

中,干预程度最轻微的"数据比对",德国刑诉法为其设定的启动条件是主观标准——"为了查明犯罪行为";干预程度较强的"拉网缉捕",德国刑诉法为其设定的启动条件调高至客观标准——"有足够的事实依据表明";干预程度最强的"电信监控",德国刑诉法为其设定的启动条件调高至更严格的客观标准——"一定的事实使得有理由怀疑某人作为主犯、共犯犯有下述之一罪行"。隐私权干预措施运用启动条件的进阶结构设定,一方面利于约束隐私权干预措施的任意发动,因为只有基于一定的理由才允许运用隐私权干预措施,此时能够限制侦查人员随意发动隐私权干预措施;另一方面也形成了隐私权干预措施实施的选择指引,引导侦查机关在能够实现侦查目的的前提下,尽量选择干预强度最小的侦查措施,从而将隐私权干预措施对公民权利的侵害降低至最小。

而我国目前隐私权干预法律规制的相关规定并未区分不同强度的隐私权干预措施,再配套以不同门槛的启动条件,而是以模糊的主观标准或者主观需求——"根据侦查犯罪的需要"和"在必要的时候",作为隐私权干预措施运用的启动条件。这样的安排,并未突出隐私权干预措施与其他侦查措施在干预公民权利方面的轻重差异,以及轻重不同的隐私权干预措施中优先运用干预强度轻微的隐私权干预措施的要求。而以模糊的主观标准或者主观需求作为隐私权干预措施运用的启动条件,实质上赋予了侦查机关极为宽泛的自由裁量权。除了技术侦查措施外,我国侦查机关几乎可以随意选择使用所有的隐私权干预措施,这必然导致干预程度强且侦查效果理想的隐私权干预措施被滥用。这种状况既是法律规制上存在的问题,也是隐私权干预措施运用缺乏规范的表现。此外,由于隐私权干预措施启动条件模糊,在对相关隐私权干预措施作合法、合理与否的判断时,也会因为侦查机关裁量权过大而难以形成统一的标准。

8.2.3.2　除了技术侦查措施以外,对其他隐私权干预运用的案件范围并无限制

对隐私权干预措施的运用,应将其限制在特定的案件范围内。这些案件范围的划定需要考虑侦查机关对该措施的运用需求以及犯罪形态结构(有无组织结构特征、被害人结构特征、犯罪危害后果特征等,部分犯罪因为存在特殊构造在取证较为困难,采用普通侦查措施常常难以完成侦查目的)等因素。同时,在划定隐私权干预措施适用的案件范围时,应对相关的罪名一一列举。例如,德国的"电信监控",适用的罪名清楚规定在《德国刑事诉讼法典》第100条a中;"拉网追缉"适用的案件范围为:在麻醉物品、武器非法交易领域内以及伪造货币、有价证券领域内;在涉及国家安全领域内;在公共危险罪领域内;对人身体、生命、性交自主或者人身自由,职业性、常业性地,或者由团伙成员、以其他方式有组织地实施了重大犯罪行为的时候;"调取通话记录进行分析"除了适用于《德国刑事诉讼法典》第100条a规定的案件范围外,亦考虑到犯罪形态结构的因素,扩展至"借由终端设备(《电信法》第3条第3款)所为之犯罪"。我国也有学者指出:"依据侦查措施的适用范围,可以将强制性侦查措施分为普通侦查措施和特殊侦查措施。"①前者在侦查各种犯罪时均可适用;后者指只能在侦查某些特定种类或符合一定条件的犯罪时方可适用。这种主张的实质是区分出不同强度的侦查措施,再规定其分别适用于不同的案件范围,从而在立法规制中落实侦查措施运用的比例原则要求。

而我国目前法律规定对于隐私权干预措施的实际运用需求和犯罪形态结构等考虑得并不多。法律除了对技术侦查措施的运用限制了案件范围之外,其他隐私权干预措施均属于可以普遍适用于所有案件的侦查措施。要注意的是,我国《刑事诉讼法》将技术

---

① 李建明.强制性侦查措施的法律规制与法律监督[J].法学研究,2011,34(4):152.

侦查措施的运用限定在特定案件范围内,①这并不意味着技术侦查措施无助于破获轻微案件,只是此时公共利益保护与公民权利保障之间已经严重失衡而禁止运用技术侦查措施。但是,《刑事诉讼法》对其他隐私权干预措施运用却无此类要求。因此,为了能够高效迅捷地查明案情,侦查人员在办案中过度倚重隐私权干预措施,几乎在所有案件中无差别地运用隐私权干预措施。这样一来,因隐私权干预措施仅适用于部分特殊案件的立法规制缺失,导致隐私权干预措施的运用面临着合法性和合理性的拷问。

8.2.3.3 隐私权干预运用未贯彻"迫不得已才运用"的要求

侦查实务中,为了高效实现追诉目的,侦查人员偏爱运用侵害性更大的侦查措施。例如,为了掌握犯罪嫌疑人的具体行踪,侦查人员可以通过跟踪监视或者安装 GPS 设备追踪等多种侦查措施实现以上目的。但是,出于节省侦查资源和人力成本等的考虑,侦查人员几乎都倾向于选择利用安装 GPS 设备追踪犯罪嫌疑人的具体位置,这一措施无疑在实效性和干预强度方面都强于跟踪监视。由于隐私权干预措施运用具有干预基本权的性质,要求侦查机关在运用该类措施时不仅遵守案件范围上的限制,还须认识到隐私权干预措施乃"次属性"或者"末位性"的侦查措施,其运用应遵守"迫不得已才运用"的要求。例如,德国法对拉网追缉、利用科技工具进行特别监视、电信监控等的规定中,均明确指出上述措施"只能在以其他侦查方式调查案情、侦查行为人居所十分困难、难以奏效的情况下,才允许采取"。更具体地说,即便是在符合适用法定范围的案件中,运用隐私权干预措施还必须满足其他常规侦查措施适用无法完成侦查任务的前提。此时,确有动用隐私权干预措施的必要性,适用隐私权干预措施才是符合比例原则的。

反观我国对隐私权干预措施运用的立法规制,《刑事诉讼法》

---

① 包括危害国家安全犯罪、恐怖活动犯罪、黑社会性质的组织犯罪、重大毒品犯罪或其他严重危害社会的犯罪案件。

《公安机关办理刑事案件程序规定》都只是笼统地规定"根据侦查犯罪的需要"和"在必要的时候"即可运用隐私权干预措施,而未使用"其他侦查措施不能或难以有效查清案件事实时才能使用"等类似表述以体现"迫不得已才运用"的要求。可见,我国对隐私权干预的法律规制,未将隐私权干预措施的属性定位为末位的、次属性的侦查措施,其性质与其他侦查措施并无差异。

8.2.3.4　为了提升部分隐私权干预措施的运用效能,其配套建设明显超越比例原则

实务中,为了最大限度地发挥部分隐私权干预措施的运用效能,侦查机关投入大量的资源在配套制度的建设方面。这类典型的侦查措施包括大数据侦查和公共视频监控。

公安机关在近些年普遍运用的大数据侦查,对公民的调查可以随时、秘密地启动,丝毫不会引起当事人注意,这对于保护公民的隐私权来说,难免产生到底在何种情况下才算启动侦查的争议。大数据侦查运用的前提是总量充分、种类多样的数据信息,大数据侦查这一特征又激发起侦查机关过度采集数据信息、进行数据库建设的热情,进一步增加公民隐私权被侵害的风险。然则,与大数据侦查相关的数据信息采集和数据库建设等配套工作,被视为公安机关行政管理职能的体现,现行《刑事诉讼法》无法对这些行为进行有效的法律规制。在类型多样的数据信息采集和数据库建设过程中,最应引起重视的是个人生物样本数据信息的采集和数据库建设。个人生物样本数据信息可以在人身同一认定中关联个人身份,因而是侦查机关锁定犯罪嫌疑人的重要依据。在刑事诉讼中,侦查人员如果需要采集相关人员的生物样本,当运用的侦查措施乃人身检查。然而,我国法律对人身检查的法律规制并不严格。同时,"由于行政权与侦查权系一体警察权的两面,无论从规范层

面,还是功能层面,二者均难以完全的区分"①,作为侦查措施的人身检查完全可以被作为行政措施的人身检查所代替。换言之,在嫌疑人到案后,公安机关可以在不需区分是侦查措施还是行政措施的基础上采样嫌疑人的生物样本。这种"权力交错"或者"措施性质不明"的现象,是一种规避法律的行为,而"规避法律的行为,是一种'隐性'的违法行为"②。在公安部颁布的相关规范性文件中要求③,违法嫌疑人和犯罪嫌疑人在被带入办案区后,无论最终处理结果如何,一律先行采集个人特征的数据信息。这些被采集的数据信息,通过数据化的方式加以保存并形成数据库。在任何案件(治安案件与刑事案件)或者案件办理的任何阶段(如刑事案件中的初查与正式侦查阶段),执法人员都可以自由查询这些数据库或者借助于大数据工具进行比对。因此,凡是被公安机关收集了的公民个人数据信息基本得不到有效的保护。从另一个角度来看,个人生物样本强制采样结果的数据化,在为大数据侦查提供支撑时明显提升了办案效率,更加激励公安机关无差别地强制采样以及建立各类个人信息数据库。

与大数据侦查一样,侦查中公共视频监控效果的凸显需要尽可能多地采集视频数据信息,侦查机关只有大规模收集视频数据才可能实现全面即时监控、快速检索发现等目标。为此,侦查机关主动大规模地安装监控探头。从位置分布来看,监控探头不仅被安装在路口、学校、治安复杂以及重要安保等场所,在其他普通公共场合亦能够经常性地寻觅到监控探头的踪迹。之所以出现这一现象,是因为在"平安城市""天网工程""雪亮工程"等的建设考核中,均以单位面积内的监控视频数量作为重要衡量标准。这种无差别地安装视频监控的做法无疑会涉及当事人的活动隐私,因为

---

① 刘方权."两面一体":公安行政权与侦查权关系研究[J].法学论坛,2008,23(3):82.

② 万毅.论强制措施概念之修正[J].清华法学,2012,6(3):54.

③ 如《规范使用执法场所办案区"四个一律"》《公安机关执法细则》等。

公共空间存在大量的私人活动,分布如此密集的视频监控完全可以记录公民在公共场合中的所有私人活动信息。特别是在视频侦查中,当对公民行踪轨迹进行整合,就可以知晓被监控者的活动情况,其实际效果与公共空间监控无异。视频监控所获取的视频数据信息再结合其他公安机关掌握或者拥有的数据信息,就可以深度挖掘公民个人隐私,最终导致公民的隐私利益受到侵犯。当然,与公共视频有关的配套建设也属于侦查机关或者政府部门的内部事务,刑事诉讼法难以对这些举措进行法律规制。要说明的是,这些措施虽然并不直接侵犯公民的隐私权,但极大程度增加了公民隐私被侵犯的风险,我们很难认为这些配套措施的开展能够完全符合比例原则的要求。

8.2.4　基于司法审查原则的审视

8.2.4.1　隐私权干预运用未建立司法审查制度

以司法审查原则对我国隐私权干预法律规制进行审视,意在巡检我国隐私权干预的法律规制是否符合现代刑事诉讼的基本特征。在现代刑事诉讼中,立法机关一旦授予侦查机关运用强制侦查措施的权限,为防止侦查机关滥用这些权限,则还规定由司法机关审查这些侦查措施的运用是否具备法律要件以及实施中有无不当。因此,在坚持法律保留原则或者强制侦查措施法定原则的同时,各国刑事诉讼法还确立了司法审查原则,即透过公正客观的司法机关,审查个案中强制侦查措施运用的具体情况。

司法审查原则的具体制度设计主要为:其一,对强制侦查措施运用进行事先授权,以法官发布的司法令状作为强制侦查措施实施的合理性与合法性的依据。这种方式能够限制侦查机关随意实施强制侦查措施,因为那些欠缺合法要件以及不符合比例原则的强制侦查措施运用,将无法获得法官批准的令状。其二,允许司法权对已实施的强制侦查措施进行事后审查,同时通过非法证据排除制度或者证据禁止制度,对违法运用强制侦查措施获得证据的证据能力进行限制,以实现人权保障之目的。这些法律制裁结果的存在,使得相关人员迫于特定的压力遵从法律,而法律制裁结果实现的前提是赋予司法权事后审查强制侦查措施运用合法性和合理性的可能。下文以司法审查原则的具体要求对我国隐私权干预的法律规制情况进行审视。

从事前司法授权来看,我国刑事诉讼中除了逮捕由检察机关进行的"准司法审查"外,其他强制侦查措施运用均不需要司法机关进行事先审批和发布令状作为其启动的条件。可见,强制侦查措施的事前司法授权实为我国刑事诉讼制度中的缺失环节。实际上,我国刑事诉讼制度安排排斥对强制侦查措施进行事前司法授权,而是委由侦查机关自行决定是否运用强制侦查措施。在这样的制度背景下,司法机关当然无法对侦查机关实施的隐私权干预措施进行事前的审查。

从事后司法审查来看,在我国强制侦查措施不具有可诉性,即便是侦查措施使得有关人员的人身权、财产权受侵害,亦应按《国家赔偿法》的有关规定,通过司法赔偿途径解决。因此,侦查中隐私权干预措施运用亦具有不可诉的性质。2010 年"两个证据规定"颁布以来,我国刑事诉讼已经初步确定"非法证据排除制度"。这一制度的适用是司法权在事后对强制侦查措施进行司法审查的具体结果之一。然而,我国非法证据排除制度的适用多限于非法言词证据,而很少包括非法实物证据。在非法言词证据排除的相关规定中,法律对"刑讯逼供等方法"的界定较模糊,导致实务中排除非法言词证据的空间也并不大。① 退一步讲,即便是我国非法证据排除的刚性制度已经建立,这一制度也难以保障对隐私权干预措施运用进行事后审查功能的实现。实务中,隐私权干预措施运用获取的多为案件线索,相关线索在诉讼过程中并不直接发挥证明作用。实务中,这类隐私权干预措施的运用情况仅在"抓获(捕)经过""到案经过""破获经过"等辅助性说明材料中作出简单描述,有时甚至完全不体现在案卷材料中。由于"抓获(捕)经过"等辅助性说明材料在内容上的简略性和形式上的局限性,一方面不可能对于隐私权干预措施的运用作出详尽如实的说明,使得隐私权干预措施运用中的违法事项难以被外界察觉;另一方面这些说明材料不属于法定的证据,它们虽然会被提交法院进行审查,但只能作为排除法官合理怀疑的辅助材料。因此,庭审阶段难以将排除非法证据作为对违法隐私权干预措施运用的制裁结果。

8.2.4.2　隐私权干预措施运用以基于科层制的内部审查为主要规制方式

有论者认为,我国现阶段强制侦查措施的法律规制表现为"以内部自律的科层制控制为主、外部他律的分权式控制为辅的基本制度格局",同时在我国刑事诉讼制度中正式确立非法证据排除规则以来,侦查法律规制的新方向正"由过程导向型到结果导向

---

① 参见董坤.审查批捕中非法证据排除的实证考察与理论反思[J].法商研究,2014,31(06):26-34.万毅,李勤,杨春洪等."两个证据规定"运行情况实证调研——以S省G市地区法院为考察对象[J].证据科学,2012,20(04):421-437.李海良.非法证据排除规则适用情况之实证研究——以东南地区某法院为例[J].中国刑事法杂志,2013,23(11):103-111.吴宏耀.非法证据排除的规则与实效——兼论我国非法证据排除规则的完善进路[J].现代法学,2014,36(04):121-130.张健.非法证据排除规则实施背景下的庭审翻供问题研究——对2011—2013年655起案件的实证考察[J].暨南学报(哲学社会科学版),2015,37(04):108-115.林喜芬,董坤.非法证据排除规则运行状况的实证研究——以557份律师调查问卷为样本[J].交大法学,2016,7(03):125-141.

型"①。这一表述对于我国强制侦查措施法律规制的总体状况而言是贴切的。在我国,隐私权干预措施运用缺乏独立的司法权进行外部制约,但这并不意味着隐私权干预措施实施完全没有程序上的限制。从《刑事诉讼法》和《公安机关办理刑事案件程序规定》的规定来看,和其他强制侦查措施一样,侦查机关有权自行决定是否运用隐私权干预措施。因此,隐私权干预措施的实施在一定程度受制于科层制中上级对下级所进行的内部审查。根据《公安机关办理刑事案件程序规定》的规定,公安机关运用侦查措施有四种不同的审查类型,包括:现场指挥决定型;办案部门负责人批准型;公安机关负责人批准型;设区的市一级以上公安机关负责人批准型。② 根据本书的梳理,隐私权干预措施主要适用于其中的三种(如下表8-3)。

表 8-3　侦查机关适用隐私权干预的内部审批类型

审批类型	内容	《公安规定》③依据	制作文书
办案部门负责人批准型	强制人身检查与强制采样;调取证据(获得电子数据等可用于行踪调查、大数据侦查、通信隐私干预等)	《公安规定》第212条;《公安规定》第59条	《检查笔录》;《调取证据通知书》
公安机关负责人批准型	扣押邮件、电报;扣押电子邮件;场所公开搜查;人身搜查(有证);人身搜查(无证);人身检查	《公安规定》第227条;《公安规定》第227条;《公安规定》第217条;《公安规定》第217条;《公安规定》第219条	《扣押邮件、电报通知书》;《扣押邮件、电报通知书》;《呈请搜查报告书》和《搜查证》;《呈请搜查报告书》和《搜查证》;《拘留证》和《逮捕证》

① 詹建红,张威.我国侦查权的程序性控制[J].法学研究,2015,36(3):140,143.
② 参见詹建红,张威.我国侦查权的程序性控制[J].法学研究,2015,36(3):141.
③ 《公安机关办理刑事案件程序规定》,以下简称《公安规定》。

（续表）

审批类型	内容	《公安规定》依据	制作文书
设区的市一级以上公安机关负责人批准型	电话通信监听；网络通信监控；场所技术监控；行踪技术监控	《公安规定》第256条	《呈请采取技术侦查措施报告书》
无须进行审批	人身检查、采集生物样本	《公安规定》第212条	检查笔录
无相关规定	大数据侦查；行踪调查；行踪人力监控；场所人力监控		

在内部审查的模式下，侦查机关能够高效审批隐私权干预措施运用，同时防止案情有关信息泄露。但其缺点也是突出的，在没有独立的第三方审查机构时，内部审查易使得对隐私权干预措施运用的限制流于形式。以技术侦查措施的内部审查为例，《刑事诉讼法》只是粗略规定了技术侦查措施运用进行内部审查的要求——"严格的批准手续"。作为部门规章的《公安机关办理刑事案件程序规定》本应该细化解释何为"严格的批准手续"。但其第265条只是简单作出了规定①。至于技术侦查实施前，由谁申请，申请时提交的呈请采取技术侦查措施报告书的具体格式如何，设区的市一级以上公安机关负责人如何批准，"根据侦查的需要"是否足以作为批准时的判断依据，当审批决定受到质疑时如何解决争议，批准机关的批准本身是否受到监督等，这些情况外界无从得知。实施中，《公安机关办理刑事案件程序规定》第266条规定技术侦查措施以三个月为限，而复杂、疑难案件，期限届满仍有必要继续采取技术侦查措施的，经过批准，有效期可以延长，每次不得

---

① "应当制作呈请采取技术侦查措施报告书，报设区的市一级以上公安机关负责人批准，制作采取技术侦查措施决定书。"

超过 3 个月。但是,究竟何为"复杂、疑难",其标准如何界定,暂未发现有罪证据是否算是"复杂、疑难",延期的次数有没有限制,如果延期的次数没有限制,是否意味着技术侦查措施可以无限期实施等,这些情况也是外界难以知晓的。可以看出,技术侦查措施的审批程序完全处于封闭状态,其运作实际上游离于法律之外,"属于典型的'超职权主义'侦查行为,带有浓厚的司法神秘主义色彩"[①]。公允地讲,这种权力运行状态在客观上确实能够最大限度地强化打击控制犯罪的效果,但相关控权制度的缺位也为侦查机关的恣意专权埋下了伏笔。

"技术侦查权不被滥用,普遍的经验就是用中立的批准权和相对清晰的批准标准对其进行事前制约"[②]。关于中立的事先授权,有学者认为我国侦查机关的内部授权亦能有效对强制侦查措施运用形成法律规制。这些观点常常援引的实例是英国的相关做法。在英国,2016 年《侦查权力法案》颁布之前,对通信截取的监听采用的是警察机关内部的行政审查模式。[③] 由此,部分人认为德国法官倾向于批准实务中实施监听的申请,而英国的行政审查却更少地对监听进行批准,因而不能将是否确立事前司法授权制度视为一国侦查法律规制优劣的唯一评价因素。本书并不反对上述意见,但对基于这一事实为我国侦查机关内部审批的正当性进行辩护的观点表示怀疑。实际上,英国监听法律规制的经验难以适用于我国。因为英国的法律制度从起初的习惯法到普通法,再到议会立法的漫长历史中,保障自由是其一以贯之的固定价值和永恒

---

① 孙长永.侦查程序与人权保障——中国侦查程序的改革和完善[M].北京:中国法制出版社,2009:350.

② 孙煜华.何谓"严格的批准手续"[J].环球法律评论,2013,52(4):38.

③ 有学者对英、德两国监听的审查通过率作出统计,每万人适用监听的数量在英国仅为 6 人,而采用司法审查的德国该数量为 15 人,德国的监听使用频率远远高于英国。See Hans-joerg Albrecht, Covert Criminal Investigation: Research on Implementation and Results of New Investigative Techniques.转引自程雷.秘密侦查比较研究[M].北京:中国人民公安大学出版社,2008:520.

观念。现代英国警务之父罗伯特·皮尔（Robert Peel）在建立伦敦大都会警察局时，就提出"执法原则"——"警察不是在寻求公众舆论，而是在完全独立于政策、不考虑个别法律实质的公正性或不公正性的情况下，不断证明对法律绝对公正的服务来寻求并维护公众的利益；随时为社会所有成员提供个人服务和友谊，而不考虑其种族或社会地位。"①可见，英国警察历来将忠诚执行法律视为警务活动的第一要务，强调执法活动不为政策和舆论左右。因此，英国的高级警官在审查决定监听时的独立性和客观性能够得到保障。很明显，英国警察机关的这一传统与我国侦查机关不同。特别是在公安部明确提出"打击犯罪是公安机关的主业主责"的政策环境下，很难想象侦查机关的内部审查会对隐私权干预措施的运用形成严密有力的制约。此外，香港立法会秘书处曾作出统计，除英国及受其影响的印度和新加坡等国家实行监听的行政审查模式外，其他主要法治国家均无类似的制度设计。②

客观地说，公安部自 2008 年以来，重视公安执法内部规制体系的建设，并且取得重大进展。公安部不仅颁布了各种规范性文件③，还定期举行执法资格等级考试，并将考试结果与侦查人员的执法办案权限挂钩。同时，配套以执法办案场所的规范化、智能化建设，为执法规范化提供了硬件方面的支持。这些举措无疑有利于弥补立法粗疏与司法审查缺位所带来的法律规制漏洞。但是，作为内部规制体系的执法规范化建设，在侦查法律规制方面的局限性也是明显的，体现在：

一是颁布的规范性文件在内容上专注于规定侦查措施的步骤和方法等操作程式。首先，从法律上效力来讲，公安部颁布的规范

---

① 参见 NUY. Peel's Principles of Law Enforcement ［EB/OL］. https://marroninstitute. nyu. edu/blog/peels-principles-of-law-enforcement，2020 - 03 - 14.

② 参见黄少健. 选定司法管辖区对截取通讯的规管［EB/OL］. https://www. legco. gov. hk/yr04-05/chinese/sec/library/0405rp02c. pdf，2020 - 02 - 14.

③ 如《公安机关现场勘验检查规则》《电子取证规则》《公安机关执法细则》等。

性文件只属于部门规章,其效力位阶较低。在明确这些规范性文件承接立法相关规定的前提下,其内容应当在《刑事诉讼法》的总体精神和具体规定下,对《刑事诉讼法》中的抽象、模糊规定进行细化和解释。然而,从内容上审视,公安机关几乎所有的规范性文件制定的重心都在于明确侦查措施运用的步骤、方法等,导致侦查措施运用规范化要求与侦查措施运用操作程式混同,未能起到对法律的补缺功能。

二是将隐私权干预法律规制直接变成侦查人员的自律。以科层制中上下级之间的内部监督关系,作为隐私权干预措施运用的规制方式效果并不理想。在打击控制犯罪压力的驱动下,侦查机关的上下级之间比较容易达成打击控制犯罪优先的共识,此时,对隐私权干预措施运用的规制可能直接变成侦查人员个体的自律。然而,自律层面的隐私权干预规制往往与个人美德和人性弱点相联系,侦查人员调查期间难免受到传统朴素正义观念的左右,易形成个人好恶甚至泄愤等心态。[①] 正因为如此,隐私权干预措施被恣意运用的风险迅速上升,这与权力不被滥用的初衷背道而驰。

三是在内部规制的制度设计下,即便是坚持结果和过程的双重监督方式也难以对隐私权干预措施运用形成有效规制。长时间以来,公安机关执法规范化建设效果评价主要基于上级对下级的执法考核,为了顺利应对上级考核或者在考核中争取更好的排名,部分地方公安机关最看重的是执法结果的呈现,特别是把卷宗材料制作是否精美完备、是否引起了执法争议[②]等作为评判标准。这种结果导向型的规制方式,并不重视对隐私权干预措施运用过

---

① 在与侦查人员的座谈中了解到,侦查人员办案中很难完全做到客观中性。造成这一现象的诸多原因之一,是侦查中侦查人员直接与犯罪嫌疑人"斗智斗勇",较之检察官和法官,其更容易掌握犯罪嫌疑人犯罪细节、对抗侦查的情况以及平时表现,更容易同情被害人的遭遇,而被情绪左右,也更容易激发侦查人员迅速破案、从重处罚犯罪嫌疑人的心理状态。

② 如公安信访、行政诉讼、行政复议等。

程的监督。近年来,公安机关虽然开始重视对公安执法的过程进行监督,一个典型的例证是公安部出台《公安机关现场执法视音频记录工作规定》,要求通过视音频等方式对现场执法情况进行记录。但是,隐私权干预措施的运用并不在现场执法的范围内,视音频记录的要求也难以对其形成有效的规制。

综上所述,根据法律保留原则、比例原则和司法审查原则进行审视,发现我国隐私权干预法律规制还存在一些薄弱之处——无论隐私权干预法律规制的密度和强度,还是司法审查制度缺失下以内部规制为主的制度结构,都给侦查机关运用隐私权干预措施留下了极大的自由空间。然而,从本性上来看,侦查权运行本就偏向于追求顺畅、效率与便捷,在打击控制犯罪任务的巨大压力下,侦查权固有的扩张与攻击本能进一步得到释放,直接导致了我国隐私权干预措施滥用、过度侵犯公民隐私权的问题。

8.3 我国侦查中隐私权干预法律规制薄弱的原因分析

当今社会,侦查新技术的运用涉及了太多的个人隐私,对刑事诉讼中隐私权的保护提出了新的更高要求。从应然的角度来看,刑事诉讼法应该跟上技术进步的脚步,对隐私权干预措施运用进行全面有力的法律规制。然而,通过上文论述可以得出结论,我国隐私权干预法律规制还比较薄弱。究竟是何种原因导致了上述现象呢? 在本书看来,主要应当从组织和制度层面进行分析。

8.3.1 制度层面的分析

整体性的制度是侦查中隐私权干预法律规制的基本土壤,对于隐私权干预法律规制问题的研究,必须正视现行相关制度中存在的问题及其背后的影响因素,只有这样才可能全面触及隐私权干预法律规制薄弱背后的逻辑制度。

2014 年以来,"以审判为中心的诉讼制度"的改革设想成为我国刑事司法改革的中心主题和主要方向。关于"以审判为中心的诉讼制度"①,有学者对这一改革的本质进行了深刻的阐述,即"在司法的基本格局和运行机制不发生根本性变化的情况下,在普通刑事案件办理的技术方法上要求侦查、起诉面向审判、服务审判、同时能够在一定程度上发挥审判对于认定事实、适用法律的决定作用,以提高刑事案件的办案质量"②。实际上,从改革的主要目的和核心指向上看,"以审判为中心"诉讼制度改革针对我国刑事诉讼中实际存在的"侦查中心主义"③的诉讼理念或者诉讼构造。"侦查中心主义"之所以形成并且在很长一段时间内存在,一个非常重要但非唯一的原因是在国家机关权力体系中公、检、法之间的权力配置关系。尽管实务界和理论界均强调法院在刑事诉讼中独立进行审判,但从实务状况来看,这些努力难以在根本上扭转"强势公安"与"弱势法院"的局面,这种权力配置关系决定了法庭审判某种程度沦为确认侦查结论的程序,而难以发挥审判重究案件事实并作出最终判决的能力。"侦查中心主义"的诉讼理念和诉讼结构亦对隐私权干预的法律规制造成了消极影响,这些消极影响主要表现在:

表现一:排斥司法权对侦查权进行规制。上文已经指出,我国目前包括隐私权干预措施在内的强制侦查措施运用均不受事前司法授权的制约,而是由侦查机关系统内部进行审查并且授予办案人员运用这些强制侦查措施的权限。这种内部自律的控权方式直

---

① 简称为"审判中心主义",根据官方权威人士的解读,其主要意图在于突出审判程序在刑事诉讼中的中心地位,强调所有定罪的证据和事实都要经过法庭上的举证、质证和辩论,裁判理由形成于法庭上,将侦查、审查起诉的证据标准统一到法院裁判的标准上,确保侦查和审查起诉的案件事实证据经得起法律的检验。参见周强.必须推进建立以审判为中心的诉讼制度[N].人民日报,2014-11-14(3).

② 龙宗智."以审判为中心"的改革及其限度[J].中外法学,2015,28(4):849.

③ "侦查程序在整个刑事诉讼中居于中心地位,侦查机关所收集的证据以及所认定的案件事实,既是公诉机关提起公诉的依据,也是法院作出裁判的根据"。陈瑞华.论侦查中心主义[J].政法论坛,2017,35(2):4.

接排斥司法权将其影响力延展至侦查阶段。从事后审查来看,我国刑事诉讼制度中虽然确立了非法证据排除制度,但从非法证据的排除范围来看,实务中隐私权干预措施运用所获得的材料难以成为非法排除的对象,更不消说大多数隐私权干预措施运用仅为案件侦办提供线索支持。因此,司法权针对隐私权干预措施运用的事后审查,对于隐私权干预法律规制也未起到任何实质性的作用。

表现二:公安部门规章制定蚕食了立法权的职责。如前文所述,隐私权干预作为基本权干预体系的一部分,其运用的相关规定当属立法职权内的事项。然而,现行《刑事诉讼法》中的相关规定抽象、模糊甚至缺位,不仅导致部分隐私权干预措施运用中的违法现象,而且部分实务中广泛运用的一些隐私权干预措施还处于"法外"状态。为解决刑事诉讼立法的这些缺陷,《公安机关办理刑事案件程序规定》对部分隐私权干预措施运用进行了一定程度的细化,同时增加了几种隐私权干预措施运用的授权。这一做法在虽然客观上适应了侦查实务应对犯罪的需要,也弥补了隐私权干预立法规制的部分不足,但从法理上审视,公安机关代替了立法机关进行立法,实质上也是侦查权强势运行的外在表现之一。

表现三:坚持刑事案卷主义与隐私权干预措施运用的秘密化倾向。在我国,从公诉机关审查起诉到审判机关审判的过程,刑事案卷在其中发挥着极为关键的作用,它们实际上成为检察官和法官审查起诉和审判的重要依据之一。然而,在刑事案卷制作生成的过程中,侦查机关占据绝对主导的地位,侦查人员不仅能够在相当封闭的程序中制作卷宗材料,还能凭借其意志自由过滤卷宗的信息。在刑事案卷移送时,检察机关和审判机关只能看到的是侦查机关制作的刑事案卷正卷(即"诉讼文书卷"和"证据卷"),而不包括刑事案卷副卷（即"侦查工作卷"）①。副卷中会出现破案经过、秘密侦查措施运用情况、采取措施的分析依据和罪名转移变化的理由、证据取舍等内容，这些内容能够深刻反映侦查机关开展侦查的整体过程。由于既往的卷宗移送制度并不要求侦查机关移送副卷，直接导致检察官和法官难以全面了解侦查的全貌，特别是隐私权干预措施运用的相关情况。因此，隐私权干预措施运用也显示出较强的秘密化倾向。

在本书看来，之所以出现"侦查中心主义"的诉讼理念和诉讼构造，是因为在我国刑事司法的实践中，"侦查价值优位论"和"侦查目的至上论"依然支配着很多人的思想，他们将上述两论作为"侦查中心主义"合理化的基本依据。"侦查价值优位论"认为，刑事诉讼运行中虽然存在多种价值，但打击控制犯罪的价值优于其他任何诉讼价值。特别是在打击控制犯罪与人权保障的关系上，持这一观点的人认为，打击控制犯罪就是人权保障，打击控制犯罪不力就是对人权保障最大的"亵渎"。因此，侦查权以及作为其具体体现的侦查措施运用不能过度受到法律规制，对侦查权以及侦查措施的过度规制就是对人权保障实现的限制。"侦查目的至上论"认为，侦查的目的是发现事实真相、打击控制犯罪，只要目的是正当的，则实现目的的手段自然也是正当的，侦查过程中的"瑕疵"甚至是"错误"都可以被原谅。这些观点与现代刑事诉讼的基本理念背道而驰。侦查的目的之一是发现事实真相，不对侦查措施运用进行法律规制或者进行最少的法律规制是获取真相最便捷有效的手段，无论"侦查价值优位论"还是"侦查目的至上论"，其实质都是为上述侦查观进行辩护。然而，历史的经验雄辩地告诉我们，不受法律规制的权力必然滑入"非理性"的泥潭。如此一来，不仅可

---

① 根据《公安机关刑事案卷立卷规范》的规定，副卷包括不对外发生法律效力的内部审批文书、案件研究记录以及有保存价值但不需作为刑事诉讼证据使用的其他材料，诸如采取技术侦查制作的法律文书和获取的材料，不作为证据使用的，也应归入副卷。

能导致公民之尊严或者权利被践踏,还极易造就刑事错案使守法者遭受不白之冤。所以,在认识到"非理性"的运用侦查措施可能带来的巨大风险后,"理性"地对侦查进行法律规制,并在其基础上实现侦查目的成为现代刑事诉讼的基本共识。

然而,从"非理性"到"理性"的转变并非易事,在我国侦查实践中,"重打击控制犯罪、轻人权保障"的观念依然有广泛的拥趸,而且部分人通过拉近侦查与打击控制犯罪的"亲密关系"持续地为这种观念背书。也有不少人利用这些观点反对对侦查措施运用进行更为精密和严厉的法律规制。这部分人认为,近几年广泛运用的隐私权干预措施,较之传统侦查措施更加贴近时代需要,能够在侦查对象不知不觉中高效地查明事实真相。如果对这些隐私权干预措施运用进行有效的法律规制,不但将导致侦查机关日后实施隐私权干预措施受到诸多法律法规的约束,更会因详尽具体的法律规定使隐私权干预措施的类型、特征等被民众广泛了解,继而令普通公民都可能具备一定的反侦查能力。这样一来,侦查机关日后运用隐私权干预措施不再会如从前一样顺风顺水,对部分案件的侦查也必然难上加难。因此,这部分人对隐私权干预的法律规制表现出强烈排斥的情绪,相关的制度构建与改良也必然步履维艰。

更深层地看,我国宪法规定我国采取"议行合一"的权力体制,立法权、行政权和司法权都归属最高权力机关,但彼此之间各自独立,且维持一定的平衡与制约。然而,在实际运行过程中,政府很多情况下事实上将行政权、司法权和部分立法权集于一体,因而在权力架构和体系中的地位十分突出与强势。这种体制有利于保证国家的权力统一性、行政的高效性和秩序的稳定性等。但是,当政府权力过大时,则可能对立法和司法造成冲击。众所周知,公安机关是政府中的核心职能机关,是政府开展社会治理和秩序维护依赖的主要力量。因此,公安机关因在政府行政中的特殊地位更具削弱国家立法权和司法权的可能,公检法分工负责、相互配合、相互制约的关系就是在这种情况下受到冲击,并且产生"侦查中心主义"诉讼格局的。正因为如此,公安机关制定的部门规章——《公安机关刑事案件程序规定》轻而易举地上升为"准法律",公安机关过度运用隐私权干预措施的现实甚至得到司法机关的"背书"。因此,构建和完善依法行政的政府治理体系,把政府行政活动全面纳入法治轨道,才是解决侦查中隐私权干预法律规制薄弱的制度性对策。

8.3.2 组织层面的分析

我国实行的是中央集权的国家政权制度,这种政权制度强调中央的最高权威,要求国家各项权力统一于中央政府及其下属的各部委。在警察权的行使过程中,我国建立了从中央到地方,从省、自治区、直辖市到地(市)再到县(区)的有严格隶属关系的各级公安机关。对于绝大多数刑事案件的侦查而言,公安部是最高领导机关和指挥机关,各地公安机关行使的侦查权实际上是统一于公安部的。在推动侦查权行使的过程中,多数情况下公安部并非直接具体行使侦查权,其统一领导基本上是通过从上至下的层级式推进而实现,即由公安部进行任务驱动、规范要求和监督考核,这些内容和要求在层级化的公安机关系统中被逐级分解给下层,最终由基层公安机关落实大部分目标任务。考评是这种由上至下的统一领导的方式之一。考评中,上一级公安机关对下一级公安机关的考评有绝对话语权,对于考评的内容、方式、时间、频率和奖惩等有不容置喙的绝对权威。

一般来说,侦查机关的考评主要分为绩效考评和质量考评:(1)绩效考评。这种考评以案件侦查的数量和与之相关的数据为内容,如立案数、破案数、打击处理数、打击增长率、拘留转逮捕率、降发案率等。(2)质量考评。这种考评以案件侦查的质量为内容,上级侦查机关根据《刑事诉讼法》《公安机关办理刑事案件程序规定》《公安机关执法细则》等相关规定设置考评内容,如是否存在超期羁押、违法取证等违规违法现象。考评结果以数字化评分的形式出现,评分的高低直接体现着上级侦查机关对下级侦查机关的认可程度。这一过程中,上级侦查机关既会实施表彰、提拔和奖励等正向激励,也会实施批评、问责、职务调整、一票否决等反向激励,并且将目标任务完成情况与下级侦查机关负责人的职务升迁任免进行挂钩,以确保整体性侦查目标任务的顺利完成。此时,侦查机关系统内部的考核发挥着直接的、强制性的施压功能,侦查机关考核体系中"数目字管理"①的特征,形成了压力型管理的侦查组织制度。近年来,随着公安法治建设的深入推进,质量考评在侦查考评中所占地位越来越重要,但从实际情况来看,这种考评主要目的还是在于遏制严重违法现象如超期羁押、刑讯逼供等,而对一般性的违法侦查行为并未采取过于严厉的制裁措施。所以,当质量考评和绩效考评两者的考核重点发生冲突时,公安机关内部评价仍然会以绩效考评为主。

在压力型侦查组织制度中,各级侦查机关的侦查目标任务不再是抽象的收集证据、查明案情、促使嫌疑人到案等,而是被分割为明确的、具体的考核指标。此时,强化侦查效果、提升侦查能力的主要办法就是给侦查人员施压。这种施压可以在侦查人员之间形成职业竞争压力,能够激发侦查人员的潜能,促进其精进专业技能、优化办案水平和提升侦查效率,最终保证考核指标任务的完成。可见,压力型组织制度确实对于侦查目标任务的完成能够起到助推作用。但是,侦查本身有一定的客观价值评判标准,如果通过考核下达定额任务,那么法律所要求的部分价值就可能远离侦查了。具体而言,这种组织制度可能带来以下消极影响:

其一,过分强调效率价值对侦查的意义。效率在侦查价值中本身地位就比较突出。一方面,侦查如果是低效的,诉讼周期无疑会延长。这一过程中,犯罪嫌疑人不仅可能通过继续作案扩大危

---

①　黄仁宇在其著作中反复提及数目字管理的重要性。参见黄仁宇.资本主义与二十一世纪[M].北京:三联书店出版社,1997:32-463.

害后果,案件证据也可能被伪造、变造或者直接消灭等。换言之,侦查如果持续保持低效,那么打击控制犯罪的效果必然不尽如人意。另一方面,侦查运行如果不能满足效率要求,将难以及时安抚被害人及其亲属、社会公众的情绪,侦查机关则可能饱受外界质疑批评而背负巨大压力。因此,与其他检察机关和审判机关相比,侦查机关对于效率优位的追求是极为明显的。压力型组织制度使得效率在侦查中的意义再次放大,只有将效率置于工作的首位价值相关考评目标才可能顺利完成。正因为如此,侦查人员实施侦查的过程必须是高效的,要在尽可能短的时间内完成侦查目标任务;侦查产出的司法效果和收益必须是符合效益原则的,侦查人员不仅要及时侦查,还要保证侦查质量。此外,现实性的繁重任务和警力缺乏等也导致了侦查人员对于效率的执着。由于政治的、历史的和社会的原因,我国警察机构承担了大量于维护社会治安和实施侦查之外的管理职能,成为政府机构的"超级行政机关"①。但是,公安机关一直面对警力匮乏的困境。虽然,公安队伍的总体力量还必须将警务辅助人员考虑进来,但由于警辅人员不具备侦查主体资格,只能在侦查人员的指挥下完成一些辅助性工作,因而难以在整体局面上改变"案多人少"的现实。基于上述情况,迅速及时地开展侦查、尽量减少侦查中的无效劳动和资源浪费,成为侦查机关对侦查人员的基本要求。当侦查机关组织文化将效率价值置于优位,面对效率与人权保障等其他诉讼价值之间的矛盾对立时,将效率凌驾于其他价值之上就成为组织内默认的选择。此时,侦查机关追求人权保障的理想将被"稀释"甚至"消解",侦查人员最大限度地运用隐私权干预措施也就有了合理的借口。隐私权干预法律规制薄弱的状况正是在这种情况下产生的。

其二,"有罪猜疑"需要获得迅速高效的验证或者否定。无罪推

---

① 参见陈瑞华.公安职能的重新定位问题[J].苏州大学学报(社会科学版),2018,113(4):44.

定原则是现代法治国的一项基本理念,其精神实质和具体要求体现在各国刑事诉讼法中,我国也不例外。但是,在压力型组织制度下,这一理想的法治原则在实践中并没有完全实现对侦查人员灵魂的"规训"。侦查中,由于大多数案件需要由犯罪结果回溯犯罪动机目的、犯罪过程等,侦查人员大多秉持"有罪猜疑"的观念开展侦查。此时,侦查人员实施的是一种持续性试错的活动,侦查人员根据已有的线索和证据对犯罪动机目的和犯罪过程等进行多种假设并进行验证。因此,出于职业环境和特征,侦查人员必须对潜在的危险、可能的线索证据以及嫌疑人保持足够的警惕,侦查人员的认知结构中产生了"一种持续性的怀疑态度,而这种态度是很难改掉的"①。此正如实务部门专家所言:"通过初查认为嫌疑人是极有可能存在犯罪事实的,那么接下来就需要一种'有罪推定'",否则,"我们的思维很多时候会被对方影响,或者相信了对方的辩解"②。另外,在主动侦查中,侦查人员更是只有在坚持"有罪猜疑"思维时,才可能具备发动相关调查的动机。"有罪猜疑"思维在侦查人员的调查中得到持续性强化。这一点可以从"认知闭合"的角度进行解释,"在时间压力下,侦查人员可能更愿意选择与假设一致的证据,对犯罪证据的替代解释则较少关注,并且更加坚持他们对犯罪的初步信念。换句话说,时间压力可能会增加侦查之证实偏见的风险"③。

当然,有罪猜疑和无罪推定并非必然冲突对立。当侦查人员通过运用合法侦查措施验证或排除有罪猜疑时,并不会对当事人

---

① 罗伯特·雷纳,警察与政治[J].易继苍,朱俊瑞译.北京:知识产权出版社,2008:109.

② 田骁、朱晓.一边善用谋略,一边挖掘人性[J].方圆,2013,22(1):39.

③ See Karl Ask, Pär Anders Granhag, "Motivational Bias in Criminal Investigators' Judgments of Witness Reliability", Journal of Applied Social Psychology, Vol. 37, No.3(Feb., 2007), pp.561-591.转引自谢澍.从"认识论"到"认知论"——刑事诉讼法学研究之科学化走向[J].法制与社会发展,2021(1):160.

的权利造成任何侵害。然而现实中,在压力管理制度下,在缺少实质性线索、证据而侦查人员通常是急于确定对嫌疑人的怀疑或者验证"有罪猜疑"的真伪时,一些侦查措施就可能被违规违法运用。近些年,以强制性物理暴力为特征的侦查措施在实践中的违法运用得到很大程度的遏制,但隐性的、以干预精神利益为内容的隐私权干预措施却能发挥巨大功能,它们在秘密状态下侵入当事人的私人领域了解相关情况。这一调查过程不仅高效,而且侦查对象也几乎不会发现其权利受到了干预。综上所述,现阶段"有罪猜疑"还广泛而又隐秘地影响着侦查人员的思维方式和实践活动,而隐私权干预措施成为实务中侦查人员验证其"有罪猜疑"的高效手段,此乃造成隐私权干预措施法律规制薄弱的另外一个原因。

　　针对组织层面造成隐私权干预法律规制薄弱的诸种因素,侦查机关应当牢牢树立严格执法、公正司法的理念,要改革侦查管理中现行考评奖惩制度的弊端,并且通过多种手段彰显法治主义的文化氛围,为隐私权干预法律规制的落实创造良好条件。

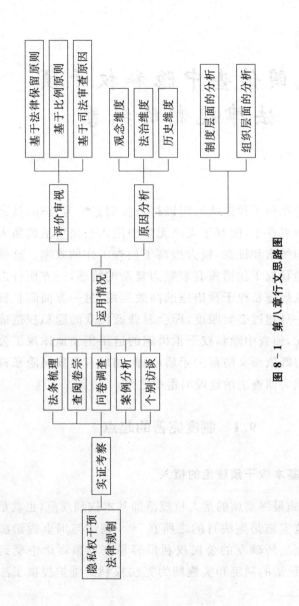

图 8-1 第八章行文思路图

第九章

我国侦查中隐私权干预
法律规制的完善

　　侦查中隐私权干预措施运用以打击控制犯罪为目标,其运用最为突出的特点在于,能够于无声无息中侵入公民生活的私人领域获取案件的线索和证据,极大提高了侦查工作的效率。这就使得人们对于隐私权干预措施有着颇为复杂的情感,一方面打击控制犯罪十分依赖隐私权干预措施的高效运用,另一方面隐私权干预措施运用一旦超过必要限度,即会对普通民众的隐私权造成极大影响。因此,侦查中隐私权干预措施的运用集中地体现了公民对于国家权力既依赖又防范的矛盾心理,如何有效规制隐私权干预措施运用成为侦查法治建设的重中之重。

9.1　制度完善的起点

9.1.1　基本权干预理论的植入

　　"宪法实施最终实施的是人权规范即基本权利规范,也就是说基本权利规范实施是宪法目的之所在"①。宪法与刑事诉讼法的关系在于,"宪法所确立的公民权利最容易在刑事诉讼中受到侵害,而刑事诉讼法的制定和实施则为宪法权利的维护提供了法律

---

①　范进学.宪法实施:到底实施什么?[J].学习与探索,2013,35(1):57.

保障。反过来,宪法所确立的基本原则和基本权利又为刑事诉讼法的发展和完善提供了最终的法律基础"①。因此,在法治国家,侦查中基本权干预措施的运用应当以宪法作为价值基础和规范依据,才能避免合法性与合理性上引起非难。

在我国,现行宪法虽然没有明确针对刑事诉讼程序设定宪法义务,但两者同时对"尊重和保障人权"的明确表述,说明参与刑事诉讼的国家机关在其法定职权范围内承担着保障公民基本权的客观义务。起源于德国公法的基本权干预理论,正是保障全面落实这种客观义务的具体路径方法。根据基本权干预理论,侦查机关对基本权保障的客观义务不是完全禁止对公民基本权进行限制,而是只有符合法定要件时,才允许对公民的基本权进行干预。此外,即便是符合法定要件可以限制公民基本权,侦查机关仍然要充分恪守义务,对基本权的干预不能超出明显必要的限度。基本权干预理论为侦查法律规制确定了基本结构和价值目标,它们在隐私权干预法律规制的语境中继续适用。具体来说,基本权干预理论为侦查法律规制所确定的基本结构和价值目标体现在:

其一,基本权干预理论主张权利保护优先以及通过权利制约权力。在这种价值取向下,对于干预基本权措施的法律规制出于基本权保护的立场,而非单纯出于权力控制的目的。在这一过程中,基本权对侦查权及其具体化的侦查措施运用进行牵制和抵抗,只有具备法定要件且符合比例原则要求时,干预基本权的侦查措施运用才能获得正当性和合法性的依据。如果基本权干预法律规制的主要目的设定是为了控制和规范国家权力配置和运行,而不是出于权利保护优先的考虑,那么,在特定情境下,当权利保护和权力运行的发生冲突时,仍可能得出"侦查价值优位论"或者"侦查目的至上论"等结论。此时,最终将导致侦查机关实际承担的客观

---

① 陈瑞华.刑事诉讼的前沿问题[M].第二版.北京:中国人民大学出版社,2005:177.

义务与基本权保护目标背道而驰。

其二,基本权干预理论的基本结构和价值目标不只是局限在法律规制的初衷上,它更是在客观上确定了一种法治秩序。这种法治秩序要求国家机关在行使权力时,必须遵守基本权保障的义务,自觉将法律保留原则和比例原则作为基本权干预措施运用的合宪性事由。这里的国家机关包括立法、行政和司法机关。因此,基本权干预理论所要确立的法治秩序在立法、行政和司法层面均有相应的体现。在立法层面,法律必须承认各种基本权干预措施的独立性,需要围绕特定的基本权以及基本权干预措施的具体权能进行精细化的程序设计,使得基本权干预措施的运用具有明确的、可操作的法律依据。在执法层面,执法人员必须严格按照法律规定实施基本权干预措施,即便是在允许自由裁量的范围内,亦要遵循比例原则之要求,避免对公民权利造成过当的侵害。在司法层面,只有在司法人员对基本权干预措施进行法律保留原则和比例原则的审查后,基本权干预措施运用才能被认为是合宪的。如果相关的基本权干预措施在审查时不符合合宪性事由,此时基本权干预措施或者不被授权实施,或者将面对程序性制裁的不利后果。

其三,作为一种主观性的权利,基本权是公民对抗国家侵犯的防卫权。"一种无法诉诸法律保护的权利,实际上根本就不是什么法律权利"[①]。换言之,作为一种防卫权,任何公民的基本权遭受国家侵害时,都有权要求对相关侵害行为作出有效的法律补救。如果公民基本权被不合理地侵犯而又没有相应的途径维护自己的权利,也无法直接依据宪法提起诉讼,那么,规定基本权的意义也就荡然无存了。因此,基本权干预措施运用一旦超过法律的界限,权利被侵害的当事人应当能够获得救济,而且这种救济必须具有

---

① 程燎原,王人博.赢得神圣——权利及其救济通论[M].济南:山东人民出版社,1993:349.

彻底性,这也是权利保护优先初衷得以实现的题中应有之义。

其四,作为一种客观性的义务,基本权要求国家切实承担保护公民权利之任务。传统观念下,一般认为权利是免于国家干预的消极自由,指的是个人不受干预或侵害的状态。此时,仅从公权力干预权利的角度来理解,权利为"反权力"的防卫依据,也就是免于被掌权者支配的防卫凭借。基本权干预理论对于权利的理解不是仅将其作为公民的防卫权,更强调国家机关保护公民权利的客观义务。这一理论要求公权力即便干预公民权利必须适当节制,避免公民在非自愿的情况下成为公权力实现特定目标的手段或者支配的对象。因此,国家机关干涉公民权利必须合乎法定要件,以透明化的方式增加公民对公权力干预活动的"可理解性"和"可预测性",进而实现国家机关和公民之间的"双向监督"。

其五,基本权干预理论的引入能够避免立法机关在完善侦查立法时"头痛医头,脚痛医脚"。基本权干预理论的引入要求我们不断地确认和检视侦查措施运用时所涉及的公民权利的内容和强度。此时,我们不应当过度地关注侦查措施运用采取什么样的手段、什么样的技术或者什么样的方式,因为手段、技术或者方式都属于措施运用过程中的方法性问题,它们会随着时代的进步而变化,我们真正应当考虑的是侦查措施运用中是否涉及公民权利、涉及的公民权利的类型是什么、对公民权利造成多大程度的干预。只有真正基于权利去理解侦查措施才能探究其本质,才能围绕侦查措施涉及的权利去调整、增减法律规制的内容。

从以上论述可以看出,侦查中基本权干预措施的配置、运行和救济是一个环环相扣、紧密衔接的过程,相关的法律规制体系在基本权干预理论的指引下,无所疏漏地涵盖基本权干预措施运用的各个主要环节。只有当法律规制体系与基本权干预措施运用的全过程保持一致时,相关的法律规制才可能是彻底的、有效的。在侦查法律规制中全面引入基本权干预理论,意味着在一定程度抛弃有关强制侦查措施的法律规制理论。在部分法治国家,对强制侦查措施的运用建立起以强制侦查措施法定原则和司法审查原则为主的法律规制框架,我国有学者亦认为当在刑事诉讼制度改革中作出此种尝试。① 但是,我国现行刑事诉讼中没有强制侦查措施和任意侦查措施的区分,适用强制侦查措施法定原则似乎缺少天然土壤,实务中运用的侦查措施在强势侦查权的依托下,或多或少都带有"强制性"的特征。在引入基本权干预理论后,实际上可以绕开强制侦查措施与任意侦查措施界分的论争与迷思,跳出以侦查措施运用的具体手段为核心的法律规制思路。此时,法律可以相关措施干预公民基本权的类型和强度差异,区别出不同的基本权干预措施并形成基本权干预体系,进而将全部基本权干预措施的运用涵盖至法律规制的范畴内。

不仅如此,我国两类性质不明而时常引起争议的隐私权干预措施——基于违法调查而实施的隐私权干预措施和基于预防犯罪而实施的隐私权干预措施,亦能够被纳入法律规制的范畴。对于基于违法调查而实施的隐私权干预措施而言,一般认为强制侦查措施法定原则规制的对象为强制侦查措施,法定原则的一个重要要求是强制侦查措施的启动必须以具有一定的犯罪嫌疑为前提。然而,我国违法和犯罪是"质同量异"的两种行为,由行政机关与司法机关分担上述两种行为的制裁权,即违法由公安机关作出处罚决定,犯罪由司法机关进行定罪量刑。但是,在部分情况下,侦查人员不可能一开始就清楚确定相关行为究竟是违法还是犯罪,因而必须通过运用一定的调查措施才能逐渐明确相关行为的性质。必须承认的是,调查措施的性质在一些情况难以明确界分。② 我国虽然按照治安处罚和刑事诉讼的双重路径分别对相关的调查措

---

① 参见张崇波.侦查权的法律控制研究[D]:[博士学位论文].上海:复旦大学法学院,2014.

② 如《公安机关办理行政案件程序规定》规定"对与违法行为有关的场所、物品、人身可以进行检查",而《刑事诉讼法》也规定"对于与犯罪有关的场所、物品、人身、尸体应当进行勘验或者检查",而两种"检查"在本质上似乎没有太大的差异。

施运用设定宽严相异的法律规制程序,但这种方法仍解决不了法律竞合的立法技术难题——"两种权力往往混合行使,形成了交叉错位的现象"①,由此产生权能复合以及逃脱法律规制的后果。对于基于预防犯罪而实施的隐私权干预而言,"警察机关有两个明显相互区分的任务领域。一个就是它要防御对公共安全或公共秩序的危险。在这一方面它的工作具有预防性(vorbeugend/preventive)特点。此外,警察机关也参与刑事追诉。在这一性质上,警察机关是负责侦查和查明犯罪的机关,具有压制性(repressive)职能"②。预防犯罪和侦查犯罪两大领域的界限也在于,是否出现明确的犯罪嫌疑。但是,犯罪预防与犯罪侦查之间关系并非泾渭分明,而部分隐私权干预措施运用能够轻易地贯通预防犯罪与打击控制犯罪两个领域,由此也带来法律规制方面的难题。

实际上,侦查、违法调查和预防犯罪中隐私权干预措施的运用,分别对应着《刑事诉讼法》《治安管理处罚法》和《人民警察法》中权力的配置与运行,上述三部法律分别对各自领域的权力运行进行法律规制。但是,我国现行法制中,三者对于权力的配置虽有明显的分工,彼此之间的配合与衔接却略显薄弱。在警察法领域,也没有可以奠定警察法治基础的"基本法"(现行《人民警察法》难以承担这一角色),而将三种不同性质的权力置于警察权的总体框架下进行规定。然而,一旦尝试以基本权干预理论的视角观之,则可以发现相关的法律规制问题,都可以在这一理论下得到融合。因为这些部门法面对的共同问题是——如何对干预公民基本权的措施进行法律规制。根据基本权干预理论,干预宪法所确定的基本权的措施受到法律规制,关键在于立法、执法和司法充分分享和

---

① 熊秋红."人民警察法"与"刑事诉讼法"的衔接[J].中国法律评论,2017,16(4):177.

② 约阿希姆·赫尔曼.《德国刑事诉讼法典》中译本引言[M]//《德国刑事诉讼法典》.宗玉琨译.北京:中国政法大学出版社,2013:56.

遵守基本权干预理论的路径,以相关原则对权力的配置与运行进行制度设计。此时,宪法不仅与《刑事诉讼法》紧密相关,还与《人民警察法》《治安管理处罚法》处于持续性的良性互动状态,宪法保护基本权的精神在警察权运用的全部领域真正得以实现。因此,从长远来看,本书主张遵循法律保留原则和比例原则,在立法上对基于违法调查、预防性侦查而实施的隐私权干预措施之启动条件、案件范围和适用对象等进行限制,同时在司法上允许法官对相关隐私权干预措施进行合宪性审查。当然,出于研究主题的限制,本书仍集中探讨侦查中隐私权干预法律规制的问题。

在本书看来,将基本权干预理论植入我国法律制度后,不仅强调宪法是具有最高效力的法律,更包含一种从宪法视角调控整个法律体系的思维和方法,更加有利于公民权利的系统性保护。这种思维和方法要求在所有与基本权干预相关的部门法领域,都引入基本权审查合宪性控制的机制。因此,本书在提出隐私权干预法律规制完善的建议时,将围绕这一理论中的法律保留原则、司法审查原则和比例原则开展。这三个原则既是隐私权干预法律规制立法质量方面的评估工具,其蕴含的精神内核和分析技术又是隐私权干预法律规制完善的理论助手。还要注意的是,比例原则内在蕴含着一套自成体系的方法,亦能够为隐私权干预法律规制提供整体而系统的方法论支持。

9.1.2 当前相关制度的缺失

从前文的比较分析部分可以看出,域外国家或者通过国内宪法法院、普通法院的宪法诉讼机制,或者通过区域性人权公约的保障机制来防范隐私权干预措施成为无所不在的"幽灵",最终使得隐私权干预措施运用回归"有限干预"的正轨。但是,我国缺乏宪法诉讼和机制,身处的亚洲也无区域性人权公约保障机制,导致我国在防止隐私权干预措施的滥用上有所欠缺。对于这一问题,本书主张引入基本权干预的理论和制度加以解决。当然,基本权干预理论的制度化落实不能简单照搬国外司法制度，而是必须在我国特殊的法治环境和司法制度下稳步推进宪法的实施机制改革，最终形成以基本权保障为视角的侦查法律规制体系。这意味着，侦查中基本权保障难以单独推进，而只能在宪法整体实施机制的演进中谋得自己的一席之地。

在我国，宪法列举的基本权并不特别丰富，但借助于宪法中"尊重和保障人权"的概括性条款，再结合已明确列举的基本权，完全可以推导出宪法未列举的其他基本权。因此，宪法未明确列举不能成为排斥未列举基本权的理由。当然，权利入宪或者确定基本权体系保护的范围不是最终目的，更不代表"尊重和保障人权"目的的自然终结，它们其实只是"尊重和保障人权"的开始。此后，更为关键的是具有最高法律效力的宪法，能够在司法中得到有效适用。对待这一问题时，世界上有采用普通法院行使司法审查权的模式，有采用宪法法院行使司法审查权的模式，有采用区域性的人权法院对本国的法律争议行使司法审权的模式。不论是哪一种方式，其基本共性就是通过司法审查将公民的基本权保护落到实处。对于这一宪法实施机制的发展趋势，我国有学者指出，"从'二战'之后各个国家普遍选择了权利宪法化与宪法诉讼化的制度实践中得到启示，权利宪法化是保障人权的静态性路径，而宪法的诉讼化则是人权保障的动态性路径，两种路径保障缺一不可"①。

所谓"宪法的诉讼化"，指的是允许当公民认为其基本权遭到公权力行为运用侵害时，有权获得司法机关的有效救济。这种有效的救济决定应由中立客观的第三方在当事双方平等参与的情况下作出。实际上，"在现代法制社会的权利救济体系中，诉讼救济是最主要，也是最有效的救济方法，而宪法诉讼则是保障公民基本

---

① 范进学.宪法实施：到底实施什么？[J].学习与探索，2013，35(1)：60.

权利的最终性的救济途径"[1]，"个人通过宪法诉愿主张其宪法权利有利于强化保护功能，突出'国家—社会关系'中个体的存在意义"[2]。但是，我国却没有建立"宪法的诉讼化"的相关制度。由于这一制度的缺位，在刑事诉讼中，公民不得援引宪法中的基本权申请司法权的救济。此外，我国行政诉讼法也没有把违法侦查措施列入行政诉讼的受案范围。因此，对于违法实施的侦查措施，当事人要么只能向公安机关申诉或控告，要么只能向作为公诉方的检察机关申请检察监督。可见，现行法律中对刑事诉讼中基本权受到侵害的公民进行救济的空间较小。

毋庸讳言，当前将基本权干预理论引入我国法律制度仍面临着诸多现实难题，相关的制度完善与实践形成不是一蹴而就的，而是表现为一个理念更新与制度演进的双重过程。如何全面激活宪法功能和宪法实施机制需要更为深入的讨论，但这些问题已经超出了本书论述的范围。本书重点在具体制度设计层面上，寻找基本权干预理论与侦查法律规制之间的联结方式。

9.2　侦查中隐私权干预法律规制的目标设定

9.2.1　正当目标的确立：隐私权干预法律规制的比例化构造

侦查中隐私权干预法律规制的正当目标应当从两方面来理解：一方面，与其他强制侦查措施一样，隐私权干预措施的运用是一种"必要的恶"，人们需要隐私权干预措施作为维护公共秩序、打击控制犯罪的手段。但是，这种"必要的恶"不能对当事人的隐私权造成过度的、不合理的侵犯。因此，基于人权保障之目的应当对

① 费善诚.我国公民基本权利的宪法诉讼制度探析[J].浙江大学学报(人文社会科学版),2001,31(4):119.
② 韩大元.论宪法诉愿制度的基本功能[C]//张翔.宪政与行政法治评论:第三卷.北京:中国人民大学出版社,2007:16,19.

隐私权干预措施进行法律规制。另一方面,隐私权干预法律规制的正当目标在于,不能对隐私权干预措施的运用过于严苛而导致侦查目的和任务无法实现。此正如台湾学者所言,"对于侦查机关侦查方法之控制,有其现实上之困境。犯罪事实之侦查,因主客观因素随时间改变,而有其变动性与流动性,因而侦查常要求灵活应变与合目的性"①。在前文的阐述中,我们已经对隐私权、隐私利益进行了体系化的解析,我们知道行踪位置是一种隐私,一个人私密空间内的活动是隐私,一个人内心深处的真实思想也是隐私。对于隐私,每个人都有寻求保护的主观需要,在客观上也符合现阶段的社会习俗、社会经验等。因此,方方面面的隐私利益构成隐私保护的体系:从隐私程度较低的位置隐私等,到隐私程度较高的生物样本隐私等,再到隐私程度较高的通信隐私、住宅内亲密活动隐私等。对应的,侦查措施运用可获得当事人信息的隐私程度也呈现出从低到高的分布,侦查人员既可以获得当事人的位置隐私,用以掌握其日常活动、社会交往等;也可以获得当事人的生物信息,用以个人身份比对、掌握当事人基因秘密等;还可以监控当事人的通信隐私、住宅内隐私等,形成对个人思想、信仰和秘密等的全面掌握。正因为如此,隐私权干预法律规制中必须主张一种比例化的规制,即干预隐私程度越高、侵害性越强的侦查措施,要适用越严格的法律规制程序。申言之,侦查中隐私权干预法律规制的基本目标是在隐私权干预措施运用和必要法律规制之间实现合理配置,这种合理配置的精髓是"适当匹配"。

实际上,比例原则本质上乃"为调和公益与私利,达到实质正义的一种理性思考原则"②。在刑事诉讼领域,比例原则强调打击控制犯罪时目的和手段之间的相称性,其关键精神就在于"适当匹

---

① 林钰雄等.刑事诉讼法实例研习[M].台北:学林文化事业有限公司,2000:45.
② 李震山.警察行政法论——自由与秩序之折冲[M].台北:元照出版公司,2007:8.

配"。国内已有学者倡导在刑事法的制定与实施中引入比例原则。① 这些观点能够得到广泛的支持。比例原则虽然最早作为一种警察执法和司法适用的原则被提出,但此后它也成为一种立法的指导思想。"比例原则的基本要旨在于约束执法活动中的自由裁量权。20世纪50年代以后,德国联邦宪法法院通过大量援用比例原则进行违宪审查,开启了比例原则宪法化的时代,比例原则成为宪法位阶的法律原则。其在功能上可以同时约束行政、立法、司法机关,其规范领域遂由执法行为扩展至立法行为。"②也就是说,如果仅将比例原则看成纯粹的执法原则和司法原则,那么其在立法上应有的功能将会被遮蔽。在国内,已有学者主张以比例原则为基础对刑事诉讼程序进行构造。③ 毫无疑问,这些观点能够契合本书所追求的隐私权干预法律规制的正当目标。

在本书看来,隐私权干预法律规制的正当目标应当是在比例原则的框架下,以不同隐私权干预措施实施强度的差别为基础,为其针对性地设计法律规制程序,以此明确不同隐私权干预措施运用的合理界限。本书将这一制度设想称为"侦查中隐私权干预法律规制的比例化构造"。具体来说,"侦查中隐私权干预法律规制的比例化构造"的核心要义包括三层意思:其一,在隐私权干预措施体系中,根据隐私权干预措施实施时限制当事人隐私利益类型

① 有学者指出,"比例原则比刑法的基本原则具有更高效力","把比例原则作为罪刑关系配置的基本原则"。参见姜涛.追寻理性的罪刑模式:把比例原则植入刑法理论[J].法律科学(西北政法大学学报),2013,31(1):100-109. 也有学者认为,"就传统取证行为而言,特别是当这种行为由国家权力机关实施或直接涉及相对人基本权利的情况下,约束这些行为并为其划定合理界限的首要原则是比例原则"。参见裴炜.比例原则视域下电子侦查取证程序性规则构建[J].环球法律评论,2017,56(1):81.

② 陈新民.德国公法学基础理论[M].山东:山东人民出版社,2001:389.

③ 该学者指出,"比例原则蕴含着一套自成体系的方法,不仅有助于对具体刑事诉讼行为的审查分析,而且能够为刑事诉讼立法提供整体而系统的整合与构造"。在立法语境之中,至为重要的两重"适当匹配"关系为:"刑事诉讼措施与案件情形之间的比例关系",以及"刑事程序针对不同强度的诉讼措施加以控制的比例关系"。参见秦策.刑事程序比例构造方法论探析[J].法学研究,2016,37(5):153.

和程度上的差异,将其划分为不同强度的隐私权干预措施;其二,不同强度隐私权干预措施的实施与刑事案件轻重缓急相匹配,强度高的隐私权干预措施适用于案情重大复杂、情况特殊的案件,强度低的隐私权干预措施适用于轻微简单、情况普通的案件;其三,不同强度隐私权干预措施实施的法律规制严宽不一,强度越高的隐私权干预措施法律规制越严格,强度越低的隐私权干预措施法律规制越宽松。

9.2.2　隐私权干预法律规制比例化构造具体内容

在本书所主张的隐私权干预法律规制的比例化构造中,如何对隐私权干预措施强弱、刑事案件轻重缓急和法律规制严宽进行合乎比例的客观度量,需要进一步论证解决。为了突破这一瓶颈,必须借助类型化分析方法,这种方法是"自然无形的生活事实予以法律抽象定型,并借此将法律观念具体细化的一种方法"[①]。此正如格雷所言,"分析法学的任务就是分类,包括定义,谁能够对法律进行完美的分类,谁就能获得关于法律的完美的知识"[②]。

9.2.2.1　隐私权干预措施强弱的类型化要素分析

根据日常经验很容易得出结论,隐私权干预措施运用于特定时空、作用于不同对象、干预隐私利益的种类差异和干预方式的区别等会产生干预效果和力度上的差异。此外,同样的隐私权干预措施运用于不同的案件也可能体现出不同的强度。将隐私权干预措施的强弱类型化,意图抽象和归纳出影响隐私权干预措施运用强度的各类因素,这一类型化的过程有助于帮助判断隐私权干预措施的强弱差异,也是落实隐私权干预法律规制比例化构造的首

---

① 刘炯.犯罪预备行为类型化研究[J].中国刑事法杂志,2011,22(10):17.

② John Chipman Gray,The Nature and Sources of the Law,2nd. The Macmilian Company,1931,p3. 转引自马特.侵犯隐私权的构成及类型化研究[J].北方法学,2007,1(4):139.

要步骤。可以依据其运用特征和运用情境,来对隐私权干预措施的强弱进行分析。

其一,实施时间。实施时间包括特定隐私权干预措施实施的持续时间,及其涉及隐私内容的时间跨度等。具体包括:(1)措施持续时间。以通信隐私干预为例,为了获取预期信息,通信隐私干预运用往往会持续一段时间,如果通信隐私干预运用持续的时间过短,将难以掌握侦查所需的犯罪嫌疑人行踪、犯罪嫌疑人彼此关系、犯罪计划、犯罪进程等内容。但是,通信隐私干预运用如果持续的时间越长,可能获取与案件无关的隐私内容也会越多。很显然,持续时间长的隐私权干预措施强度大于持续时间短的隐私权干预措施强度。(2)隐私时间跨度。以手机电子数据取证为例,相关的电子数据涉及时间跨度越短可能获得的预期信息越少,相关的电子数据涉及时间跨度越长可能获得的预期信息越多。因此,隐私权干预措施实施所涉及的隐私时间跨度越长,侵犯个人隐私的强度也越大;反之亦然。

其二,实施空间。实施空间包括隐私权干预措施实施所涉及的空间性质、范围大小等。(1)空间性质。虽然,目前对于隐私权保护范围的理解不能只限于空间,但侦查措施实施针对空间的性质是决定隐私权干预措施强度的重要因素。以实体空间为例,实体空间与人类特定活动有关,不同的实体空间承载着不同的社会功能,如住宅最基本的社会功能主要是保护个人独处和亲密关系,住宅以外的大多数空间承载的功能是为不同的社会交往活动提供场所。因此,法律对住宅给予较多保护,如果监控运用在住宅以外的其他实体空间,其隐私干预强度会远远低于住宅监控的强度。(2)空间范围。隐私权干预措施强弱区分的依据还包括相关措施实施所涉及的空间范围。显而易见的是,在进行计算机电子数据取证时,取证的对象是计算机中所有文件,还是其中某个硬盘分区或者某个文件夹,在隐私干预强度上存在较大差别。

其三,实施方式。实施方式是隐私权干预措施运用的作用方式。每一种隐私权干预措施都会以特定的方式实施,基于何种方式实施会影响其强度大小。例如,人身隐私干预可以划分为非侵入性干预措施(如脱衣搜查)与侵入性干预措施(如体内搜查)。一般来说,侵入性干预措施更容易威胁影响当事人的人身健康和安全,其隐私干预强度也超过非侵入性隐私干预措施。直接针对人身的隐私权干预措施实施中,还需要配置有形的强制力对当事人的人身自由进行限制。很明显,这类干预措施实施强度大于无须借助强制力保障才能实施的隐私权干预措施。

其四,隐私内容。隐私权干预措施实施后所能够获知的隐私内容不同,会使得不同的隐私权干预措施呈现出强弱上的差异。一般的原则是,所能够获知的隐私内容越重要,相应的隐私权干预措施的强度越大;反之亦然。考察隐私内容的重要程度可根据以下指标进行:(1)隐私与人性尊严之间的关系。隐私对维护人性尊严越有价值,该隐私应当获得保护的力度越大,相应的隐私权干预措施强度也越大。例如,通信隐私强烈关乎人性尊严,一般要受到较高的隐私保护。相反,个人在公共空间的行踪尽管目前也被认为是个人隐私,但其与人性尊严之间的距离较远,隐私保护的强度则也相对较低。因此,通信隐私干预措施强度超过行踪调查和行踪监控。(2)隐私所关涉的社会关系。隐私对维系人与人之间的交流和交往有重要意义。不同的社会关系受到法律尊重和保护的程度是不一样的,法律为了维护某些特殊社会关系,设置了一系列特殊的法律制度,如证人豁免制度等。在德国的一个判例中,执法人员在医院的诊疗室里安装了监听装置,病患之间的谈话内容被监听,但是法庭审判时,法官禁止将监听的内容作为证据使用,法官认为医患关系这个领域的隐私权侵害绝对禁止,因为隐私干预措施运用所关涉的社会关系为医患关系,这一关系属于德国"领域理论"中的"私密领域",获得的相关证据应当被排除。①（3）隐私内容的丰富程度。能够获取的隐私内容越丰富,隐私权干预措施强度越高。例如,采集当事人的指纹样本和 DNA 样本都可以用于人身识别,但与指纹样本相比较,DNA 样本明显蕴含着更多的隐私内容。因此,采集指纹的干预措施在强度上要弱于采集 DNA 信息的干预措施。

其五,隐私权干预措施实施的对象大多情况下指向犯罪嫌疑人,但部分情况下也可能涉及案外的第三人。与刑事案件中犯罪嫌疑人不同的是,案外第三人并非国家公权力作用的对象,从这一角度来讲其没有容忍公权力造成不利影响的义务。然则,隐私权干预措施波及第三人,要么可能增强隐私权干预措施的实施效果,要么属于隐私权干预措施实施的必要代价。很明显,涉及案外第三人的隐私权干预措施侵害范围有所扩大,其强度上大于未涉及第三人的隐私权干预措施。例如,通信隐私干预(涉及与当事人通信的其他人)强度大于行踪隐私干预。还要指出的是,隐私权干预措施虽然都涉及当事人的隐私权,但在具体实施中隐私权干预措施未必绝对指向当事人本人,如电子数据取证中针对第三方(数据留存方)所拥有数据信息的调取,这一干预措施就是并非直接针对犯罪嫌疑人而实施的。一般来讲,针对第三方实施的隐私权干预措施强度要小于针对具体当事人所实施的隐私权干预措施。当然,这不能绝对化。

对隐私权干预措施强弱的判断,需要结合上述类型化因素综合考虑。比如,传统通信监控和通信记录调取都属于干预公民通信隐私的侦查措施,但关于两者干预强度的判断却存在不同的观点。有一种观点认为,对于调取特定人员的通联记录的侦查措施,应当实行最严格的法律规制,因其干预的是我国宪法明文规定的

---

① 参见李倩.德国刑事诉讼法证据禁止制度类型分析[J].中国刑事法杂志,2010,21(1):122.

基本权利,干预对象往往特定以及持续干预的时间较长。[①] 但是,在本书看来,调取公民通信记录的干预强度弱于传统通信监控。原因如下:一方面在干预时间上,传统通信监控具有实时收集与抓取当事人通信隐私的特征,它一旦开始实施就是全天候的,这对公民通信隐私干预的强度不言而喻。然而,通信记录调取在获取当事人通信隐私方面具有明显的滞后性,也非以全天候的方式实施。另一方面在隐私内容上,通信隐私监控可以直接获取当事人更为私密性的对话内容,而通信记录调取难以获知如此私密程度的隐私内容。因此,在本书看来,对于通信记录调取而言,不必适用与传统通信监控一样严格的法律规制程序。

9.2.2.2 刑事案件轻重缓急的类型化要素分析

就隐私权干预法律规制而言,刑事案件轻重缓急的类型化主要目的在于确定隐私权干预措施适用的不同情形,其精神实质要求具体的隐私权干预措施运用与特定的刑事案件轻重缓急相适应,使两者之间形成合乎比例的匹配。重罪案件与轻罪案件的区分、普通案件和特殊案件的区分以及正常情况和紧急情况的区分,将为刑事案件轻重缓急的类型化提供支持。

其一,重罪案件与轻罪案件的区分。目前,世界上很多国家明确建立以轻罪与重罪界分为基础的一系列实体和程序方面的制度与规则[②]。在刑事诉讼领域,侦查措施的适用应当与其所涉及的罪行呈比例关系。越是涉及重罪的刑事案件,当事人越需要容忍干预强度高的隐私权干预措施实施,以便能够迅速恢复和保护法

---

① 参见艾明.新型监控侦查措施法律规制研究[M].北京:法律出版社,2013:221.

② 实际上,现代意义上的轻罪与重罪的划分肇始于国外,划分的目的最初都是基于诉讼程序的需要。但是,现今世界主要国家轻罪和重罪的划分不仅具有了诉讼程序上的意义,同时也具备了实体层面的意义。例如,在实体法中规定犯重罪未遂具有可罚性,而犯轻罪未遂则全部不具有可罚性或部分具有可罚性;重罪不受追诉时效的限制,轻罪受追诉时效的限制,等等。

益;而涉及轻罪的刑事案件,一般只能适用干预强度低的隐私权干预措施。德国"私人谈话录音案"中,德国联邦宪法法院判决指出,由于隐私领域内的个人利益大于指控纳税欺诈罪所涉及的法益,因此,为了保护隐私利益,对纳税欺诈罪不足以实施对私人谈话进行录音的干预措施。与此同时,法庭也指出,该案指控的罪行如果是暴力犯罪而不是纳税欺诈,结论则会大为不同。① 法院之所以作出这一判决,原因是暴力犯罪属于重罪,而纳税欺诈属于轻罪,而只有在重罪侦查中,公民才有容忍干预强度更大的侦查措施运用的义务。

在我国,尽管法律中经常出现"重大案件""重大的犯罪案件""重大刑事案件""重大复杂案件""特别重大复杂的案件"等术语,但我国刑事法中其实并未明确作出轻罪和重罪的界分,实务中认定轻罪、重罪的标准也比较混乱。关于重罪与轻罪的界分标准,刑事法理论中主要有"实质说""形式说"和"综合说"。"实质说"主张以犯罪性质、危害程度等犯罪的内在特质确定刑事案件的轻重等级。"形式说"主张以刑罚的轻重为标准划定刑事案件的轻重等级。"综合说"主张将前两种标准结合起来,或者以"实质说"为主、"形式说"为辅,或者以"形式说"为主、"实质说"为辅。② 本书认为,重罪与轻罪之间的界分标准,主要应当取决于这种界分所欲达到的目的。对于"实质说"标准而言,由于在侦查过程中,犯罪性质、危害程度等情况尚未完全准确查明,同时犯罪性质、危害程度为犯罪深层次的内容,对罪行严重或者危害程度的看法可能有较强的主观性,现实司法环境下不同的执法人员可能得出不同的判断。因此,"实质说"的界分标准,难以成为规制强弱不同侦查措施

① See Kuk Cho, "Procedural Weakness" of German Criminal Justice and Its Unique Exclusionary Rules Based on the Right of Personality, in Temple International and Comparative Law Journal, Spring, 2001, p. 25. 转引自秦策. 刑事程序比例构造方法论探析[J]. 法学研究,2016,37(5):165.
② 参见郑丽萍. 轻罪重罪之法定界分[J]. 中国法学,2013,30(02):133.

的根据。作为妥协产物的"综合说",由于亦将"实质说"标准纳入其中,也难以完全摒弃飘忽不定的缺陷。在持"形式说"观点的人看来,刑罚的严厉程度是罪行轻重的直接体现,不仅法律对具体罪名的刑罚大小有明确的规定,执法机关在对刑事案件立案时,还必须说明刑事案件犯罪嫌疑人涉嫌的罪名,[①]因此,"形式说"标准具有更强的可操作性。然而,采用"形式说"标准仍存在一个无法回避的问题,概因刑事诉讼是一个动态发展的过程,对犯罪嫌疑人涉嫌罪名的认识在每个阶段也并非完全一样,可能随着侦查的深入发现更多的涉嫌罪名或者更为严重的涉嫌罪名。一旦出现类似情况,应当履行手续变更刑事案件立案时的罪名,并且依据罪名轻重采取相应的侦查措施。

在明确以"形式说"作为重罪和轻罪界分标准后,还要解决的问题是以何种期限的有期徒刑作为轻罪与重罪的分界。对此,中国学界主要存在"3 年说"[②]"5 年说"[③]和"7 年说"[④]三种观点。有国内学者进行过统计,在刑法 451 个罪名中,有 346 个罪名(包括前述 246 个最高刑为 3 年以下的罪名)规定有最高刑为 5 年以下有期徒刑的刑罚,占所有罪名的 76.7%。[⑤] 这一比例与国内有的学者统计的德国刑法中轻罪罪行所占的比例大致相当。[⑥] 实际上,德国立法者在决定将哪种严重犯罪纳入《德国刑事诉讼法典》

---

① 参见孙茂利等.公安机关刑事法律文书(2012 版)制作与范例[M].北京:中国人民公安大学出版社,2013:28.

② 参见秦策.刑事程序比例构造方法论探析[J].法学研究,2016,37(5):165.

③ 参见卢建平,叶良芳.重罪轻罪的划分及其意义[J].法学杂志,2005,26(5):24.

④ 田口守一.刑事诉讼法[M].第七版.张凌,于秀峰译.北京:法律出版社,2019:27.

⑤ 参见郑丽萍.轻罪重罪之法定界分[J].中国法学,2013,30(02):128-138.

⑥ 据有的学者统计,德国刑法中共规定了 553 种罪行,其中轻罪行为 426 种,占全部罪行的 77%。参见田兴洪.宽严相济语境下的轻罪刑事政策研究[M].北京:法律出版社,2010:57.

第 100a 条规定之内时,一个参考因素是该犯罪通常情况下是否会被判处 5 年以上的自由刑。①因此,本书倾向于以"5 年说"作为轻罪和重罪的界分标准。要强调的是,轻罪与重罪的界分绝非可以恣意决定的事项,完善的重罪轻罪界分制度涉及刑事法中一系列实体、程序方面的制度和规则,需要立法者在兼顾合理性与可能性的基础上进行决断。此外,立法者还必须根据特定时期的刑事政策来决定某一类犯罪是否应当纳入重罪之范畴。

其二,普通案件和特殊案件的区分。在刑事案件重罪和轻罪界分之外,还应当以普通案件与特殊案件的区分作为刑事案件轻重缓急类型化的补充标准。普通案件与特殊案件的区分应当以是否有实施隐私权干预措施的必要性为根据。隐私权干预措施运用的必要性,指的是隐私权干预措施对于实现侦查目的和任务等不可或缺,其他侦查措施难以替代或者利用其他侦查措施实现侦查目的和任务将耗费过多的侦查资源。对于特殊刑事案件,传统侦查措施运用难以收到成效,因而有必要运用干预隐私权措施。常见的特殊案件包括流窜作案的案件、取证涉及多地的跨区域性案件等。立法时,可以作出相关规定,如"确有运用隐私权干预的必要""在其他侦查措施难以实现目的的情况下"等,以体现隐私权干预措施适用于不同案件的比例原则要求。

其三,正常情况和紧急情况的区分。域外侦查实践中,紧急情况往往是豁免司法令状的重要理由。当刑事案件具备紧急情况时,侦查人员可以在没有司法令状的情况下,实施强制侦查措施。之所以作出如此规定,是因为一线的侦查人员时常会面临紧急情况。在这些紧急情况下,侦查人员如果不果断采取相关措施,可能导致犯罪嫌疑人逃匿、证据毁灭或危害侦查人员安全等后果。其中,隐含的内在逻辑是,紧急情况下实现追诉利益具有迫切性,而一旦不允许侦查人员实施相关的强制侦查措施,此后无论采用何

---

① 参见黄河.论德国电信监听的法律规制[J].比较法研究,2017,31(3):94.

种侦查措施也难以弥补。显然,在紧急情况下,侦查机关的权力得到临时性的强化,所采取的侦查措施较正常情况时"严厉化",对公民权利的侵犯也更加强烈。基于隐私权干预法律规制比例化构造的基本思路,紧急情况下隐私权干预措施实施的授权程序应当较为宽松,但在随后的环节中应该对其进行更为严厉的司法审查,以求得相关措施运用符合比例原则的要求。

9.2.2.3　法律规制宽严的类型化要素分析

在对隐私权干预措施强弱和刑事案件轻重缓急类型化之后,应当在两者之间建立第一层的比例关系——强弱不同的隐私权干预措施适用于轻重缓急相异的刑事案件。然而,本书研究的主题是隐私权干预法律规制的问题,即便是部分刑事案件涉及重罪、属于特殊案件且处于紧急情况下,我们仍然不能为片面追求隐私权干预措施实施的有效性和便宜性,而对此等隐私权干预措施运用不再设置任何约束条件。实际上,刑事案件涉及重罪或者属于特殊案件等,是实施高强度隐私权干预措施的实体要件,此时不仅法律规制不可或缺,还必须对这些干预措施加以更为严密的法律规制,以避免其被滥用。具体而言,法律规制的宽严主要是通过审查主体、令状授权、适用条件、规制阶段、审查方式和制裁方式等程序要件的设定及其运行而实现的。

其一,授权主体。侦查中,授权程序的确立能够实质增强法律对强制侦查措施的规制力度,敦促侦查机关规范行使权力,并且扩大刑事诉讼法对公民权利的保护范围。不同的授权主体代表了不同的程序规制力度。根据各国强制侦查措施授权主体的不同,可以将审查程序分为外部授权型与内部授权型。外部授权型将强制侦查措施授权主体、监督主体与执行主体完全分离,由第三方对强制侦查措施实施的合法性与合理性进行授权和监督。这里的第三方指的是法官和检察官。由于检察官公诉与警方侦查有一致的利益,法官作为审查主体的规制最为严格。内部授权型是由同一机关对强制侦查措施的运用进行授权和监督的模式,其具体又可以分为两种不同的子类型。纯粹自我授权的模式将强制侦查措施的审查主体、监督主体与执行主体合而为一,由侦查机关负责强制侦查措施审查与监督的同时,还负责强制侦查措施的执行,属于最宽松的审查类型。内部授权型中还存在内部行政授权的模式,这一模式将强制侦查措施的审查和监督交由侦查机关内部行政级别较高的负责人。由于同一机关在整体利益上相互攸关,内部授权模式并不具有很大的控制力度,但内部行政授权的模式规制密度高于纯粹自我授权的模式。

其二,令状要求。令状是侦查机关在刑事诉讼中实施强制侦查措施前,由审批主体签发的授权文书。原则上,强制侦查措施实施时,侦查机关应当向当事人出示令状。令状的有无、令状载明何种事项以及详略程度等体现着法律对强制侦查措施的规制力度。具体表现在:(1) 有无令状之分。作为一种程序规制方式,令状能够实现对侦查权行使事前的强力约束。令状虽能在很大程度上杜绝任意、随意办案的现象,但其申请与审批需要一定时间,不利于捕捉稍纵即逝的侦查机会。在紧急情形下,如果一味强求侦查人员取得令状后再实施强制侦查措施,极可能贻误追诉犯罪的时机。在此情形下,只能放宽对强制侦查措施的令状控制机制,而采用事后审查机制作为对无令状实施强制侦查措施的弥补。(2) 令状载明具体事项与否。如果令状要求载明强制侦查措施适用的对象、范围、目的和持续时间等,就为侦查人员的具体措施实施划定了界限。超越令状所确立的侦查范围而实施的侦查措施,即为违法的侦查措施。现代刑事诉讼拒斥没有载明相关事项的"空白令状""一般令状""模糊令状"等,因为这类令状在程序控制上过于宽松,会使令状制度的功能被架空。

其三,适用条件。强制侦查措施的实施必须基于一定的条件,若无适用条件的限制而允许其任意使用,则强制侦查措施的实施可能大规模地侵犯当事人的权利。于是,明确侦查措施的适用条件成为重要的侦查程序控制方式之一。此外,调整适用条件的宽严也可以改变程序规制的强度。侦查措施适用的条件可以分为概括条件与具体条件两种类型。概括条件因表述不明确而使侦查人员获得了较大的自由裁量空间，例如我国《刑事诉讼法》中将侦查措施适用条件表述为"根据侦查犯罪的需要"和"在必要的时候"等，这些表述不够明确具体而给予了侦查人员过多裁量的空间。具体条件因其明确性而压缩了侦查人员的自由裁量空间，因而对强制侦查措施的规制力度更大。在本书看来，具体条件的内容主要体现在适用的案件范围和证明标准两方面。就案件范围而言，前文阐释过的轻罪案件与重罪案件、普通案件与特殊案件、正常情况与紧急情况等刑事案件轻重缓急的类型化要素，可以帮助用以确定适用案件的范围。就证明标准而言，美国以关联犯罪事实的可能性或确定性的不同程度，来划分刑事诉讼中的证明标准，这些证明标准成为警察各类执法行为的适用条件，从而用以规制强度不同的执法行为实施，[①]其中"合理怀疑"和"相当理由"的证明标准最值得关注。

其四，规制阶段。从强制侦查措施实施过程的角度，可以将法律规制分为事前规制、事中规制和事后规制。事前规制是在强制侦查措施尚未实施之前进行授权审查，以考量强制侦查措施运用是否符合合法性和合理性等问题，如审批主体签发令状的过程。事中规制是在强制侦查措施实施过程中，采取一定的监督或制约措施对其进行规制，如讯问过程中允许律师在场，搜查中要求有见证人在场，部分侦查措施实施时要求同步录音录像等。事后规制是在强制侦查措施实施完毕之后对其进行的合法性和合理性审

---

①　如在无线索时，警察不能采取任何法律行为；与犯罪事实关联的程度在10%时，警察才能进行侦查；与犯罪事实关联的程度在20%时，警察才能进行阻拦或者盘查，此时这一执法行为的适用条件又可称为"合理怀疑"。而与犯罪事实的关联程度达到40%的"相当理由"时，允许警察实施美国联邦宪法第4条修正案规定的搜查和扣押。参见蔡庭榕.论警察临检之发动门槛——"合理怀疑"与"相当理由"[J].警察法学（创刊号），2003，1（1）：39.

查。事先规制、事中规制和事后规制是依侦查措施实施流程而产生的三种不同的法律规制方式,三者各具特点和长短,可以互相弥补。如紧急逮捕时不可能采取事先规制,事中规制和事后规制也就成为对这一措施进行法律规制的必然选择。

其五,审查方式(事后审查)。从对强制侦查措施的审查来看,主要方式包括形式审查和实质审查两种。对于形式审查而言,审查主体主要审查强制侦查措施的行使是否符合法律保留原则,如果相关的措施实施在形式上具备法律所要求的要件或者条件,则其被授权运用或者被认为是合法的。对于实质审查而言,审查主体主要审查强制侦查措施的行使是否符合比例原则,如果相关措施的运用违反比例原则,则其不被授权或者不被认为是合法的。最严格的审查应当从形式和实质两方面进行把关,如果在审查过程中,审查主体只关注形式或者实质某一方面的合法性,则审查的力度是较弱的。此外,在审查中,具体的审查方式还可以分为公开的法庭审查和不公开的法庭审查、问询式审查和书面式审理等,它们对于强制侦查措施的审查力度也存在差异。

其六,制裁方式。此处的制裁方式特指程序性制裁。作为一种致力于抑制侦查机关程序性违法行为、救济公民基本权的法律机制,程序性制裁与实体性制裁不同的是,它通过宣告无效的方式来追究程序性违法者的法律责任。[①] 程序性制裁对强制侦查措施的控制,主要是通过证据排除或者证据禁止的方式实现的。若在侦查中,所获得的证据是非法取得或存在取证程序上的瑕疵,就会影响证据的证据能力,这类证据在法律上被视为非法证据。如何对非法证据进行制裁,体现了程序规制的力度差异。比如,根据各国的司法惯例,对于非法证据排除的处理出现两种方式 ——强制排除和裁量排除。强制排除适用时,一旦将证据认定为非法证据,

---

① 参见林喜芬."程序性制裁理论"的理论反思[J].南京师范大学学报(社会科学版),2010,56(2):50.

即可将其排除于定罪审判的证据之外；裁量排除适用时，即便将某一证据认定为非法证据，也不一定立即否定其证据能力，而是要考虑非法取证行为的严重性、损害的法益、采纳该非法证据对司法公正的影响等若干因素，在对诸多因素进行权衡后再作出是否排除非法证据的裁决。① 很显然，强制排除在制裁方面较裁量排除更为严厉。

9.2.2.4 隐私权干预运用的比例化法律规制

经过上文的论述，我们可以通过对相关类型化要素的分析，相对明确地判断出隐私权干预措施的强弱、案件的轻重缓急以及法律规制的宽严。此后，我们可以进一步寻求三者之间"适度匹配"的对应关系。本书认为，在判断隐私权干预措施强弱时，除了具体分析相关类型化要素外，还应该坚持以下整体判断：

其一，各类空间隐私干预措施的强度大小。就实体空间隐私干预措施而言，私人空间监控＞公共空间监控；就实体虚拟隐私干预措施而言，秘密网络搜查＞电子数据现场勘验、电子数据（涉及私密信息、敏感个人信息）调取＞电子数据（非私密信息和一般个人信息）调取。

其二，各类通信隐私干预措施的强度大小。通信监控（传统通信监控和网络通信监控）、通信内容数据信息获取、扣押信件（电子邮件）和电报＞通信形式数据信息获取（如通话记录调取）。

其三，各类信息隐私干预措施的强度大小。数据挖掘＞数据比对（含敏感个人数据信息和私密数据信息数据库）＞数据比对（不含敏感个人数据信息和私密数据信息数据库）、数据查询（含敏感个人信息和私密信息数据库）＞数据查询（不含敏感个人信息和私密信息数据库）。

其四，各类活动隐私干预措施的强度大小。公共空间监控、行

---

① 在我国，对非法取得的犯罪嫌疑人、被告人供述、证人证言、被害人陈述采取了强制性排除的立场，而对非法取得的物证、书证采取了裁量性排除的立场。

踪监控(包括带有特殊功能的公共视频监控)和行踪调查强度大体相当。

其五,各类人身隐私干预的强度大小。脱衣搜查、体内搜查、人身检查(侵入式、采集隐私样本)＞隐私样本保存与数据库建立(主要指 DNA 样本保存与数据库建立)＞普通人身搜查、人身检查(非侵入式、采集非隐私样本)。

本书认为,总体上可以把隐私权干预措施的强弱划分为三个层级:

一是高强度的隐私权干预措施,主要包括私人空间监控、通信监控、通信内容数据信息获取、扣押信件(电子邮件)和电报、秘密网上搜查等。

二是中强度的隐私权干预措施,主要包括电子数据现场勘验、电子数据(涉及私密信息、敏感个人信息)调取、数据挖掘、数据碰撞、公共空间监控、行踪监控(包括带有特殊功能的公共视频监控)、行踪调查、脱衣搜查、体内搜查、人身检查(侵入式、采集隐私样本)、隐私样本保存与数据库建立。

三是低强度的隐私权干预措施,主要包括电子数据(非私密信息和一般个人信息)调取、通信形式数据信息获取、数据查询、普通人身搜查、人身检查(非侵入式、采集非隐私样本)等。

在确定隐私权干预措施强度的三个层次后,应当进一步明确高强度的隐私权干预措施只适用于重罪和特殊案件,中强度和低强度的隐私权干预措施可适用全部类型的案件。三类不同强度类型的隐私权干预措施分别适用高强度、中强度和低强度的法律规制。至于法律规制宽严程度的判断——何为严格的法律规制、何为宽松的法律规制,应当在我国刑事司法的制度背景下综合多种因素进行考虑。

当然,以上分析只是一种静态的理论分析,暂时无法将这一设想全部应用到司法实践中予以验证。但是,不能否认的是,比例原则在隐私权干预法律规制中理论构建和实践评价的功能。应该来说,日后隐私权干预法律规制制度构建和改良,需要不断适用比例原则进行评估和审视,同时根据实务中隐私权干预法律规制的实际状况,对不合比例的情况进行纠偏,从而使得我国隐私权干预法律规制逐渐呈现出一种比例化的构造。

9.3　侦查中隐私权干预立法规制的总体建议

9.3.1　隐私权干预措施体系的认定和形成

隐私权干预措施体系的认定和形成应当按照三个步骤来完成:

首先,以是否主要干预公民的隐私利益为标准,将侦查措施划分为隐私权干预措施和非隐私权干预措施。

其次,在隐私权干预措施体系中根据不同的隐私利益,进一步对隐私权干预措施进行细分。本书将隐私利益分为空间隐私、通信隐私、信息隐私、活动隐私和人身隐私,因此,隐私权干预措施体系中应当包括空间隐私干预措施、通信隐私干预措施、信息隐私干预措施、活动隐私干预措施和人身隐私干预措施。

最后,根据不同的作用对象和方式等,对每类具体的隐私权干预措施再次予以细化。长时间以来,学界和实务界对技术侦查措施的范畴一直存在争议,法律也未能给予清晰明确的界定。造成这一问题的原因是,我国法定侦查措施的确定和划分主要依据的是侦查手段和方式的差异,而这种确定和划分的方法导致侦查措施体系在逻辑结构上难以自洽。技术侦查措施的核心特征在于"技术＋监控",而隐匿身份侦查和控制下交付亦具有"技术＋监控"的特征。因此,后者在我国法律语境中都被纳入技术侦查措施的范畴。但是,隐匿身份侦查、控制下交付与典型的技术侦查措施存在本质区别,大多数国家对其运用设置不同的规制程序就是明证。在本书看来,突破这种困境的方法之一是以干预基本权的类型为标准重新划分侦查措施的种类,这样一来不仅可以绕过繁杂且无法穷尽的现代侦查技术手段,还能为全面落实基本权干预理论创造前提。

9.3.2 确定具体隐私权干预措施的内涵、边界

立法上构建的隐私权干预措施体系,必须有着明确的"可理解性"和"可预见性",从而保证具体的隐私权干预措施运用时不至于产生法律依据援引上的分歧。日后重点应当对现行刑事诉讼法中的以下措施进行调整:(1)"技术侦查措施"。2012 年《刑事诉讼法》虽然明确技术侦查措施的相关内容,使得技术侦查措施运用初步"合法化",但立法在规定其种类时,将"隐匿身份侦查"和"控制下交付"也纳入了技术侦查措施的范畴。这些规定中,技术侦查措施认定标准及分类方式的混乱,进一步增加了实务中技术侦查措施运用的乱象。本书主张取消"技术侦查措施"这一术语,精细化地对其所涉及的传统通信监控、网络通信监控、私人空间监控等分别进行立法。(2)"调取证据"。理论界和实务界对"调取证据"存在认识上的分歧,实务界通常将其作为一项侦查措施独立地加以使用,使之成为几乎没有任何法律规制的"口袋型"侦查措施。部分隐私权干预措施也会假其名实施,这一现象亟须在立法上作出权威性的调整。本书认为,应当禁止将"调取证据"作为一项独立的侦查措施加以运用,以防止扰乱隐私权干预的法律规制体系,同时应对《刑事诉讼法》中第 54 条的立法原意进行澄清,明确该法条是"对侦查取证的概括式规定,至于公安机关如何'收集、调取'证据材料,则需依循'侦查'一章中基于特别授权规定而产生的各项具体侦查措施进行"①。

法律界定某一特定隐私权干预措施的内涵时,应当通过列举和定义相结合的方法进行。隐私权干预措施体系具有流变性、开

---

① 艾明.刑事诉讼法中的侦查概括条款[J].法学研究,2017,40(4):168.

放性,新技术加持下的隐私权干预措施会不断出现。针对这一情况,一方面法律在对具体的隐私权干预措施进行授权时,要一一列举实践中常用的隐私权干预措施,使得隐私权干预措施显性化,从而增加立法的透明度。另一方面,法律对于列举不可能穷尽相关措施种类的问题,还有必要结合下定义的方法来进行兜底。这种立法方法的运用主要体现在两个层面:(1)总体层面。实务中常见的隐私权干预措施,如空间隐私干预措施、通信隐私干预措施、信息隐私干预措施、活动隐私干预措施和人身隐私干预措施及其更为具体的隐私权干预措施都应以法律的明确规定为限,坚决防止相关措施的运用处于"法外"状态,或者援引"侦查概括条款"、《公安机关办理刑事案件程序规定》等为依据的现象出现。(2)具体层面。以实务中经常运用的行踪监控和行踪调查为例,实施这些措施的具体方式是多种多样的,如侦查机关的技侦部门可以通过手机基站定位确定当事人的行踪,网安部门可利用 IP 地址来获取当事人的行踪,侦查机关的其他部门还可以通过安装 GPS 装置等方法来监控当事人的行踪。因此,当法律中未明列部分行踪监控和行踪调查的具体方式时,侦查机关可能会以不是隐私权干预措施为由拒绝法律对其设置的规制制度,或者援引"侦查概括条款"作为其适用依据。此时,法律有必要以"可能干预公民行踪隐私的其他措施"等类似表述作为兜底条款,来划定行踪隐私干预措施的具体范围,以防止侦查科技动态发展背景下相关的措施被滥用。

9.3.3　明确具体隐私权干预措施运用的法定要件

法律保留原则最基本的精神要求法律所设定的规则是明确的,如果法律规则的设定概括、弹性空间过大,尽管可以使得法律适用者有充分行使自由裁量权的可能,但这种自由可能带来的是专权、擅断以及对公民权利的无端损害。刑事诉讼法的立法目的之一在于保障公民权利,侦查措施运用中过多的自由裁量空间,必然会对公民权利造成不恰当的侵害。因此,在隐私权干预措施法律规制中,立法者应当尽量保证规则的明确具体。这样一来,一方面法律规则可以为侦查人员运用隐私权干预措施提供明确的指南与说明,还可以为司法机关制约或者监督隐私权干预措施的实施提供依据。另一方面,法律规则也应当能够为普通公民所获知和理解,使其能够对侦查机关的行为进行预测并且监督。具体而言,法律规则的内容应当包括各种隐私权干预措施适用的法律要件——实体要件和程序要件。其中,隐私权干预措施运用的实体要件包括隐私权干预措施运用的侦查主体、适用的案件范围,常规情况下和紧急情况下的授权主体、理由和证据标准;隐私权干预措施运用的程序要件包括隐私权干预措施实施的具体程序规则,隐私权干预措施实施所获得的证据在诉讼中的应用,隐私权干预措施违法实施所获得的证据在诉讼中的制裁,犯罪嫌疑人或其他人相应的权利等(主要包括公民对隐私权干预措施运用的知情权以及违法运用隐私权干预措施给公民造成不当侵害而拥有的救济权等)。

9.3.4 统筹兼顾"一般法"和"特别法"

隐私权干预法律规制可以分为"一般法"中的隐私权干预法律规制与"特别法"中的隐私权干预法律规制。"一般法"中的隐私权干预法律规制,规定的是普通案件中隐私权干预措施运用的法律要件和程序要求;"特别法"中隐私权干预的法律规制,规定的是特殊案件中隐私权干预措施的法律要件和程序要求。之所以在"一般法"之外,还要在"特别法"中对隐私权干预法律规制进行规定,是因为"特别法"往往针对特殊案件或者特殊隐私权干预措施运用而制定的。就前者来说,因为某些案件具有严重性、复杂性等,往往需要赋予侦查机关更为严厉有力的隐私权干预措施的运用权限,同时减少隐私权干预措施运用中法律规制的限制。从域外国家立法情况来看,这些特殊案件主要包括毒品犯罪案件、恐怖主义犯罪案件、有组织犯罪案件等。就后者而言，部分隐私权干预措施运用因其特殊性需要制定更为细密的法律规制程序，域外一些国家对于部分高强度的隐私权干预措施运用，会有"特别法"来配合"一般法"对相关规定予以细化，如美国的 2001 年《爱国者法》、日本的《通信监听法》等即为"特别法"。在法律效力方面，"特别法"适用优先于"一般法"，但"特别法"未规定的事项，须援引"一般法"中的相关规定。同时，立法中还要预设"一般法"与"特别法"的界限，防止"特别法"超越"一般法"进行的扩权解释等现象出现。

综上所述，侦查中隐私权干预立法规制的主要目的在于：一方面，通过相关的法律规定，实现隐私权干预措施的法治化，使得隐私权干预措施运用具备法律上的依据；另一方面，通过法律详细规定隐私权干预措施运用的法律要件和程序规定，从根本上减少滥用和擅用隐私权干预措施的现象。

9.4　侦查中隐私权干预司法规制的总体建议

9.4.1　基本思路

侦查中隐私权干预措施的运用对于公民隐私权影响非轻，为了防止隐私权干预措施运用过度侵害公民隐私权，如上文所述，需要在立法上坚持法律保留原则和比例原则，通过明确的法律规定形成种类全面的隐私权干预措施体系，以及具体的隐私权干预措施运用的法定要件。然而，侦查实务中隐私权干预措施运用的法定要件能否在个案中得到全面落实，还必须依赖司法权的介入与制约。只有通过司法权事前授权与事后制约才能真正限制侦查机关权力的恣意滥用，此乃侦查中隐私权干预司法规制的要旨。隐私权干预司法规制中的事前授权和事后审查有着不太一样的立足点，本书首先针对事前授权和事后审查做区别性的分析，然后再探讨两者之间的内在关联。

其一,就侦查中隐私权干预的事前授权而言,从应然角度来看,隐私权干预措施如同其他公法上的基本权干预措施一样,必须受到法律保留原则和比例原则之拘束,但如何确保这些法治原则在具体侦查运行中获得实践,同时确保隐私权干预措施运用的合法性,首先需依赖事前授权机制的妥善设计。事前授权机制建立的核心命题在于,基于刑事司法权的分立及相互制衡的考量,确定不同国家机关在隐私权干预措施运用中的职能与角色,透过权力分配与彼此制衡,实现隐私权干预措施运用的合法性控制。在本书看来,侦查中隐私权干预的司法权事前制约的实现,一方面要对侦查权进行分化,将侦查中隐私权干预运用的权力分化为决定权和执行权,另一方面要将强烈干预公民权利的隐私权干预措施运用的决定权交由具备客观独立行使职权特征的司法机关行使。从前文的考察来看,多国刑事诉讼法针对强烈或者比较强烈干预公民权利的隐私权干预措施采取法官保留原则或者法官相对保留原则,这些事前授权模式背后蕴含着权力分立制衡的基本思想。就分权制衡而言,通过权力上的分立达到国家机关彼此制衡的效果,法官保留原则或者法官相对保留原则之落实,可以避免重大违法的隐私权干预措施被下令或执行;就权利保障而言,确立法官保留原则或者法官相对保留原则能够使得在当事人权利可能受到干预或限制时,法官因事前介入侦查而提供预防性的权利保护。

我国隐私权干预事前授权应当建立在我国公检法分工、配合和制约办案的制度基础上,而这一制度基础已经优化和完善,也确实能够为隐私权干预事前授权提供制度保障。在我国,《宪法》第140条规定,人民法院、人民检察院和公安机关办理刑事案件,应当分工负责,互相配合,互相制约,以保证准确有效地执行法律。这一条文明确了公检法共同承担刑事诉讼的职权,以分工、配合和制约作为协调处理彼此关系的宪法原则,同时也蕴含着在对刑事司法权进行分工的基础上,进行权力配合和制约的法理。对于分工而言,我国在宪法和法律层面对刑事司法权进行了细化,将刑事司法权中的侦查权、公诉权和审判权分别交由不同的国家机关行使。对于配合而言,由刑事司法权分工而来的各种权力——侦查权、公诉权和审判权在不同的诉讼阶段以刑事案件为客体,一方面不断地收集、固定、保存、审查和运用证据,从掌握残缺的部分事实直至查清全部事实,另一方面对于卷入刑事诉讼的人一步步转变其法律身份:从嫌疑对象到嫌疑人,从被告人最后到罪犯。对于制约而言,刑事司法权在经过分工之后,由不同权力主导的不同诉讼阶段之间能够形成制衡,并且形成权力制约关系,包括:(1)后一诉讼阶段依赖前一诉讼阶段的开展情况。无侦查则无公诉,无公诉则无审判。公诉依赖于侦查提供的证据事实,审判的事实对象限于公诉指控的事实,审判不能超越公诉而自行补充控诉的证据和事实,也不能随意变更公诉的罪名。(2)对诉讼阶段运行效果的评价主要依赖后一诉讼阶段对前一诉讼阶段的认可,提起公诉标志着侦查获得认可,有罪判决标志着公诉获得认可。因此,隐私权干预事前授权的确立实际上是在公检法分工配合的基础上,强化了公检法之间的制约关系。

其二,就侦查中隐私权干预措施的事后审查而言,由于事前授权仅能提供有限度的权力制约效果,另一方面证据法上的非法证据排除制度在权利救济上的效果也有局限,例如,对于并未将获得材料作为证据提交法庭的隐私权干预措施,被告方无法主张证据排除规则的适用。此外,对于犯罪嫌疑人、被告人以外的其他权利受到干预者,也无法经由非法证据排除得到完整的救济,因此,基于司法权对侦查中隐私权干预措施进行事后审查极为必要。实际上,"有权利即有救济"是隐私权干预司法规制中事后审查的核心命题。这一法治原则要求立法者能够确保公民自身的基本权受到国家机关不当干预处分后,得到有效、公正的法律救济。救济当事人权利的法律途径除了允许其主张排除非法证据之外,还包括拥有申诉和获得赔偿等权利。但是,隐私权干预措施在运用过程中最明显的特性乃秘密性,如果犯罪嫌疑人、被告人从头至尾无从得知侦查机关运用隐私权干预措施的事实,那么对其权利开展救济便无从谈起。因此,隐私权干预措施司法规制中的事后审查的开展,离不开隐私权干预措施运用事后通知、隐私权干预措施运用记录及当事人阅卷权等辅助制度。

目前,我国虽然没有类似其他一些国家的强制侦查措施司法审查制度,但这并不意味着我国建立司法审查制度完全没有可能。从事前的司法授权来看,我国侦查机关在对犯罪嫌疑人进行逮捕时,受到"准司法审查"的制约。[①] 由于检察机关也是司法机关,这种事前授权也可以被称为"准司法审查"。准司法审查的建立表明,立法者基于人权保障的理念,对长时间干预公民人身自由的逮捕进行司法抑制的基本态度。既然逮捕这一干预公民基本权的措施能够适用准司法审查,那么,其他干预公民基本权的强制侦查措施为何无须经过检察机关授权,而由侦查机关自行决定适用呢?可见,如果不能将这种对强制侦查措施进行司法抑制的态度一以贯之,很难在立法逻辑上自圆其说。从事后的司法审查来看,我国刑事诉讼中通过司法事后审查规制强制侦查措施也有一定的可能性。[②] 司法实践中,出于避免造成刑事错案的动机,法官在审判期间必然对证据的来源及其提取、固定和保管等过程进行质证,它是审判中必不可少的环节,也是非法证据排除制度发挥作用的前提,而侦查措施的运用合法与否和上述关键性问题密切相关。当然,现阶段对上述证据的质证不是主要基于人权保障之目的,而更多的是出于查明案件事实之目的,但这种方式在一定程度体现着司法权对侦查权进行制约的精神。此外,我国《刑事诉讼法》规定部

---

① 我国《刑事诉讼法》第 80 条规定,逮捕犯罪嫌疑人、被告人,必须经过人民检察院批准或者人民法院决定,由公安机关执行。也就是说,侦查阶段的批准逮捕权由检察机关行使。

② 例如 2015 年黑龙江某法院在审理案件时,对于侦查机关调取的被告人的通话记录,公诉方与辩护律师就该行为属于何种侦查措施产生了争议,法院认为属于证据调取行为。

分情形下,当事人和辩护人、诉讼代理人、利害关系人对于司法机关及其工作人员的行为有权向该机关申诉或者控告;《国家赔偿法》也规定对于侦查机关及其工作人员部分侵犯当事人人身权、财产权的行为进行国家赔偿。目前,这些制度虽然不够完善,也难以将隐私权干预措施侵权的情形纳入申诉、控告或者国家赔偿之范围,但我们仍有理由相信日后我国刑事诉讼中建立完善的基本权干预司法规制制度并非完全没有可能。

本书主张为了尊重刑事诉讼制度的合理逻辑与适应现实国情的双重要求,应有计划地、有步骤地建立侦查中隐私权干预措施运用司法规制制度。当然,这一问题需要置于基本权干预合宪性审查的整体背景和我国刑事司法制度的现实环境予以考虑。对此,有学者认为在确定司法审查范围时,司法授权范围短期内可以小一些,司法救济范围可以大一些;在确定司法审查内容时,主要内容是强制侦查措施运用的"合法性"——是否符合法定的实体要件和程序要件;至于强制侦查措施运用的"必要性",原则上应当尊重侦查机关的判断;在确定司法审查的方式时,除羁押候审以及延长羁押期限的裁判以外,原则上都采用书面方式进行审查等。[①] 也有学者认为,应当区分人身强制措施和其他强制侦查措施的司法审查,两者应适应司法的"二元体制",采取法院的司法审查与检察机关的司法审查相结合的二元制审查模式。[②] 这些观点均考虑到我国社会转型时期,侦查机关面对的巨大压力以及司法体制的特殊情况。实际上,"刑事诉讼程序的演变要比刑法本身的演变更为复杂,因为刑事诉讼程序规则更近地触及一个国家的政治组织"[③]。尤其是在隐私权干预措施的司法规制方面,受到传统文化和现行制度等的影响,我们在抛弃既往成见、借鉴国外可用制度的

---

① 孙长永.强制侦查的法律控制与司法审查[J].现代法学,2005,27(5):80.

② 龙宗智.强制侦查司法审查制度的完善[J].中国法学,2011,28(6):45-48.

③ 贝尔纳·布洛克.法国刑事诉讼法[M].原书第21版.罗结珍译.北京:中国政法大学出版社,2009:33.

路途上还有较长的路要走。因此,在肯定司法规制对隐私权干预法律规制有重大意义时,宜采取一种比较缓和但逐步趋于合理的制度设置方式推动隐私权干预司法规制的落实。对于这一问题,本书认为应当坚持以下基本思路:

一是稳步推进。即从我国刑事诉讼的实际出发,全面考量各方面的承受能力,特别是民众对刑事诉讼中打击控制犯罪的期望,将隐私权干预司法规制的制度完善置于我国司法制度改革的全局中考虑,切不可操之过急。本书认为,在短期内除了紧急情况之外,其他情况下隐私权干预措施的运用都应进行事前的书面审查,并在书面审查的基础上颁发具有我国特色的"令状"。这里的令状并不意味着只能由法官颁发,也应允许检察官发布部分令状。但是,在发布的令状中应当对隐私权干预措施运用的时间、对象、范围、涉及内容等进行规定,通过个案令状的特定性防止隐私权干预措施运用超过必要限度。同时,这种事前的令状亦应当成为事后审查隐私权干预措施合法性和合理性的重要依据之一。当然,允许这种具有我国特色的令状存在,实属短期内的权宜之计。从长远来看,我国应当建立真正的令状制度,让令状回归其原始状态,由司法机关在审查相关情况之后通过令状对侦查机关运用隐私权干预措施进行授权。

二是差别对待。差别对待也是本书主张的隐私权干预法律规制比例化构造的内在要求。在推动方案上,要考虑打击控制犯罪的需求,防止法律规制过于严格而阻碍侦查效果。因此,对隐私权干预措施运用的司法审查应实行差别对待。在短期内,对干预强度最高的私人空间监控、通信监控等运用,应当严格实行司法审查或者"准司法审查";对其他强度的隐私权干预措施运用,应允许侦查机关通过内部审批程序自行决定实施。现阶段,考虑到我国刑事诉讼的现实情况,由侦查机关自行决定实施的隐私权干预措施的范围可以暂时放宽一些。换言之,当前我国对隐私权干预措施进行司法审查的范围可以暂时小于其他国家,但应当允许司法机关对高强度隐私权干预措施的运用进行事前授权。等到时机成熟之时,高强度和中强度的隐私权干预措施运用都应当被纳入司法审查的范畴。

9.4.2　具体建议

从理想状态来看,对隐私权干预措施运用采取全面动态的事前、事中和事后的法律规制最能有效地保护公民的隐私权。然而,这种全过程的法律规制方式过于细密而限制了隐私权干预措施的运用,极易影响侦查活动开展的成败与效率。结合隐私权干预措施运用的特征,本书认为对隐私权干预运用的司法规制,应当采用事前授权和事后审查相结合的方式进行。

9.4.2.1　隐私权干预措施运用事前授权的相关建议

事前授权以防患于未然的视角对隐私权干预措施运用进行司法规制。具体而言,隐私权干预措施运用的事前授权,应当从以下方面进行制度完善:

其一,事前授权的范围。现阶段,当务之急是要将高强度的隐私权干预措施运用纳入法官事前授权的范围,将中等强度隐私权干预措施运用纳入检察官事前授权的范围,暂时允许由侦查机关自行决定实施低强度的隐私权干预措施,以避免对侦查效率和办案方式等造成过多的消极影响。根据域外强制侦查措施规制的经验,作为令状制度的例外,还应允许在紧急情况下由侦查机关直接实施或者由检察官对隐私权干预措施进行事前授权,但必须在事后得到法官的确认。然而,高强度的隐私权干预措施运用,一般并不存在相关的紧急情况——可能对执法人员人身造成威胁,或者可能造成证据隐匿、灭失或者其他情况。因此,对于高强度的隐私权干预措施运用而言,应当禁止紧急情况成为事前授权的例外。

其二,事前授权的审查方式。事前授权中,司法审查可以形式审查和实质审查的方式进行。如果同时进行形式和实质上的审查,则对隐私权干预措施运用的规制过于细密。本书认为,主要应对隐私权干预措施运用进行形式上的审查,即审查隐私权干预措施运用是否符合法定的要件。至于隐私权干预措施运用是否符合比例原则,应当尊重具体案件侦办中侦查人员的经验判断。另外,在隐私权干预措施运用的启动条件上,不能完全以"根据侦查犯罪的需要"和"在必要的时候"等无法准确把握的主观标准,作为隐私权干预措施运用的启动条件。应该在主观标准的基础上规定隐私权干预措施运用的客观标准,从而使得强弱不同的隐私权干预措施运用的启动条件呈现进阶式的结构。例如,当满足"合理怀疑"的主观标准时,允许运用低强度的隐私权干预措施;当满足"相当理由"等客观标准时,允许运用中强度和高强度的隐私权干预措施。

其三,事前授权的审查结果。审查的结果分为允许使用隐私权干预措施和禁止使用隐私权干预措施。对于允许使用隐私权干预措施的案件,应当颁发令状,侦查人员只有基于令状才能够实施隐私权干预措施。同时,令状中应当明确记载隐私权干预措施实施的界限,如具体的时间、时限、范围、对象、欲获取的隐私内容等,使隐私权干预措施的行使具有"特定性"。如果超出令状规定的内容实施隐私权干预措施,则该措施应被视为违法的侦查措施。

特别要指出的是,高强度隐私权干预措施运用事前授权的重要意义。这种重要意义体现在,一方面是因为高强度的隐私权干预措施运用对权利侵犯的程度最高,一旦滥用对公民危害最大,另一方面是由于高强度的隐私权干预措施事后审查存在难以弥补的困难。理由包括:一是侦查机关向检察院、法院移送案件时,相关材料首先要经过侦查机关自我控制的过滤,最终进入庭审的几乎都是证明当事人有罪的证据材料。由于多数情况下隐私权干预措施的运用在于为其他证据的获取提供线索支持,因此,侦查机关运用隐私权干预措施的过程往往难以在法庭审判时展示出来。二是由于隐私权干预措施运用的实施特征,当事人无法直接感知和确认自身隐私受到侵犯的既成事实,加之隐私权干预措施运用属于国家机密,当事人更不可能从政府那里获知自己的隐私权已然受到侵犯。此时,当事人基于自身隐私受到侵犯而主张权利救济的情况几乎不可能发生。美国学者有论断:"原告发现自己几乎不可能满足起诉的条件,因为这要求他能够主张其受到了一个实际的、特定的损害,而事实上原告不能提供个人受到监视的证据,因为政府可以运用国家秘密特权拒绝将相关证据提供给他们。"[①]在这样的情况下,对高强度隐私权干预措施运用比较有效的司法规制就只剩下事前授权了,如果这一环节都缺失或者被架空,那么高强度隐私权干预措施运用的司法规制将处于空白的状态。

9.4.2.2　隐私权干预措施运用事后审查的有关建议

有学者指出,事前授权只能在形式上确定隐私权干预措施运用的方式和适用对象,根本无法获知其在使用过程中取得的"额外"证据和产生的违法情况。[②]因此,在对隐私权干预措施运用进行事前授权后,还应该对隐私权干预措施运用进行事后审查。根据传统观点,对强制侦查措施进行的事后司法审查主要包括对违法侦查措施的司法救济和程序性制裁。对违法侦查措施进行司法救济启动的条件是,权利受到侵害的当事人或者其他诉讼参与人向司法机关申请、申诉,请求对违法侦查措施进行审查,但对于隐私权干预措施运用而言,大部分干预措施实施前后,当事人不会发现自己的隐私利益受到了侵害,更不用说会主动要求司法救济。程序性制裁的启动是针对证据的合法性而言,由法庭对该证据获取中侵犯公民权利的公权力行为进行审查,以判断该证据的性质以及对应的程序性后果。但是,隐私权干预措施实施如果仅是为

---

① Michael C. Miller. Standing in the Wake of the Terrorist. Surveillance Program: A Modified Standard for Challenges to Secret Government Surveillance[J]. Rutgers Law Review,2008,60(4):1040.

② 参见李章仙.技侦证据使用问题研究[J].山东警察学院学报,2016,28(02):85.

了获取线索,或者获取的材料已经被转化为与之相关的其他证据,则该程序无启动的先决条件,对于公权力行为进行制约的功能自然难以发挥。因此,在本书看来,隐私权干预措施一旦运用,无论是否有当事人主张其权利受到侵害,都应当依照基本权干预审查的思路来对隐私权干预措施运用进行严格的事后审查。

对于隐私权干预措施进行事后审查,应当从三个角度展开:其一,法律保留原则的审查。审查的要点包括:隐私权干预措施运用的法律要件,包括适用的案件范围、程序启动的证明标准等。其二,令状原则的审查。审查的要点包括:令状的发布是否合理、令状的内容是否坚持了"特定化"、隐私权干预措施的实际执行情况是否遵循了令状的限制等。其三,比例原则的审查。隐私权干预措施运用侵害公民的隐私利益与特定公益目的之间是否明显失当。在比例原则的三个子原则中,审查主体应当重点把握均衡性原则的要求。要对隐私权干预措施运用的支出、造成的侵害与所获得的证据以及打击控制犯罪结果之间的关系进行审查,避免出现现今侦查中动辄出现的大规模采集 DNA 样本等隐私权干预措施滥用的现象。对于其运用不符合法律保留原则、令状原则和比例原则的隐私权干预措施,应当认定为违法实施的隐私权干预措施。此时,如果隐私权干预措施获取了相关的证据材料,则证据材料面对被排除于审判之外的程序性后果。在我国,非法证据制度运行中排除证据的方式包括绝对排除和裁量排除,这两种方式均可适用于违法隐私权干预措施运用所获得的证据材料。应当以隐私权干预措施本身的强度、违反法定程序的情节、侵害隐私的严重程度等为标准,划定绝对排除和裁量排除的范围。

本书建议,超出案件范围运用隐私权干预措施、未经审批运用隐私权干预措施、严重超越令状要求(如地点、对象、期限等)运用隐私权干预措施等情况下,获得的证据材料适用绝对排除,其他情况下违法运用隐私权干预措施获得的证据材料适用裁量排除。此外,对于主要功能在于获取线索的隐私权干预措施运用,对其的事后审查亦应根据法律保留原则和比例原则的要求开展。对于违法实施的隐私权干预措施,本书建议赋予司法机关要求侦查机关启动内部追责程序的权力,相关的追责措施包括剥夺主办侦查员身份、给予行政处分、取消有关待遇等。当然,这一制度的落实,需要侦查机关与司法机关在隐私权干预法律规制方面达成共识。

9.4.2.3　隐私权干预司法规制的配套制度

隐私权干预司法规制的正常运行需要一系列配套制度。如何加强隐私权干预司法规制的制度配套建设,增强司法规制的实际效能,从而彻底释放司法权约束侦查权的制度优势,更好满足公民对隐私权干预法律规制的诉求,值得进一步探讨。在本书看来,隐私权干预司法规制的配套制度至少包括:

其一,完善的侦查法律规定。

侦查法治必须相对完善,才能保证隐私权干预司法规制的良性运行,因为无论是事前授权还是事后审查,都必须有明确的实体上和程序上的法律依据。所谓隐私权干预的司法规制,并不能简单地理解为将隐私权干预措施运用的权力收归司法机关。司法规制的应然目的是在隐私权干预措施运用的总体规定上,利用司法权对个案中的隐私权干预措施运用进行把关,防止隐私权干预措施的实施在实体上超过合理的、必要的限度以及在程序上违反既定的规定。因此,隐私权干预的司法规制需要有法律上明确的规定。由此也可以看出,只有将立法规制和司法规制紧密结合起来,才能够真正对隐私权干预措施运用形成有效的约束。

其二,确保当事人的知情权。

在刑事诉讼中,犯罪嫌疑人、被告人应当享有知情权。知情权作为一项基本的诉讼权利,不仅包括当事人被告知对其采取相关措施的权利,还包括获取诉讼信息的权利。确立知情权的意义在于:(1)保障当事人参与刑事诉讼的可能性,为其最大限度地接受诉讼结果提供支持;(2)促使当事人对公权力运行进行监督,当其权利受到公权力不法侵害时,能够寻找法律救济途径;因此为了强化隐私权干预司法规制的密度和力度,必须对隐私权干预措施实施中的当事人知情权进行维护。

为此,应当注意以下几点:(1)构建隐私权干预措施事后告知规则。对于绝大多数隐私权干预措施而言,其运用过程中的最大特征为隐秘性,这使得侦查机关对当事人的告知不可能在事前进行。因为当事人得知侦查机关将实施某些隐私权干预措施时,必会限缩其活动或者毁灭证据等,隐私权干预措施的运用功能必然受阻。因此,与讯问、搜查、扣押等侦查行为实施的事前告知相比,隐私权干预措施应当构建事后告知规则。在前文的论述中可以看到,部分国家在某些隐私权干预措施实施时已经构建类似的规则。对此,本书认为应当在立法中规定隐私权干预措施实施后,一段时间内告知犯罪嫌疑人被采取隐私权干预措施的事实,包括:具体措施种类、涉嫌罪名、审批机关、实施方式、持续时间等事项。只有如此,才不会影响隐私权干预措施实施效果,也不会泄露侦查秘密,并且保障当事人的知情权。(2)对刑事案卷制度进行正当化改造。如前所述,当前作为我国"侦查中心主义"表现之一的刑事案卷制度,在实际运行中存在一系列问题。这种制度运行加固了侦查运行的封闭性倾向,架空了公诉审查和审判纠错的功能,强化了刑事诉讼中公、检、法之间"流水作业式"的诉讼模式,应当对其进行正当化的改造。这种改造的关键在于改变卷宗制作形成过程中的单方性和封闭性,最大限度地保证卷宗材料承载信息的客观性和真实性。可行的方法包括允许当事人或辩护人更广泛地参加卷宗制作的过程、强化司法机关对卷宗制作的监督与制衡等。刑事案卷制度的改革也应当为隐私权干预措施法律规制的全面落实奠定基础,应当允许检察机关和审判机关基于刑事案卷全面了解案件侦办过程中隐私权干预措施运用的情况。为此,本书主张建立刑事案卷的全卷移送制度——侦查机关必须同时移送正卷和副卷。只有这样检察机关和审判机关才有可能打破侦查程序运行的单方主导性,全面了解侦查活动的实际开展情况,进而审查隐私权干预措施运用合法、合理与否,并在司法层面对其运用形成约束。刑事案卷制度还涉及辩护律师的阅卷权。虽然本书主张刑事案卷在司法机关之间实行全卷移送,但刑事案卷中确实会出现很多内容涉及侦查秘密应当予以保密。因此,并非所有的案卷材料都应允许辩护律师查阅、摘抄和复制。在这样的情况下,法律应当明确辩护律师可以阅卷的范围。由于我国《刑事诉讼法》第40条规定,辩护律师的阅卷权在审查起诉阶段才可以行使。对于侦查中隐私权干预措施运用所形成的材料,阅卷范围应限于措施运用的申请书、令状等法律形式方面的材料。

其三,保障司法官独立进行审查。

保障司法官独立进行审查并不意味着西方所谓的"司法独立",这一制度的落实是司法机关独立行使职权的本质要求,也是我国健全刑事司法权力分工的具体制度安排之一。保障司法官独立审查,要注意以下几点:(1)司法官独立审查要求法官或者检察官在对隐私权干预措施运用进行司法审查时,能够真正摒弃或者排除法外因素的影响,完全基于客观、中立的立场按照法律规定对隐私权干预措施的运用进行事前授权或者事后审查。司法官独立进行审查是实现司法公正的必要条件,也是真正落实侦查权、检察权、审判权相互制约的体制机制之一。目前,我国宪法及相关法律的规定能够体现司法官独立进行审查的精神,但由于司法机关领导体制地方化、司法机关内部管理行政化等因素的影响,我国并不完全具备司法官审判和审查所必要的独立性。显然,这是一个应当正视并且逐步改变的问题。(2)司法官独立审查隐私权干预措施合法性时必须具备隐私权干预措施相关的专业知识。从本质上来讲,司法官的本职工作是适用法律,但司法实务中法律多如牛毛,司法官在大多时候也无法全部掌握各项法律法规,但对自身业务范围内的法律应当做到精通。此外,近年来侦查技术的快速变迁直接催生的隐私权干预措施,在干预利益、干预对象、干预形态、干预方式、干预阶段等方面与传统侦查措施存在明显差异。因此,对隐私权干预措施进行独立司法审查意味着司法官不仅要具备相关的法律知识,还必须了解隐私权干预措施运用的技术性知识。详言之,司法官除了在法律层面掌握隐私权干预措施适用的法律要件,能够对隐私权干预措施追求的公共利益和公民隐私利益进行公正权衡之外,还必须对各类隐私权干预措施的运作原理、执行方式、具体操作等进行全面的认知,尤其是设备端通信监控、网络通信监控、电子数据检查、大数据侦查等。只有这样司法官才不至于受到侦查机关有意或无意的蒙蔽,而丧失独立审查的中立性和客观性。这有赖于司法官在工作中持续接受在职训练,并在个案中累积专门的经验。要注意的是,部分国家对于强制侦查措施适用法官保留原则,其令状审核都是由专职专责的法官进行的,如德国刑事诉讼法中的"侦查法官",法国刑事诉讼法中的"自由与羁押法官"以及瑞士刑事诉讼法中的"强制处分法院法官"等,①这种司法审查亦可为我国所借鉴。(3)为了弥补司法人员在审查隐私权干预过程中所出现的"知识鸿沟""信息不对称"等状态,应当允许司法官借助专业人士的帮助获取专门知识和专业意见,以保障司法审查不会流于形式。(4)除了专业性知识保障之外,司法官审查隐私权干预措施时还要避免恣意的审查标准,即对隐私权干预措施运用"一律准许"或者"全盘否定"等倾向,这两种倾向实际上也是权力专断的体现。正因为如此,司法官的审查权也应当受到制约,这要求司法官在进行审查时对其作出判断的理由进行展示,对其得出的结论思维过程进行论证,以此最大限度地保障审查结果的正当性和可接受性,同时为日后侦查机关合法、合理运用隐私权干预措施确立标杆。

其四,确立令状制度。令状制度和强制侦查措施的司法规制密不可分,是司法权制约侦查权的重要表现之一。当前,我国部分强制侦查措施实施时需要基于"令状",如执行搜查时必须基于搜

---

① 参见杨云骅.羁押法制的修正建议[J].万国法律,2013,192(12):60-63.

查证,但搜查证本身很难算得上是真正意义上的令状。一方面,搜查证由侦查机关自行签发,侦查机关本身带有强烈打击控制犯罪的倾向,因此,在签发搜查证时难免会失之公允。另一方面,搜查证记载搜查对象和范围等内容一般比较概括,如"犯罪嫌疑人某某某的人身""犯罪嫌疑人某某某的住宅"等,这类概括令状难以实质上拘束侦查机关之搜查行为,侦查机关具体实施搜查时随意性较强,法律对于公民权利的保障成为一纸空文。因此,令状制度在我国有所缺失。令状制度的真正确立应当注意以下几点:(1)从令状的审批来看,由于令状的审核和签发应当是中立的、客观的,如果令状是由侦查机关在自我授权的情况下签发的,无疑也就违背了令状制度的本质特征。(2)应在立法上完善各类令状制作的具体内容和要求。立法上要明确规定令状记载的具体事项,这些规定是保障个案令状特定性的法律依据,只有在令状上详细载明隐私权干预措施运行的地点、对象、时间、目的、方法等,才能真正对隐私权干预措施形成限制。这些内容应由法律明确规定,而不能像现在一样交由侦查机关自行规定文书格式和制作要求等。(3)令状制度确定的主要功能就在于通过令状将侦查权运行控制在一定的限度和范围内,而这些限度和范围应当是由司法官事先授权确定的。此外,令状也是司法官事后审查侦查行为合法性的重要依据。一旦侦查行为实施超过令状的限制和范围,司法官可以对侦查行为作出否定性评价,当事人也可以据此提出法律救济的诉求。

9.5　部分隐私权干预法律规制的具体建议

在我国,隐私权干预的法律规制存在先天性的不足,一方面法律对于强制侦查措施法律规制的密度和力度都存在缺陷,另一方面现有的法律规制已经完全滞后于实践的发展,部分隐私权干预措施运用法治化的要求迫在眉睫。沿着上文本书所论证的隐私权干预立法规制的整体思路,需要进一步明确立法上的问题:隐私权干预措施的具体种类包括哪些,实践中哪些新型措施属于隐私权干预措施,它们是否突破了原有的侦查措施体系,是否需要专门进行授权等。对于这些问题,需要在隐私权确权的基础上进行审视。本书认为,日后我国法律应当重点完善以下隐私权干预措施的法律规制。

9.5.1　通信监控法律规制的建议

通信监控主要包括传统通信监控和网络通信监控。相较于传统通信监控,网络通信监控对于普通公民而言更为陌生。网络通信监控泛指凭借特殊软件工具,对人们在网络空间内进行交流的通信数据信息予以截取的各类侦查措施。网络通信监控运用尽管不具备传统通信监控运用的相同技术原理和实施过程,但两者都体现着干预公民通信隐私的实质,"是听取犯罪嫌疑人及与犯罪行为有牵连关系的人同其他人之间的通(谈)话并记录有关信息的侦查行为"[1],两者都应受到最严格的法律规制。例如,微信通信监控与手机通信监控虽然实施的技术方式不同,但两者都是干预当事人通信隐私的侦查措施,对公民权利的干预强度相当。在我国,涉及网络通信监控法律规制的法律规定并不明确,即便是可以援引法律授权的"技术侦查措施"的相关条款作为其运用依据,但由于其在实务运作中有高度秘密化的特征,运用中各式各样的失范、移位现象也必然难以避免。因此,应当承认网络通信监控作为通信监控的一种,对其适用与传统电信监控强度相当的法律规制程序,同时在坚持法律保留原则的前提下对两者进行明确化的立法。具体建议如下:

其一,授权主体。目前,我国通信监控采用的是内部授权模式。由于这项措施在干预公民权利方面极具影响,内部授权模式

---

[1]　艾明.秘密侦查制度研究[M].北京:中国检察出版社,2006:199.

难以规避法治风险。因此,通信监控的授权模式应当改为外部授权模式,并且由法院统一行使这一权力。

其二,适用条件。(1)案件范围。通信监控适用的案件应同时满足重罪案件和特殊案件两个条件。重罪案件的判定标准本书采"形式说",如果从量刑角度来看,案件嫌疑人可能被判处 5 年以上有期徒刑,就应当允许运用通信监控。但是,重罪案件只是通信监控适用案件的必要条件之一,通信监控适用的案件还应当满足特殊案件之要求,即运用传统侦查措施难以收到成效,而有必要运用隐私权干预措施。在具体立法表述中,可以"刑期限制加列举"的方式对通信监控适用的案件范围明确加以规定。(2)证明标准。通信监控适用必须符合"相当理由",其证据必须达到充分证明的程度。"相当理由"要求侦查人员在适用通信监控时,按照理性人的标准,以足够的可靠信息为根据,能够形成嫌疑人极有可能实施了犯罪或者通过实施通信监控能够得到侦查对象犯罪的证据的信念。

其三,令状要求。法官在对通信监控进行事前授权前,重点应当形式性地审查以下内容:(1)是否属于通信监控适用的案件范围。(2)是否达到启动通信监控的具有相当理由的证明标准。法官发布的令状应当坚持特定原则,即详细载明通信监控的对象、时限等内容,包括:(1)对象。通信监控只允许适用于犯罪嫌疑人。部分国家包括我国允许将通信监控的对象扩大至"犯罪嫌疑人、被告人以及与犯罪活动直接关联的人员",这一做法值得推敲。一方面,法律给界定直接关联人员保留了一定的弹性空间,实务中可能扩大通信监控的对象。另一方面,通信监控一旦开展其又具有全天候特征,这对公民权利的干预程度之大是不言而喻的。因此,本书认为应当禁止将通信监控的对象扩大至"犯罪嫌疑人、被告人以及与犯罪活动直接关联的人员"。(2)时限。对于通信监控的时限,各国规定不一。从日本法规定的十天为限到德国法规定的三个月为限,都有其道理。结合我国国情,本书认为通信监控的法定时限可以三个月为期限,延长后累积期限不超过九个月。此间,如果通信监控时限届满,需要继续实施通信监控的,应当按照同样的条件、方式等重新请求法官授权。

其四,事后审查。侦查人员进行通信监控,其他部门难以参与其中。为了防止侦查人员在实施通信监控时有意或者无意侵害当事人的权利,应当要求侦查人员保留通信监控中获知的原始资料,并且制作详细的笔录,应当包括监控开始、结束的时间,采取的方式、原因、地点、获知的简要内容等情况。相关的原始资料和笔录应在事后交由司法部门进行实质审查,审查内容包括:(1)通信监控实施是否遵循法律保留原则,是否符合法律要件。(2)通信监控实施中是否遵循令状原则,有无超越令状限制。(3)通信监控是否遵循比例原则,有无不恰当地实施通信监控,并对公民通信隐私造成过度侵害。

其五,制裁方式。通信监控获取的证据一般为视听资料或者电子数据。我国非法证据排除规则的适用对象应当扩大到上述证据种类。在当事人申请排除非法证据时,司法机关应权衡公共利益和公民利益之间的关系进行裁量排除。

9.5.2 通信内容数据信息获取法律规制的建议

网络信息时代改变了人们的通信方式,人们更多的时候可以借助网络展开通信交流。网络通信交流之后,相关 IT 设备或者"云空间"中会留存有关通信的电子数据信息。因此,通过对相关电子数据的提取和保全能够获知公民的通信秘密,进而形成对公民通信隐私的干预。实务中,侦查机关获取通信内容数据信息的方式是多样的,主要包括以下三种情况:(1)搜查和扣押当事人IT 设备后,对电子数据进行检查。我国现行《刑事诉讼法》仅对搜查、扣押 IT 设备的侦查行为进行规制,而此后获取 IT 设备中电子数据的侦查行为并未受到法律限制。因此,IT 设备中与即时通信软件中的聊天记录、短信、电子邮件等电子数据所承载的通信隐私难以得到保障。(2)通过网络通信服务商等的合法义务调取通信内容数据信息,侦查人员一般通过"调取证据"这一措施获得相关的电子数据。如前文所述,本书认为"调取证据"并非一项真正意义上的侦查措施,其在实务中运用的门槛非常低,这显然非常不利于保障通信内容数据信息所涉及的公民基本权。(3)通过秘密网络在线提取或者远程勘验等获取通信内容数据信息。我国现行《刑事诉讼法》未对上述侦查措施进行特别授权,司法解释和规范性文件将上述两种侦查措施界定为任意侦查措施,①导致这些侦查措施运用目前尚未受到法律限制。由此可见,尽管获取通信内容数据信息的侦查措施,对公民通信隐私造成了严重干预,但它们并未受到法律的特别授权,进而造成公权力与公民权利之间的重大失衡。因而这些措施应当是侦查法治化的重点关照对象。本书认为,侦查机关获取侦查对象的通信内容数据信息方式是多样的,无须基于具体手段差异对这些措施予以界定,可以将其统称为"通信内容数据信息获取"。由于其干预公民通信隐私强度与通信监控无太大差异,具体的法律规制建议如下:

其一,授权主体。通信内容数据信息获取的授权模式应为外部授权模式,并且由法院统一行使这一权力。

其二,适用条件。(1)案件范围:通信内容数据信息获取适用的案件范围应同时满足重罪案件和特殊案件两个条件。(2)证明标准:有相当理由怀疑某人为犯罪嫌疑人,其证据必须达到充分证明的程度。

其三,令状要求。法官在对通信监控进行事前授权前,重点应当形式性地审查以下内容:是否属于通信内容数据信息获取的案件范围;是否达到启动通信内容数据信息获取的具有相当理由的证明标准。法官发布的令状应当坚持特定原则,即详细载明通信

---

① 参见谢登科.电子数据网络远程勘验规则反思与重构[J].中国刑事法杂志,2020,30(1):58-68.

内容数据信息获取的对象、时限等内容,包括:(1)对象。通信内容数据信息获取只允许适用于犯罪嫌疑人。(2)时限。本书认为通信内容数据信息获取的法定时限以一年为限,即侦查人员提取的只能是犯罪嫌疑人近一年的通信内容数据信息。换言之,不能允许侦查人员无时间限制地获取通信内容数据信息。但在特殊情况下,经法官批准可以适当延长时限。

其四,事后审查。侦查人员获取通信内容数据信息,应当要求侦查人员保留获取通信内容数据信息时留存的原始资料,并且制作详细的笔录。应当包括获取信息开始、结束的时间,采取的方式,原因,地点,获知的简要内容等情况。相关的原始资料和笔录应在事后交由司法部门进行实质审查。重点审查通信内容数据信息获得是否符合法律保留原则、令状原则和比例原则。

其五,制裁方式。通信内容数据信息获取的证据一般为电子数据。在当事人申请排除非法证据时,司法机关应权衡公共利益和公民利益之间的关系进行裁量排除。

9.5.3 通信形式数据信息获取法律规制的建议

比较典型的通信形式信息获取是通话记录调取。通话记录所蕴含的信息内容隐私程度较低,但这不意味着法律可以对侦查人员调取通话记录的行为放任自流,毕竟隐私程度低不代表完全不享有隐私保护。如果允许调取公民长期的通话记录,则可以全面了解其生活状况,在特定情况下,造成的侵犯效果不亚于对公民所进行的持续性、全面性的通信监控。实践中,侦查人员调取通话记录所欲实现的功能不一,应当区别对待。相关具体情况包括:(1)针对特定对象而进行的通话记录调取。这种情况下,对调取的通话记录进行分析,可以了解当事人的通话时间、通话时长、通话类型、通话频率、通话对象等情况(能够借此发现潜在的亲密关系),也可以了解当事人手机使用中的基站位置情况(能够借此掌握当事人的行踪)。因此,这种调取通话记录的行为隐私干预程度较高。(2)针对不特定对象而进行的通话记录调取。这种情况下,侦查人员调取通话记录多为锁定案发现场以及周围的手机基站在特定时段内出现的手机号,再结合其他数据筛选、寻找和确定嫌疑对象。这种通话记录调取所获得的手机使用信息内容较为简单,一般仅涉及通话号码和通话时长,调取通话记录的时间跨度也只限于案发时段前后。因此,这种调取通话记录的行为隐私干预程度较低。

有关通信形式信息获取(特定对象)的法律规制建议,包括:

其一,授权主体。应当将通信形式信息获取(特定对象)的授权模式定为外部授权模式,由检察官统一行使这一权力。

其二,适用条件。有关通信形式信息获取(特定对象)可以适用全部案件,符合相当理由标准时即可运用。

其三,令状要求。检察官发布的令状应当坚持特定原则,即详细载明有关通信形式信息获取(特定对象)的具体对象、时限等内容。有关通信形式信息获取(特定对象)的对象仅包括犯罪嫌疑人。有关通信形式信息获取(特定对象)的时限应限定为六个月。在经过检察官批准后,可以将这一时限延长。在紧急情况下,侦查人员难以申请令状时,侦查人员仍可进行通信形式信息获取(特定对象),但事后必须向检察官说明没有足够的时间申请令状的原因以及获取通信形式信息(特定对象)的相当理由。

有关通信形式信息获取(非特定对象)的法律规制建议,包括:

其一,授权主体。应当将通信形式信息获取(非特定对象)的授权模式定为内部授权模式,由侦查机关行政级别较高的负责人统一行使这一权力。

其二,适用条件。通信形式信息获取(非特定对象)可以适用全部案件,符合合理怀疑标准时即可运用。

9.5.4 私人空间监控与公共空间监控法律规制的建议

实务中,私人空间监控运用一般援引"技术侦查措施"相关的授权条款,而公共空间监控运用的授权条款却一直处于缺位状态。私人空间监控主要干预的是公民的空间隐私(主要是实体空间隐私),公共空间监控主要干预公民活动隐私,但两种措施均以监控作为手段,因此,本书在此处将两者一起加以探讨。要强调的是,本书认为在隐私权保护的长期实践中,人们已经明确隐私保护的重点并非"场所",而是场所内的"人"。目前,私人领域和公共领域的界限不如过去泾渭分明,而是呈现出私人领域向公共领域扩张与公共领域向私人领域渗透的双重趋势,"公共空间不享有隐私权"的观点应当被世人抛弃。换言之,不管人们身处于何种场所,即使是在公共空间也应当禁止公权力对特定公民活动进行长期持续性的监控。因此,公共空间监控亦应当纳入法律规制,但对其的法律规制程度应当低于对私人空间监控的法律规制程度。

私人空间监控在干预强度上与通信监控相似,两者应当适用相同强度的法律规制,相关建议如下:

其一,授权主体。私人空间监控的授权模式应为外部授权模式,由法院统一行使这一权力。

其二,适用条件。(1)案件范围。私人空间监控的案件范围应同时满足重罪案件和特殊案件两个条件。(2)证明标准。符合相当理由标准时,才允许进行私人空间监控。

其三,令状要求。法官事前授权时应当进行形式审查,主要审查私人空间监控实施是否符合适用条件。法官发布的令状应当坚持特定原则,即详细载明私人空间监控的时限、场所等内容。私人空间监控的时限应与通信监控保持一致。私人空间监控只允许适用于犯罪嫌疑人经常活动的场所、地点,包括其住宅、经常居住房屋、旅馆酒店房间、办公室等。

其四,事后审查。侦查人员进行私人空间监控,应当保留监控中摄录的原始资料,并且制作详细的笔录。相关原始资料和笔录应在事后交由监督部门进行实质审查,审查主要围绕法律保留原则、令状原则和比例原则开展。

其五,制裁方式。私人监控获取的证据一般为视听资料。在当事人申请排除非法证据时,司法机关应权衡公共利益和公民利益之间的关系进行裁量排除。

公共空间监控在干预强度上弱于私人空间监控,其受到的法律规制应当弱于私人空间监控。相关建议如下:

其一,授权主体。应当将公共空间监控的授权模式定为外部授权模式,由检察官统一行使这一权力。

其二,适用条件。公共空间监控可以适用全部案件,符合相当理由标准时即可运用。

其三,令状要求。检察官发布的令状应当坚持特定原则,即详细载明公共空间监控的对象和场所等内容。公共空间监控的对象不仅包括犯罪嫌疑人,也可以包括与犯罪活动直接关联的人员。公共空间监控的场所地点应限于公共场合,禁止对侦查对象在私人空间内的活动情况进行监控。在紧急情况下,侦查人员难以申请令状时,侦查人员仍可进行公共空间监控,但事后必须向检察官说明没有足够的时间申请令状的原因以及实施公共空间监控的相当理由。

其四,制裁方式。公共监控获取的证据一般为视听资料,在当事人申请排除非法证据时,司法机关应权衡公共利益和公民利益之间的关系进行裁量排除。

9.5.5 行踪监控和行踪调查法律规制的建议

现代侦查中,侦查机关大量运用行踪调查和行踪监控。行踪调查和行踪监控干预公民的活动隐私利益,但目前法律对其几乎没有规定。要注意的是,行踪调查和行踪监控的隐私干预强度难以达到通信隐私干预的强度。本书之所以特别指出这一问题,原因在于《公安机关办理刑事案件程序规定》第263条规定将为促使犯罪嫌疑人、被告人到案而实施的技术侦查措施与调查严重危害社会犯罪案件而实施的技术侦查措施并列。① 但是,两种不同情况下实施的技术侦查措施的强度并不一样,前者只是对相关人员的行踪隐私进行了干预,而后者对个人通信隐私进行了干预,是对个人隐私更为严重的限制。德国法在 2005 年的"全球定位系统(GPS)案"中亦有类似的观点。② 德国法的这一判例虽然具体针对安装 GPS 装置定位行踪的侦查措施,但这一观点可推广到其他的行踪调查和行踪监控上。本书认为,德国法判例对这一侦查措施的性质定位是准确的,它们只是揭露了有关当事人比较有限的信息,其干预程度和范围并未涉及当事人"不可侵犯之核心领域"。另外,从干预强度上来看,行踪调查和行踪监控大体与公共空间监控相同。理由如下,公共空间监控虽然可以掌握侦查对象行踪信息之外的信息,获知其在公共空间的具体活动、交往对象等,这些信息的确是行踪调查和行踪监控不能获知的,但是,行踪调查和行踪监控可以掌握侦查对象是否在私人空间,以及在私人空间停留的时间等信息,甚至能够在一定程度触及侦查对象的空间隐私。因此,应当对行踪调查和行踪监控运用进行法律规制,其规制程度与对公共空间监控的法律规制相当。具体建议如下:

其一,授权主体。应当将行踪监控和行踪调查的授权模式定为外部授权模式,由检察官统一行使这一权力。

---

① 《公安机关办理刑事案件程序规定》第 263 条规定,公安机关追捕被通缉或者批准、决定逮捕的在逃的犯罪嫌疑人、被告人,可以采取追捕所必需的技术侦查措施。

② 德国联邦宪法法院基于《德国基本法》衍生的一般人格权,明确承认了 GPS 追踪干预公民的隐私。宪法法院认为,"使用 GPS 监测只是揭示了有限的信息,即犯罪嫌疑人所处的位置以及在该处停留的时间,且 GPS 在封闭的房间和密集的街区内并不能有效地发挥作用,因而,GPS 监测虽然侵犯了嫌疑人的人格权利,但监测的范围和强度并未达到侵犯私人不可侵犯之核心领域的程度"。See Nicole Jacoby, "Redefining the Right to Be Let Alone: Privacy Rights and the Constitutionality of Technical Surveillance Measures in Germany and the United States", 35 Ga. J. Intl'& Comp. L. 433. pp. 473 - 476(2007). 转引自向燕. 刑事侦查中隐私权领域的界定[M]. 北京:中国政法大学出版社,2010:322.

其二,适用条件。行踪监控和行踪调查可以适用全部案件,符合相当理由标准时即可运用。

其三,令状要求。检察官发布的令状应当坚持特定原则,即详细载明行踪监控和行踪调查的具体对象、时限等内容。行踪监控和行踪调查的对象不仅包括犯罪嫌疑人,也可以包括与犯罪活动直接关联的人员。行踪监控和行踪调查的时限应限定为六个月,包括对未来六个月侦查对象的行踪进行监控,或者对过去六个月侦查对象的行踪进行调查。在经过检察官批准后,可以将这一时限延长。在紧急情况下,侦查人员难以申请令状时,侦查人员仍可进行行踪监控和行踪调查,但事后必须向检察官说明没有足够的时间申请令状的原因以及实施行踪监控和行踪调查的相当理由。

另外,我国已经建成覆盖全社会的视频监控网络,公共安全维护与公民隐私权保护已经成为我国社会现实中的一对矛盾。但是,社会面视频监控针对的是非特定的人员,其运用属于一般社会管理的范畴,而不属于侦查措施的范畴。本书在此要提及的是带有身份识别功能的公共视频监控的合法运用问题,因为其运用通常都指向具体的人员或者车辆等。本书认为,带有身份识别功能的公共视频监控运用实际上是行踪监控的一种方式。因此,其运用受到行踪监控和行踪调查一样的法律规制即可。换言之,在持检察官令状的情况下,才能允许运用带有身份识别功能的公共视频监控实现侦查目的和任务。

9.5.6 电子数据取证法律规制的建议

数据技术发展不仅导致新的证据种类和侦查措施的产生,而且影响和改变了隐私利益的格局。传统意义上,隐私权的保护一般依附实体空间(如住宅等)和实物(如日记本、病历等),但网络信息时代人们会通过网络进行大量的私密活动。因此,有关的电子文档、登录日志、电子交易记录、数字视频等电子数据中蕴含了大量的隐私信息。目前,实务部门广泛运用的电子数据取证,具有强烈的隐私干预特色,其强制程度并不亚于对实体空间所进行的搜查。然而,搜查的实施尚且需要经过县级以上公安机关负责人审批,但电子数据取证不需要经过县级以上公安机关负责人审批,电子数据取证中过度侵权的现象无需赘述。实际上,我国现有的规范性法律文件都只是试图在方法层面规范电子数据取证,以此保障获得电子数据的真实性、相关性等,没有就电子数据所承载的隐私权,为电子数据取证设置一定的法律限制。

本书认为,在对电子数据取证进行法律规制时,应当首先细化电子数据取证的具体行为类型,再根据侦查措施实施时涉及电子数据的具体种类或者涉及隐私利益的大小等来设计相应的规制程序。具体而言,按照隐私权干预法律规制比例化构造的要求,电子数据所承载的利益越重要,法律所给予的规制程序就应当越严密。其中,对于强度较高的秘密网络搜查等,应当设置较为严格的法律规制程序,而强度中等的电子数据现场勘验、电子数据调取等只需要一般程度的法律规制即可。要注意的是,通信隐私在各国都得到了最有力的保护,有关干预通信隐私电子数据的侦查措施应当在我国刑事诉讼法中进行特别授权,因此,电子数据取证的对象并不涵盖与通信有关的电子数据。

秘密网络搜查在我国侦查实务中得到一定程度的运用,但法律并未对其特别授权,相关的称谓也并不统一。秘密网络搜查是侦查人员在秘密状态下,利用科技手段通过互联网、局域网或其他网络对网络用户的 IT 设备中的电子数据进行搜索检查,以发现相关电子数据的侦查行为。实务中,侦查机关主要通过采用"黑客行为""植入病毒""利用后门程序"等进行秘密网络搜查。[①] 如前所述,这一行为在其他国家或者地区又被称为"在线搜查""秘密线上搜索"等。秘密网络搜查以侵入公民虚拟空间的方式,获取公民使用 IT 设备之后所产生的电子数据。这些电子数据既可以代码

---

① 郑曦.网络搜查及其规制研究[J].比较法研究,2020,34(1):23-24.

公式等形式存在,也可以文档、图片、视频等形式存在,两者之间能够迅速转化。相关电子数据反映了用户使用 IT 设备的详细情况,具有高度的隐私性质。因此,秘密网络搜查实属干预公民权利最强的几种侦查措施之一,应当对其进行最为严厉的法律规制。相关建议如下:

其一,授权主体。秘密网络搜查的授权模式应为外部授权模式,由法院统一行使这一权力。

其二,适用条件。(1)案件范围。秘密网络搜查适用的案件范围应同时满足重罪案件和特殊案件两个条件。(2)证明标准。开展秘密网络搜查必须有相当理由怀疑某人为犯罪嫌疑人,其证据必须达到充分证明的程度。

其三,令状要求。法官对秘密网络搜查适用条件进行形式性的审查。法官发布的令状应当坚持特定原则,即详细载明秘密网络搜查的对象等内容。通信监控只允许适用于犯罪嫌疑人所有或者经常使用的 IT 设备。

其四,事后审查。为了防止侦查人员在实施通信监控时有意或者无意侵害当事人的权利,应当要求侦查人员保留秘密网络搜查中获知的原始资料,并且制作详细的笔录,应当包括秘密网络搜查开始、结束的时间,采取的方式、原因、获知的简要内容等情况。相关的原始资料和笔录应在事后交由司法部门进行实质审查,包括是否符合法律保留原则、比例原则之精神要求,执行中有无遵循令状要求。

其五,制裁方式。秘密网络搜查的证据一般为电子数据。在当事人申请排除非法证据时,司法机关应权衡公共利益和公民利益之间的关系进行裁量排除。

电子数据现场勘验指的是侦查机关搜查、扣押获取当事人 IT 设备之后,为了获取 IT 设备中留存的电子数据所实施的侦查行为。我国现有电子数据取证制度缺乏对 IT 设备搜查、扣押后隐私权二次干预问题的关注,也就是说只要是 IT 设备被合法搜查、扣押之后,其中的电子数据均可被侦查人员随意获得,这种制度设计显然不利于公民隐私权的保护。搜查和扣押实施之后,当事人大多时候能够获知其 IT 设备被保全的事实。因此,电子数据现场勘验的权利干预强度比秘密线上搜查要低,对其的法律规制建议如下:

其一,授权主体。应当将电子数据现场勘验的授权模式定为外部授权模式,由检察官统一行使这一权力。

其二,适用条件。电子数据现场勘验可以适用全部案件,符合相当理由标准时即可运用。

其三,令状要求。检察官发布的令状应当坚持特定原则,即详细载明电子数据现场勘验的对象等内容。在紧急情况下,侦查人员难以申请令状时,侦查人员仍可进行电子数据现场勘验,但事后必须向检察官说明没有足够的时间申请令状的原因以及实施电子数据现场勘验的相当理由。

其四,制裁方式。电子数据现场勘验的证据一般为电子数据,在当事人申请排除非法证据时,司法机关应权衡公共利益和公民利益之间的关系进行裁量排除。

电子数据既可以"自我占有"的方式存储在公民个人的 IT 设备中,也可以被"第三方占有"的方式保存在网络运营商、服务商等第三方主体的存储空间中。这些电子数据虽然为第三方所占有,但并不意味它们能够随意被使用或者公开。因此,侦查机关向网络运营商、服务商等第三方来收集调取涉案的电子数据时,应当运用经法律特别授权的电子数据调取实现侦查目的。电子数据调取时,还应当区分私密信息和非私密信息、敏感个人信息和一般个人信息。较之对非私密信息和一般个人信息的调取,对私密信息和敏感个人信息调取的权利干预强度更大。

电子数据(涉及私密信息、敏感个人信息)调取有关的法律规制建议如下:

其一,授权主体。应当将电子数据现场勘验的授权模式定为外部授权模式,由检察官统一行使这一权力。

其二,适用条件。电子数据现场勘验可以适用全部案件,符合相当理由标准时即可运用。

其三,令状要求。检察官发布的令状应当坚持特定原则,即详细载明电子数据现场勘验的对象等内容。

其四,制裁方式。电子数据现场勘验的证据一般为电子数据,在当事人申请排除非法证据时,司法机关应权衡公共利益和公民利益之间涉及的关系进行裁量排除。

电子数据(非私密信息和一般个人信息)调取有关的法律规制,建议由侦查机关行政级别较高的负责人进行授权。

还要说明的是,《民法典》和《个人信息保护法》采取"概括加列举"的方式分别对私密信息和敏感个人信息进行了规定,但也带来了私密信息和敏感个人信息外延不确定的问题。因此,对部分信息的调取究竟采取何种法律程序必然容易产生分歧。日后,相关法律应当进一步完善认定上述两类信息的具体标准,或者更加详细列举私密信息和敏感个人信息的外延。唯有如此,有关信息隐私干预的法律规制才能更加完善。

9.5.7　大数据侦查法律规制的建议

大数据侦查实施依赖的关键资源是数据信息,这些数据信息并非局限于与犯罪有关的个人数据信息,还包括大量与犯罪无关的个人信息数据。应当有条件地允许侦查机关收集这些个人数据信息并且建立数据库,同时使用这些数据库进行侦查。在本书看来,不仅 DNA 数据库,侦查机关建立的其他数据库都应当由法律或者部门规章等进行特别授权。当然,这并不意味着刑事诉讼法需要对侦查机关建立数据库作出具体规定。实际上,《个人信息保护法》是我国个人信息保护领域最基本的法律,其明确了个人信息保护的一般原则、不同类型个人信息的保护程度以及个体对自身信息所拥有的权利等,这些规定对于侦查机关数据库的建立与运用仍然是适用的。基于《个人信息保护法》,侦查机关可以通过制定警察法或者部门规章的方式,规定获取保存个人数据信息的前提、范围、程序,允许建立的数据库类型,建立和运用数据库的条件、要求、义务等内容。

大数据侦查产生之后,对传统侦查造成了极大的冲击和影响。很多学者对大数据侦查和传统侦查之间的关系进行了思索。在本书看来,大数据侦查脱胎于侦查的"母体",是利用数据技术解决侦查有关专门问题的具体方法、手段等。与之前的侦查措施不一样,大数据侦查应当是一项独立的侦查措施。从基本权干预理论的角度观之,大数据侦查总体上对公民隐私权、个人信息权等造成了一定强度的干预,应当经过法律的特别授权才允许实施。当然,大数据侦查中本身涵盖着不同子类型的措施,应当根据其干预公民权利的差异进行不同的法律规制。

其一,数据查询。自公安部启动"金盾工程"以来,公安机关内部已经建立了若干数据库。在社会管理和社会服务中,相关管理部门、服务商等也建设了一定数量的数据库。这些数据库当中存储了大量的基础数据信息,侦查人员可以通过查询数据库获知有关案件的线索。由于个人信息可以分为一般个人信息和敏感个人信息、非私密信息和私密信息,不同信息涉及的权利保护程度并不一致。对于数据查询的法律规制,本书建议当侦查人员查询一般个人信息数据库时,由侦查人员自行决定实施即可。当侦查人员查询敏感个人信息和私密信息数据库时,应由侦查机关行政级别较高的负责人进行授权。数据查询时,如果需要从第三方获取数据信息,应当遵循电子数据调取的程序规定。

其二,数据碰撞。数据碰撞是将两个或者两个以上的数据库进行比对,并对由此产生的综合数据、交叉数据进行深度分析的侦查措施。现阶段侦查中,这种数据技术被运用最多、效果最好。例如,由于手机使用时一般手机和人身不分离,当侦查人员获知犯罪嫌疑人手机活动轨迹时,即可获知犯罪嫌疑人驾车活动轨迹。此时,侦查人员如果将车辆轨迹数据与交通卡口数据进行碰撞,就可以获得嫌疑人驾驶车辆的车牌号。数据碰撞的法律规制,本书建议当侦查人员实施数据碰撞的仅为一般个人信息数据库时,由侦查人员自行决定实施即可。当侦查人员实施数据碰撞的包括敏感个人信息和私密信息数据库时,应由侦查机关行政级别较高的负责人进行授权。数据碰撞时,如果需要从第三方获取数据信息,应当遵循电子数据调取的相关规定。

其三,数据挖掘。数据挖掘主要是基于人工智能、机器学习、可视化技术和数据库等高度自动化的分析来发现规律、模式等的计算过程。目前,侦查机关的数据挖掘主要被用于预测犯罪,其真正在侦查中的运用还并不多。究其原因是这种技术运用有较高的门槛,属于人工智能、机器学习的范畴。然则,随着数据技术的进步,数据挖掘必然在日后侦查中发挥越来越大的作用。数据挖掘涉及较多的数据库,在挖掘过程中也可能获知当事人的隐私信息,因此,应当对其进行较严格的法律规制。对于数据挖掘的法律规制,本书建议由检察官统一进行事前授权。数据挖掘时,如果需要从第三方获取数据信息,应当遵循电子数据调取的相关规定。

9.5.8　人身搜查与生物样本采样法律规制的建议

我国法律规定人身搜查可以基于收集犯罪证据而实施。人身搜查时,需由县级以上公安机关负责人批准,持搜查证进行。另外,在执行拘留和逮捕时遇有紧急情况,也可以进行无证人身搜查。然则,人身搜查实施时,侦查人员还可能实施脱衣搜查和体内搜查,它们都是特殊形式的人身搜查。与普通人身搜查相比,脱衣搜查和体内搜查更多涉及当事人的人格尊严,具有强烈的人身隐私干预性。但是,脱衣搜查和体内搜查确实是实务中检查当事人是否携带武器等违禁品的基本方法。因此,法律有必要对脱衣搜查和体内搜查的运用进行特别授权。值得注意的是,当前 X 射线等技术已经非常成熟了,它们可以穿透衣物进行检查,能够在客观上取得与脱衣搜查或者体内搜查一样的实际效果,这些科技手段的运用无疑是侵犯当事人人身隐私利益的。因此,法律有必要以"以其他方式实施的脱衣搜查或者体内搜查"等类似表述作为兜底条款,来划定脱衣搜查和体内搜查的具体范围。总体而言,脱衣搜查、体内搜查属于中等强度的隐私权干预措施,对其法律规制建议如下:

其一,授权主体。应当将脱衣搜查、体内搜查的授权模式定为外部授权模式,由检察官统一行使这一权力。

其二,适用条件。脱衣搜查、体内搜查可以适用全部案件,符合相当理由标准时即可运用。

其三,令状要求。检察官发布的令状应当坚持特定原则,即详细载明脱衣搜查、体内搜查的对象、所欲获取证据等内容。脱衣搜查、体内搜查的对象不仅包括犯罪嫌疑人,也包括通过人身隐匿犯罪证据的其他人员。在紧急情况下,侦查人员难以申请搜查证时,仍可进行脱衣搜查和裸体搜查,但事后必须向检察官说明没有足够的时间申请搜查证的原因以及实施搜查的相当理由。

其四,实施方式。(1)实施主体。脱衣搜查、体内搜查由两名以上侦查人员执行,如果搜查对象是女性,执行脱衣搜查或者体内搜查的侦查人员必须是女性,且禁止任何男性出现在搜查现场。(2)实施地点。脱衣搜查和体内搜查必须在私密空间进行,应避免无关人员出现在搜查现场。(3)最小侵害原则。要求侦查人员以"最小侵害"的方式进行脱衣搜查和体内搜查。以脱衣搜查为例,如果脱掉鞋子、外衣、解开衬衫等能够发现搜查目标时,就应当禁止进一步脱掉搜查对象的随身衣物。只有在上述行为难以实现侦查目的时,才允许进一步脱掉衬衫、裤子、内衣、文胸等进行搜查。

其五,制裁方式。脱衣搜查、体内搜查获取的证据一般为物证、书证等,在当事人申请排除非法证据时,司法机关应权衡公共利益和公民利益之间的关系进行裁量排除。

在我国,生物样本采集并非一项独立侦查措施,而是从属于人身检查。就具体手段来讲,生物样本采样包括侵入式采样和非侵入式采样;就采集对象而言,生物样本采样分为隐私样本采样(如血液、体液等)和非隐私样本采样(指纹、声纹、面部特征等)。不同的采样方式和对象对公民人身隐私和信息隐私的干预程度是不一样的。侵入式采样和隐私样本采样干预强度较高,非侵入式采样和非隐私采样干预程度较低,两者应当受到不同程度的法律规制。

侵入式采样、隐私样本采样的法律规制建议如下:

其一,授权主体。应当将侵入式采样、隐私样本采样定为外部授权模式,由检察官统一行使这一权力。

其二,适用条件。侵入式采样、隐私样本采样可以适用全部案件,符合相当理由标准时即可运用。

其三,令状要求。检察官发布的令状应当坚持特定原则,即详细载明采样对象、隐私样本类型等内容。侵入式采样、隐私样本采样的对象不仅包括犯罪嫌疑人,也包括与犯罪活动存在一定关系的人。在紧急情况下,侦查人员难以申请令状时,侦查人员仍可进行侵入式采样、隐私样本采样,但事后必须向检察官说明没有足够的时间申请令状的原因以及实施侵入式采样、隐私样本采样的相当理由。

其四,实施方式。(1)实施主体。侵入式采样、隐私样本采样由两名以上侦查人员执行,如果采用对象是女性,执行侵入式采样、隐私样本采样的侦查人员必须是女性,且禁止任何男性出现在采样现场。(2)实施地点。侵入式采样、隐私样本采样必须在私密空间中进行,应避免无关人员出现在采样现场。(3)最小侵害原则。要求侦查人员以"最小侵害"的方式进行侵入式采样、隐私样本采样。只有在非侵入式采样、非隐私样本采样难以实现侦查目的时,才允许实施侵入式采样、隐私样本采样。隐私样本采样时,如果是为了获取 DNA 样本,应当明确通过口腔唾液提取的方式进行采样,避免侦查人员采取更为侵权的方式进行采样。

(4) 保存时限。对于采样获取的生物样本,侦查人员应当妥善保存。但是,法律应当严格禁止侦查机关对这些生物样本无限期保存,毕竟对这些生物样本进行检测可以获取当事人的基因信息。因此,建议生物样本的保存时间以三年为限。

其五,制裁方式。脱衣搜查、体内搜查获取的证据一般为物证、检查笔录等,在当事人申请排除非法证据时,司法机关应权衡公共利益和公民利益之间的关系进行裁量排除。

9.5.9 DNA 数据库建立与比对法律规制的建议

DNA 数据库的建立与大数据侦查措施的开展密切相关,前述考察的其他国家刑事诉讼法中均有专门针对 DNA 数据库建立与使用的规定。这些国家立法的共同特点是限制对数据库中采样对象的范围、样本保存时限以及 DNA 数据库比对等,同时明确只有出于打击控制犯罪之目的才允许使用 DNA 数据库。[①]

人体的 DNA 生物样本含包涵盖了众多生物信息,涉及公民核心的人身隐私,这一点应当是没有太大争议的。但是,当将采集的公民 DNA 生物样本录入数据库进行长期保存时,实际上保存的是 DNA 生物样本经过 STR(Short Tandem Repeat,短串联重复序列)技术处理后得到的 DNA 分型结果,这种结果本质上只是一串识别数字。通过 STR 技术可以确定 DNA 某个点位具体有多少个重复序列,从而绘制 STR 图谱。如果连续测定 16 个 STR 位点,其对个体的识别准确率即可达到 99.999 999 999 8%[②]。STR 技术运用时,其检测的基因是属于非编码区域的基因——并

[①] 如德国将 DNA 数据库中样本限于"重大犯罪行为或侵犯性自主决定权犯罪……且有理由认为可能因其重大犯罪行为而进行刑事追诉",美国将 DNA 数据库中样本限于"监狱局羁押的人,或者已经被判定联邦刑法中罪行的人,以及因上述原因处缓刑、假释、被监督释放的人"。

[②] 参见田芳. DNA 数据库比对技术在刑事侦查中运用的合宪性问题[J]. 南大法学,2021,5(1):21.

不包含细胞中蛋白质合成的必需信息,即基因隐私信息。这些技术虽然并未直接对公民的基因隐私造成过分干预,但如果从公民个人信息的角度观之,它们无疑也对公民权利造成了严重干预。在本书看来,刑事诉讼法应当对 DNA 数据库建立和 DNA 数据库比对进行特别授权。

在我国,对于 DNA 数据库中的样本范围法律暂时没有规定,侦查机关对于由其主导建立的 DNA 数据库中样本数量的基本态度是"多多益善"。这一做法会无限扩大 DNA 数据库中的样本范围,明显与比例原则相悖。在本书看来,法律应对 DNA 数据库中样本的范围作出限制,不能允许侦查机关无限度地收集保存公民的 DNA 样本。具体来说,侦查机关 DNA 数据库中允许保留的 DNA 样本可以包括:(1)违法犯罪人员的 DNA 样本,包括法院认定的罪犯和违反《治安管理处罚法》的违法者。一方面,公民成为违法犯罪者之后再次违法犯罪的概率高于普通公民。另一方面,从大多数犯罪人员的经历来看,犯罪人员实施犯罪的性质和情节等都是逐渐升级的,即便是最严重的暴力犯罪者通常最初也只是轻罪或者违法。因此,在公民首次违法犯罪时,收集其 DNA 样本录入侦查机关 DNA 数据库,必然有利于日后对犯罪的侦查。(2)被侦查机关采取强制措施的人员。对于被侦查机关采取强制措施的犯罪嫌疑人,世界各国通行的做法都要对其进行刑事登记。刑事登记的具体方法从人体特征测量法到拍照法、指纹捺印法再到现在 DNA 采样法,都符合社会的公共利益。因此,也应当对被采取强制措施的人员采集 DNA 样本。(3)在犯罪现场勘查中采集的 DNA 样本;(4)无名尸体、骸骨上采集的 DNA 样本;(5)由失踪人员亲属自愿提供的 DNA 样本。

DNA 数据库的建立也不能仅由侦查机关一家主导,这容易导致 DNA 数据库建立中出现滥权。因此,立法中除了明确规定 DNA 数据库建设的样本范围之外,还应规定检察机关作为法律监督机关对侦查机关 DNA 数据库建立情况进行必要的监督。

DNA 数据库比对是生物检测技术和数据技术综合的产物,其核心功能在于身份识别与确认。侦查人员将通过各种方法获取的 DNA 样本与数据库中的数据信息进行比对后,能够快速确定 DNA 样本所归属个体的身份。这一措施隐私干预强度较弱,有关的法律规制建议如下:

其一,授权主体。应当将有关 DNA 数据库比对的授权模式定为内部授权模式,由侦查机关行政级别较高的负责人统一行使这一权力。

其二,适用条件。DNA 数据库比对可以适用全部案件,符合合理怀疑标准时即可运用。

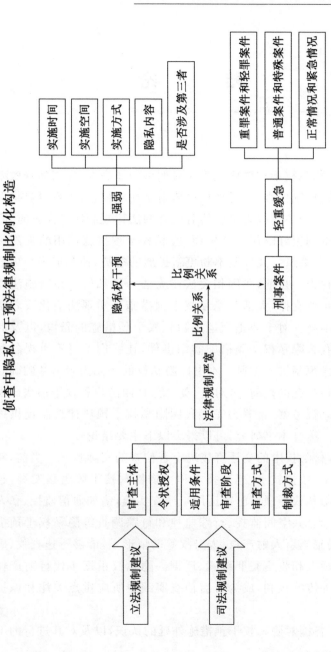

图 9 - 1　第九章行文思路图

结　　论

　　当前,隐私权干预措施成为应对刑事犯罪高发、提高侦查效率的利器。在传统侦查中,隐私权可依附于住宅权、人身权等获得保护,如当以保护住宅权为重心的对搜查的法律规制比较完善时,隐私权亦能得到很好的保护。然而,隐私权干预措施运用的强烈侵权特征、广阔裁量空间以及不断更新扩展的态势,使其成为一项危险的国家权力。目前,我国相关法律无法为隐私权干预措施法律规制提供足够支撑,大部分隐私权干预措施未实现法治化或者法治化程度不高。对于非正当运用隐私权干预措施的恐惧,以及偶尔曝光的有关隐私权干预措施滥用事件,让我们不得不重视隐私权干预法律规制这一主题。本书以隐私权的多元内涵为基础确立隐私权干预措施的范畴,再对美、英、德、日四国隐私权干预法律规制的实践进行考察,希冀为完善我国隐私权干预法律规制提供可行的建议。综合本书研究,可以得出以下主要结论:

　　其一,科学技术的变迁直接决定着侦查的实际状况。当前,随着监控技术、数据技术、感测技术和生物检测技术等迅猛发展,越来越多的隐私权干预措施被运用于侦查实践,诸如通信监控、私人空间监控和公共空间监控、行踪监控和行踪调查等隐私权干预措施,在不侵犯当事人财产权、人身权等的情形下,能够迅速查找、确定犯罪嫌疑人和收集犯罪线索、证据。隐私权正逐步代替财产权和人身权等传统权利,成为日后侦查实践中所应重点关注和保护的权利。

　　其二,各国对隐私权干预措施外延的认识,以及对其进行的不同程度的法律规制,取决于各国对隐私权内涵及其与之相联系的诸多法律的不同理解。以最具代表性的美国和德国为例。在美国,隐私权干预措施与联邦宪法第 4 条修正案密切相关,它们被认为是宪法第 4 条修正案下的"搜查"。由于美国宪法以防御政府权力干预的消极自由观点为圭臬,其宪法第 4 条修正案重点防止公权力任意侵入私人空间以及保护隐私信息的秘密性,此种狭义的隐私观不断巩固和发展,"隐私合理期待"的判断标准中又出现"公共暴露理论""风险承担理论"等具体标准。但是,目前美国法中部分隐私权干预措施难以受到严格的法律规制。在德国,人们采取了较为广义的隐私观来理解隐私权的内涵,特别在其基本权体系中将隐私权与人性尊严、人格发展等最高价值相联系,同时基于作为基本权的隐私权所确立的客观价值,对隐私权干预措施进行了覆盖范围更广、更严格的法律规制。

　　其三,无论是大陆法系国家还是英美法系国家,实际上都是从立法和司法两个角度对隐私权干预进行法律规制的。在立法规制方面,相关国家或是对刑事诉讼法典中有关内容进行修改、增补,或是对隐私权干预措施运用的相关问题进行专门立法。这一过程中,法律的明确性、可预测性等法律保留原则的要求得到了充分体现。在司法规制方面,各国通过隐私权干预措施实施前的司法授权以及实施后的司法审查,实现了司法权对隐私权干预措施运用的规制。此外,比例原则的精神内核在于限制公权力对公民施加超过公益目的本身的侵害,其在立法规制和司法规制中均有重要功能。域外的这些经验可以为我国隐私权干预法律规制提供较为宏观和深层的框架参考,这种框架参考兼具评价和构建功能。但是,在隐私权干预法律规制的具体规则和方法选择上,必须对我国的社会文化和司法现实作更为深入缜密的考察。

　　其四,对我国隐私权干预措施运用的现状、相关法律规制情况以及人们的观念进行考察,可以得出以下结论:(1)隐私权干预措施在侦查实务运用广泛,它们极大地改变了侦查工作的面貌。

（2）面对隐私权干预措施运用的蓬勃发展，我国刑事诉讼中相关法律规制的理论与框架均表现出一定的滞后性。实际上，这一法律规制的理论与框架是以工业时代为背景的。（3）我国现阶段隐私权干预法律规制还比较薄弱，隐私权干预法律规制方面还有制度性的漏洞亟须填补。应当适时加强对隐私权干预的法律规制，进而充分保护公民的隐私权。（4）"侦查中心主义"的诉讼理念和诉讼结构对隐私权干预的法律规制造成了消极影响，主要表现在：排斥司法权对侦查权进行规制、公安部门规章制定蚕食了立法权的职责、坚持刑事案卷主义与隐私权干预措施运用的秘密化倾向。

其五，我国侦查中隐私权干预法律规制的完善，需要放置在一个更庞大的权利义务分配关系以及国家权力与公民权利互动的背景下进行讨论。应以基本权干预理论作为隐私权干预法律规制的理论支撑、价值导向和规范依据。同时，明确隐私权干预法律规制的正当目标应当是在比例原则的框架下，以不同隐私权干预措施实施强度的差别为基础，为不同的隐私权干预措施针对性地设计法律规制程序，以此明确相关措施运用的合理界限。这一制度设想本书称之为"隐私权干预法律规制的比例化构造"。

其六，隐私权干预法律规制比例化构造的基本要求，包括：（1）从规制初衷来看，对隐私权干预进行法律规制的主要目的是保护公民的权利，而非完全出于对侦查权力进行控制的立场。（2）从立法规制来看，要求对隐私权干预措施的强弱进行类型化分析，同时细化具体的隐私权干预措施运用的法律要件，形成隐私权干预措施运用在立法上的比例化构造。（3）从司法规制来看，即便是侦查机关基于法定要件对公民隐私权进行干预，仍需要由司法机关进行审查，以保证隐私权干预运用措施充分恪守比例原则。对于隐私权干预的司法规制，主要从事前授权和事后审查两方面来实现。

侦查中隐私权干预法律规制作为侦查法治的重要内容，是一个涉及多部门、多环节的复杂工程，它既事关隐私保护理念的与时俱进，又涉及宪法、刑事诉讼法及配套规定的修改完善，还离不开配套制度的良性运行。可以确定的是，侦查中隐私权干预法律规制的改革走向纵深不会一蹴而就，需要在找准问题症结的基础上精确设计，在程序正义和侦查效率中找到最佳的平衡状态。另外，法律制度的适用是一项系统工程，法律规制的程序设计不仅应具有内在合理的内容，同时必须有配套制度，为程序整体运行提供条件。正如法学家苏力所言："中国现代法治不可能只是一套细密的文字法规加一套严格的司法体系，而是与亿万中国人的价值、观念、心态以及行为相联系的。"①因此，无论隐私权干预法律规制完善的目标最终如何实现，都要从中国国情出发，走适合自己的法治道路，而绝不能简单照搬别国模式和做法。

---

①　苏力.法治及其本土资源[M].北京：中国政法大学出版社，1996：19.

参考文献

中文论文：

[1] 刘静怡.通讯监察与民主监督:欧美争议发展趋势之反思欧美研究[J].欧美研究,2017,47(1):70.

[2] 林钰雄.科技侦查概论(上)[J].月旦法学教室,2021,220(2):50.

[3] 林钰雄.科技侦查概论(下)[J].月旦法学教室,2021,221(3):51.

[4] 朱志平.刑事侦查程序中基本权干预处分之监督与救济[J].警大法学论集,2019,36(4):233-282.

[5] 葛祥林.数位化、大数据和人工智能对刑事诉讼的冲击[J].高大法学论丛,2020,15(2):52.

[6] 谢登科.电子数据网络远程勘验规则反思与重构[J].中国刑事法杂志,2020,30(1):58-68.

[7] 张陈宏.美国联邦宪法增修条文第4条搜索令状原则的新发展[J].欧美研究,2019,48(2):267-332.

[8] 李训虎.刑事司法人工智能的包容性规制[J].中国社会科学,2021,43(2):51-52.

[9] 郑曦.网络搜查及其规制研究[J].比较法研究,2020,34(1):23-24.

[10] 王利明.隐私权内容探讨[J].浙江社会科学,2007,23(3):57-63,79.

[11] 王泽鉴.人格权的具体化及其保护范围:隐私权篇（上）[J].比较法研究,2008,33(6):1-21.

[12] 陈瑞华.论侦查中心主义[J].政法论坛,2017,35(2):3-19.

[13] 王敏.侦查程序诉讼化构造探析[J].黑龙江社会科学,2003,14(6):73-75.

[14] 刘远熙.论侦查程序的诉讼化改造:比较法视野[J].社会科学研究,2010,32(2):125-129.

[15] 邓思清.侦查程序诉讼化研究[J].国家检察官学院学报,2010,18(2):111-124

[16] 汪建成.《刑事诉讼法》的核心观念及认同[J].中国社会科学,2014,35(2):141.

[17] 赵建文.关于被告人权利的最低限度保证[J].法学研究,2006,29(2):145-160.

[18] 冷传莉,李怡.司法保护视角下的隐私权类型化[J].法律科学（西北政法大学学报）,2017,35(5):79.

[19] 王毅纯.论隐私权保护范围的界定[J].苏州大学学报（法学版）,2016,111(1):98.

[20] 涂子沛.大数据及其成因[J].科学与社会,2014,4(1):16.

[21] 郑彦宁,化柏林.数据、信息、知识与情报转化关系的探讨[J].情报理论与实践,2011,34(7):1.

[22] 王利明.论个人信息权的法律保护:以个人信息权与隐私权的界分为中心[J].现代法学,2013,35(4):64.

[23] 向燕.从隐私权角度论人身强制处分[J].北方法学,2011,5(3):101.

[24] 李建明.强制性侦查措施的法律规制与法律监督[J].法学研究,2011,34(4):152.

[25] 张翔.论人权与基本权利的关系——以德国法和一般法学理论为背景[J].法学家,2010,25(6):25.

[26] 李建良.基本权利理论体系之构成及其思考层次[J].人文及

社会科学,1997,9(1):39-83.

[27] 赵宏.限制的限制:德国基本权利限制模式的内在机理[J].法学家,2011,26(2):161.

[28] 卞建林,张可.侦查权运行规律初探[J].中国刑事法杂志,2017,27(1):29.

[29] 陈卫东,程雷.任意侦查与强制侦查理论之介评——以同意取证行为为核心的分析[J].证据学论坛,2004,7(1):21.

[30] 向燕.搜查与隐私权保护——加拿大宪法与美国宪法第4修正案之比较[J].环球法律评论,2011,50(1):85.

[31] 刘广三,李艳霞.美国对手机搜查的法律规制及其对我国的启示——基于莱利和伍瑞案件的分析[J].法律科学(西北政法大学学报),2017,35(1):180.

[32] 张潋瀚,马静华.美国公共视频监控中的隐私权保护:司法、行政与立法之困局[J]//张仁善.南京大学法律评论(2017春季卷),法律出版社,2017:276.

[33] 贺栩栩.比较法上的个人数据信息自决权[J].比较法研究,2013,27(2):68.

[34] 郭旭.德国搜查扣押制度与非法实物证据排除[J].武陵学刊,2014,39(4):78.

[35] 林钰雄.干预保留与门槛理论——司法警察(官)一般调查权限之理论检讨[J].政大法学评论,2007,96(4):213-214.

[36] 詹建红,张威.我国侦查权的程序性控制[J].法学研究,2015,37(3):140,143.

[37] 田芳.DNA数据库比对技术在刑事侦查中运用的合宪性问题[J].南大法学,2021,5(1):21.

[38] 龙宗智."以审判为中心"的改革及其限度[J].中外法学,2015,28(4):849.

[39] 姜涛.追寻理性的罪刑模式:把比例原则植入刑法理论[J].法律科学(西北政法大学学报),2013,31(1):100-109.

[40] 裴炜.比例原则视域下电子侦查取证程序性规则构建[J].环球法律评论,2017,56(1):81.

[41] 秦策.刑事程序比例构造方法论探析[J].法学研究,2016,37(5):153.

[42] 马特.侵犯隐私权的构成及类型化研究[J].北方法学,2007,1(4):139.

[43] 李倩.德国刑事诉讼法证据禁止制度类型分析[J].中国刑事法杂志,2010,21(1):122.

[44] 艾明.刑事诉讼法中的侦查概括条款[J].法学研究,2017,64(4):155-172.

[45] 赵宏.信息自决权在我国的保护现状及其立法趋势前瞻[J].中国法律评论,2017,8(1):151.

[46] 谢硕骏.警察机关的骇客任务——论线上搜索在警察法领域内的实施问题[J].台北大学法学论丛,2012,47(6):24.

[47] 高文英.从公安资讯收集谈公民资讯隐私权和自决权的保护[J].行政法学研究,2010,18(3):13.

[48] 程雷.大数据侦查的法律控制[J].中国社会科学,2018,40(11):157.

[49] 张建伟.特殊侦查权力的授予与限制:新《刑事诉讼法》相关规定的得失分析[J].华东政法大学学报,2012,15(5):103-112.

[50] 万毅.论强制措施概念之修正[J].清华法学,2012,6(3):54.

[51] 艾明.调取证据应该成为一项独立的侦查取证措施吗?:调取证据措施正当性批判[J].证据科学,2016,24(2):164.

[52] 刘方权."两面一体":公安行政权与侦查权关系研究:基于功能的分析[J].法学论坛,2008,23(3):82.

[53] 岑剑梅.电子时代的隐私权保护——以美国判例法为背景[J].中外法学,2008,20(5):768-784.

[54] 董邦俊.侦查权行使与人权保障之平衡:德国侦查权制约机

制之借鉴[J].法学,2012,47(6):148.

[55] 夏菲.警务科技化进程中的公民权利保障[J].华东政法大学学报,2019,22(5):85,90-91.

[56] 刘泽刚.隐私权的"公法俘获"及其意义[C]//文正邦.宪法与行政法论坛:第4辑.北京:法律出版社,2010:1-4.

[57] 徐继强.德国宪法实践中的比例原则[C]//许崇德,韩大元.中国宪法年刊:2010.北京:法律出版社,2011:33.

[58] 陈爱娥.法治国家原则的开放性及其意义核心——法治国家内涵的矛盾与其解决的尝试[C]//林文雄.当代基础法学理论:林文雄教授祝寿论文集:第一版.台北:学林文化事业有限公司,2001:171.

[59] 李震山.论资料自决权[C]//李鸿禧.现代国家与宪法——李鸿禧教授六秩华诞论文集.台北:月旦出版社,1997:709.

中文著作:

[1] 张新宝.隐私权的法律保护[M].北京:群众出版社,1997:3-59.

[2] 陈瑞华.刑事诉讼的前沿问题[M]:第二版.北京:中国人民大学出版社,2005:240-246.

[3] 黄茂荣.法学方法与现代民法[M]:第五版.北京:法律出版社,2007:575.

[4] 邬焜.信息认识论[M].北京:中国社会科学出版社,2002:17.

[5] 宋英辉,吴宏耀.刑事审判前程序研究[M].北京:中国政法大学出版社,2002:26-36.

[6] 王俊秀.监控社会与个人隐私:关于监控边界的研究[M].天津:天津人民出版社,2006:147.

[7] 韩德明.侦查原理论[M].北京:中国人民公安大学出版社,2005:298.

[8] 王兆鹏.美国刑事诉讼法[M]:第二版.北京:北京大学出版

社,2014:83.

[9] 王俊秀.监控社会与个人隐私:关于监控边界的研究[M].天津:天津人民出版社,2006:24.

[10] 林钰雄.刑事法理论与实践[M].台北:学林文化事业有限公司,2001:56.

[11] 傅美惠.侦查法学[M].北京:中国检察出版社,2016:57.

[12] 程雷.秘密侦查比较研究——以美、德、荷、英四国为样本的分析[M].北京:中国人民公安大学出版社,2008:473.

[13] 陈新民.德国公法学基础理论[M].北京:法律出版社,2010:101.

[14] 林钰雄.干预处分与刑事证据[M].北京:北京大学出版社,2010:2-20.

[15] 林钰雄.刑事诉讼法[M]:上册—总论编.北京:中国人民大学出版社,2003:232-234.

[16] 李双其等.法治视野下的信息化侦查[M].北京:中国检察出版社,2011:236.

[17] 林钰雄等.刑事诉讼法实例研习[M].台北:学林文化事业有限公司,2000:45.

[18] 李震山.警察行政法论——自由与秩序之折冲[M].台北:元照出版公司,2007:8.

[19] 陈瑞华.程序性制裁理论[M]:第三版.北京:中国法制出版社,2017:191-192.

[20] 艾明.秘密侦查制度研究[M].北京:中国检察出版社,2006:199.

[21] 林山田,林东茂,林灿章.犯罪学[M].台北:三民书局,2002:3-6,22.

[22] 王名杨.美国行政法[M]:上册.北京:中国法制出版社,1990:383.

[23] 宋英辉等.刑事诉讼原理[M]:第三版.北京:北京大学出版

社,2014:186.

[24] 顾永忠.刑事辩护:国际标准与中国实践[M].北京:北京大学出版社,2012:192.

[25] 林山田.刑事程序法[M]:第五版.台北:五南图书出版,2004:265.

[26] 蒋红珍.论比例原则——政府规制工具选择的司法评价[M].北京:中国法律出版社,2010:43.

[27] 黄清德.科技定位追踪监视与基本人权保障[M].台北:元照出版公司,2011:203.

[28] 吴康.行政法之理论与实用[M].台北:三民书局,2005:102-103.

[29] 向燕.刑事侦查中隐私权领域的界定[M].北京:中国政法大学出版社,2010:322.

[30] 郭瑜.个人数据保护法研究[M].北京:北京大学出版社,2012:78-80.

[31] 台湾"司法院"大法官书记处.德国联邦宪法法院裁判选辑[M]:第十二卷.2007:26.

[32] 台湾"司法院"大法官书记处.德国联邦宪法法院裁判选辑[M]:第十三卷.2012:86.

博士论文:

[1] 间刚.前侦查程序研究[D]:[博士学位论文].南京:南京大学法学院,2017.

[2] 张春霞.限制与保护——刑事诉讼中的隐私权[D]:[博士学位论文].成都:四川大学法学院,2004.

[3] 向燕.搜查与隐私权保护[D]:[博士学位论文].北京:中国政法大学研究生院,2009.

[4] 王芳.美国刑事诉讼法对隐私权的保护[D]:[博士学位论文].济南:山东大学法学院,2012.

［5］杨宇冠.非法证据排除规则研究［D］：［博士学位论文］.北京：中国政法大学研究生院,2002.

外文译著：

［1］J.C.亚历山大,邓正来.国家与市民社会：一种社会理论的研究路径［M］.北京：中央编译出版社,1999:117.

［2］哈伯特·L.帕克.刑事制裁的边界［M］.梁根林等译.北京：法律出版社,2008:35.

［3］五十岚清.人格权法［M］.铃木贤,葛敏译.北京：北京大学出版社,2009:172.

［4］贝尔纳·布洛克.法国刑事诉讼法［M］：原书第21版.罗结珍译.北京：中国政法大学出版社,2009:4.

［5］孟德斯鸠.论法的精神［M］：上卷.许明龙译.北京：商务印书馆,2017:185.

［6］田口守一.刑事诉讼法［M］：第七版.张凌,于秀峰译.北京：法律出版社,2019:52.

［7］土本武司.日本刑事诉讼法要义［M］.董璠舆,宋英辉译.台北：五南图书出版公司,1997:123.

［8］克劳思·罗科信.刑事诉讼法［M］：第21版.吴丽琪译.北京：法律出版社,2003:273.

［9］查尔斯·R.斯旺森,尼尔·C.谢美林,伦纳德·特里托.刑事犯罪侦查［M］.但彦铮,郑海译.北京：中国检察出版社,2007:2.

［10］罗伯特·雷纳.警察与政治［M］.易继苍,朱俊瑞译.北京：知识产权出版社,2008:55.

［11］维克托·迈尔·舍恩伯格,肯尼思·库克耶.大数据时代：生活、工作与思维的大变革［M］.盛杨燕,周涛译.杭州：浙江人民出版社,2013:29.

［12］E.博登海默.法理学：法律哲学与法律方法［M］.邓正来译.

北京:中国政法大学出版社,2004:246.

[13] 马克·波斯特.信息方式:后结构主义与社会语境[M].范静哗译.北京:商务印书馆,2000:127.

[14] 拉德布鲁赫·古斯塔夫.法律智慧警句集[M].舒国滢译.北京:中国法制出版社,2001:11.

[15] 伯纳德·施瓦茨.美国法律史[M].王军等译.北京:法律出版社,2007:182.

[16] 约书亚·德雷斯勒,艾伦·C.迈克尔斯.美国刑事诉讼法精解[M]:第一卷.吴宏耀译.北京:北京大学出版社,2009:71.

[17] 乔恩·R.华尔兹.刑事证据大全[M].何家弘等译.北京:中国人民公安大学出版社,2004:257.

[18] 菲什曼.技术增强的视觉监控与《美国联邦第四修正案》[C].丁双玥译//张民安.民商法学家:第十二卷.广州:中山大学出版社,2016:309.

[19] 贝蒂.社会网络、政府监控与隐私的合理期待[C].凌玲译//张民安.民商法学家:第十二卷.广州:中山大学出版社,2016:127.

[20] E.迪尔凯姆.社会学方法的准则[M].狄玉明译.上海:商务印书馆,2007:54.

[21] 马克斯·韦伯.社会科学方法论[M].韩水法,莫茜译.北京:中央编译出版社,1999:54.

[22] 阿丽塔·L.艾伦,理查德·C.托克音顿.美国隐私法:学说、判例与立法[M].冯建妹等译.北京:中国民主法制出版社,2004:151-152.

[23] Rolando V. del Carmen. 美国刑事侦查法制与实务[M].李政峰,林灿璋,邱俊诚等译.台北:五南图书出版公司,2006:300.

[24] 罗纳德·德沃金.以真对待权利[M].信春鹰,吴玉章译.北京:中国大百科全书出版社,1998:2.

[25] 杰瑞·康.网络交易中的信息隐私权[C].魏凌译//张民安.民商法学家:第十卷.广州:中山大学出版社,2016:63.

[26] 杰弗里·图宾.九人:美国最高法院风云[M].何帆译.北京:生活·读书·新知三联书店,2010:85.

[27] 道格拉斯·A.弗莱提.脸部识别技术监控:《美国联邦宪法第四修正案》保护公共场所隐私权的关键问题[C].魏凌译//张民安.民商法学家:第十二卷.广州:中山大学出版社,2016:508-509.

[28] 苏姗娜·瓦尔特.德国有关搜查、扣押、逮捕以及短期羁押的法律:批判性的评价[C]//陈光中,汉斯-约格·阿尔布莱希特.中德强制措施国际研讨会论文集.北京:中国人民公安大学出版社,2003:164.

[29] 伯阳.一般人格权之具体体现:新创设的保障 IT 系统私密性和完整性的基本权利:联邦宪法法院对"在线搜查"作出的判决[C].刘志军译//中德法学论坛:第 6 辑.南京:南京大学出版社,2008:41-42.

[30] 汉密尔顿,杰伊,麦迪逊.联邦党人文集[M].程逢如,在汉,舒逊译.上海:商务印书馆,1980:391.

[31] 布兰卡·R.瑞兹.电子通信中的隐私权[M].林喜芬等译.上海:上海交通大学出版社,2017:89.

[32] Volker F. Krey. 德国刑事程序的典型特征——美国刑事程序法的一个替代选择[J].陈芳译.研究生法学,2007,22(2):148.

外文文献：

[1] Louis Brandeis, Samuel Warren. The Right to Privacy[J]. Harvard Law Review, 1890, 4(5): 193 - 220.

[2] R. Gavison. Privacy and the Limits of Law[J]. Yale Law Journal, 1980, 89(3): 421 - 437.

hy Privacy is Important[J]. Philosophy

rs, 1975, 4(4): 323 - 326.

tein. Intimacy and privacy[J]. Ethics, 1978,

81.

estin. Privacy And Freedom[J]. Washington and

Review, 1968, 25(1): 166 - 170.

[6] E. J. Bloustein. Privacy as an Aspect of Human Dignity: An Answer to Dean Prosser[J]. New York University Law Review, 1964, 39(12): 962 - 971.

[7] William L. Prosser. Privacy[J]. California Law Review, 1960, 48(3): 389.

[8] Daniel J. Solove. A Taxonomy of Privacy[J]. University of Pennsylvania Law Review, 2006, 154(3): 477 - 560.

[9] Kenneth Einar Himma, Herman T. Tavani. The Handbook of Information and Computer Ethics [M]. New Jersey: WILEY, 2008: 131 - 156.

[10] Jean Paul Brodeur. Comparisons in Policing: An International Perspective [M]. Ashgate Publishing Company, 1995: 192 - 193.

[11] G. T. Marx. Undercover: Police Surveillance in American [M]. Berkeley: University of California Press, 1989: 129.

[12] John Kaplan. Search and Seizure: A No-Man's Land in the Criminal Law[J]. California Law Review, 1961, 49(3): 475.

[13] Orin S. Kerr. The Fourth Amendment and New Technologies: Constitutional Myths and the Case for Caution[J]. Mich. L. Rev, 2004, 102(5): 801.

[14] David E. Pozen. The Mosaic Theory, National Security, and the Freedom of Information Act[J]. The Yale Law Journal, 2005, 115: 628.

424

［15］Christina E. Wells. CIA v. Sims: Moaic Theory and Government Attitude［J］. Admin. L. Rev. , 2006，58：845 - 857.

［16］Marc Jonathan Blitz. The Fourth Amendment Future of Public Surveillance: Remote Recording and Other Searches in Public Space［J］. American University Law Review, 2013，63(1)：22 - 27.

［17］RG Wilkins. Defining the Reasonable Expectation of Privacy: An Emerging Tripartite Analysis［J］. Vand. L. Rev. 1987，40：1077.

［18］Mark Leech, Deborah Cheney. The Prisons Handbook ［M］：4th ed. Waterside Press，2002：316.

［19］Marc Jonathan Blitz. The Fourth Amendment Future of Public Surveillance: Remote Recording and Other Searches in Public Space, American University Law Review［J］. 2013，63(1)：25.

［20］William J. Stuntz. Privacy's Problem and the Law of Criminal Procedure［J］. Michigan Law Review，1995，93 (5)：1021.

［21］Malcolm K. Sparrow. Managing the Boundary Between Public and Private Policing［J］. National Institute of Justice Journal，2014，(9)：1 - 24.

［22］Sklansky, David A. Private Policing and Human Rights. Law & Ethics of Human Rights 5 2011,(1)：111 - 136.

［23］The Surveillance State: Privacy and Criminal Investigation in India: Possible Futures in a Post-Puttaswamy World ［J］. Univ. of Oxford Human Rights Hub Journal，2020，15(3)：32.

图书在版编目(CIP)数据

侦查法治新论：侦查中隐私权干预法律规制研究 /
高源著. — 南京：南京大学出版社，2025.5.
ISBN 978-7-305-28478-6

Ⅰ. D926.04

中国国家版本馆 CIP 数据核字第 20246FY746 号

出版发行　南京大学出版社
社　　址　南京市汉口路 22 号　　　　　邮　编　210093
书　　名　**侦查法治新论——侦查中隐私权干预法律规制研究**
　　　　　ZHENCHA FAZHI XINLUN
　　　　　——ZHENCHA ZHONG YINSIQUAN GANYU FALÜ GUIZHI YANJIU
著　　者　高　源
责任编辑　潘琳宁　　　　　　　　　　　编辑热线　025-83592401
照　　排　南京南琳图文制作有限公司
印　　刷　南京玉河印刷厂
开　　本　880 mm×1230 mm　1/32　印张 13.625　字数 418 千
版　　次　2025 年 5 月第 1 版　2025 年 5 月第 1 次印刷
ISBN 978-7-305-28478-6
定　　价　58.00 元

网址：http://www.njupco.com
官方微博：http://weibo.com/njupco
官方微信号：njupress
销售咨询热线：(025)83594756